쓰기 평가

Assessing Writing

언어교육 13

Assessing Writing
Assessing Writing

쓰기 평가
Assessing Writing

Sara Cushing Weigle 지음
정희모·김성숙·유혜령·서수현 옮김

Assessing Writing
Assessing Writing

글로벌콘텐츠

일러두기

1. 이 책은 Sara Cushing Weigle의 『Assessing Writing』(Assessing Series, Cambridge University Press, 2001)을 번역한 것이다.
2. '옮긴이'가 작성한 각주는 각주번호 뒤에 '(옮긴이)'로 표시하여 구분하였다.

역자 서문

팻 벨라노프(Pat Belanoff)의 논문을 읽어 보면 우리가 쓰기 평가에 대해 얼마나 많은 착각을 하고 있는지를 알 수가 있다. 〈평가의 신화(The Myths of Assessment)〉라고 제목이 붙은 이 논문에서는 쓰기 평가에 대해 우리가 믿고 있는 네 가지 신화를 설명하고 있다. 첫째 우리가 무엇을 위해 평가하고 있는지를 알고 있다고 믿는 신화, 둘째 우리가 무엇을 평가하고 있다는 것을 알고 있다고 믿는 신화, 셋째 우리가 평가기준에 동의하면, 여기에 모두가 동의할 수 있다고 믿는 신화, 넷째 절대적인 평가 기준이 가능하며, 이를 일관되게 적용할 수 있다고 믿는 신화, 벨라노프는 쓰기 평가에 관한 이런 네 가지 신화를 설명하고 쓰기 평가가 생각보다 복잡하고 어렵다는 사실을 언급하고 있다.

실제 우리는 학생의 글을 평가할 때 몇 가지 착각을 흔하게 한다. 첫 번째 착각은 학생들의 평가 점수를 보면서 평정적인 척도평가(rating scales)를 물리적인 척도평가(자, 말, 되, cm, kg)로 생각해 절대 점수로 오인하는 점이다. 어떤 학생이 쓰기 평가에서 B를 받았다면 그 학생은 그 평가집단에서 B등급에 해당한다는 뜻이지 글을 정말 잘 쓰는지, 아닌지는 알 수 없다. 물론 우리는 학생 글을 오래 채점하다 보면 잘 쓴 글과 그렇지 않은 글에 대한 자기 나름의 판단을 가지게 된다. 그래서 "음, 이 학생은 글을 잘 쓰는군"이라고 속으로 판단한다. 그러나 벨라노프의 말처럼 그런 판단도 신화에 불과할지 모른다. 사실 나의 옆에 있는 선생이 나와 전혀 다른 기준으로, 다른 점수를 줄 때 비로소 나의 확신이 신화이었음을 깨닫게 된다. 쓰기 평가를 할 때 우리 모두는 'true score(진점수)'를 찾고 있다는 착각 속에 있게 된다.

쓰기 평가가 정말 어렵고 복잡하다는 점을 설명하기 위해 몇 가지 질문을 던져보자. 먼저 쓰기 평가는 무엇을 평가하는 것일까? 학생이 쓴 텍스트? 학생이 가진 쓰기 능력? 한 학기 동안의 쓰기 학습 성취도? 우리가 통상 쓰기 평가라고 규정하는 것은 학생이 쓴 텍스트를 평가하여 학생의 쓰기 능력을 추정하는 것이다. 말하자면 한 편의 글을 평가하여 대체로 그 학생의 쓰기 능력은 이러할 것이라는 것을 수치로 확정하는 것이다. 그렇기 때문에 실제 그 학생의 쓰기 능력이 정확히 그렇다고 말하기는 힘들 수밖에 없다. 학교에서 행하는 쓰기 평가는 대체로 이런 방법이지만 여기에는 우선 두 가지 우리가 생각해 보아야 할 점이 있다. 하나는 글, 즉 평가해야 할 텍스트이며, 다른 하나는 평가 방식이다. 평가와 관련하여 먼저 살펴봐야 할 텍스트의 내용도 복잡하다. 우리는 텍스트의 어떤 면을 평가하는 것일까? 문장·구조·형식·주장·개념 등 텍스트에서 우리가 평가해야 할 내용이 무엇인지 알 수 없을 때가 많다. 문장이 아름답고 수려하면 좋은 글인가? 아니면 주장이 선명하고 뚜렷해야 좋은 글인가? 독자가 필자의 글에 설득되면 좋은 글인가? 이런 질문들은 수도 없이 가능하다. 텍스트의 어떤 측면을 평가할 것인가는 텍스트학과 관련된 또 다른 문제이므로 여기에서 다 설명하기는 어렵다.

아무래도 쓰기 평가 이론에서 주로 다루는 것은 결국 쓰기 평가의 방식이나 방법일 것이다. 쓰기 평가는 평가 대상을 정하고, 평가 준거를 결정하며, 평가자를 섭외하고, 평가 과정에 돌입한다. 이런 절차에서 중시되는 것은 객관성·공정성·신뢰성과 같은 요소들이다. 쓰기 평가 이론은 초기 전통적인 심리측정학의 영향을 받아 만들어졌기 때문에 지금까지 무엇보다 중요하게 여겨지는 것은 평가의 공정성·신뢰성과 같은 것들이다. 우리가 아는 것처럼 평가는 공정해야 하고 객관적이어야 한다. 쓰기 평가도 이 점에 있어서 예외는 아닐 것이다. 그런데 문제는 글쓰기는 과학과목이나 수리과목처럼 그 능력을 수치로 환산하기가 쉽지 않다는 점이다. 글쓰기의 경우 글의 내용도 다양하고, 장르나 형식도 여러 갈래여서 이를 객관적인 방법으로 검증하기가 간단치 않은 것이다.

쓰기 평가의 객관성·공정성을 따질 때 흔히 '신뢰도'를 이야기한다. 미국교육학회(AERA)나 미국심리학회(APA)에서는 신뢰도를 "학생들에게 동일한 검사를 반복할 때 측정이 일치하는 정도"로 정의하고 있다. 그런데 쓰기 평가는 이런 규정을 따르기에 무리가 있다. 예를 들어 동일한 과제를 반복해서 평가받을 수 없을 뿐만 아니라 채점자가 일관되게 평가 기준을 지켜가기도 힘들다. 하루 종일 채점을 하다보면 아침나절의 평가 기준이 오후 늦게 달라져 있음을 발견하고 문득 놀라게 되기도 한다. 또 평가자가 여러 명이라면 이들 사이의 점수 일치를 맞추기도 어려울 것이다. 그래서 이전에는 쓰기 검사를 문법이나 문장 오류 위주의 객관식 시험으로 시행하기도 했다. 우습게도 미국의 초기 평가이론가 Diederich(1974)는 쓰기 능력을 평가하기 위해 긴 지문의 읽기 시험을 하자고 주장했다. 그의 연구에 따르면 이런 읽기 시험의 점수가 학생의 고등학교 쓰기 시험의 점수와 가장 유사했다고 한다. 이런 상관계수를 통해 본 신뢰도는 지금도 중시하는 객관성 검증 방식이다. 어쨌든 지금은 이런 방식이 항상 옳지만은 않다는 사실을 우리 모두는 알고 있다.

쓰기 평가에서 전통적 방식, 즉 '신뢰도'를 중시하던 방식에서 벗어나기 위해, 학자들 사이의 논쟁은 두 가지 방향으로 전개된다. 하나는 글쓰기는 다른 평가와 다른 특성이 있기 때문에 글쓰기 나름의 신뢰도를 높이기 위해서는 포트폴리오 평가가 필요하다는 관점이다. 포트폴리오 평가는 일정 기간 다양한 장르의 여러 편의 글을 쓰게 하고, 이를 평가하는 방식이다. 단 한 편의 글을 가지고 평가하는 일반적인 쓰기 평가에 비해 객관성과 신뢰성을 높일 수 있지만 시간과 노력이 많이 들어간다는 단점이 있다. 이와 다르게 '신뢰도'를 높이기보다 글쓰기 자체의 특성을 살려 쓰기 상황과 쓰기 맥락, 글을 쓴 필자의 입장을 적극적으로 평가에 반영하고자 하는 움직임도 있다. 글쓰기는 과제마다, 장르마다, 글을 쓰는 학생마다 특성이 모두 다르기 때문에 이를 객관화하는 것보다 이를 적극적으로 반영하여 맥락적·해석적 평가를 하자는 것이다. 이렇게 되면 '신뢰도'보다는 '타당도'를 중시하여 평가하겠다는 뜻이 된다. 문학평론의 글은 실험보고서와 평가 기준, 평가 방법이 달라질 수 있으며, 지역탐방보고서를 쓴 학생을 불러 면담을 하고 평가 내용에 참고할 수가 있다.

이와 같은 평가 방식에서는 전통적인 쓰기 평가에서 강조했던 평가의 객관성·표준화·신뢰성·공정성에 큰 의미를 두지 않는다. 그것보다 그 글을 쓴 이유, 전달하고자 하는 내용, 본인의 만족도 등과 독자에게 어떻게 전달되었느냐가 중요하다. 이런 해석학적 평가는 결국 측정과 사정을 목표로 삼기보다 교육을 목표로 삼는 평가라고 말할 수 있겠다. 평가자와 학생 간의 대화, 평가자와 평가관계자(교사, 학부모 등)와의 대화와 협의를 통해 복합적인 진단과 처방이 가능할 수가 있는 것이다. 그러나 실제 경쟁과 평가를 위주로 하는 교실 현장에서 이런 평가 방식이 가능할 수 있을지는 확신하기가 어렵다. 어쨌든 우리 모두가 느끼는 것이지만 학생의 글을 평가한다는 것은 심정적으로나 육체적으로 너무 어렵고 힘든 일이다. 그러나 어쩔 수 없이 평가를 해야 한다면 그 중에서 최선의 방식을 찾을 수밖에 없다.

쓰기 평가와 관련해서는 복잡한 문제들이 너무 많다. 평가 대상인 텍스트의 문제, 평가 준거나 방식의 문제, 신뢰성이나 타당도 확보의 문제, 평가의 효용성 검토 등 가볍게 생각해서는 안 될 것이 많이 있다. 그러나 이런 쓰기 평가의 복잡함에도 불구하고 이를 자세히 설명하는 책은 드물었다. 지금 번역해서 소개하는 『Assessing Writing』(Sara Cushing Weigle)은 이런 복잡한 쓰기 평가의 내용을 매우 쉽게 설명하고 있는 책이다. 이 책은 원래 언어 평가에 관한 캠브리지출판사 시리즈 중에 하나로서 L2 교수 및 학생을 위한 책이었으나 실제 내용은 L1과 L2, 크게 구별 없이 사용할 수 있도록 되어있다. 이 책은 제1언어 교육이나 제2언어 교육에 모두 유용한 정보를 제공해 준다. 예를 들어 쓰기 평가의 목적, 과제 설계, 준거 설정, 채점 방법, 신뢰도, 타당도 평가 사례 등에 관해 매우 자세하게 설명하고 있어 글쓰기를 가르치는 교수자는 물론 학생들도 이 책을 매우 유용하게 사용할 수 있을 것으로 생각한다.

이 책의 대강을 소개하면 다음과 같다. 1장~3장은 이 책에서 평가에 앞서 필요한 쓰기 이론들을 간략히 설명하는 곳으로, 제1언어 쓰기 맥락과 제2언어 쓰기 맥락, 문어 텍스트의 유형, 쓰기와 말하기의 관계, 쓰기의 사회·문화적 측면, 쓰기 인지 모형 등을 설명하고 있다. 4장부터 7장까지는 일반적인 쓰기 평가의 여러 요소들에 관한 여러 정보들을 제공해 준다. 예를 들어 대규모 쓰기 평가에 수반되는 요인들, 평가 설계, 채점 절차 같은 것을 상세히 다룬다. 흥미로운 것은 7장을 보면 외국의 대규모 평가에서 대표적 사례인 TOEFL(Test of English as a Foreign Language), 캠브리지 FCE(Cambridge First Certificate in English), IELTS(International English Language Testing System), BEST(Basic English Skills Test), CoWA(Contextualized Writing Assessment) 등에 대해 평가 내용 및 척도, 방법에 관해 자세히 소개하고 있는 점이다. 외국의 평가 사례를 보면 다양한 쓰기 과제 사례를 볼 수 있을 뿐만 아니라 평가 목적에 따라 평가 방법이 어떻게 달라지는지 살펴볼 수가 있다. 아울러 이와 함께 이 책이 도움이 될 수 있는 점은 여러 장에서 여러 평가 준거에 관한 정보를 소개하고 있다는 점이다. 평가 준거를 만들 때는 여러 사례들을 보면 매우 도움이 된다. 교수자들은 이런 내용을 참고하여 자신만의 평가 준거를 만들 수가 있을 것이다.

이 책의 8장에서는 교실에서의 쓰기 평가 방법에 관해 다룬다. 특히 대규모 평가 방법을 응용하여 L2와 L1 교실에서 사용할 수 있는 몇 가지 방법에 대해 소개해 주는 데 도움이 될 수 있을 것이다. 9장은 이 책에서 가장 관심이 가는 포토폴리오 평가에 대해서 다룬다. 이 책의 저자도 시간제한 직접 쓰기 평가의 문제점을 잘 알고 있기 때문에 포트폴리오 평가의 이점을 자세히 설명하고 있다. 다만 포트폴리오 평가는 평가와 교육, 양 측면에 이점이 있지만 채점자에게 경제적인 부담과 시간적인 부담을 준다는 점을 명심해야 한다.

이 책에서 가장 흥미로운 부분은 마지막 장인 10장 '쓰기 평가의 미래' 부분이다. 이 장은 쓰기 평가가 앞으로 어떻게 변화할지 미래 상황을 진단하는 내용이 중심을 이룬다. AI의 발전, 빅데이터의 활용 등 테크놀로지의 발전과 쓰기 평가는 무관할 수가 없다. 컴퓨터 활용

기술의 발전과 함께 쓰기 평가도 큰 변화를 겪을 것이다. 이 책의 필자는 컴퓨터를 활용한 쓰기 채점에 관해 아직 교수자나 학생들의 합의가 없다는 사실을 언급하며 이에 따른 여러 변화가 있을 것으로 진단한다. 쓰기 구인의 실제 내용도 달라질 것이며, 컴퓨터 접근 여부에 따른 격차 문제도 발생할 것이다. 어쨌든 전통적인 쓰기 평가 방식에 대해 앞으로 큰 변화가 있을 것이라는 점은 틀림이 없다.

이 책의 번역을 맡은 지는 꽤 오래 되었다. 처음에는 혼자 번역을 했으나 학교 보직을 맡으면서 다른 사람과 함께 번역을 하게 되었다. 초벌 번역은 1~3장은 정희모가, 4~5장은 김성숙, 6~7장은 유혜령, 8~10장은 서수현이 맡았다. 이후 전체가 함께 여러 차례 교정을 보았으며, 각주와 색인을 손보았다. 번역 내용에서 잘못이 있으면 최종 점검자인 대표 역자 정희모에게 있음을 밝힌다. 번역을 맡은 지 너무 오랜 시간이 걸렸다. 그럼에도 불구하고 별다른 이의 없이 묵묵히 기다려 준 (주)글로벌콘텐츠출판 양정섭 이사에게 고마움을 전한다. 바쁜 가운데도 함께 번역 작업에 동참해 준 유혜령·김성숙·서수현 교수에게 감사하다는 말을 하고 싶다. 특히 김성숙 교수는 교정 작업에 힘을 많이 쏟아 주었다. 유혜령·서수현 교수는 늦게 번역 작업에 참여했음에도 좋은 역서가 되도록 노력을 해 주었다. 주위에 이렇게 고마운 사람들이 있다는 사실은 내게 큰 축복이다. 이 분들의 노력이 없었으면 이 책은 나오기 힘들었을 것이다. 아무 쪼록 글쓰기 교육에 함께 하는 모든 분들에게 이 책이 조금이나마 도움이 되기를 간절히 바란다.

2017년 9월 5일
전체 번역자를 대표해서
정희모 올림

총서 편집자 서문

한때 지성인과 교육 수준이 높은 사람의 전유물로 여겨져 왔던 글쓰기는, 오늘날 전 세계 공동체에서 삶을 영위하는 모든 사람들에게 필수적인 도구가 되었습니다. 신문이나 웹페이지의 시사 문제에 대해 분석하는 데에 사용되든 학술 논문, 비즈니스 보고서, 전자 우편의 메시지를 작성하는 데에 사용되든 간에, 효과적으로 글을 쓰는 능력은 서로 다른 문화와 배경을 가진 개인들의 의사소통을 가능하게 합니다. 더욱이 글쓰기는 정보를 전달하는 데뿐만 아니라 지식을 변형시켜 새로운 지식을 창조하는 데에도 중요한 역할을 한다는 점 또한 널리 인식되고 있습니다. 따라서 글쓰기는 전 세계적으로 학술 프로그램 및 제2언어 프로그램의 학생들에게 매우 중추적인 능력입니다. 이러한 수많은 상황 속에서, 쓰기 능력을 평가하는 것은 매우 중요합니다. 고용주, 교수자, 쓰기 교사는 글쓰기를 통해 의사소통을 얼마나 잘 수행할 수 있는지에 기반하여 잠재적인 직원들과 학생들에 대해 결정을 할 필요가 있습니다. 그러나 쓰기 평가의 역사는 지난 수 세기를 거슬러 올라가더라도, 평가하고자 하는 언어 사용에 있어 가장 문제가 되어 온 분야 중 하나입니다. 이는 쓰기 목적, 문체 및 장르의 방대한 다양성 때문이기도 하지만, 주로 쓰기를 평가하는 데에 관여하는 판단의 주관성 때문입니다.

이 책의 저자인 Sara Cushing Weigle 박사는 글쓰기를 가르치고 평가하는 데 있어 폭넓은 경험을 가지고 있으며, 이 분야에 있어 영향력 있는 연구를 수행해 왔습니다. 쓰기 평가에 대한 박사학위 논문은 1996년 제2언어 및 외국어 언어 평가 분야에서 걸출한 학위 논문에 수여하는 TOEFL 상을 수상하였습니다. 이후 그녀는 이 분야와 관련된 수많은 연구 성과를 발표하고 있습니다. 또한 그녀는 교사로서의 경험을 토대로, 쓰기 평가 연구 및 실행의 복잡성에 대해 실천가들과 연구자들이 쉽게 접근할 수 있는 방식으로 기술하고 있습니다.

이 책은 관련 연구 및 이론에 대해 논의하고 쓰기 평가의 설계·개발·사용에 있어 실질적으로 고려해야 할 사항을 다루며, 쓰기 평가에 대한 광범위하고 심층적인 논의를 제공합니다. 저자는 사회적 활동과 인지적 활동으로서의 쓰기의 본질에 대한 논의에서부터 시작하여, 뒤이어 이 책의 기반을 제공하는 쓰기 능력에 대한 관련 연구 및 이론에 대해 꼼꼼하고 비판적인 검토를 제시합니다. 그런 다음 저자는 쓰기 평가를 설계하고 개발하기 위한 개념적 틀을 제안합니다. 다음 장에서 저자는 다양한 쓰기 평가의 사례를 통해 자신의 주요 관점을 설명하면서, 대규모 평가 및 교실 평가의 맥락에서 쓰기 평가 과제 설계 절차 및 채점 절차에 대한 상세한 논의를 제공합니다. 저자는 쓰기 평가뿐만 아니라 대규모 학업 성취도 평가에서 논쟁의 여지가 있으면서도 널리 사용되고 있는 포트폴리오 평가에 대한 접근을 논의하는 데에 한 장 전체를 할애하였습니다. 마지막 장에서, 저자는 과학 기술이 글쓰기 자체와 쓰기 교육에 미치는 영향, 그리고 쓰기 평가에 있어 신기술의 잠재적 기여도에 대해 살펴보았습니다. 또한 쓰기 평가에 대한 정책을 고려하였으며,

쓰기 평가의 본질과 채점 및 해석의 방법에 대해 다양한 이해 관계자 간의 지속적인 긴장 상태, 쓰기 평가의 결과를 만드는 데에 사용하는 추론의 타당성을 입증하기 위해 필요한 종류의 증거들을 고려하였습니다.

요약하자면, 이 책은 연구 및 이론에 철저하게 기초를 둔 쓰기 평가의 설계·개발·사용에 대한 실천적인 쟁점과 절차에 대한 깊이 있는 논의를 제시합니다. 따라서 이 책은 시험 개발자와 교사 모두에게 많은 것을 제공할 수 있을 것입니다.

J. Charles Alderson

Lyle F. Bachman

감사의 말

1996년 여름, 핀란드 탐페레에서 있었던 언어 평가 연구 콜로키움에서 Lyle Bachman과 Charles Alderson은 저에게 케임브리지 대학 출판사의 언어 평가 총서 중 쓰기 평가를 집필하는 데에 관심이 있는지 물었습니다. 그 후 5년 동안, 저는 둘째 아이를 낳았고, 새로운 직장 생활을 시작하기 위해 가족과 함께 로스앤젤레스에서 애틀랜타로 이사를 했으며, 집을 구입했습니다. 아버지는 사랑하는 여성을 새롭게 만나 결혼을 하였지만, 1년 후 췌장암 진단을 받고 슬프게도 새어머니와 저를 두고 돌아가셨습니다. 그동안 Lyle과 Charles는 케임브리지 대학 출판사의 Mickey Bonin과 함께 이 원고를 완성할 때까지 참을성 있게 기다려 주었습니다. 그리고 마침내 이 원고를 마무리하게 되었습니다. Lyle, Charles, Mickey의 인내와 변함없는 지지에 가장 먼저 감사를 드립니다. 원고를 집필하는 모든 과정에서 그들이 전해 준 조언과 피드백에 마음 깊이 고마움을 표합니다. 특히 Lyle은 각 장의 초고를 꼼꼼하게 읽고 상세한 의견을 제시해 주었기에, 저는 이 책에 대한 그의 지대한 공헌에 대해 진심으로 감사를 드립니다.

조지아 주립 대학 동료들의 지지와 격려에, 특히 이 프로젝트와 관련한 여러 가지 지원에 대해 이전 학과장들과 현재 학과장인 Joan Carson, Gayle Nelson, Pat Byrd에게 감사의 마음을 전합니다. Gayle

Nelson과 Pat Dunkel은 자신의 수업에서 이 책의 초안을 사용하였는데, 학생들의 피드백은 최종 원고를 수정하는 데에 도움이 되었습니다.

제2언어 쓰기에서의 쟁점을 다룬 수업에서 학생들은 두 학기 동안 이 책의 초안을 읽고 의견을 제시해 주었는데, 학생들의 의견은 상당히 통찰력 있는 것이었습니다. 특히 Maria Ines Valsecchi와 John Bunting의 의견에 고마움을 표합니다. 제가 이 책을 완성하는 것에 대해 의구심을 갖게 되었을 때, 그들이 책에 대해 보여준 열정 덕분에 계속할 수 있었습니다. 제 연구 조교인 Gerry Landers는 참고 문헌과 표를 작성하는 데에 엄청난 도움을 주었습니다. 커피, 맥주, 힘들 때 어깨를 제게 빌려 준 Cindy Lutenbacher, 먼 곳에서 유머와 격려를 보내는 Jim Purpura에게도 감사의 말씀을 전합니다.

마지막으로, 우리 가족의 지원에 감사를 드립니다. 남편 Clarke는 저에게 글을 쓰기 위한 시간과 공간을 마련해 주었고, 저의 불만을 들어주었으며 제가 짜증을 낼 때에 참을성 있게 들어주느라 고생이 많았습니다. 그가 수많은 여러 작은 방법들로 나를 뒷받침해 주었음을 이제서야 이해하기 시작하였습니다. 나의 아들인 Tommy와 James는 그 사랑스러운 존재만으로도 인생에서 진정 중요한 것에 대해 마음 깊이 생각하게 하여 줍니다. 두 아이에게 글로 감사의 마음을 충분히 전할 수는 없겠지만, 아이스크림 가게로의 여행이 내 마음을 전할 첫 번째 행동이 될 겁니다.

출판사와 저는 본문에 명시된 저작권 자료들을 사용하게 허가해 주신 저자와 출판사에 깊이 감사드립니다. 그렇지만 사용된 모든 자료의 출처를 확인하거나 추적할 수 없었으므로, 만약 알게 되신다면 저작권 소유자에 대한 정보를 출판사에 알려 주시면 감사하겠습니다.

- A. C. Purves, Soter, A. S. Takala & A. Vahapassi의 『영어 교수 연구 (Research in the teaching of English)』.
- 전국 영어 교사 협의회가 저작권을 갖고 있는 1984년 C. R. Cooper & L. Odell의 『쓰기 평가(Evaluating Writing)』에서 발췌한 R. Lloyd-Jones의 「주요 특성 평가(Primary trait scoring)」. 전국 교사 영어 협의회가 저작권을 갖고 있는 1977년 판을 재인쇄함.
- 전국 영어 교사 협의회가 저작권을 갖고 있는 1998년 쓰기 평가에 대한 개관을 담고 있는 W. Wolcott와 S. M. Legg의 『이론, 연구 및 실제 (Theory, research and practice)』.
- 예일 대학 출판사의 허가를 받아 재인쇄한 B. K. Lynch와 F. Davidson의 『준거 참조 언어 검사 개발(Criterion-referenced language test development)』.
- CSE UCLA에서 1996년 출판된 F. A. Butler, S. C. Weigle, A. B. Kahn 및 E. Y. Sato의 『모델 표준에 기반한 배치 검사 도구를 위한 상세화에 따른 검사 개발 계획(Test development plan with specifications for placement instruments anchored to the model standards)』에서 발췌함.
- 1990년 M. Apodaco의 『숙달도 표본 프로젝트(Proficiency sample project)』.
- 외국어로서의 영어 검사 2000.
- TOEFL 자료는 저작권 소유자인 Educational Testing Service의 허가를 받아 재인쇄함.
- 평가 문항 및 기타 평가 정보는 케임브리지 대학 출판사에서 전체적으로 제공되지만, 이 출판물이 Educational Testing Service에 의해 추천

되었다고 유추하는 것은 곤란함.

- H. Jacobs, S. Zinkgraf, D. Wormuth, V. Hartfiel 및 J. Hughey의 『외국어로서의 영어 작문에 대한 평가(Testing ESL composition)』(1981).

- C. J. Weir의 1990년 『의사소통적 언어 검사』에서 발췌함. 제2언어 맥락에서의 채점 절차는 L. Hamp-Lyons의 『학문적 맥락에서의 제2언어 쓰기 평가』에서 발췌함. 저작권 © 1991, L. Hamp-Lyons, Greenwood Publishing Group, Inc.에서 재출판 허가를 받음.

- Lyle F. Bachman과 Adrian S. Palmer의 『언어 검사의 실제(Language testing in practice)』 © Lyle F. Bachman & Adrian S. Palmer, 1996년, 옥스퍼드 대학 출판사의 허가를 받아 재출판함.

- 『첫 번째 영어 자격증: UCLES의 편람(First Certificate in English: a handbook UCLES)』에서 발췌함.

- UCLES의 『IELTS 표본 자료 1995(IELTS specimen Materials 1995)』와 『IELTS 편람 2002(IELTS Handbook 2002)』에서 발췌함.

- 『맥락화된 쓰기 평가(Contextualized Writing Assessment)』(CARLA 2001)에서 발췌함.

- J. Reid and B. Kroll의 「NES & ESL 학생을 위한 효과적인 교실 쓰기 과제 설계와 평가(Designing and assessing effective classroom writing assignments for NES & ESL students)」, Elsevier Science의 허가를 받아 1995년 『제2언어 쓰기(Journal of second language writing)』 4호 1권, 17쪽에서 41쪽에서 재인쇄함.

- L. Hamp-Lyons와 W. Condon(2000)의 『포트폴리오 평가(Assessing the portfolio)』를 Hampton Press, Inc.의 허가를 받아 재인쇄함.

- 포트폴리오의 장점으로부터 포트폴리오 내용을 위한 체크리스트를 제시한 L. Mabry의 1999년 『대안적 평가에 대한 비판적 안내(a critical guide to alternative assessment)』의 169쪽을 Sage Publications, Inc.의 허가를 받아 재인쇄함.

- 1998년 켄터키 대학의 G. Summer와 E. Spalding의 『쓰기 평가(Writing assessment)』.

- 1992년부터 1998년까지의 M. Willard-Traub, E. Decker, R. Reed 및 J. Johnston의 미시간 대학 대규모 배치 평가 개발. 『쓰기 평가의 새로운 이론을 향하여(Toward a new theory of writing assessment. College Composition and Communication)』.

- B. Huot의 『대학 작문과 의사소통(College Composition and Communication)』. 1996년 전국영어교사협의회가 저작권을 갖고 있음.

2001년 9월

애틀랜타에서

목차

1장 서론

세계화 시대에 글을 효과적으로 쓰는 능력은 차츰 더 중요해지고 있다. 따라서 제2언어 교육이나 외국어 교육에서도 쓰기에 대한 교육은 점차 그 역할이 커지고 있다. 교통과 기술의 발전은 전 세계의 사람들이 상호작용할 수 있도록 만들어 주었다. 이에 따라 범언어적으로 의사소통하는 것이 훨씬 더 필요하게 되었다. 결과적으로, 제2언어로 말하고 쓰는 능력은 교육이나, 사업, 그리고 개인적 이유에서 매우 중요한 기능으로 인식되기 시작했다. 또한 쓰기는 의사소통적인 언어 교수(즉, 연구의 대상으로서가 아니라 의사소통 체계로 언어를 가르치는 것)에서 보다 중요한 요소가 되어 왔으며, 제2언어 및 기타 외국어 언어 교육 환경에서도 중심적인 교육 대상이 되고 있다. 언어 교육에서 전통적인 견해는 쓰기가 기본적으로 구어 사용 양식, 문법, 그리고 어휘 적용 능력을 도와주고 강화시켜 준다는 것이었다. 그러나 이런 관점은 차츰 제2언어로 글을 쓰는 것이 그 자체로서 가치 있는 기획이라는 생각으로 대체되고 있다.

특정 언어 기능의 습득이 중요하게 생각되는 곳에서는 당연히 그 기능에 대한 평가[1]도 중요하게 여겨진다. 쓰기라고 해서 예외는 아니다. 따라서 제2언어 교육에서 쓰기의 역할이 증가함에 따라, 교실 현장뿐만 아니라 미래 직업 교육, 학술적 성공을 위해서도 쓰기 능력을 평가하는 타당하고 믿을 만한 방법에 대한 요구는 커지고 있다.

쓰기 능력을 평가하기 위해 무엇을, 어떻게 해야 할까? 이 질문에 대한 상식적인 대답은 사람들에게 직접 글을 쓰게 하여 평가하는 것이 쓰기 능력을 평가하는 가장 좋은 방법이라는 것이다(Hughes, 1989: 75). 만약 이 말에 대해 동의한다면, 쓰기 검사지에는 적어도 두 가지 기본 요소가 들어 있어야 한다. 우선 수험자가 무엇을 써야 할지를 말해 주는 하나 이상의 쓰기 과제나 제시문 그리고 수험자가

---

[1] (옮긴이) 평가의 관점은 측정(measurement)에서, 평가(evaluation), 사정(assessment)으로 변화하여 왔다. 이러한 관점의 차이는 '평가'라는 교육 목적적 행위를 어떻게 바라보아야 한다는 학자들의 전제가 바뀌어 온 것을 뜻한다.

평가(evaluation)란 학습자의 기술, 지식, 능력을 표집하고 관찰하여 가치를 부여하는 모든 종류의 방법을 포함하는 것으로, 측정(measurement)이나 검사(testing)보다 광범위한 개념이다. 일반적으로 평가의 본질은 판단을 하는 것으로 가치(value)에 근거한 결정을 내리는 것이다. 한편 측정은 어떤 실재에다가 특정한 규칙을 적용해 수적인 가치를 부여하는 것으로 평가의 한 방법에 속한다. 하지만 모든 평가가 측정을 포함하는 것은 아니며, 어떤 경우는 숫자로 나타내기 어려운 평가 결과도 있다. 대개 평가를 통해 사정이 이루어진다고 보고 평가와 사정을 혼용하기도 하는데, '사정'은 해당 교과목의 전반적 운영과 관련된 개념으로 개별 학습자가 무엇을 배웠는가와는 다른, 행정적인 차원의 접근이다. 즉, 평가(評價, evaluation)는 대상이 가진 장점을 판단해 그 가치에 해당하는 값을 결정하는 절차이고, 사정(査定, assessment)은 그 평가 결과를 해석해 적용하는 과정을 말한다. 이 책에서는 '평가'와 '사정', '검사'의 차별성을 부각하기보다 일반적인 평가의 원리 및 타당한 평가 도구 개발 절차에 대해 집중적으로 다루고 있다. 따라서 이러한 개념 상 차이를 엄밀하게 구분하지 않고 일반적으로 통용되는 '평가'로 번역하되, '사정'과 '검사'의 특성을 부각한 경우에만 저자의 의도를 살리는 방향으로 번역하였다.

Scriven, M., "The methodology of evaluation", In R. E. Stake (ed.), *Curriculum evaluation*, Chicago: Rand McNally, 1967; 황정규, 『학교학습과 교육평가』, 교육과학사, 1998.

산출해 낸 쓰기 답안을 평가할 수단이 있어야 한다. 그러나 보다시피, 좋은 쓰기 평가를 설계하는 일은 단순히 수험자가 어떤 화제의 글을 써야 할지 생각하고, 또 작성된 쓰기 답안에 대해 순위를 매기기 위해 판단을 내리는 것보다 훨씬 더 많은 것들을 포함한다. 평가 과제와 채점 절차를 설계하기 위한 결정을 내리기에 앞서 몇 가지 핵심적인 질문에 대해 생각해 봐야 한다. 그 질문들은 다음과 같다.

- 평가하고자 하는 것이 무엇인가? 즉, 평가의 목적으로서 쓰기 능력을 어떻게 규정할 것인가?—기본적으로 수험자가 문법적인 문장을 생산해 낼 수 있는지에 관심이 있는가, 아니면 특별한 의사소통 기능을 위해 쓰기를 얼마나 잘 사용하는지 알고 싶은가?
- 왜 쓰기 능력을 평가하고자 하는가? 평가를 통해 얻은 정보로 무엇을 하려고 하는가?
- 수험자는 누구인가? 수험자가 자신의 최고 능력을 발휘할 수 있도록 과제를 설계하기 위해 그들에 대해 무엇을 알아야 하는가?
- 누가 시험지를 채점할 것인가? 어떤 준거(criteria)나 기준(standard)을 사용할 것인가? 채점자가 채점 기준을 일관되게 적용하는지 어떻게 확인할 수 있는가?
- 평가를 통해 제공된 정보를 누가 사용할 것인가? 어떤 형식으로 정보를 정리하는 것이 가장 유용할 것인가?
- 수험자의 쓰기 능력에 대한 정보를 수집할 때 그 정보의 양과 종류를 제한하는 규정(시간, 자료, 자금, 업무 등)은 무엇인가?
- 평가의 타당도와 신뢰도를 확보하기 위해 알아야 할 것은 무엇인가?

이 책에서는 이러한 질문들에 대해 대략적으로 답하고자 하며,

이를 위해 다음과 같은 순서로 이 책을 구성하고자 한다. 이 책에서는 2개 장을 도입 부분으로 삼아 제1언어나 제2언어에서 사용되는 쓰기 평가를 개괄적으로 조망해 본다. 1장의 남은 부분은, 먼저 왜 사람들이 제2언어 맥락에서 쓰기를 사용하는지 그 이유를 따져보고, 다음으로 교실 안팎에서 제2언어로 쓰기가 필요한 텍스트 유형을 고려해 봄으로써 쓰기 평가에 대한 도입을 시작하도록 한다. 2장, '쓰기 능력의 본질'에서는 쓰기 능력의 본질, 쓰기와 그 외 언어 기능(특히 말하기와 읽기)과의 관련성을 검토해 보기 위해 작문 연구 분야, 응용 언어학, 그리고 심리학의 문헌들을 살펴보도록 한다. 3장, '쓰기 평가의 기본적 고려 사항'에서는 여러 집단을 위한 다양한 맥락에서 쓰기를 평가하는 목적에 대해 살펴보고, 평가를 유용하게 할 수 있는 원리에 대해 논의한다(Bachman & Palmer, 1996).

4장부터 7장까지는 전통적으로 쓰기 평가에서 직접 평가로 불리는 것에 대해 다룬다. 특별히 대규모 평가, 즉 수험자들에게 사전에 주제를 알려주지 않고 제한된 시간에 글을 쓰도록 하는 평가에 대해 살펴본다. 4장에서는 쓰기 과제, 평가 척도, 채점자, 텍스트 등을 살펴보아 쓰기 평가 연구의 거시적 측면들을 검토한다. 5장에서는 쓰기 평가를 위해 과제를 설계하는 것에 대한 정보와 조언을 제공하고, 6장에서는 채점 절차에 대해 알아본다. 7장은 다양한 맥락에서 제공되는 몇 가지 쓰기 평가에 대해 심도 있게 논의해보도록 한다.

마지막 세 개의 장에서는 시간 제한 직접 쓰기 평가(timed impromptu writing test)의 문제에만 국한하지 않고 쓰기 평가와 관련된 다양한 평가 방식과 문제를 다룬다. 8장에서는 쓰기 전 단계에서부터 잘 다듬어진 최종고를 작성하는 단계에 이르기까지 각각의 쓰기 과정에서 학생들의 쓰기에 반응하고 평가할 수 있는 여러 선택 사항들을 살펴보면서, 교실 쓰기 평가에 대해 논의할 것이다. 9장에서는 포트폴리오 평가, 즉 여러 다른 독자와 다른 목적을 가지고 여러 차례에 걸쳐서 작성된 다수의 쓰기 텍스트를 수집하고 검토하여 쓰기 능력을 평가하는 것에 대해 살펴본다. 마지막으로 10장에서는 제2언어 쓰기 평가에서 해결하지 못한 문제들과 향후 방향에 대해 살펴본다.

1. 제1언어, 제2언어 맥락에서의 쓰기

쓰기 평가의 방식에 대해 논의하기에 앞서, 먼저 **쓰기 능력**이 무엇을 의미하는지 규정해 보기로 하자. 앞으로 보게 되겠지만 이는 간단한 작업이 아니다. 제1언어, 제2언어 연구자들도 이미 지적해 왔다시피, 쓰기는 다양한 상황에서 다양한 사람들에 의해 사용되기 때문에 단일한 정의로는 모든 상황을 다 포괄할 수가 없다(Purves, 1992; Camp, 1993; White, 1995). 예를 들어 어떤 사람이 말한 것을 정확하게 받아 적는 능력(속기사에게는 매우 중요한 기술)은 설득적인 논증을 하는 능력과는 다르다. 제2언어 학습자에게 쓰기 학습은 범용 한자(漢字)를 익히는 것에서부터 박사논문을 쓸 수 있을 정도에 이르기까지 그 어떤 것도 의미할 수 있다. 모든 것을 포괄하는 정의를 시도하는 대신, 사람들이 일반적으로 제2언어를 배우고 사용하는 상황과 특수 목적의 제2언어 쓰기, 그리고 제2언어 필자들에게 필요한 쓰기 유형에 대한 상세한 설명으로 시작하는 것이 더 유용할 것이다.

제2언어 쓰기의 복잡성을 평가하기 위해 가장 좋은 방법은 그것을 제1언어 쓰기와 비교하는 것이다. Leki(1992)와 다른 학자들이 지적했듯이, 제1언어 쓰기는 공식적인 교육과 불가분하게 연결되어 있다. 아동이 학교를 시작할 즈음이면 사실상 누구나 자신의 모국어로 말은 할 수 있지만, 쓰기는 반드시 명시적으로 배워야 한다. 게다가 말하기, 듣기, 읽기와 비교할 때 학교 밖 쓰기 환경은 상대적으로 드물다.

제1언어 쓰기 환경에서 글을 쓰는 능력은 학술적 성공이나 직업적 성공과 밀접한 관련이 있다. Grabowski(1996)는 다음과 같이 말하고 있다.

> 말하기와 비교해서, 쓰기는 특별한 교육을 통해 획득해야만 하는 보다 표준화된 체계로 여겨진다. 이러한 표준화된 체계에 숙달하는 것은 한 개인이 자신의 권리와 책임을 보존하고 문화와 교육에 참여하기 위한 중요한 전제 조건이라 할 수 있다 … 쓰기가 말하기보다 더 표준화되었다는 사실은 사람들이 그 표준으로부터 벗어났을 때 더 높은 정도의 제재가 있다는 것을 의미한다. (Grabowski, 1996: 75)

그러므로 제1언어 교육에서 쓰기 학습은 학생들이 이미 알고 있는 언어의 다른 특별화된 버전에 대해 다시 학습하는 것과 같다. 2장에서 살펴보겠지만, 이런 특별한 버전은 형식과 사용 면에서 구어와는 여러 가지로 다르다. 그렇지만 이것도 학생들이 이미 소유하고 있는 언어 자원에 바탕을 둔다는 점은 틀림없다. 대부분의 학생들이 쓰기를 학습하는 궁극적인 목표는 학교를 넘어 사회의 여러 상황에 온전히 참여하고자 하는 것인데, 일부 학생들은 확장된 쓰기 능력과 관련된 경력을 추구하기도 한다.

글을 효과적으로 쓸 수 있는 능력은 학생들이 고등 교육과정으로 올라갈수록 집중적인 교육을 통해 신장된다. 특히 대학 수준에서 배우는 쓰기는 표준화된 의사소통 체계일 뿐만 아니라 학습을 위한 기본적인 도구가 된다. 그리고 적어도 영어 사용권 국가에서 쓰기의 주요 기능 중 하나는 단순한 의사소통을 넘어서 반성적 사고를 통해 자신의 지식을 확장하는 것이다(Bereiter & Scardamalia, 1987; Purves et al., 1984). 쓰기와 비판적 사고는 밀접하게 연관되어 있다. 그리고 쓰기의 전문적 기술은 학생들이 대학생활에서 요구되는 인지적 기능을 숙달했다는 징후로 보여진다. 좀 부정적으로 말하자면, 쓰기 전문성의 부족은 학생들이 성공하기에 필요한 사고 기능과 추론 기능을 갖고 있지 않은 것으로 흔히 간주될 수 있다. 그러므로 제1언어 쓰기 교육에서, 특히 고등교육에서는 사고의 독창성, 아이디어의 개발, 필자 논리의 건전성 등을 대단히 강조한다. 언어적 관습(목소리, 어조, 스타일, 정확성, 기법)도 중요하지만 이들은 흔히 내용과 구성의 문제 다음에 언급되는, 이차적인 문제로 간주되기도 한다.

쓰기 교육의 구체적인 목적은 문화마다 다양하게 달라질 수 있지만(모국어와 국제적인 언어 교육에 대해서는 Saari & Purves, 1992를 볼 것), 쓰기가 저학년부터 학교 교육과정의 중요한 일부분을 차지하고, 공교육 시스템을 가지고 있는 국가에서 대부분의 학생들은 적어도 기본 단계에서 쓰기를 배우게 된다는 사실은 분명하다. 이러한 의미에서 제1언어 쓰기 교육은 상대적으로 특정 문화 안에서 표준화되어 있다고 말할 수 있다.

그에 반해서 제2언어 쓰기는 그렇게 말할 수가 없다. 왜냐하면 성인이든 학생이든, 학교나 다른 환경에서 사람들이 제2언어를 배우고 사용하는 상황이 매우 다양하기 때문이다. 〈표 1.1〉에서 보듯이 제2언어 학습자의 주요 집단은 다섯 가지로 구분될 수 있다(Bernhardt,

<표 1.1> 제2언어 학습자 집단(Bernhardt, 1991)

	학습자	요구사항	목적
아동	비주류 집단 구성원. 예를 들어 이중언어 프로그램 소속	'학교'의 학술적 쓰기 기능	생존
	주류 집단 구성원. 예를 들어 집중 훈련 프로그램 소속		능력 향상
성인	비주류 집단 구성원, 이민자 신분	당면한 기능적 문식성 기술	업무 현장에서의 생존
	준임시적인 학술적 상태	학술적으로 '교육된' 언어 기능	대학교에서 고급과목 학위 취득(석/박사)
	주류 언어를 사용하는 집단 구성원. 예를 들어 전통적인 외국어 학습자		교육, 직무능력 강화, 흥미

1991). 첫 번째 집단은 주류 언어로 교육을 받는 소수 언어 집단의 학생들로 구성된다. 이 학생들은 학교에서, 또 궁극적으로는 직업 현장에서 성공하기 위해, 집에서 말하지 않는 언어로 읽기와 쓰기를 배워야만 한다. 두 번째 집단은 집중 훈련 교육과정에 참가하고 있거나 제2언어 수업을 받는 주류 언어권 화자들이다. 이런 경우에는 제2언어의 숙달이 자신의 교육을 향상시킬 수 있지만 첫 번째 집단에 비해서는 교육의 궁극적인 성공을 위해 그다지 중요하지 않다. 두 집단 아동들의 공통적인 요소는 그들의 제1언어가 여전히 발달 단계에 있다는 것이며, 제1언어 필자와 마찬가지로, 학교에서 쓰기를 배우는, 학교 지향적인 활동이라는 점이다.

성인 제2언어 학습자는 세 집단으로 나눌 수 있다. 첫 번째 집단은 새로운 나라로 이민을 온 사람들로 구성된다. 이들은 흔히 위상이 낮은 언어를 모국어로 가지고 있으며, 제1언어 문식성조차 없을 수도 있다. 이러한 학습자들은 직업 활동을 위해 기본적인 수준의 기능적 쓰기 학습이 필요하다. 이 집단과 뚜렷한 대조를 이루는 것이 두 번째 집단인데, 이들은 대학에서 학위를 얻기 위해 모국을 떠나 온 사람들이다. 이들은 이미 높은 교육 수준과 모국어 문식성을 가지고 있으며, 매우 높은 수준의 지적인 쓰기를 배우고자 한다. 마지막으로 L2 학습자의 세 번째의 집단은 개인적인 관심이나 경력, 학력의 확장을 위해 제2언어를 배우는 주류 언어 사용 집단의 구성원들이다. 세 번째 집단도 두 번째 집단과 마찬가지로, 일반적으로 잘 교육받은 사람들이긴 하지만 제2언어로 쓰기를 배우고자 하는 욕구가 두 번째 집단만큼 크지는 않다. 그리고 확실히 이들이 쓰고자 하는 글은 두 번째 집단 구성원보다 덜 복잡한 것들이다.

요약하자면, 제2언어 학습자 집단은 나이, 교육 수준, 제1언어 문식성, 교실 밖에서 현실 세계가 쓰기를 요구하는 정도에 따라 구별된다. 이 외에도 제2언어에서 글을 쓰는 기회나 능력은 또 다른 고려 사항에 의해서도 결정된다. 그 중 중요한 요소가 제2언어의 습득 단계나 수준이다. 이 점은 2장에서 상세히 다룰 예정이다. 현재로서는 어떤 사람이 제2언어에 대한 문법이나 어휘에 관해 최소한 뭔가 알아야만 그 언어로 글을 쓸 수 있다는 점만을 간단히 언급할 수 있다. 또 추가할 수 있는 고려 사항은 두 언어, 즉 제1언어와 제2언어 사이의 상대적인 유사점과 차이점이다. 문법이나 어휘 면에서 모국어와 밀접하게 관련되어 있는 언어로 쓰기를 하는 것은 그렇지 못한 언어로 쓰기를 하는 것보다 훨씬 더 쉽다. 마지막으로 위에서 논의한 쓰기를 위한 현실적 요구와 관련하여 중요한 고려 사항이 있다. 그것은 광범위한 의사소통 언어로서 제2언어의 역할이다. 예를 들어 외국어로서 영어를 배우는 사람은 그 언어로 글을 써야 할 현실적 필요성이 러시아어를 배우는 사람보다 훨씬 더 많을 것이다.

이러한 논의들이 보여주는 대로, 제1언어 쓰기와 제2언어 쓰기 간의 차이점은 고려해볼 만하다. 그리고 특별히 쓰기의 배경, 경험,

요구, 목적 등의 다양성은 제1언어 필자들보다 제2언어 필자들이 더 크다. 우리는 이 책의 다음 부분에서, 이러한 다양성이 쓰기 평가, 즉 적절한 쓰기 과제의 설계와 쓰기 채점의 모든 면에 있어 중요한 의미를 가진다는 사실을 설명할 것이다.

2. 문어 텍스트 유형의 분류

제2언어 필자의 다양한 배경과 경험, 요구가 함축하는 중요한 한 가지 사실은 앞서 말한 다양한 집단에서 생산된 쓰기 유형들이 상당히 달라질 수 있다는 것이다. 쓰기 능력이 의미하는 바에 관해 논의를 지속하기 위해서 이제 다른 문제로 전환할 것이다. 사람들은 무엇을 쓰는가, 그리고 어떤 환경 아래서 글을 쓰는가? 위에서 논의한 대로, 쓰기는 문자를 적는 것에서부터 긴 담화를 작성하는 것에 이르기까지 그 어떤 것도 의미할 수 있다. 어떤 종류의 쓰기가 어떤 제2언어 필자 집단과 관련될 수 있을까? 만약 앞서 말한 제2언어 필자의 다섯 집단을 모두 포괄할 수 있는 일반화된 쓰기 모형을 가지려고 한다면, 그들의 가장 중요한 특성을 통해서 쓰기 텍스트 유형을 기술하고 범주화하는 체계를 갖는 것이 중요하다.

쓰기 담화(writing discourse)를 분류하기 위한 유용한 모형으로는 학교 글쓰기의 국제적인 연구를 위해 Vähäässi(1982)가 독창적으로 고안한 것이 있다. 이 모형이 〈표 1.2〉에 제시되어 있다.

〈표 1.2〉가 보여주는 바대로, 텍스트 유형은 두 가지 주요 관점에 따라 분류될 수 있다. 하나는 인지적 처리과정(cognitive processing)이며, 다른 하나는 주요 의도나 목적이다. 가로축을 따라 인지적 처리

<table>
<tr><td colspan="7">〈표 1.2〉 쓰기 담화의 일반 모형(General model of writing discourse; Vähäpässi, 1982)</td></tr>
</table>

	인지적 처리 과정	I. 재현	II. 조직/재조직		III. 창안/생성	
주요 의도·목적	주요 내용 / 주요 독자	언어적으로 (이미) 암호화되어 있는/ 선결된 정보	기존의 사실		새롭거나 대안적인 정보	
			공간적·시간적	현상, 개념 또는 정신적 상태	공간적·시간적	현상, 개념 또는 정신적 상태
1. 학습을 위해 (메타언어적 탐구 목적)	필자 자신	베껴 쓰기 받아쓰기	(듣거나 읽은) 이야기 재구성하기	메모 이력서 요약 개요 바꿔 쓰기	책 여백에 논평 적기 / 비유 유추	
2. 정서 및 감정 전달을 위해 (정서적 목적)	필자 자신 / 타인	의식의 흐름	개인적인 이야기 / 개인적인 일기 개인적인 편지	인물 묘사	성찰적 글쓰기 개인 에세이	전통적인 문식성
3. 정보 제공을 위해(참조적 목적)	타인	인용 서식 채우기	서사적 보고 / 뉴스 지시 사항 전보 담화 발표 회람문	안내 기술 / 기술 설명서 전기 과학 보고서/ 실험	설명적 글쓰기 •정의 •학술적 에세이·논문 •서평 •논평	장르와 양식은 이 네 가지 목적(2-5) 중 하나의 목적만
4. 설득을 위해 (능동적 목적)	타인	권위자·전문가 로부터 인용	지원서 / 개인적인 관점, 의견 진술	광고 편지나 조언	논증적·설득적 글쓰기 •사설 •비평적 에세이·기사	가지거나 그 이상 의 목적을 동시에
5. 오락, 흥미, 즐거움을 위해 (시적 목적)	타인	시·산문의 인용구	결말이 주어진 이야기 창작하기 결말 창작하기 이야기 재구성하기	상세한 묘사나 스케치 수필	오락적 글쓰기 •패러디 •운문	가질 수도 있다.
6. 관계 맺기를 위해(의례적 목적)	타인	엽서	엽서, 편지			
	기록 담화		보고 담화		탐구 담화	

과정의 세 가지 기본적 수준이 구별되어 나열된다. 가장 적은 용량을 차지하는 과제는 이미 언어화되었거나 결정된 정보를 복제하는 것이다(유형Ⅰ. 재현). 이런 유형의 예로는 받아쓰기나 서식 채우기가 있다. 인지적 처리과정의 두 번째 유형은 필자가 이미 알고 있는 정보를 배열하거나 조직하는 것과 관련된다(유형Ⅱ. 조직/재조직). 이

러한 유형의 예로는 실험 보고서 등이 있다. 마지막으로, 가장 많은 인지적 용량을 요구하는 것으로는 새로운 아이디어나 새로운 정보를 창안하거나 생성하는 것과 관련된다. 예를 들자면 설명적 글쓰기와 같은 것이다(유형Ⅲ. 창안/생성). 지식 변형(knowledge transforming)에 관계된 쓰기는 세 번째 유형인데, 제1언어 필자를 위한 학술적 글쓰기나 학술적 맥락의 제2언어 필자들에게는 가장 중요할 것이다.

Vähäässi는 세로축에 Jakobson(1960)이 독창적으로 제안한 기준에 따라 여섯 개의 의도 및 목적에 관한 범주를 두었다. 이 목적들은 학습, 감정 전달, 정보 전달, 납득이나 설득, 오락과 즐거움, 관계 맺기를 위한 것 등이다. 인지적 처리과정과 달리, 이러한 목적들 사이에 서열이 있는 것은 아니다. 비록 예를 들어, 설득이 정보 전달보다 훨씬 더 어렵다는 주장이 논의될 수 있을지라도 이러한 기능들 중 하나를 성취하는 능력이 다른 것을 성취하는 능력에 의해 결정되는 것은 아니다. 이러한 목적 항목에 따라 기본적인 독자, 즉 자신 혹은 타인에 관한 고려 사항들도 염두에 두어야 한다. 이렇게 해서 문어 텍스트는 이 두 축이 교차하는 지점들에 위치하게 된다.

이러한 범주화가 본래는 학교 글쓰기를 위해 의도된 것이지만, 앞에서 기술한 제2언어 필자의 다섯 집단으로 돌아가 이 집단들의 전형적인 쓰기 요구를 적용해 보는 것도 유용할 수 있다(〈표 1.3〉을 볼 것). 첫 번째 두 집단—제2언어로 학교 교육을 받는 아동—은 학교 교육의 수준이나 교육과정의 상세한 요구에 따라 이러한 쓰기 유형이 부분적으로, 혹은 모두 필요할 수 있다. 의무 교육의 끝에 다다른 학생이나 계속해서 고등 교육을 받고자 하는 학생들에게는 유형 Ⅲ의 쓰기가 매우 중요하다. 마찬가지로 제2언어 환경에서 보다 심화된 수준을 원하는 학생들은 인지적 처리과정의 3단계를 모두 거쳐서

<표 1.3> 제2외국어 학습자 집단과 쓰기 유형(adapted from Bernhardt, 1991)

	학습자	요구사항	목적	쓰기 유형
아동	비주류 집단 구성원. 예를 들어 이중언어 프로그램 소속	학술적 '학교'의 쓰기 기능	생존	I, II, III
	주류 집단 구성원. 예를 들어 집중 훈련 프로그램 소속		능력 향상	I, II, III
성인	비주류 집단 구성원. 이민자 신분	당면한 기능적 문식성 기술	업무 현장에서의 생존	I, II
	준임시적인 학술적 상태	학술적으로 '교육된' 언어 기능	대학교의 고급과장 학위 취득(석/박사)	I, II, III
	주류 언어를 사용하는 집단 구성원. 예를 들어 전통적인 외국어 학습자		교육이나 직무 능력 강화, 흥미	I, II

쓰기를 할 필요가 있다. 이 집단의 제2언어 필자들에게는 쓰기의 특별한 중요성을 알려주거나 설득하는 글을 쓰게 할 수 있다.

한편, 성인 제2언어 학습자의 다른 두 집단, 즉 생존을 위해 쓰기를 배우는 소수 언어 집단의 구성원과 개인적 쓰기 능력 신장을 원하는 주류 언어 집단의 구성원에게 글을 쓰고자 하는 요구는 교실 안팎에서 보다 제한적일 수 있다. 먼저 언어 교실을 살펴보면, 이 두 집단에서 이루어지는 지배적인 쓰기 사용 방식은 학습의 주요 기능과 더불어 유형 I이 되는 경우가 많다. 앞에서도 언급했듯이 언어 교실에서 쓰기의 전통적인 역할은, 특히 언어 학습을 막 시작한 단계의 학습자들은 언어의 구조나 어휘에 관한 구어적 의사소통 학습을 보조하거나 강화하기 위해 글을 쓰는 정도였다. 이는 특히 외국어 학습자의 경우가 그렇다. 즉, 첫 번째 집단에서 제2언어 학습자들은 기초 글쓰기에 대해 보다 크고 직접적인 필요성을 가지고 있다. 따라서 이런 학습자들을 위한 쓰기 지도에는 이름과 주소를 쓰거나 기본 서식을 채우는 것과 같이 비교적 이른 시기에 이뤄질 수 있는 '생존' 유형의 쓰기 학습이 포함되곤 한다. 교실에서는 다른 쓰기 유형들도 작성될 수 있겠지만, 이들 두 범주에 속하는 대부분의 제2언어 학습자들에게는 현실적으로 처음 두 수준의 인지적 처리 과정만이 부과될 것이다.

언어 교실을 벗어나 이 두 집단에 대한 현실 세계의 쓰기 요구를 보면, 제2언어 환경에서 첫 번째 집단—L2 환경에서의 이민자 집단—은 서식을 채우거나, 작업장에서 발생한 사고에 대해 기술하는 보고서를 쓰거나, 또는 쓰기 설명서와 같은 정보적(참조적) 글쓰기를 주로 수행하게 될 것이라고 쉽게 예상된다. 또 이들이 취업을 위한 지원서와 같은 설득적 글쓰기를 어느 정도 사용하게 될 것이라고 예상할 수도 있다. 두 번째 집단, 즉 외국어 학습자들은 개인적이고 전문적인 목표에 따라, 또 국제적인 의사소통 수단으로서 제2언어의 유용성에 따라 달라질 수는 있지만, 현실 생활에서는 제2언어 쓰기의 필요성이 더 적을 수도 있다. 예를 들어 이탈리아어를 배우고 있는 영어권 화자는 로마에서 호텔 예약서를 이탈리아어로 작성하여 만족할 수도 있지만, 영어로 같은 목적을 쉽게 달성할 수도 있다. 반면에 영어를 배우고 있는 이탈리아어 모국어 화자가 영어로 쓸 줄 아는 것은 현실적인 삶의 상황에서 실제적으로 훨씬 더 유용할 것이다.

요약하자면, 각각의 제2언어 학습자 집단들의 쓰기 요구는 인지적 요구와 의사소통적 기능의 측면에서 상당히 다양하게 나타날 수 있다는 사실이 앞의 논의를 통해 분명해졌다. 이렇게 다양한 집단을 위한 적절한 쓰기 평가를 설계하기 위해서는 이런 차이들을 기억하는 것이 중요할 것이다.

3. 요약

이 장에서는 제2언어 학습자의 다양한 집단들과 제2언어에서 쓰기의 역할을 살펴봄으로써 쓰기 평가에 대해 생각해 보았다. 다음 장에서는 글쓰기가 언어적 현상으로, 인지적 현상으로, 사회적 현상으로, 문화적 현상으로 개념화될 수 있는 다양한 방법들을 좀 더 자세히 살펴보도록 하겠다. 다음 장에서는 관심을 두었던 다양한 현상들을 정의해 봄으로써 평가의 방법을 결정하는 데에 튼튼한 기초를 마련하고자 한다.

2장 쓰기 능력의 본질

1. 도입

1장에서는 제2언어 학습에서 쓰기의 역할에 대해 검토했다. 이 장에서는 쓰기 능력의 본질에 대한 탐색으로 방향을 돌린다. 평가하고자 하는 기능을 정의하는 것은 평가를 설계하는 데 있어서 중요한 출발점이다. 앞으로 보게 되겠지만, 특정한 맥락에서 쓰기 능력을 정의하는 것은 1장에서 논의된 고려 사항에 상당히 많은 부분을 의존한다. 즉, 제2언어 필자들의 세부 집단 속성과 이 집단의 필자들이 쓰게 될 쓰기 유형에 따라 그 정의는 달라진다.

이 장에서는 쓰기 능력의 본질을 몇 가지 관점에서 살펴본다. 첫째, 쓰기를 다른 생산 기능인 말하기와 비교해 보고, 그 다음으로는 사회적, 문화적 현상으로서, 인지적 활동으로서 쓰기를 살펴볼 것이며, 마지막으로 쓰기와 제2언어 숙달도 사이의 관련성에 대해 논의할 것이다.

2. 쓰기와 말하기의 관계

전통적으로 언어 교수와 평가에서는 언어 사용 현상을 네 가지 기능으로 범주화한다. 즉, 의사소통의 수단(청각 대 시각)과 양식(생산 대 수용)을 기준으로 삼아 읽기, 쓰기, 듣기, 말하기로 나눈다. 이 상이한 언어 기능들은 실제로 어느 정도 다른 인지적 메커니즘을 가지고 있는지, 그렇지 않다면 단지 일반적인 언어 능력이 다양한 사회문화적 매개 과정을 통해 분화되어 나타난 것인지 하는 문제는 아직 논쟁의 여지가 있다. 이런 문제들을 전반적으로 다루는 것은 이 책의 범위를 넘어서는 것이겠지만, 쓰기 평가에 도움이 될 수 있는 쓰기의 정의를 찾는 범위 안에서 쓰기와 나머지 두 기능, 즉 말하기(여타 생산 기능)와 읽기(여타 시각 기능)의 관련성에 대한 고찰에 시간을 할애하는 것은 의의가 있다. 쓰기에서 읽기의 역할에 관해서는 이 장의 후반부에 다룬다. 여기에서는 최근 학자들이 쓰기와 말하기의 관련성에 대해 어떻게 개념화해 왔는지를 요약해 보고자 한다.

여러 요인 중에서 쓰기와 말하기의 관련성은 언어 평가를 위해 중요하다. 쓰기와 말하기는 동일한 언어적 자원에 의지하면서도 분명히 구별되는 인지 과정을 필요로 한다는 점에서, 어느 정도까지 쓰기를 L2 언어 사용의 특별한 경우로 볼 수가 있는지, 또 어느 정도까지 쓰기를 말하기와는 구별되는 상이한 능력으로 표상할 수 있는지가 모호하기 때문이다. 제1언어, 제2언어 연구에서 많은 문헌들이 여러 가지 다양한 관점에서 말하기와 쓰기의 차이를 다루어 왔다. Grabe와 Kaplan(1996)이 지적한 바와 같이, 언어학자와 교육학 연구자들은 역사적으로 쓰기와 말하기의 관련성에 대해 논쟁적인 입장을 견지해 왔다. 전통적인 언어학 연구에서는 말하기(speech)가 기본적인 기능이고 문어는 단순히 구어의 반영이라고 생각했다. 반면, 교육학 연구자들은 언어의 문어 형식이 좀 더 '정확하기' 때문에 구어보다 훨씬 더 높은 가치가 있다는 입장을 견지해 왔다. 그러나 최근 몇 년간 이 두 입장이 조화롭게 합의된 견해가 등장했다. 즉, 구어나 문어라고 해서 다른 기능에 비해 선천적으로 우월하지 않다는 것이다. 다만 텍스트의 생산 및 이해와 관련된 텍스트 요인, 사회문화적 규범과 사용 양식, 그리고 인지적 처리과정을 포함한 수많은 차원에서 구어 및 문어 텍스트는 변이를 보일 뿐이다.

Brown(1994)은 말하기와 쓰기의 차이점을 유용하게 개괄하고 있다. Brown은 구어와 통상적으로 변별되는 문어의 특징에 대해 다음과 같이 목록화하였다.

- **항구성**(Permanence): 구어는 일시적이며 실시간으로 진행된다. 반면 문어는 영구적이고 읽을 수 있으며, 원한다면 언제든지 다시 읽을 수 있다.
- **생산 시간**(Production time): 필자는 일반적으로 작업을 마치기 전까지 계획하고 검토하고 단어를 수정하는 데 많은 시간을 보낸다. 반면 화자는 대화가 지속되는 동안 아주 짧은 순간에 자신의 발화를 계획하고 표현하며 전달해야 한다.
- **거리**(Distance): 필자와 독자 사이에는 시간과 공간이 놓여 있다. 보통

면 대 면으로 의사소통하는 화자와 청자 사이에는 공유된 맥락 중에서 많은 부분이 삭제되지만, 필자 측에서는 훨씬 더 많은 명료함이 요구된다.

- **철자법**(Orthography): 화자에게는 메시지를 강화하는 데에 사용할 수 있는 장치가 많다(예를 들어 강세, 억양, 음높이, 음량, 휴지 등). 반면 필자는 화자에 비해 정보를 제한적으로만 전달할 수 있다.
- **복합성**(Complexity): 문어는 훨씬 더 긴 절과 더 많은 종속절들로 특징지어지는 경향이 있는 반면에, 구어는 잉여적인 반복(가령 명사 및 동사의 반복)이 훨씬 많을 뿐만 아니라, 등위접속사로 연결되는 훨씬 짧은 절로 구성되는 경향이 있다.
- **형식성**(Formality): 쓰기는 보통 사회적, 문화적으로 사용되기 때문에 말하기보다 더 형식적인 경향이 있다.
- **어휘**(Vocabulary): 문어 텍스트는 구어 텍스트에 비해 훨씬 더 광범위하게 다양한 어휘가 쓰이고 낮은 빈도의 단어들이 사용되는 경향이 있다.

Brown의 목록은 지나치게 단순화된 감은 있지만 구어와 문어의 차이를 논의하는 출발점으로서 의의가 있다. 그럼에도 불구하고 구어와 문어의 실제적 차이가 표면적인 텍스트 자질을 훨씬 넘어선다는 사실은 이미 널리 알려져 있다. 특히 말하기와 쓰기는 다른 맥락에서 다른 이유로 다른 의사소통적 목적을 수행하기 위해 빈번하게 사용된다. 게다가 쓰기와 관련된 인지 처리과정은 말하기에서 사용하는 인지 과정과는 중요한 방식에서 차이가 난다. 이 장의 나머지 부분에서는 이러한 문제에 대해 간략하게 다룬다.

Grabowski(1996)가 언급했듯이, 일상적인 환경에서 말하기와 쓰기의 표면적 차이는 말하기와 쓰기의 근본적 자질에서 기인하는 것은 아니다. 본래적인 차이를 찾자면 Brown의 규정 중 처음 두 가지 규정 (항구성, 생산 시간)만 근본적인 것이라 할 수 있다. 쓰기는 일반적으로 물리적인 흔적을 남긴다. 그래서 나중에 필자와 독자가 다시 볼 수 있다. 반면 말하기는 녹음을 하지 않는다면 그렇게 할 수 없다. 또 물리적 행위에서도 쓰기는 말하기보다 시간이 더 많이 걸린다. 구어 텍스트와 문어 텍스트의 모든 차이가 이 두 가지에서 비롯된다. 이 근본적인 차이를 제외하면 대부분의 쓰기와 말하기의 차이는 다른 맥락과 다른 목적으로 사용되는 데에서 생긴다. Grabowski(1996)는 쓰기를 말하기보다 더 많이 선택하게 되는 몇 가지 조건을 목록화했다. 그러한 선택은 흔히 사회적 혹은 관습적 규범에 의해 이루어지는 경우가 많지만, 대인 의사소통 방법 가운데 한 가지 양식이 가지는 이익이나 비용 같은 요소가 작용할 수도 있다. 예를 들어 먼 거리에 있는 친구에게는 전화를 하는 것보다 이메일을 보내는 것이 훨씬 비용이 적게 들지만, 매우 긴급한 연락이라면 비용을 아끼는 것보다 속도가 가지는 이익이 더 중요할 수 있다.

  말하기와 쓰기의 관계에 대해 보다 많은 문헌을 참고해 보자. Sperling(1996)은 다음과 같이 결론을 내렸다.

  문어와 구어의 차이에 대해 알기 위해서는 쓰기와 말하기가 담고 있는 수많은 의사소통 목적을 고려해 보아야 한다. 이런 관점에서 보면 무엇이 말해졌고 무엇이 함축되어 있는지, 무엇이 전경이고 무엇이 배경인지, 누구에 의해 말해졌고 어떤 환경에서 말해졌는지와 같은 광범위한 특질들이 쓰기와 말하기가 생산되는 맥락의 영역에서 그 규범 및 기대와 관련되어 있다는 사실을 보여준다. (Sperling, 1996: 56)

달리 말해서, 어휘 및 형식과 같은 자질들이 말하기와 쓰기에서 동일하지 않게 구현되더라도, 궁극적으로는 말하기와 쓰기가 사용되는 보다 광범위한 사회·문화적 맥락을 고려하는 것이 훨씬 더 중요하다는 것이다. 이 점과 관련하여 1장에서 논의된 바와 같이, 쓰기와 말하기 간의 가장 중요한 차이 중 하나는 쓰기가 교육적 환경에서 높은 가치를 드러내는 언어 표현이라는 점이고, 쓰기의 표준화는 쓰기에서의 정확성이 말하기에서의 정확성보다 훨씬 더 중요하다는 사실에서 비롯된다. 말하기와는 대조적으로 쓰기에서 정확성이 중요하다는 사실은 특히 학술적 맥락의 글쓰기와 밀접한 관련이 있다. 학술적 환경에서는 흔히 쓰기가 '학술적 담화공동체'에 진입할 수 있는 핵심적인 사항으로 여겨진다(Spack, 1988; Swales, 1990). 이러한 문제는 이 장의 후반부에서 자세히 다룰 것이다.

쓰기에 대한 사회문화적 영향이 말하기와 다르다는 사실에 덧붙여, 쓰기와 말하기의 인지적인 차이를 고려하는 것도 중요하다. 쓰기에 부과되는 인지적인 용량은 말하기와 어느 정도로 차이가 있을까? 지금까지 논의했던 말하기와 쓰기의 차이 중에서, 글을 쓰는 동안 일반적으로 수신자가 눈 앞에 존재하지 않는다는 사실은 인지적으로 가장 중요한 의미를 가지는 것으로 보인다. 화자와 달리 필자들은 대화의 흐름을 유지하기 위해 대화 교대 신호를 하면서 긴 휴지를 피하거나 대화 간 끊김을 채우는 등의 전략에 인지적 용량을 쓸 필요가 없다(Sacks et al., 1974; Grabowski, 1996). 쓰기의 경우, 지속적으로 발화를 생산해 내야 하는 의사소통적 압력은 덜한 반면, 계획하기나 정보 인출과 같은 인지적 활동에 더 많은 시간과 에너지를 쏟아야 한다(Grabowski, 1996). 한편, 수신자의 부재는 필자들에게 화자라면 직면하지 않을 부담을 지운다. 화자는 청자로부터 메시지가 잘 전달되었는지에 대해 즉각적으로 피드백을 받을 수 있는 반면에, 필자는 그러한 피드백 없이 독자의 지식 상태, 관심, 목표 등을 고려해서 일관된 메시지를 구성하도록 노력해야 한다. 그렇기 때문에 필자는 여러 개의 다른 정보, 즉 쓰기 화제에 관한 정보, 독자에 관한 정보, 문어 텍스트의 적절한 형식에 관한 정보를 동시에 다룰 수 있도록 상당한 양의 인지적 에너지를 들여야 한다. 사실상 전문적 필자와 비전문적 필자를 구별하는 것은 이처럼 독자를 예견할 수 있는 능력과 대화 상대가 없어도 적절하게 메시지를 구성할 수 있는 능력에 달려 있다. 이 점은 이 장의 뒤에서 다시 언급할 것이다.

어쨌든 말하기와 쓰기의 차이에 대한 이러한 논의들이 일상적인 발화(예를 들어, 대화)의 상호적인 본질과 일상적인 쓰기(적어도 몇 개의 문장으로 구성된 여러 종류의 텍스트 쓰기)의 독립적인 본질 사이의 차이를 강조하기 위해 두 양식 간의 변별점을 다소 지나치게 단순화하고 있다는 사실은 한 번 더 언급되어야 할 것이다. 물론 실제 현실에서는 문어적 특성을 나타내는 구어 사례들이 많고(예를 들어, 설교와 강의), 구어와 유사한 문어 사례들도 많다(예를 들어, 이메일 의사소통, 정보 메모, 영화 대본). 게다가 적어도 미국 교육 현장에서는 위에서 언급한 쓰기만의 특성을 경감시키기 위해 협력적 글쓰기, 동료 반응, 그리고 그 밖에도 다양한 상호작용적 쓰기 형식들을 강조하고 있다. Bachman과 Palmer(1996)가 지적했듯이, 말하기와 쓰기처럼 전통적으로 분리된 것으로 간주해 왔던 언어 기능들을 언어 능력이나 과제 특성의 또 다른 조합으로 보는 것이 더 적절해 보인다. 즉 언어 능력의 어떤 측면이 관여해야 하는가를 결정짓는 것은 특정 과제의 특성이라는 것이다. 언어 평가 목적의 측면에서 Bachman과 Palmer(1996)

의 시각은 말하기와 쓰기를 명료하게 구별하는 데 도움을 준다. 왜냐하면 말하기와 쓰기는 그 자체가 본질적으로 다른 능력이라기보다는 언어 사용 과제의 다른 유형으로 보는 것이 낫기 때문이다. 사람들은 실시간으로 상호작용하여 언어를 사용하는 능력, 그리고 대화 상대방 없이도 일관되게 텍스트를 만들어 낼 수 있는 능력, 두 가지 능력 모두에 흥미를 가지고 있기 때문에 이러한 구분은 매우 유용할 수가 있다.

요약하자면, 구어 담화와 문어 담화는 동일한 언어 자원에서 나오는 것이며, 많은 경우에 동일한 의사소통 목적을 수행하기 위해 사용될 수 있다. 그러나 쓰기는 몇 가지 중요한 방식, 즉 텍스트 자질과 각 의사소통 양식을 지배하는 요소들에 의해서 말하기와 차이가 난다. 문어는 단지 종이 위에 옮겨 놓은 구어가 아니다. 오히려 이들은 매우 상이한 사회문화적 규준 및 인지적 처리과정과 연관된, 서로 구별되는 의사소통 양식이다. 다음 절에서는 쓰기의 이러한 측면에 대해 좀 더 자세하게 논의한다.

3. 사회·문화적 현상으로서의 쓰기

쓰기의 사회적 측면

개인 필자의 측면에서 쓰기의 물리적 행위는 주로 인지적인 노력의 결과로 생각되어 왔다. 실제로 쓰기 평가에 관한 전통적인 접근은 기본적으로 쓰기의 인지적인 측면에 초점화되어 왔으며, 이런 측면에 대해서는 다음에서 자세히 논의될 것이다. 그렇지만 쓰기를 단지

고독한 개인의 산출물로서 보지 않고 사회·문화적 행위로 보는 것이 중요하다. 쓰기란 "맥락 안에서 일어나는 행위이고, 특별한 목적을 수행하는 행위이며, 의도된 독자들을 위해 적절히 구성되는 행위이다"(Hamp-Lyons & Kroll, 1997: 8). 비슷한 방식으로 Sperling(1996: 55)은 "쓰기는 일반적인 언어와 같이 사회·문화적으로 구성되고, 개인적·사회적으로 목적성을 가지는 의미 생산 활동"이라고 언급했다. 나아가 Hayes(1996)는 쓰기의 사회적 본질에 대해 다음과 같이 진술했다.

> [쓰기]는 사회의 인공물이며 사회적 맥락 안에서 수행되기 때문에 사회적이다. 우리가 무엇을 쓰고, 어떻게 쓰고, 누구에게 쓰는가는 사회적 관습과 사회적 상호작용의 역사에 의해 규정된다. … 우리가 쓰고 있는 장르들은 다른 필자들에 의해서 창조된 것이며, 우리가 쓰고 있는 구절에도 일찍이 다른 필자들이 써 왔던 것들이 종종 반영된다.
>
> (Hayes, 1996: 5)

제2언어(구체적으로는 영어)에서 학술적 글쓰기에 대한 최근의 많은 문헌들은 학술적 맥락에서 쓰기를 배우는 과정을 'ESL 학습자들이 학술적 담화공동체에 진입하는 하나의 시작'으로 언급하면서 쓰기의 사회적 측면을 강조하고 있다(Spack, 1988; Swales, 1990). 이런 시각에서 보자면, 쓰기를 배우는 것은 단순히 한 언어의 문법과 어휘를 배우는 것을 넘어, 학술적 글쓰기 일반의 수사적 형식에 이르기까지 훨씬 더 많은 것과 관련된다. 쓰기는 각 전공 영역에서 '학술적으로 중요하게 여기는 다양한 이슈들을 탐색하기', 어떤 탐구 방식은 허용되고 어떤 것은 허용되지 않는 이유, 전공 영역 안에서 관습적으로 텍스트를 구성하는 방식, 개인 필자들이 텍스트 안에 자신을 표상하는 방식, 전공 영역 안에서 텍스트가 읽히고 전파되는 방식, 하나의 텍스트가 후속 텍스트에 영향을 미치는 방식까지 포함할 수 있다(Spack, 1988; 38). 쓰기에서 무엇이 중요한지, 또는 무엇이 가능한지, 쓰기 교수자가 자신의 전공을 벗어난 학술 영역의 담화 관습에 대해서도 정통한지(Spack, 1988), 그리고 모든 학술 분야에서 통용될 수 있는 어느 정도 단일한 '학술 담화'가 있어서 그것을 ESL학생들에게도 가르칠 수 있는지에 대해서는 여전히 논쟁의 여지가 있다(이 점에 대해서는 다음 논문을 볼 것 John, 1990; Raimes, 1991; Grabe & Kaplan, 1996). 이런 논쟁들은 쓰기 평가를 다루는 이 책에서 풀리지 않겠지만, 제2언어 쓰기 연구에서 제기되는 여러 종류의 사회적 논쟁거리에 관한 사례로서 충분한 기능을 한다. 이 책의 목적을 위해서는 이러한 쟁점에 대한 인식이 중요하다. 왜냐하면 쓰기의 사회적 맥락은 여러 가지 중에서도 특히 쓰기 평가의 장르와 과제 선택에 영향을 미치기 때문이다. 이러한 문제들은 5장에서 다시 언급될 것이다.

쓰기의 문화적 측면

쓰기의 문화적 측면은 논쟁이 되는 주제 중의 하나였다. 대조수사학이라는 개념이 Kaplan(1966)에 의해 처음 소개되었는데, 그는 상당히 많은 양의 ESL 에세이를 분석하였다. 그는 여러 문화권에서 온 학생들의 문어 담화에 뚜렷한 차이가 있음을 지적하면서, 이를 명료하고 간단한 다이어그램으로 상징화하였다. 예를 들면, 영어의 쓰기가 곧은 직선으로 묘사된 반면, '동양적' 담화는 주변부를 빙빙 돌아

핵심으로 향해 가는 나선형으로 상징화되었다. Kaplan이 말한 동양적 담화의 특징은 많은 비판을 받은 바 있지만(이러한 비판에 대해서는 Brown, 1999와 Leki, 1992를 볼 것), 쓰기의 여러 측면들이 문화에 의해 영향을 받는다는 사실이 분명해 짐에 따라 대조수사학의 개념이 최근 다시 연구자들의 관심을 받고 있다. Leki(1992), 그리고 Grabe와 Kaplan(1989, 1996)은 쓰기의 문화적 영향력에 관한 유용한 내용들을 많이 소개해 주었다. 이들은 다양한 문화 속에서 쓰기의 다양한 변이가 생기는 것은, 사고 패턴의 본질적 차이를 반영하는 것이 아니라 '언어적 가능성들 중에서 어떤 것을 주로 선택해 사용하게 하는 문화적 선호'를 반영하는 것이라고 지적했다(Grabe & Kaplan, 1996: 184). 이러한 차이는 학교 교육 시스템을 통해 직접적으로 학습되거나(영어의 경우 학교에서 수사적 패턴을 학습한다), 혹은 특정 문화 고유의 담화 패턴(culture-specific patterns of discourse)이 광범위하게 영향을 주어 간접적으로 학습되기도 한다. 따라서 이러한 쓰기의 차이는 어느 정도까지는 교육을 통해 촉진된 문화적인 가치의 반영으로 간주될 수 있다.

최근 수년 동안 많은 연구자들이 적어도 부분적으로나마 문화적 영향으로 귀결시킬 수 있는 쓰기 패턴의 차이들을 탐구해 왔다. 예를 들면, 아랍의 산문은 영어 필자들이 선호하는 종속적이고 계층적인 조직과는 달리, 대등적이거나 평행한 구조를 빈번히 사용한다고 알려져 있다(Oster, 1987; Yorkey, 1977; Kaplan, 1966; Leki, 1992에서 재인용). 스페인 필자들은 도입부를 길게 쓰는 것을 좋아하며, 영어 필자들처럼 글의 핵심 소재를 좁게 잡는 대신, 주제와 관련하여 자신의 폭넓은 지식을 보여주기 위해 여담이나 주변적인 이야기를 즐겨 활용한다(Collado, 1981; Leki, 1992에서 재인용). 중국의 필자들은 핵심 내용을 언급하지 않고 일련의 사례들을 쭉 제시하는 경향이 있으며, 영어권 필자들은 산문에서 명료한 내용 연결을 좋아하는 데 반해 중국 필자들은 일반화를 통해 세부 요소들을 느슨하게 묶는 것을 선호한다(Matalene, 1985; Leki, 1992에서 재인용).

대조수사학 연구는 문화적인 기대가 텍스트 조직에서부터 전체 의미에까지, 즉 텍스트의 일관성에 중요한 영향을 끼칠 수 있다는 사실을 증명해 왔다. Leki(1992)가 언급한 바에 의하면, 텍스트의 응집성은 텍스트 지체기 지닌 본래적인 자질에 의한 것이 아니라, 텍스트에서 무엇을 추론할 것인가에 대한 독자 스스로의 평가가 정확한 정도로부터 나오는 것이라고 말했다. 독자들은 텍스트를 읽으면서 자신의 배경 지식과 기대 사항들을 가져오기 때문에(Carrel & Eisterhold, 1983), 필자가 의도한 메시지를 오독할 가능성이 있다. 아니면, 필자가 독자의 요구와 기대를 정확히 파악하지 못할 경우에도 그런 오독이 일어날 수 있다. 예를 들어 영어를 모국어로 하는 필자는 글쓰기에 대해, 아이디어와 직접적 서술 간의 명시적인 연결과 독창적인 내용을 가진, 계층적으로 조직된 것이어야 한다고 여긴다(Leki, 1992). 이와 더불어 영어는 '필자 책임(writer-responsible)'의 언어로 알려져 왔다(Hinds, 1987). 이 말은 독자 스스로가 추론할 필요가 없도록 필자가 텍스트에서 명제와 아이디어 사이를 명료하게 연결시켜야 한다는 것을 뜻한다. 이와 반대로, '독자-책임(reader-responsible)'의 언어에서는 필자가 텍스트의 많은 부분을 함축적으로 남기며, 독자는 필자가 의도한 의미를 적절히 추론해 내야 하는 것으로 여긴다. 필자의 기대와 독자의 기대 사이에 합치점이 있을 때 독자는 텍스트에서 의미를 찾아 일관성 있게 해석할 수 있다. 그런데 만약 영어로 글을 쓰는 필자가 '독자-책임' 언어권에서 왔거나,

아니면 여러 이유로 텍스트에 대한 기대가 다른 문화권에서 왔다면, 영어권 독자는 그 글이 읽기 어려울 것이고 느슨한 구조로 매우 모호하게 표현되어 있다고 생각하기 쉽다. Hayes가 지적한 바에 따르면, 독자들은 텍스트 그 자체로 표상을 형성하지 않고, 작가의 페르소나(persona)로 표상을 형성한다. 그러므로 텍스트가 일관성이 없다고 여기는 순간 그 필자가 다소 결함이 있다고(우둔하거나 비논리적이거나 등등) 여기게 되기 쉽다. 독자의 기대는 쓰기 과제를 채점하는 데 있어서도 중요한 역할을 한다. 이에 대해서는 4장에서 다시 논의할 것이다.

요약하자면, 쓰기는 사회적인 활동이자 문화적인 활동이기 때문에 쓰기 행위를 고립된 것으로 보아서는 안 되며, 사회·문화적 맥락 속에서 일어나는 것으로 보아야 한다. 쓰기 평가의 입장에서 살펴보자면, 쓰기 능력이라고 해서 쓰기 자체의 맥락만 고려해서는 타당하게 평가할 수 없다. 어느 정도까지 쓰기 능력이란 사회 집단 혹은 담화공동체의 특별한 요소인 문식성을 가진 구성원으로서 기능할 수 있는 능력, 또는 그러한 담화공동체에서 언어를 사용하여 자신의 자격을 표명할 수 있는 능력을 지칭한다.

4. 인지적 활동으로서의 쓰기

쓰기의 인지적 측면들을 상세히 검토하기에 앞서, 쓰기에 관한 전문적 지식을 다룬 문헌들을 살펴보는 것이 유용하다. 여러 연구 문헌들이 쓰기 과정에 대해 검토하였는데, 가장 빈번하게 사용한 방법이 회고적 인터뷰(retrospective interview)나 사고구술법(think-aloud protocol)이다(예를 들어, Hayes & Flower, 1980; Flower & Hayes, 1980; Perl, 1979; Sommer, 1980; Zamel, 1983; Raimes, 1985). 사고구술법은 필자가 글을 쓰면서 자신의 생각을 큰 소리로 말하는 것이다. 연구자는 이를 통해 필자들이 과제를 수행하면서 의사결정을 내리는 과정과 다양한 정신 활동에 관한 통찰을 얻을 수 있다(방법론에 대한 자세한 설명은 Ericsson & Simon, 1980을 볼 것). 이러한 연구들을 통해 능숙한 필자들은 미숙한 필자들보다 계획과 수정에 더 많은 시간을 보내며, 수정에 있어서 단순히 텍스트의 표면적인 변화를 꾀하는 것보다 내용과 조직 면에서 더 많은 편집을 하는 경향이 있다는 사실을 알 수 있다. 또한 전문적인 필자들은 예상 독자들이 주제에 대해 무엇을 알고 있을지, 내용을 설명하기 위해 얼마나 많은 것들이 필요하고 또 무엇을 함축적으로 남겨두어야 할지, 아울러 독자들을 설득하기 위해 어떤 근거들을 사용해야 할지 등과 같은 여러 가지 문제들 속에서 심사숙고하면서 독자들을 고려한다.

쓰기 과정 모형

전문 필자와 초보 필자 간의 차이점을 찾아내고, 쓰기 과정에 대한 다양한 영향 관계를 기술하기 위해 많은 연구자들이 쓰기 과정에 관한 모형을 제안해 왔다. 물론 쓰기와 같은 복잡한 인지적 활동의 모형이 완벽하게 정확할 수는 없지만, 쓰기 과정에 영향을 미치는 다양한 요소들을 살펴보는 데에는 도움이 된다. 쓰기 모형 연구를 통해 다루게 되는 질문들은 다음과 같다. 쓰기와 관련되는 인지적 과정 혹은 정신적 활동은 과연 무엇인가? 글을 쓰면서 필자들이 끌어오는 지식의 원천은 무엇인가? 쓰기 과정에 영향을 미치는 또 다른 요소들은 무엇인가? 이러한 것들은 여러 가지 이유로 쓰기 평가를 개발하고 실시할 때 고려해야 할 중요한 문제들이다. 이들 연구자들은 쓰기 기술(skills)들을 보다 명료하게 검증된 것으로 규정하였다. 이들은 현재 지식이 허락하는 한 가장 엄격하고 정확하게 쓰기 과정을 묘사함으로써 이런 기술들을 규정할 수 있도록 도왔다. 또 이들은 쓰기 기술에 있어 개인적인 차이가 발견될 수 있는 가능한 영역들을 지적했다. 이런 지식들은 유능한 필자와 미숙한 필자 사이에 나타날 수 있는 다양한 차이에 대해 유용한 정보를 제공해 줄 수 있는 것들이다. 그리고 연구자들은 이런 기술들과는 상관없지만 글쓰기에 영향을 줄 수 있는 다른 분명한 영향관계들도 찾아내었다.

Hayes와 Flower(1980)

비교적 초기에 발표된 영향력 있는 쓰기 모형으로 Hayes와 Flower의 모형(1980)이 있다. Hayes와 Flower는 '쓰기 과제' 및 '지금까지 작성된 텍스트'가 포함된 '과제 환경'과 화제 지식, 독자 지식, 쓰기 계획이 포함된 '필자의 장기 기억', 그리고 계획하기, (생각을 텍스트로) 작성하기, 고쳐쓰기가 포함된 다수의 인지적 과정들로 구성된 쓰기 모형을 기술했다(〈자료 2.1〉을 볼 것). Hayes와 Flower의 모형에서 얻을 수 있는 통찰은 쓰기 과정이 선조적인 과정이 아니라 회귀적인 과정이라는 사실이다. 그러므로 쓰기를 가르칠 때 특정한 수사적 형식을 내세우고 학생에게 그것을 따르라고 요구하기보다는 이런 쓰기 과정에 따라 지도하는 것이 더 효과적일 수 있다.

Hayes와 Flower의 모형이 소개된 이후 여러 학자들에 의해 다양한

〈자료 2.1〉 Hayes와 Flower(1980)의 쓰기 모형

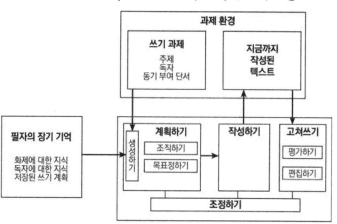

쓰기 모형이 제시된 바 있다. 여기서는 이들 모형 중에서 두 가지에 초점을 맞추고자 한다. 하나는 Hayes(1996)의 모형인데 이것은 Hayes 와 Flower(1980)의 모형을 발전시킨 것이다. 다른 하나는 Bereiter와 Scadamalia의 모형(1987)이다. 이 두 모형은 각각 쓰기의 다른 문제에 초점을 두고 있어 서로 보완하는 성격을 가진다. Hayes의 모형은 쓰기 과정에 영향을 미치는 다양한 요소, 특히 필자 내면에 있는 요소를 강조하고자 한 반면, Bereiter와 Scadamalia의 모형은 전문 필자와 초보 필자의 상이한 쓰기 과정을 드러내고자 했다. 이 두 모형은 모두 제1언어 쓰기에 기초한 것이지만, 제2언어 쓰기에도 중요한 함의가 있다. 그리고 이 장과 이 책의 다음 부분에서는, 쓰기 능력의 발달, 능숙한 필자와 미숙한 필자의 차이, 제2언어 쓰기 평가 의 특별한 문제에 관해 논의함으로써 유용한 이론적 배경을 제공할 것이다.

Hayes(1996)

Hayes(1996)의 쓰기 모형은 쓰기 과정이 두 가지 주요 부분으로 구성된다고 본다. '과제 환경'과 '개인 영역'이 그것이다(이에 대해서는 〈자료 2.2〉를 볼 것). '과제 환경'은 사회적 환경과 심리적 환경으로 구분된다. 사회적 환경은 (실제 혹은 예상) 독자와 쓰기 과정에서의 협력자로 구성된다. 물리적 환경에는 지금까지 작성된 텍스트와 작성

〈자료 2.2〉 Hayes 모형(1996)

매체(예를 들어 손글씨 또는 워드 프로세서)가 포함된다. 지금까지 작성된 텍스트는 앞으로 작성할 텍스트에 중요한 영향을 미치게 되고 후속 작업을 형성한다. 작성 매체는 이와 관련된 기술적 혁신이 쓰기의 인지적, 사회적 영역에도 지대한 영향을 미치기 때문에 이것이 모형 안에 한 부분으로 포함되어 왔다. 예를 들어 몇몇 연구는 계획과 편집 과정에서 손으로 쓴 텍스트와 워드 프로세서로 쓴 텍스트 사이에서 차이를 발견했다고 보고하고 있다(Gould & Grischkowsky, 1984; Haas, 1987). 기술적인 문제에 관해서는 이 책의 10장에서 다시 논의할 것이다. Hayes 모형의 핵심은 과제 환경보다 개인적인 영역이다. 쓰기의 개인적인 측면은 네 가지 요소들의 상호작용을 포함한다. 작업 기억(working memory), 동기와 정서(motivation and affect), 인지적 과정(cognitive processes), 장기 기억(long-term memory)이 그것이다. Hayes 모형의 작업 기억은 몇 가지 수정을 거쳤지만 잘 알려진 인지심리학자 Baddeley의 작업 기능에 바탕을 둔 것이다. Hayes는 작업 기억을 세 가지 요소로 재구성했다. 청각적이고 언어적인 정보를 축적하는 음운론적 기억(phonological memory)(예를 들어 발화), 시각적이거나 공간적으로 언어화된 정보를 저장하는 시공간 메모장(visual-spatial sketchpad)(예를 들어 씌어진 단어나 시각 자료), 그리고 개념 정보를 저장하는 의미적 기억(semantic memory)이 그것이다.

Hayes의 모형은 쓰기에 있어 동기와 정서의 중요한 역할을 인식하고 있다. 특히 필자의 목표, 성향, 신념과 태도, 그리고 비용/이익의 판단은 필자가 과제를 수행해 가는 방식과 쓰기 과제에 집중하는 노력에 영향을 미칠 수 있다. 예를 들어 Hayes는 Dweck(1986)의 연구와 Palmquist와 Young(1992)의 연구를 인용하면서, 성공적인 글을 써야 하는 이유에 대한 학생들의 신념이 그들이 발휘할 노력의 양에 영향을 주었다고 주장하였다. 만약 쓰기 능력이 선천적이거나 비교적 변할 수 없는 재능으로 간주된다면, 학생들은 이를 불안해하거나 필자로서 자신을 낮게 판단할 것이다. 마찬가지로 학생들이 성공은 노력에 기인한다고 믿는다면, 실패한 경험이 있는 학생이라도 더 열심히 노력할 것이지만, 성공이 태생적인 능력에 기인한다고 믿는다면, 그들은 스스로 포기하고 노력을 게을리 할 가능성이 많다.

Hayes 모형의 인지적 과정은 텍스트 해석, 반성, 그리고 텍스트 생산을 포함한다. 텍스트 해석은 듣기, 읽기, 시각 자료 스캔(scanning graphics)을 통해 진행되며, 이는 언어나 시각자료가 입력된 후에 산출되는 내적 표상의 과정을 말한다. 반성(Reflection)은 이미 존재하는 내적 표상으로부터 만들어진 새로운 내적 표상에 의한 과정이다. 결국 텍스트의 생산에서 새로운 언어(문어 혹은 구어)나 시각자료의 산출은 내적인 표상으로부터 생산된다. 글의 초고를 작성하는 일에서뿐만 아니라 어떤 글을 수정하는 일에서도 이러한 세 가지 과정이 관련된다.

Hayes는 쓰기의 핵심 과정으로 읽기의 중요성을 강조하면서, 쓰기에서 필수적인 세 가지 읽기 유형을 밝히고 있다. 이 세 가지 중 첫째는 **평가하면서 읽기**(reading to evalute)이다. 이는 필자들이 자신의 텍스트에 어떤 문제가 있는지, 혹은 더 나은 텍스트를 만들 수 있는지를 비판적으로 찾으면서 읽는 것이다. 평가하면서 읽기의 모형은 〈자료 2.3〉에 나오는데, 이것은 단어 해독(decode words), 문법 지식 적용하기 등과 같은, 읽기와 관련된 인지적 과정을 보여준다. 또한 여기에는 평가하면서 읽기가 이끌어갈 수 있는 가능한 문제와 발견도 포함되어 있다. 앞에서 언급한 바와 같이, 미숙한 필자는 전체적

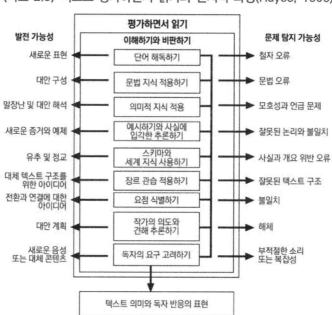

〈자료 2.3〉 텍스트 평가하면서 읽기의 인지적 과정(Hayes, 1996)

인 오류(즉, 내용이나 조직 오류)가 아니라 지엽적인 오류(즉, 문장 수준의 오류)를 수정하는 경향이 있다. Hayes는 필자들이 전체적인 국면의 오류를 수정하지 못하는 이유로 세 가지를 들고 있다. 첫째는 필자가 텍스트 읽기 기능이 부족하기 때문에 전체적 국면의 문제를 찾을 수 없다는 것이다. 둘째는 필자가 지엽적인 오류와 전체적인 오류를 한꺼번에 다룰 수 있는 적절한 작업 기억을 가지고 있지 못하는 경우이다. 셋째는 필자가 수정을 위해 적절하게 발달된 과제 스키마를 가지고 있지 못하기 때문이다. 다시 말해 필자들이 전체적인 오류에 주의를 기울일 필요를 인식하지 못한다는 것이다.

쓰기 과정에 포함되는 나머지 읽기 유형 두 가지는 **제시문 읽기**(reading source texts)와 **지시문 읽기**(reading instruction)이다. 쓰기 과제는 주로 제시문에 기반을 두는데, 제시문을 이해하는 능력과 제시문의 정보를 활용하는 능력 사이에는 분명한 관련성이 있다. 마찬가지로 과제 지시문(예를 들어 X를 정의하라, Y에 대하여 반대 논증을 하라 등)을 잘못 이해한 상태에서 쓰기 과제를 규정한 필자들은 과제를 적절하게 수행할 수 없을 것이다.

Hayes의 모형에서 네 번째 개인적 요소는 쓰기 과제와 관련된 정보나 지식이 저장되어 있는 장기 기억이다. 장기 기억은 과제 스키마, 화제 지식, 독자 지식, 장르 지식, 그리고 언어 지식 등을 포함한다. 여기서 과제 스키마는 "장기 기억 속에 특정 과제를 수행하는 방법을 구체화한 지식들이 저장되어 있는 정보의 묶음"이다(p. 24). 과제 스키마에는 과제 목표, 과제 수행에 필요한 과정, 이런 과정들을 연결시키는 방법, 과제 성공 유무를 평가하는 방법 등이 포함되어 있다. 과제 스키마의 예로 앞에서 말했듯이 수정(revision)에 관한 스키마가 있다. 물론 화제 지식도 있는데, 이것은 어떤 사람이 무엇에 대해 글을 쓸 때, 필수적으로 있어야 하는 것이다. 독자 지식이란 앞에서 언급한 수많은 사회적 문화적 이슈들에 대해 고려하는 것을 말한다. 마찬가지로, 장르 지식은 주어진 목적과 상황 속에서 쓰기가 취해야 할 사회·문화적으로 적절한 형식에 대한 지식을 포함한다(특히 학술적 글쓰기의 경우에는 장르에 대해 전반적으로 논의한 Swales(1990)를 볼 것). 마지막으로, 언어적 지식은 쓰기 과정에 투여되는 언어 자원에 관한 지식을 포함한다.

Hayes 모형은 여러 측면에서 완전함에도 불구하고, 제2언어 쓰기의 측면에서 보면 두 가지 단점이 있다. 첫 번째는 쓰기에 관련되는 상황적 변수를 규정하는 데 있어 특수성의 측면에 대한 고려가 부족하다. 이런 변수들을 최대한 완전하게 기술하기 위해서는 쓰기에 관한 다른 모형들로 눈을 돌려 보아야 한다. 우선 Grabe와 Kaplan (1996)의 모형이 있는데, 이는 학문 목적의 의사소통적 언어 사용을 위해 Chapelle 외(1993)가 만든 모형을 변형시킨 것이다. Hayes는 단순히 쓰기가 사회적 행위라고 언급하고 하나의 요소로서 독자와 협력자들을 열거했지만, Grabe와 Kaplan(1996)은 과제 환경을 **참여자**, **환경**(setting), **과제**, **텍스트**, 그리고 **화제**로 구성했다. 이들은 환경, 과제, 텍스트, 화제에 따른 학술적 글쓰기의 다양한 예시들을 목록화한 상세한 분류 체계를 제공하고 있다. 가령, 환경으로는 교실, 도서관, 컴퓨터 센터 등의 장소를 열거하였고, 과제로는 강의 노트, 편지, 에세이, 실험보고서 등을 나열하였다. 이러한 개념들은 쓰기 상황을 완전하게 기술하는 데 있어서, 또한 쓰기 평가를 위해 과제를 개발하기 위해서 고려해야 할 기본적인 요소들이다. 이에 관해서는 5장에서 보다 상세히 살펴볼 것이다.

특별히 제2언어 쓰기 평가의 유용성 측면에서 볼 때, Hayes 모형의 두 번째 단점은 언어 지식에 대한 관심이 부족하다는 점이다. Grabe 와 Kaplan(1996)은 이런 부족한 부분을 채워주고 있다. 응용언어학 분야에서 잘 정립된 연구 경향을 따르고 있는 Grabe와 Kaplan(1996)은 쓰기와 관련된 언어 지식의 구성 요소들을 상세하게 제공해 주고 있다(〈표 2.1〉을 볼 것).

〈표 2.1〉 언어 지식의 분류체계(adapted from Grabe & Kaplan, 1996: 220~221)

I. 언어적 지식[1]

A. 문어 부호(the written code)에 관한 지식
   1. 철자법
   2. 맞춤법
   3. 구두법
   4. 관습적인 서식(여백, 단락, 공간 등)

B. 형태론과 음운론에 관한 지식
  1. 음성/문자 대응
  2. 음절(시작 부분, 각운/리듬, 종결부)
  3. 형태소 구조(단어 구성 요소에 대한 지식)
C. 어휘
  1. 대인적 기능의 단어 및 구절
  2. 학술적/교육적 기능의 단어 및 구절
  3. 형식적/기술적 단어 및 구절
  4. 특정 주제의 단어 및 구절
  5. 비문자적/은유적 언어
D. 통사적/구조적 지식
  1. 기본 통사 패턴
  2. 선호되는 형식의 쓰기 구조(적절한 문체)
  3. 표현의 전의(轉義, trope)/문채(文彩, figure)
  4. 은유/직유
E. 언어 간의 차이에 대한 인식
F. 다양한 언어와 사용역의 상대적 숙달도에 대한 인식

II. 담화 지식

A. 문장 내(intrasentential)의 표시장치와 문장 간(intersentential)의 표시 장치에 대한 지식(응집성, 통사적 유사성)
B. 정보 구조화에 대한 지식(화제와 논평, 구정보와 신정보, 테마와 레마, 대응쌍)
C. 절(節)의 의미적 연결에 대한 지식
D. 주요 화제 파악에 대한 지식
E. 장르 구조와 장르적 제약에 대한 지식
F. 구조 스키마에 대한 지식(상위 수준의 담화 구조)
G. 추론에 대한 지식(다리놓기, 정교화)
H. 범언어적 및 범문화적 담화 구조화 자질의 차이에 대한 지식
I. 다양한 언어에서 담화 숙달도의 여러 가지 수준에 대한 인식

III. 사회언어적 지식

A. 문어의 기능적 사용
B. 그라이스 대화 격률의 적용 및 해석적(의도적) 위배(Grice, 1975)
C. 사용역 및 상황적 변수
  1. 필자의 나이
  2. 필자가 사용하는 언어(L1, L2, ...)
  3. 사용된 언어의 숙달도
  4. 독자에 대한 고려
  5. 참여자들 간의 상대적 지위(힘/공손성)
  6. 격식의 정도(존대법/연대감)
  7. 거리의 정도(분리/관여)
  8. 상호작용의 화제

9. 쓰기의 수단(펜/연필, 컴퓨터, 받아쓰기, 속기)
10. 전달 방식(낱장/책/낭독/인쇄)
D. 언어 및 문화 간의 사회언어학적 차이에 대한 인식
E. 사용역 및 상황적 변수의 역할에 대한 자기 인식

언어 지식에 대한 이러한 관점은 Hymes(1972), Canale와 Swain (1980), Bachman(1990)의 연구를 통해 설정된 것인데, 언어 지식을 **언어적 지식**(linguistic knowledge), **담화 지식**(discourse Knowledge), **사회언어적 지식**(sociolinguistic knowledge) 등 세 가지 유형으로 구분한다. 언어적 지식은 언어의 기본적 구조 요소에 관한 지식을 포함한다. 사회언어적 지식은 언어가 다양한 사회적 맥락에서 적절히 사용되는 방법에 관한 지식을 말한다. 그리고 담화 지식은 응집성 있는 텍스트가 구성되는 방법에 관한 것을 의미한다. 언어 능력의 구성 요소에 관한 최근의 정리들은 3장에서 자세히 논의하겠지만, 〈표 2.1〉은 언어 능력의 여러 가지 다양한 측면들에 관한 전체적 개요를 보여주며, 이는 쓰기 평가를 위해 쓰기 과제를 설계하고 채점할 때 필요한 개략적인 고려 사항들을 살펴보는 데 유용하다.

이 모형에서 언어학적 지식으로 고려된 많은 부분들이, Hayes의 모형에서는 분명히 상세하지 않았지만 과제 스키마와 장르 지식 속에 포함되어 있었다는 점은 언급해야 하겠다. 그렇지만 사람들은 지식의 이러한 다양한 영역들을 선택적으로 개념화한다. 중요한 것은 언어적, 혹은 문법적 지식, 담화 지식, 그리고 사회언어적 지식은 모두 글을 쓰는 데 기본적인 사항이며, 쓰기를 평가하는 데는 그

---

1) (옮긴이) 'Language knowledge'는 언어 지식으로, 'Linguistic knowledge'는 언어적 지식으로 번역하였다. 언어 지식(Language knowledge)은 언어 사용에 대한 지식을 말하는 것으로서 언어적 지식(Linguistic knowledge)의 상위 개념이므로, 이 두 개념을 혼동하지 않도록 유의하여야 한다.

어떤 것도 사소하지 않다는 사실이다.

이 모든 것을 종합하면 Hayes의 모형은 쓰기에 영향을 주는 다양한 요소들, 특히 동기와 정서, 인지적 과정, 그리고 장기 기억을 꼼꼼하게 기술하고 있기 때문에 중요한 의미가 있다. Grabe와 Kaplan에 의해 논의된 요소들을 보충하면, Hayes의 모형도 제2언어 필자들에게 특별한 의미를 가질 수 있을 것이다. 이 점은 이 장의 후반부에서 다시 논의한다.

Bereiter와 Scardamalia(1987)

쓰기에서 영향력 있는 또 다른 모형으로 Bereiter와 Scardamalia (1987)의 것이 있다. Bereiter와 Scardamalia(1987)는 뚜렷하게 상반되는 두 가지 쓰기 모형을 제안한다. 하나는, 실제로 문식성 있는 사회에서 사는 사람이라면 누구나 말할 수 있는 것처럼 쓰기도 배울 수 있다는 사실에 근거하고, 또 다른 하나는 쓰기의 전문성이라는 것은 오로지 몇 사람만이 숙달할 수 있을 만큼 어렵고 강도 높은 노동의 과정을 포함한다는 사실에 근거한다. 이러한 명백한 모순을 해결하기 위해 Bereiter와 Scardamalia(1987)는 **지식 나열하기**(knowledge telling)와 **지식 변형하기**(knowledge transforming) 사이의 구별을 제안한다. 지식 나열하기는 계획하기나 고쳐쓰기가 거의 없는 즉흥적인 말하기와 흡사하다. 이는 Bereiter와 Scardamalia가 '자연적인' 혹은 '문제적이지 않은'이라고 표현했던 그런 종류의 쓰기인데, 마치 한 언어의 쓰기 체계 내에서 유창한 화자에 의해 물 흐르듯 수행된 쓰기처럼 보인다. 대부분의 아동이나 청소년들의 쓰기가 이 범주에 들어간다. 이 방법은 쓰기의 기본적인 문제 중 하나를 해결하기 위해 사용될 수 있는 과정으로, 이 장의 앞부분에서 논의한 것처럼 대화 상대방의 도움 없이 내용을 생산하는 것이다. Bereiter와 Scardamalia 는 쓰기에는 없지만 대화에는 있는 상호작용적인 요소의 중요성을 강조했다.

사람들은 보통 대화를 나눌 때 무심코 서로 수없이 도움을 주고받는 다. 그들은 서로에게 대화 신호들을 지속적으로 제공한다. 대화를 계속 한다는 신호, 자세히 설명한다는 신호, 화제를 바꾼다는 신호, 기억을 움직이는 수많은 다양한 신호들이 그런 것이다. 생략된 담화 요소들을 누군가가 필요로 하면 사람들은 마치 텍스트 문법학자처럼 서로에게 도 움을 준다. (Bereiter & Scardamalia, 1987: 55)

쓰기에서는 이런 상호작용의 측면이 없기 때문에 필자 스스로 마 련해야 한다. 대화 상대방이 없이 내용을 생성하는 것은 쓰기를 배 우는 데 있어 피할 수 없는 엄청난 장애물이다. 흔히 초보 필자들은 적절한 내용을 생산해 내기 위해 세 가지 입력 자료에 의존한다. 첫째는 화제(혹은 학교 환경에서는 과제)이다. 그리고 둘째는 필자의 담화 스키마, 또는 쓰기 형식에 대한 지식이다. 이 속에는 과제를 완수하기 위해 필요한 요소들과 이를 배열하는 방법에 관한 지식이 포함된다. 예를 들어 논설문(opinion essay)을 쓰는 과제에는 견해에 관한 진술과 그 견해를 뒷받침해 줄 사실 한 두 가지를 반드시 언급 해야 한다는 전제가 있다. 세 번째 입력 자료는 지금까지 작성된 텍스트이다. 이것은 앞으로 작성해야 할 추가적 내용을 생성하기 위한 단서로서 사용될 수 있다. 이러한 정보의 세 가지 자료들은 초보 필자들도 접근하기 쉬울 뿐만 아니라 쓰기 과제에 대해 적절한 답안을 작성하기에 충분하다. 그렇기 때문에 지식 나열 모형은 일반적인 발화 생산 방식과 같이 일직선 형식을 따르며, 일상생활의 대화보다 더 많은 계획하기나 목표 설정하기를 필요로 하지는 않는다.

〈자료 2.4〉를 보면 지식 나열 모형의 과정이 시각적으로 표현되어 있다. 그림에서 보여주듯이 필자는 내용 지식(화제에 대해 알려진 것)과 과제가 요구하는 담화 유형에 대한 스키마(예를 들어 논설문이나 절차 설명서)를 불러오기 위해 쓰기 과제에 대한 정신적 표상을 사용

〈자료 2.4〉 지식-나열 모형의 구조

한다. 과제에서 (화제 식별자와 장르 식별자라고 불리는) 내용 및 담화에 관한 단서들은 관련된 내용 항목들을 찾아 기억을 탐색하는 데에 사용된다. 이러한 내용 항목들(아이디어)은 과제에 관한 인지적인 적정성 검증 과정을 거치게 된다(예를 들어 이런 말이 옳은가? 이것이 나의 주장을 뒷받침하는가?). 그리고 적정성이 확인되면 글이 작성된다. 이러한 순환 과정이 반복된다. 그러나 이때는 추가적인 기억 탐색을 위한 자료로서, 과제에 관한 본래의 정신적 표상보다는 지금까지 작성된 텍스트를 사용한다. 기억 탐색자(memory probe)가 추가적인 적절한 내용을 더 이상 발견하지 못하면 쓰기 과정이 끝난다. Bereiter 와 Scardamalia는 이러한 과정을 적절하게 묘사한 12살 학생의 말을 인용한다.

나는 한 뭉치의 아이디어를 가지고 있고 이런 아이디어의 공급이 완전히 고갈될 때까지 글을 적어 내려간다. 그리고 나서 나는 종이 위에 적을 가치가 있는 아이디어를 당신이 더 이상은 찾을 수 없는 그 지점까지도 더 생각해보려고 애써 보고 나서 쓰기를 마칠 것이다.

(Bereiter & Scardamalia, 1987: 9)

지식 나열의 '자연스럽고 효율적인' 진행 과정과는 대조적으로, 지식 변형 모형은 훨씬 더 많은 노력과 기술이 필요하고 엄청난 양의 연습 없이는 성취할 수 없는 쓰기 과정을 의미한다. 지식 변형 모형에는 자신의 생각을 종이에 적는 과정뿐만 아니라 새로운 지식을 창조하는 과정도 포함된다. 이런 종류의 쓰기에서는 글을 쓰는 과정 자체가 빈번하게 새로운 지식으로 이어지고, 쓰고 있는 것에 대한 관점을 변화시킬 수 있다. Bereiter와 Scardamalia의 지식 변형 모형은

〈자료 2.5〉에 잘 나와 있다. 그림에서 볼 수 있듯이 지식 변형 모형의 첫 번째 단계는 문제 분석과 목표 설정이다. 이들은 두 영역, 즉 내용 문제 공간과 수사적 문제 공간에서 문제 해결 활동으로 이어진다. 내용 문제 공간에서는 신념에 대한 문제나 지식이 다루어지는 반면, 수사적 문제 공간에서는 필자가 쓰기 과제 목표를 최고로 잘 수행할 수 있는 방법에 대해 다룬다. 내용 문제에 관한 해결책을 찾고자 하는 시도는 필자를 수사적 문제 공간으로 이끌 수도 있다. 그 반대의 경우도 가능하다. Bereiter와 Scardamalia(1987: 12)의 말을 빌리자

〈자료 2.5〉 지식-변형 모형의 구조

면, 지속적으로 지식을 발전시키는 것과 지속적으로 텍스트를 발전시키는 것 사이에는 쌍방향의 상호작용이 있다는 것이다. 실제 문어 텍스트가 생산되고 있는 동안 수사적 문제와 내용 문제에 관한 해결책들은 지식 나열 처리 과정에 따라 입력된다.

Grabe와 Kaplan(1996)이 언급한 바대로, Bereiter와 Scardamalia의 두 과정 모형은 대단히 유용하다. 이 모형은 숙련된 필자와 미숙한 필자가 수행하는 쓰기 과정상의 차이를 잘 설명해 준다. 즉, 숙련된 필자는 미숙한 필자보다 단지 더 세련된 전략을 사용하는 것이 아니라 현저히 다른 쓰기 전략을 사용한다. 또 이 모형은 쓰기 과제들이 난이도에 있어서 왜 차이가 나는지를 설명해 줄 수 있다. 만약 쓰기 과제에 관한 정보 요구량이 크고 필자가 과제에서 수행해야 할 장르에 관한 경험이 적다면, 필자는 이 과제를 풀기 위해 내용적 문제 공간이나 수사적 문제 공간 모두에서 많은 인지적 노력을 쏟아야 할 것이다. 이 모형은 부족한 점이 있지만(예를 들어 이 모형은 어떤 필자가 어떻게 지식 나열 모형에서 지식 변형 모형으로 전환할 수 있는지를 설명하고 있지 않다, 이 점에 대해서는 Grabe와 Kaplan의 책을 볼 것[1996: 127~128]), 지식 나열과 지식 변형 사이의 차이는 쓰기 교육과 평가에 모두 유용한 개념을 제공해 준다. 특히 위에서 언급한 대로 쓰기 평가에서 과제를 설정하는 데 있어 몇 가지 중요한 쟁점—예를 들어 과제 난이도를 결정하는 데 장르 친숙성이 하는 역할—을 조명한다. 지식 나열 과정을 통해서도 충분히 다뤄질 수 있는 친숙한 과제는 경험이 적은 필자도 쉽게 접근할 수 있지만, 이를 통해 우수한 필자와 열등한 필자를 구별할 수는 없다. 이는 보다 우수한 필자들이 지식 변형 전략을 사용할 만큼 복잡한 과제에서도 마찬가지이다. 과제가 필자에게 친숙하지 않은 장르를 포함하고 있다면, 쓰기 기능이 능숙한 필자라 하더라도 그 과제를 잘 수행할 수는 없을 것이다. 이에 관한 보다 자세한 사항은 5장에서 다룬다.

5. 제2언어 쓰기

이 절에서는 제2언어 쓰기에 대해 집중적으로 논의한다. 지난 수년 동안 연구자들 사이에 합의된 사항이 하나 있다. 그것은 제2언어의 어법적 정확도와 직결되는 제2언어 숙달도(proficiecy)[2]와 제1언어 쓰기의 전문적 기술(expertise)은 관련이 없는 능력이 아님에도 불구하고 서로 다르다는 점이다(Cumming, 1989; Kroll, 1990; Krapels, 1990). 제2언어로 글을 쓰는 필자는 제1언어로 글을 쓸 때와 상당 부분 같은 쓰기 과정을 수행한다. 적어도 같은 수준의 언어 숙달도가 주어지면 제1언어의 전문적 기술은 제2언어의 전문적 기술로 전이될 수 있다. 그러나 제한된 제2언어 지식 때문에, 내용보다는 언어에 더 집중해야 하는 요구가 있으면 제2언어 쓰기는 방해를 받을 수 있다. Silva(1993: 668)는 제1언어와 제2언어 쓰기의 차이에 대해 고찰하였는데, 제2언어 쓰기는 제1언어 쓰기보다 '더 제약적이며', '더 어렵고', '덜 효율적'이라는 사실을 발견했다. 즉, 제2언어 필자들은 제1언어 필자보다 계획을 적게 하고, 내용에 관한 수정도 적게 하며, 쓰기의 유창성과 정확성도 떨어진다고 하였다.

이 장의 앞에서 논의한 내용을 통해서 지식의 어떤 영역에서 이

---

2) (옮긴이) 제2언어 사용자가 언어적 요인들을 얼마나 통제할 수 있는가를 측정하는 값.

러한 차이들이 발생되는 것인가에 대해 통찰을 얻을 수 있다. 언어적 문제에 많은 인지적 용량을 소모해야 한다는 것은, 작업 기억의 용량에 한계가 있어서 그만큼 내용과 조직에 대한 고차원적인 문제에 주의를 기울일 수 없다는 것을 의미한다. 게다가 Hayes(1996) 모형에서 개략적으로 보여준 인지적 절차—특히 텍스트 해석과 텍스트 생성—가 제2언어 필자에게는 제한된 언어 숙달도 때문에 훨씬 더 어려울 수 있다. 기억나겠지만, 텍스트 해석의 인지는 제시문을 읽거나(혹은 듣거나), 과제 지시문을 읽거나(혹은 듣거나) 자신이 쓴 글을 읽을 때 사용되는데, 글을 평가하거나 추가적인 내용을 생성하기 위한 단서로서도 모두 사용되는 부분이다. 제시문이나 과제 지시문을 잘못 이해하면 쓰기 과제를 제대로 수행하기 어렵게 된다. 게다가 이미 앞에서 언급한 것처럼 부족한 독해 기능은 자신이 쓴 글을 평가하는 능력도 제한할 수 있다.

텍스트 생산 과정, 즉 내적인 표상 과정(아이디어)을 활자로 옮겨 적는 과정은 적절한 어휘 선택이나 통사적 선택을 하기 위해 장시간의 탐색이 필요하기 때문에 방해를 받을 가능성도 있다. 결론적으로 말해, 문어 산출물은 필자의 원래 의도와 일치하지 않는 경우가 많다. 이런 결과는 제한된 언어 지식 때문이기도 하고, 아이디어를 미처 종이에 적기도 전에 작업 기억에서 잃어버릴 만큼 텍스트 생산에 요구되는 노력이 필자에게 부담을 줄 수 있기 때문이기도 하다. 지금까지 작성된 텍스트는 필자에게 중요한 입력 자료이기 때문에, 만약 그것이 완전하지 않거나 정확하지 않다면, 그리고 필자에게 적절한 기억의 단서를 줄 수 없다면, 필자에게 더 이상 이익이 될 수 없음은 분명하다.

제한된 언어적 자원에 덧붙여, 제2언어 필자들은 사회·문화적인 요소에도 불리한 측면이 있다. 제2언어 필자들은 제2언어 쓰기가 사회적·문화적으로 사용되는 것, 쓰기에서 다양한 기능들이 표현되는 적절한 방식, 또는 다른 문화권에서 독자에 대해 어떤 기대를 가지고 있는지 인식하지 못할 수도 있다. 게다가 쓰기에서 동기나 정서적인 요소는 중요한 역할을 한다. 제2언어 학습에는 정서와 동기의 역할에 관한 많은 문헌들이 있는데, 이 분야에서 발견할 수 있는 많은 연구들은 제2언어 쓰기에도 적용할 수 있다. 새로운 문화에 통합되고자 하는 욕구와 제2언어 학습에서 성공하고자 하는 욕구 사이의 관계는 Gardner와 Lambert(1972), Schumann(1978)에서 탐구되었고, 최근에는 Peirce(1995)의 연구가 있는데, 그는 목표 문화에 대한 투자는 궁극적으로 그러한 투자가 보상을 받을 수 있다는 신념에 달려있다고 보았다. Shen은 제2언어 쓰기를 잘 하기 위해서는 자신의 정체성을 바꾸어야 한다고 보았다.

영어로 쓰기를 잘하기 위해서는 내가 단지 나 자신이 되어야만 한다는 것을 알았다. 그것은 실로 중국어를 사용하는 자아가 되지 않는 것을 의미했다. 그것은 내가 영어를 사용하는 자아를 창조해서 그 자아가 되어야 하는 것을 의미했다. (Shen, 1988: 461)

많은 제2언어 필자들에게 새로운 언어와 문화에 투자해야 할 동기가 억압적인 것으로 작용하는 것 같지는 않다. 예를 들어 과학이나 공학 분야의 대학원생들은 학업을 마친 후에 자신의 모국으로 돌아갈 것을 희망하고 있으며, 실제로 교육에 필요한 것 이상의 제2언어 환경에 적응할 필요성을 가지고 있지 않다. 마찬가지로, 개인적인 성장을 위해 언어를 학습하는 외국어 학습자도 언어 학습에 투자하는 것에 대해 그렇게 큰 동기를 가지고 있는 것 같지 않다. 이런 점은 그들이 제2언어로 글을 잘 쓰는 방법을 배우는 데에 들이고자 하는 에너지와 시간의 양에 영향을 미칠 수 있다.

　이처럼 문화에 통합되고자 하는 욕구 외의 다른 동기들도 쓰기에 영향을 미칠 수 있다. Grabe와 Kaplan(1996: 219)은 다음과 같은 다양한 동기들을 소개했다. 학년, 고급 수준의 숙달도, 새 정보의 학습, 미래의 직업, 교사나 다른 학생들로부터 받은 감명 등이 그런 것이다.

　정서적 변수의 측면에서 가장 중요한 것은 쓰기 불안이나 쓰기에 대한 걱정 같은 것이다(Daley & Miller, 1975). 여러 연구자들은 제1언어에서 시간적 제한이 있을 때(Kean et al., 1987. 이 책에서는 Madigan et al., 1996을 통해 재인용함), 혹은 과제에 자기 개인적인 이야기가 포함되어 있을 때(Fegley et al., 1981. 이 책에서는 Madigan et al., 1996을 통해 재인용함) 쓰기 불안 상태에서 쓴 글과 그렇지 않은 상태에서 쓴 글 사이에 텍스트 질의 차이가 있음을 보고했다. 제2언어 맥락에서 쓰기 불안과 텍스트 질 사이의 상관성을 고찰한 연구자는 거의 없지만, 제1언어 필자보다 제2언어 필자에게 쓰기 불안이 동등하게 문제가 되거나 더 큰 문제가 될 수 있다는 사실은 잘 알고 있을 것이다. 이 외에도 특히 시간 제한의 문제는 제2언어 필자들에게 매우 중요한데, 이는 제2언어 필자들이 원어민만큼 능숙하고 빠르게 글을 쓸 수 없기 때문이다.

6. 요약

　제1언어의 쓰기가 도전적이고, 복잡한 작업이라면, 제2언어 쓰기는 이보다 더 그러한 작업이다. 이 장에서는 소개한 연구 문헌들을 통해 쓰기를 규정하는 데 있어서 필요한 복잡한 요소, 말하기와 듣기 사이의 차이, 쓰기가 사회적·문화적·인지적 현상으로 개념화되는 방법들을 조명하고 있다. 또 이 장에서는 이런 문헌들을 통해 제2언어 필자가 직면하고 있는 특별한 도전 과제들에 대해서도 소개하고 있다. 이러한 도전의 많은 내용들은 뒤의 여러 장에서 쓰기 과제 개발의 쟁점으로, 또 채점 과정의 시스템으로 다시 논의될 것이다.

3장 쓰기 평가의 기본적 고려사항

1장과 2장에서는 쓰기 능력의 본질과 여러 언어 학습자 집단에서 필요로 하는 쓰기에 대한 내용들을 다루었다. 이 장에서는 일반적인 언어 평가, 특히 쓰기 평가와 관련된 문제들에 초점을 두고 자세히 살펴보도록 한다. 앞에서도 언급했듯이 2장에서 보여준 쓰기 과정 모형들은 기본적으로 제1언어 필자들을 염두에 두고 개발한 것이다. 그래서 이 모형들은 쓰기를 통한 언어 능력의 발달 문제에는 특별한 관심을 두지 않고, 어느 정도 안정된 언어 시스템을 가정하여 구체적인 독자와 쓰기 목적을 위해 일관된 텍스트를 생산하는 데 필요한 인지적이고 메타인지적인 전략을 개발하는 것에 초점을 맞춘 것이다. 이 장에서는 언어 능력 검사(language testing)[1]의 관점에

---

[1] (옮긴이) '평가'는 평가 대상의 장점과 가치를 결정하는 과정을 말한다. 평가 분야의 초기 학자인 Michael Scriven은 평가에서 언어의 역할을 생각할 때 하나의 맥락 혹은

서 쓰기 평가를 다룰 예정이다. 언어 능력 검사와 관련된 연구에서
는 말하기, 듣기, 읽기, 쓰기라는 전통적으로 구분되어 온 기능들을
통해 드러나는 인지 능력을 어떻게 정의내릴 것인가에 관심을 두어
왔다. 이 장에서는 쓰기 능력 검사를 언어 능력 검사의 세부 유형으
로 간주할 것이다. 그렇지만 쓰기 능력 검사에서 구체적으로 언어
를 측정하는 것이 다른 인지 기능들을 측정하는 것과 항상 명료하
게 구분되는 것은 아니라는 점을 유념해야 한다.

이 장에서 논의되는 이론적 틀은 많은 부분 Bachman과 Palmer
(1996)[2]의 언어 평가에 관한 책에서 왔다. 이 장은 아래와 같은 순서로
구성된다. 먼저 여러 가지 평가의 목적들을 기술한다. 다음으로는, 언
어 수행 혹은 실제 언어 사용, 그리고 언어 수행의 밑바탕이 되는 능
력과 개인적인 특성 사이의 관계를 논의한 후, 수행 평가의 개념들을
소개할 것이다. 마지막으로 유용한 평가 모형을 제시할 것인데, 이것
은 주어진 상황에서 평가를 유용하거나 혹은 덜 유용하게 하는 여러
가지 측면을 고려하는 데에 체계적인 접근법을 제공할 것이다.

다른 맥락에 적용되는 평가에 대응하는 약 60가지 단어가 있음을 주장하였다. 그 단어들
로는 adjudge(판결하다, 선고하다), appraise(가치를 매기다), analyze(비판적으로 검토하
다), assess(결정하다, 사정하다), critique(비판하다), examine(살펴보다, 시험하다), grade
(등급이나 성적을 매기다), inspect(정밀 조사하다), judge(판단하다, 판정하다), rate(간주
하다, 등급이나 비율을 매기다), rank(분류하다, 위치를 매기다), review(재검토하다),
score(점수를 매기다), study(연구하다), test(시험하다, 검사하다) 등이 있다. 이를 볼 때
'평가'라는 용어는 학생 개인의 행위에 대한 가치 판단을 포괄하는 용어로 볼 수 있다.
한편, 사정은 측정 활동을 통하여 특정 목적을 달성하기 위하여 근거 자료를 수집하
는 과정에 중점을 두는 활동을 말한다. 일반적으로 평가와 동일한 개념으로 활용되기
도 하나, 평가가 타당성과 신뢰성을 중시한 근거자료에 입각한 체계적인 가치 판단을
강조하는 반면 사정은 검사를 실시하거나 조사 활동을 통하여 자료를 수집하고 그를
수량화하거나 지표화하는 데 중점을 두고 수집된 자료를 총합적으로 활용하는 데 보다
많은 관심을 둔다. 평가 활동이 판단기준 및 근거를 강조하고 측정 활동이 측정도구의
타당도 및 신뢰도를 강조하는 것과는 달리, 사정 활동은 주어진 목적에 부응하기 위한
근거자료를 체계적으로 수집하여 그 목적에 부합되도록 활용하는 데 중점을 둔다.
Fitzpatrix, J. L., Sanders, J. R., & Worthen, B. R.(2004), *Program Evaluation*(3rd),
Pearson Education 참고.

1. 평가 목적: 추론하기와 결정하기

쓰기 평가 도구를 선택하고 설계하는 데 있어, 우선 평가의 사용 목적을 고려하는 것부터 시작하는 것이 논리적인 순서일 것이다. 다시 말해, 우리는 왜 쓰기 능력을 평가하는 데에 관심이 있는가?— 목적이 무엇인가? Bachman과 Palmer(1996)는 언어 평가의 두 가지 주요한 목적에 대해 논의했는데, 쓰기 평가는 언어 평가의 한 부분으로 고려될 수 있을 것이다. 우선 일차적인 목적은 언어 능력을 추론해 보는 데 있다. 그리고 두 번째 목적은 그러한 추론에 기반하여 어떤 결정을 할 수 있다. 즉, 한 개인의 언어 능력을 직접 관찰할 수 없기 때문에 언어 능력에 대해 추론한 데이터를 가지고 평가 항목을 만들어 이 평가에 대한 반응을 보게 되는 것이다. 따라서 이러한 추론들은 개인이나 수업별로 또는 프로그램 수준마다 다양한 결정을 내리기 위한 자료로 사용된다.

예를 들어 언어 평가에 근거하여 만들 수 있는 세 가지 추론의 유형, 즉 숙달도(proficiency), 진단(diagnosis), 성취도(achievement)에 대해 검토해 보자. 언어 숙달도에 대한 엄격한 정의는 잠시 비켜두고,

---

2) (옮긴이)

바흐만과 팔머(Bachman과 Palmer, 1996)의 제2언어 쓰기 능력 모형			
언어적 지식	구조 지식	문법적 지식	어휘(vocabulary), 통사(syntax), 음운(phonology), 표기(graphology)
		맥락적 지식	응집성(cohesion), 결속력(coherence), 수사적 조직(rhetorical organization)
	화용 지식	화행적 지식	개념화(ideational: 묘사, 분류, 설명, 비교 및 대조), 조작적(manipulative), 도구적(instrumental or 탐구적 heuristic), 상상적(imaginative) 기능
		사회·언어적 지식	담화역, 관용 표현, 화법: 어휘와 담화역의 적절성
전략적 능력	초인지전략		
	위계화된 수행 전략	목적 설정-자료 검토-계획 수립	

※ Bachman and Palmer(2010), *Language Assessment in Practice*, Oxford, pp. 34~40 참고.

학술 프로그램의 입학 허가나 어떤 언어 교육과정에서 여러 급수의 배치, 특정 과목의 수강 면제, 특별한 직업의 선택과 같은 것에 대해 결정을 하기 위해, 일반적인 언어 능력 숙달도에 대해 추론을 한다. 진단—즉, 학생 개인의 강점과 약점—을 위한 추론은 교사가 자신의 수업을 학생들의 요구에 맞추어 조정하기 위해 사용한다. 성취도에 관한 추론—학생 개인이나 집단이 구체적인 교육 목표에 도달하는 정도—은 성적을 매기거나, 개인적인 등급 향상, 교실에서 지도 방법을 수정하는 데에 사용할 수 있다. 또한 성취 수준에 관한 추론은 교육과정에 대해 결정하거나 주 단위나 국가 단위의 프로그램을 위한 자금을 지원하는 데 사용될 수 있다.

Bachman과 Palmer(1996)가 언급했듯이, 언어 능력에 관한 추론에 근거한 결정의 중요한 측면은 그것이 고부담(high-stake)[3] 결정이냐, 아니면 저부담(low-stake) 결정이냐 하는 것이다. 고부담의 결정은 개인의 삶이나 프로그램의 존폐에 심각한 영향을 주며, 그 결정을 되돌리는 것도 쉽지 않기 때문에 이런 결정은 바꾸기 힘들 수 있다. 고부담 결정의 예로 평가 결과에 기반을 둔 대학 입학 허가나 학교에 대한 기금 지원 등이 있다. 한편 저부담의 결정은 개인의 삶이나 프로그램 존폐에 비교적 적은 영향을 미치며, 이러한 결정에서 발생하는 오류는 그렇게 극단적인 결과를 초래하지는 않는다. 예를 들어 영어 집중 훈련 프로그램에서 실시하는 언어 교육과정의 등급 배치 시험은 학생들이 쉽게 다른 등급으로 옮겨 갈 수 있으므로 상대적으로 저부담의 결정에 해당한다.

---

3) (옮긴이) 검사 결과가 학교행정가, 교육정책 결정자, 자격증 발급청, 인사선발 주체 등에 의해서 중요한 결정을 내리는 데 사용되어 피검자에게 강력한 영향력을 행사하는 경우에 사용되는 표준화 검사를 말한다. 한국교육심리학회(2000), 『교육심리학용어사전』, 학지사.

2. 언어 사용과 언어 평가 수행

위에서 언급했듯이 언어 평가의 1차적인 목표는 언어 능력에 대해 추론하는 것이다. 그렇기 때문에 특정 평가를 위해서는 언어 능력이 의미하는 바를 명료하게 상세화해야 한다. 언어 능력에 대한 정의는 비평가(non-test) 환경(즉, 실제 세계)과 평가 환경에서 모두 구체화할 필요가 있다. 우리는 능력이라는 것을 구인4)으로서 평가해야 한다고 보며, 언어 능력을 구인으로 정의하는 것은 평가 도구를 개발하는 데 있어 가장 기본적인 사항 중 하나이다. 언어 평가를 위해서 관심 있는 구인을 규정하는 것의 핵심은 실제 현실의 언어 사용에 어떤 요소들이 관련되는가를 결정하는 것과, 측정하기를 원하는 요소들이 무엇이고 그렇지 않은 것은 무엇인지를 결정하는 것이다. 예를 들어, 모차르트와 베토벤의 작품을 비교·대조하는 에세이를 작성하고자 하는 학생이 있다고 가정해 보자. 그 과제를 쓰려면 음악에 관해 많은 지식을 가지고 있어야 한다. 쓰기 강좌에서는 학생들이 비교나 대조 에세이를 구성할 수 있는지를 아는 것에 관심이 있기 때문에, 학생들이 가지고 있는 음악에 대한 지식이 측정하고자 하는 구인의 일부가 되지는 않을 것이다. 하지만 음악사 수업에서 한 학생이 이 주제를 선택했다면, 교수자는 아마 글을 쓰는

---

4) (옮긴이) 물리적으로 직접적인 관찰은 불가능하지만, 이론적으로 존재를 가정하는 심리학적 특질로서 개인의 행동에 영향을 미치는 잠재요인이다. 구인은 개인의 행동에 근원적인 영향을 미치는 것으로 이해되며, 매우 다양한 구인들의 특성이 교육학 및 심리학에서 정의되고, 측정되며, 활용되고 있다. 이론적으로 정의된 구인을 평가하기 위해서는 조작적으로 정의해야 한다. 이론적 구인은 단순히 조작적 정의 이상의 무언가를 포함하고 있을 수 있다. 즉, 구인은 관찰할 수 있는 자료로 정의된 것 이외에 보다 넓은 요소와 내용을 가질 수 있다. 따라서 구인은 단순히 하나의 양적 지수로 표현할 수 없다. 한국교육심리학회(2000), 『교육심리학용어사전』, 학지사; 임인재·김신영·박현정(2003), 『심리측정의 원리』, 학연사.

학생의 음악 지식에 관한 능력을 아는 것에 더 관심을 가질 것이기 때문에, 이 지식은 교수자가 규정하는 구인의 한 부분을 차지할 것이다. 구인은 '우리 머릿속에 존재하는 심리적인 실체'가 아니라, 특정한 평가를 목적으로 하여 규정한 추상적 개념이란 점을 기억하는 것이 중요하다(Alderson, 2000: 118). 다른 말로 하면, 언어 능력에 대한 정의는 모든 상황에 적용할 수 있는 단 하나만의 능력으로 존재하지 않는다는 것이다. 게다가 평가 상황마다 수험자, 평가 목적, 목표 언어 사용 상황을 고려하여 능력, 구인, 흥미(interest)의 정의가 새롭게 개발되어야만 한다.

2장에서는 Hymes(1972)의 논의로 시작하면서, 응용언어학 연구에서 사용하는 언어 능력에 대한 여러 가지 공식화된 구성 요소들을 참고 내용으로 소개한 바 있다. 현재 이 분야의 학자들은, 의사소통적 언어 능력 또는 실질적인 의사소통 기능을 수행하기 위한 언어 사용 능력이 한편으로는 **언어 지식**과 다른 한편으로는 **전략적 능력**(strategic competence) 사이의 상호작용으로 구성된다고 하는 점에 합의한 것으로 보인다. 이런 견해는 처음 Bachman(1990)이 제시했으며, 이후 Bachman과 Palmer(1996)에 의해 수정되었다(Bachman과 Palmer의 의사소통적 언어 능력 모형에 대한 심도 깊은 논의는 McNamara(1996), Douglas(2000)를 볼 것). 언어 지식과 전략적 능력의 세부 구성 요소에 대해서는 몇몇 학자들이 다른 의견을 제시해 왔다(Chapelle et al., 1993; Douglas, 2000). 여기에서는 논의의 목적에 따라, Bachman과 Palmer(1996)의 틀을 약간 수정한 Douglas의 견해를 따르기로 한다. 언어 지식과 전략적 능력의 필수 구성 요소는 〈표 3.1〉에 요약되어 있다.

Grabe과 Kaplan이 쓰기와 관련하여 상세하게 설정한 언어 지식 분류체계와는 대조적으로, Bachman과 Palmer(1996)나 Douglas(2000)

언어 지식

문법 지식
- 어휘에 대한 지식
- 형태론 및 통사론에 대한 지식
- 음운론에 대한 지식

텍스트 지식
- 응집성에 대한 지식
- 수사적 또는 대화적 조직에 대한 지식

기능적 지식
- 관념화 기능에 대한 지식
- 기능 조작에 대한 지식
- 발견적 기능에 대한 지식
- 가상적 기능에 대한 지식

사회언어학적 지식
- 방언/언어변이에 대한 지식
- 사용역에 대한 지식
- 관용적 표현에 대한 지식
- 문화적 참조사항에 대한 지식

전략적 능력

평가
- 의사소통 상황 또는 평가 과제 및 적절한 담화 영역 참여 여부를 평가하기
- 응답의 정확성과 타당성 평가하기

목표 설정
- 의사소통 상황에서 어떻게 반응할 것인지 결정하기

계획하기
- 설정한 목표에 도달하기 위해서 어떠한 언어 지식과 배경 지식이 요구되는지 결정하기

실행 통제
- 계획을 수행하기 위해 적절한 언어 지식 요소를 탐색하고 조직하기

에 의해 제안된 언어 능력 요소의 보다 일반화된 분류체계는 **문법 지식**, 즉 언어의 기본적 구성 요소들에 대한 지식, **텍스트 지식**, 즉 이런 구성 요소들이 응집성 있는 텍스트를 형성하기 위해 배열되는 방법에 대한 지식, **기능적 지식**, 즉 다양한 의사소통적 기능을 성취

하기 위해 언어가 사용되는 방법에 대한 지식, 그리고 **사회언어적 지식**, 즉 여러 가지 상이한 사회적 상황에서 언어를 적절하게 사용하는 방법에 대한 지식으로 구성된다.

전략적 능력은 Bachman과 Palmer가 일련의 초인지적 구성 요소나 전략이라고 정의하였는데, 이는 다른 인지 활동뿐만 아니라 언어 사용에 있어 인지적 조정 기능을 제공해 주는 고차원적 명령 실행 과정으로 생각될 수 있다(Bachman & Palmer, 1996: 70). 그래서 전략적 능력은 어떤 사람이 특정 의사소통적 상황에서 자신의 언어 지식을 적절한 방식으로 사용할 수 있도록 만들어 주는 일반적 능력(즉, 범언어적 능력)으로 고려된다. 특히 전략적 능력은 개인의 언어 능력과 외부적 상황 사이에 연결점을 제공해 주며, 개인의 언어 능력 및 여타 개인적 특성들, 특히 화제 지식 같은 것 사이에도 연결점을 제공해 준다(Bachman & Palmer, 1996).

Bachman과 Palmer(1996)는 전략적 능력을 세 가지 주요 구성 요소, 즉 **목표 설정하기**(goal setting), **평가하기**(assessment), **계획하기**(planning)로 개념화했다. 다음에 상세히 논의하겠지만 Bachman과 Palmer의 틀을 기반으로 하여, Douglas(2000)도 전략적 능력이 의사소통적 계획을 수행하기 위해 언어 지식의 필수 요소와 화제 지식을 조직하는 **실행 통제**(control of execution) 과정을 포함하는 것으로 보았다. 쓰기에서 이러한 전략이 어떻게 사용되는지를 보자면, 특정 이슈에 대해 대중의 견해에 영향을 주기 위해 신문 편집자에게 편지를 작성하는 경우를 예로 들 수 있다. 목표 설정하기에는 이런 목적을 달성하기 위해 편지를 쓰기로 결정하는 것 자체가 포함된다. 평가하기 단계는 편지를 쓰는 데 필요한 언어적 자원뿐만 아니라, 화제 관련 지식, 편지 형식, 적절한 수준의 형식상 절차(formality) 등 편지 쓰기에 필요한 것을 확보했는지 점검하는 것이다. 그런 후 편지를 쓰기 위한 계획이 생성되며, 계획은 필자의 실행 제어 능력에 따라 성공 정도의 차이는 있겠지만 실행된다. 평가의 인지는 편지를 보내기 전에 검토하기 위해 다시 사용된다.

Bachman과 Palmer에 의해 정의된 대로, 전략적 능력은 일반적인 언어 사용이나 특별히 쓰기에만 사용되는 것이 아니라 보편적으로 사용되는 일종의 문제-해결 능력이다. 그러나 쓰기에만 관련되는 특별한 초인지 전략이 있다. 특히 앞의 2장에서 말한 바대로 '지식 나열'보다 '지식 변형'에 해당하는 쓰기 과제와 관련되었을 때 더욱 그렇다. 동등한 수준의 언어 지식이나 일반적인 전략적 능력을 가 진 필자들 중에서 초보 필자와 전문 필자를 구별해 내는 것은 이렇 게 쓰기에 특화된 전략(writing-specific-strategies)을 적용하는지 여부 이다. 쓰기에서 전략적 능력을 말할 때는 일반적인 문제 해결 전략 이 아니라 2장의 쓰기 모형에서 기술된 그 능력을 의미하는 것이다. 예를 들어 Hayes(1996)의 모형에서 반성(reflection)이나, Bereiter과 Scardamalia(1987) 모형의 내용 문제 공간과 수사적 문제 공간의 문 제 해결 과정이 여기에 속한다. 이는 마치 체스 선수가 다른 인지적 활동으로 전이될 필요가 없는, 체스 게임에만 특화된 문제 해결 전 략을 개발하는 것과 같다. 그래서 필자들은 연습과 경험을 통해 쓰 기에만 특화될 수 있는 전략을 개발한다.

Bachman과 Palmer는 언어 지식과 전략적 능력에 덧붙여 실제 의 사소통적 상황에서 적용해야 할 다른 사항들, 특별히 화제 지식, 개 별적 특성, 그리고 정서 혹은 감정적 요소들을 고려해야 한다고 지 적한다. 앞에서 나왔던 사례, 즉 신문 편집자에게 편지를 쓰는 상황 으로 돌아가 보자. 이러한 과제 수행에는 언어 지식 외에도 여러 가지 다른 요소들이 필요하다. 논의되고 있는 주제에 관한 지식(화제 지식)이 필요하며, 그런 화제에 관해 편지를 쓸 만큼 충분히 강한 감정을 느끼고 있어야 한다(정서). 여기에다가 필자의 개인적인 특성(예를 들어 편집자에게 편지를 쓴 경험, 외향성의 정도)은 내용과 언어의 선택에 영향을 미칠 수 있고, 편지를 쓰기 위한 계획을 실제적으로 따를지 말지를 결정하는 데 영향을 미칠 수도 있다.

언어 평가에서(이 장의 목적을 위해 쓰기 평가는 언어 평가의 하위 요소로 고려되었다) 우리는 실제 의사소통과 관련된 여타 요소들보다 언어 능력에 1차적인 관심을 두고 있다. 그럼에도 불구하고 평가를 설계할 때에는 다른 요소들에 대해서도 생각해 보아야만 평가 과제를 성공적으로 완수하는 데 있어 이들의 역할을 어느 정도로 참조할 것인지를 결정할 수 있다. 어떤 경우에는 평가에서 관심을 두는 언어 능력의 정의 속에 이런 요소들이 포함되기도 하지만, 어떤 경우에는 수험자들의 쓰기 수행이나 평가 점수에 이런 요소들의 영향력이 축소되기를 원할 수도 있다. 예를 들어 만약 '음악에 관한 글쓰기'라는 수업의 한 부분으로 고전음악에 대한 지식을 포함하고 싶다면, 이러한 지식에 근거하여 과제를 설계할 것이다. 반면에 쓰기 능력에 관한 보다 일반적인 정의에 관심이 있다면, 구체적인 배경 지식에 의존하는 과제는 피할 것이다.

따라서 화제 지식은 쓰기 평가에서 구체적으로 평가될 수도 있고 아닐 수도 있기 때문에, 측정되는 구인의 일부가 될 수도 되지 않을 수도 있다. Bachman과 Palmer(1996)는 화제 지식의 관점에서 구인을 정의하는 데에 세 가지 기본 선택항이 있다고 언급했다. 하나는 구인에서 화제 지식을 배제하는 것, 두 번째는 언어 능력과 화제 지식을 모두 구인 정의에 포함시키는 것, 세 번째는 언어 능력과 화제 지식을 별개의 구인으로 정의하는 것이다. 평가의 특정 목적에 따라 이 중 하나가 선택될 수 있다. 예를 들어 Hughes(1989)는 일반적인 언어 평가에서는 통상 학생들이 창의적인지, 상상력이 있는지, 아니면 지적인지, 넓은 교양지식을 가지고 있는지, 혹은 그들의 주장에 대해 올바른 근거를 갖고 있는지를 알고자 하지는 않는다고 언급하면서, 일반적인 언어 숙달도 평가에서 수험자들이 내용 지식을 사용하도록 요구하는 쓰기 과제는 부과하지 않아야 한다고 주장한다. 이와 반대로, Douglas(2000: 39)가 언급한 것처럼, 특수 목적 언어(LSP) 평가에서 변별되는 특징 중 하나는 구인을 정의하는 데 기여하는 화제 지식의 역할이다. 특수 목적 언어 평가는 수험자가 목표 언어의 사용 상황과 연관된 과제에 참여하도록 요구하기 때문에, 관련된 배경 지식은 크건 작건 항상 구인의 한 부분이 되어 왔다.

　화제 지식은 때로 구인 정의에 포함되기도 하지만, 개별적 특성과 정서는 구인에서 명시적으로 배제되는 경우가 많고 언어 평가에서 이러한 요소는 가급적이면 측정하지 않으려고 노력해 왔다. 그러나 연령, 성별, 교육적 배경 등의 특성을 인지하는 것은 중요하다. 그렇게 함으로써 특정 수험자에게 적합한 과제를 개발하고, 또 특정한 수험자 집단에게 긍정적, 혹은 부정적으로 편향되는 것을 피할 수 있기 때문이다. 마찬가지로 의사소통에서 정서의 역할도 평가를 설계하는 데 있어 고려해 봐야 할 요소로 의미가 있다. 이는 우리가 정서를 측정하는 데 관심이 있기 때문이 아니라, 정서가 어떤 언어 사용 상황과도 관련이 되기 때문이다. 달리 말해서, 정서는 언어 수행의 효과를 촉진하거나 약화시킬 수 있으며, 만일 수험자들이 가장 좋은 상태에서 평가 받도록 하기를 원한다면, 평가 과제에 관한 수험자들의 정서적인 반응을 측정해 볼 필요가 있다. 이 문제는 5장에서 다시 자세히 다룰 것이다.

3. 수행 평가로서의 쓰기

언어 능력과 언어 사용에 대한 Bachman과 Palmer(1996)의 개념을 언어 평가로 좀 더 초점화시키기 위해 수행 평가의 규준(notion)을 소개하고자 한다. 수행 평가라는 용어는 현실 세계에서 행위를 관찰하거나 실제 생활 활동에 관한 시뮬레이션을 통해 시행하는 평가 절차를 설명할 때 흔히 사용된다. 즉, 평가되는 능력의 수행, 그리고 이런 수행을 채점자가 평가하는 것이다. 이렇게 수행 평가는 실제 세계에서의 행동을 재현하거나 시뮬레이션하는 만큼 전통적인 지필 평가와 다르다. 이런 점에서 실제 쓰기 과정을 포함하는 쓰기 평가도 작성된 산출물이 쓰기 수행 능력을 표상하기 때문에, 선다형 시험의 결과물과 달리 어느 정도는 수행 평가로 분류될 수 있다.

McNamara(1996)는 언어 평가에서 강한 수행 평가와 약한 수행 평가를 구분하여 제시하고 그것의 유용한 차이점을 설명했다. 강한 수행 평가는 평가의 초점이 언어 사용 자체에 놓이는 것이 아니라, 언어 사용을 요구하는 주어진 과제를 성공적으로 완수하는 것에 놓인다. 예를 들어 과제가 설득적인 글을 쓰는 것이라면 독자가 설득되었을 때 필자가 과제를 성공적으로 수행한 것이 된다. 만약 과제가 사과의 편지를 쓰는 것이라면 독자가 필자를 용서하고 싶은 마음이 들었을 때 쓰기의 언어적 정확성 여부와는 상관없이 필자가 성공적으로 과제를 수행한 것이 된다. 물론 McNamara가 지적한 대로, 쓰기가 평가 상황에서 끝난다면 필자는 독자에게 진정으로 사과할 마음이 생기지 않을 수도 있고 독자 역시 순수하게 용서해 주고 싶은 마음이 들지 않을 수 있다. 독자의 입장에서 바라볼 수 있는 가장 근사치는 실제 그 필자에게 어떤 방법으로 무례함을 당했다 하더라도 사과를 기분 좋게 받아들이는 상상을 해 보는 것이다.

강한 수행 평가에서 언어 능력은 좀 더 구체적으로 말해 Bachman과 Palmer의 용어로 언어 지식은 과제를 성공적으로 수행하는 데 단지 부분적으로만 기능할 뿐이고 언어 외적인 요소들이 언어 지식의 부족을 채워줄 수가 있다. 예를 들어 수험자가 어떤 특정 정당의 입장으로 글을 쓰라고 요구를 받았다고 상상해 보자. 만약 수험자가 언어로 설명하여 쓰지 않고 간단하게 도표를 그렸지만 그 입장이 분명하고 정확했다면, 과제는 성공적으로 수행된 것으로 볼 수 있다. 그러나 분명히 이 완성된 과제 속에는 언어 지식과는 다른 능력이 관련된 것이다. 수행 평가는 이런 의미에서—즉, 과제를 성취하는 데 사용되는 수단과 상관없이 유일한 평가 기준이 실제 세계의 언어적 성취라는 점에서 McNamara가 지적한 대로 일반적인 언어 평가로 고려될 수가 없다.

반면 약한 수행 평가는 평가의 초점을 과제 수행 그 자체가 아니라 언어 사용에 둔다. 언어를 유도하기 위해 사용된 과제는 실제 세계의 쓰기 과제와 유사하다. 그러나 그 목표는 설득하거나 사과하기 위한 능력을 보고자 하는 것이 아니라 언어 숙달도를 보고자 하는 것이다. 다시 말해, 쓰기 평가자는 그들이 설득의 감정을 느꼈는지 아니면 필자를 용서할 마음이 생겼는지보다 작성된 언어적 측면에 더 많은 관심이 있다.

McNamara가 언급한 대로, 대부분 언어 평가들은 두 유형을 양극단으로 하는 연속체 사이의 어딘가에 위치할 것이다. 언어 평가의 측면에서 구체적인 평가 과제와 채점 기준은 모두 언어 능력 외의 다른 요소가 포함되어 있는 정도에 따라 달라질 수 있다. 이 연속체에서 약한 부분의 끝에 있는 쓰기 과제는 오로지 언어 능력이라는 제한된 영역에만 초점을 두게 된다. 이 때문에 내용과 언어의 측면에서는 잘 통제되어 있지만 실생활 쓰기 과제로서는 제한적이다. 이런 과제의 사례로는 문장 완성 과제나 현재 시제를 과거 시제로 바꾸어 단락을 쓰라고 요구하는 과제가 있다. 이와 반대로 화제 지식이나 주관적 정서 등의 개인적인 변인을 많이 허용하는 과제는 실생활 쓰기 과제와 좀 더 밀접하다. 예를 들어 학술적 언어 강좌에서 읽기 자료에 대한 반응을 에세이로 작성하라는 과제가 그런 것이다. 이러한 과제들은 앞서 말한 연속체의 강한 극단에 위치한다. 마찬가지로 어휘 사용, 구성 등 언어의 특정한 측면에 초점을 둔 채점 기준은 연속체의 약한 부분의 끝에 위치하고, 과제의 성공적 수행에 초점을 둔 채점 기준은 이와 반대의 끝에 위치한다.

4. 평가 유용성(Test usefulness)

Bachman과 Palmer(1996: 17)는 언어 평가를 설계하고 개발하는 데 있어 가장 중요한 고려 사항은 평가가 무엇을 의도하는지에 대해 강조했다. 따라서 평가의 가장 중요한 본질은 유용성이다. 이들은 신뢰도(reliability), 구인 타당도(construct validity), 실제성(authenticity), 상호작용성(interactiveness), 영향력(impact), 실용성(practicality) 등 여섯 가지 특성으로 평가의 유용성을 정의했다. 이러한 특성은 모두 중요하지만 사실상 이들 모두를 최대화한다는 것은 불가능하다. 특히 실용성, 즉 이용 가능한 자료의 양은 한정적이기 때문에 다른 특성에 비해서 우선적으로 고려되어야 한다(Lyle Bachman, personal communication, 2000). 그러므로 평가 과제 개발자는 각각의 특성들을 최대화하는 대신에 평가 유용성을 중심으로 해당 상황에 맞게 각 특성들 사이의 균형을 적절하게 맞추도록 노력해야 한다. Bachman 과 Palmer는 평가 구인을 선정할 때 유용성을 고려하기 위해 다음과 같은 세 가지 원리를 제시했다.

원리 1: 최대화되어야 하는 것은 유용성에 영향을 미치는 개별적인 특질
이 아니라 평가의 전반적인 유용성이다.

원리 2: 개별적인 평가 특성은 단독으로 평가될 수 없고 평가의 전반적인
유용성에 대해 통합된 영향 관계의 측면에서 평가되어야 한다.

원리 3: 여러 가지 특성들 사이에서 평가 유용성의 일반적인 균형 비율
을 정할 수는 없지만 각각의 개별 평가 상황에서는 반드시 규정
해야 한다.

(Bachman & Palmer, 1996: 18)

모든 평가 맥락이 다르므로 여섯 가지 특성의 상대적인 중요성은 평가 상황에 따라 달라진다. 평가 도구 개발자는 여섯 가지 특성들 을 모두 최대화하기 위해 노력하기보다 세부 상황의 제약 속에서 주어진 유용성을 최대화하기 위해 노력해야 한다.

이제 쓰기 평가와 관련하여 유용성의 여섯 가지 특성을 보다 자 세히 규명해 보고자 한다.

신뢰도는 평가의 다양한 상황이나 특성에도 불구하고, 가령 프롬 프트(prompt)[5]가 달라지거나 채점자가 달라지더라도 측정의 일관성

이 유지되는 것을 말한다. 만약 한 학생이 여러 가지 프롬프트에서, 혹은 여러 채점자에게서 같은 점수를 받는다면 그 평가는 신뢰도가 있다고 여겨진다. 그리고 만약 한 집단의 수험자들에게 이전과 다른 상황에서 다른 평가자로부터 같은 평가 방법으로 같은 순위가 매겨진다면, 그 평가도 신뢰도가 있는 것이다. 신뢰도는 평가에서 기본적인 고려 사항이며 평가 타당도의 전제 조건이다. 즉, 평가를 통해 같은 결과를 지속적으로 얻을 수 있다는 확신을 느낄 수 없다면 평가 결과를 바탕으로 내리는 추론과 결정이 적절하고 공정하다고 확신할 수 없을 것이다. 동시에 단지 평가 결과가 일관성이 있다고 해서 평가하고자 하는 능력이 반영된 것이라고 반드시 확신할

---

5) (옮긴이) 프롬프트는 쓰기 수업의 다양한 장면에서 사용된다. 이는 학생의 반응을 이끌어내기 위한 자극 자료를 통칭하는데, 쓰기 지시문, 쓰기 과제와 혼용되어 사용되기도 한다. 그러나 프롬프트는 이보다 더 다양한 방식으로 활용된다는 점에서 지시문이나 쓰기 과제로 한정하기 어렵다. ETS는 쓰기 평가 문항에서 '인용한 프롬프트에 답하기 (Responding to quotation prompts)'나 '아이디어를 제시한 프롬프트에 답하기(Responding to idea prompt)'라는 영역을 제시하고 있는데, 프롬프트를 상위 개념에 두고 쓰기 수행과 관련된 상황이나 인용문을 제시한 후 그 하위 개념으로 설정한 '쓰기 과제'에 쓰기 수행을 위한 지시문을 제시하고 있음이 확인된다. 이와 유사하게 호주의 국가 수준 학업성취도 평가에서도 프롬프트에 쓰기와 관련된 주제, 목적, 상황 진술, 자료, 제한 사항, 조건, 쓰기 과정 등이 모두 포함되어 있음을 확인할 수 있다. 아래의 프롬프트는 호주의 국가 수준 학업성취도 평가의 문항을 제시한 것이다.

> **상자**
> 우리는 오늘 이야기를 쓰려고 합니다.
> '상자'에 대한 이야기입니다. 상자 속에는 무엇이 들어 있을까요? 그리고 그것은 상자 속으로 어떻게 들어갔을까요? 만약 그것이 살아 있다면 어떻게 될까요? 상자를 통해 숨겨진 메시지 같은 것을 알려줄지도 모릅니다. 상자가 열린다면 어떤 일이 일어날까요?
>
> ○ 생각해 봅시다.
> • 등장인물이 누구이고 어디에서 왔습니까?
> • 해결해야 할 혼란스러운 것이나 문제는 무엇입니까?
> • 이야기는 어떻게 끝날까요?
>
> ○ 기억합시다.
> • 쓰기를 시작하기 전에 이야기를 어떻게 만들지 계획을 세워봅시다.
> • 문장으로 만들면서 써 봅시다.
> • 어떤 낱말을 쓸지, 맞춤법에 맞는지, 문단 단위로 쓰고 있는지에 주의하며 써 봅시다.
> • 쓰기를 마쳤을 때 여러분의 글을 살펴보고 고칠 부분이 있으면 고쳐 봅시다.

수는 없다.

쓰기 평가에서 신뢰도는 쓰기 과제 자체와 관련되는 변인을 포함하여(예를 들어, 화제, 반응에 기대되는 담화 양식, 수험자들이 제공하도록 요구되는 쓰기 답안의 개수), 채점 과정 변인(예를 들어, 채점자의 배경이나 경험, 평가 등급의 성격, 평가자 훈련)에 의해 영향을 받을 수 있다. 이런 문제에 대해서는 4장과 6장에서 자세히 다룬다.

구인 타당도는 평가 점수에 근거하여 내리는 해석의 적절성과 유의미성을 말한다(Bachman & Palmer, 1996: 21). **구인의 타당성**은 평가가 실제로 측정하고자 의도했던 것을 측정했는지의 여부와 관련된다. 평가 결과에 근거한 결정들을 공정하게 하기 위해서, 평가가 무슨 능력을 측정하는지, 평가가 실제로 해당 능력과 그 외의 능력을 어느 정도까지 측정할 수 있는지에 대해 가능한 한 정확히 이해하는 것이 중요하다. 거기에 덧붙여 평가를 통해 일반화하고자 하는 영역에 관해 보다 분명하게 하는 것이 중요하다. 예를 들어 비즈니스 쓰기 평가에서 평가 과제를 단순히 편지와 메모 양식으로만 구성할 때 평가한 결과를 비즈니스 쓰기의 다른 세부 장르인 보고서나 경영종합보고서 쓰기 능력으로 일반화하기를 원한다면 이는 매우 불완전한 근거에 기초하는 것이 된다. 그러므로 구인의 타당성은 각 평가에 맞춰 세부적으로 규정되며 특정 평가 맥락마다 관심을 두는 능력에 관한 정의에 결정적으로 의존한다. 맥락과 쓰기 평가의 목적에 따라 관심을 두는 능력은 여러 가지 방법으로 규정될 수 있다. 예를 들어 잘 구성된 문장을 만드는 능력, 적절한 근거, 어조, 수사적 전략을 선택하여 독자를 설득하는 능력 등이 그러한 것이다.

구인의 타당화 과정은 계량적 근거와 이론적 원리 모두를 포함한다(Messick, 1989). 여러 종류의 근거들이 구인 타당도를 설명하는 데 사용될 수 있다. 아마 가장 일반적인 것은 Chapelle(1998: 51)에 의해 논의된 다음의 다섯 가지일 것이다. 그것은 (1) 내용 분석, (2) 항목별 실험 조사(empirical item investigation), (3) 과제 분석, (4) 평가 점수와 다른 측정 사이의 관계, (5) 평가 시간, 평가 집단과 맥락, 그리고 실험적 개입에 반응하여 나타나는 수행 차이에 관한 실증적 연구이다. 간단히 이런 유형의 근거들을 하나씩 논의하겠다.

내용 분석(content analysis)은 일반적으로 평가 결과를 일반화하고자 하는 부분에 대해 평가 내용이 적절한가, 평가 내용이 대표성이 있는가를 주제 전문가가 판단하는 내용으로 구성된다. 예를 들자면, 작문 강좌에 사용할 학생 배치 고사(쓰기 평가)의 내용 분석은 평가의 쓰기 과제가 실제 그 수업에서 사용되는 쓰기 과제와 얼마나 일치하는가를 교수자가 판단하도록 요구하는 것 등이다. 항목별 실험 조사란 난이도나 등급 식별에 영향을 미치는 요소들을 실증적으로 분석하는 것이다(Caroll, 1989; Chapelle, 1998에서 재인용함). 즉, 특정 평가 항목이나 과제에서 높은 점수를 받는 것이 얼마나 어렵거나 쉬운지, 또 그 항목이나 과제가 높은 능력의 수험자와 낮은 능력의 수험자를 얼마나 잘 구별하는지 등을 확인한다. 쓰기 과제에서 과제 난이도에 영향을 주는 요소는 과제를 수행하는 학생에게 고유한 것일 수도 있고, 쓰기 프롬프트 자체일 수도 있으며, 채점 절차일 수도 있다. 이러한 요소들은 4장에서 자세히 설명할 것이다. 지금 이 장에서 말하고자 하는 핵심은 난이도를 좌우하는 요소가 구인에 대한 정의에 포함되어 있을 때, 구인 타당도가 향상될 수 있다는 점이다. 이를 부정적으로 표현하자면, 만약 난이도에 기여하는 요소가 구인에 포함되지 않는다면, 혹은 과제 지시문이 잘못되어 뛰어난 필자들이 혼란을 일으켰다면, 과제를 성공적으로 수행하는 데 있어서 단지 일부 수험자만이 가지고 있는 배경 지식이 요구되었다면, 구인 타당도는 약화될 것이다.

과제에 대한 실험적 분석은 수험자가 과제를 완성하기 위해 사용하는 전략들을 알아보기 위한 것이다. 2장에서 논의되었지만 쓰기 과정을 조사하기 위해 프로토콜을 사용하는 것이 그러한 예에 해당한다. 실험을 통해 확인한 전략들은 이 구인에 대한 이론적 정의에 근거하여 예견된 전략들과 비교해 볼 수 있다.

평가 점수와 다른 측정치 사이의 상관을 조사하는 것은 흔히 준거 타당도(criterion-related validity)[6]라 불린다. 이는 관심을 두는 평가 결과와, 동일한 구인에 대한 다른 측정치—예를 들어, 동일한 학생 능력에 대한 상이한 평가의 결과치나 상이한 교사의 판단들—사이의 상관을 계산하는 것이 그러한 예다. 결국 구인 타당도에 대한 계량적 증거는 수험자나 평가 상황의 다양한 특성들이 평가 수행과 얼마나 관련되는가에 관한 가설을 검증함으로써 모아질 수 있다. 예를 들어 평가에서 학습에 따른 쓰기 성취도를 측정하고자 한다면, 학습 전과 학습 후의 평가 결과를 비교하는 것으로 구인 타당도를 계량적으로 입증할 수 있다. 같은 기간 동안 의도된 학습을 받지 못한 통제 집단의 학생들이 평가에서 전혀 향상되지 않은 것으로 나타났다면, 학습에 따른 높은 평가 점수가 평가의 구인 타당도를 입증한 것이다. 또 다른 예로 수험자가 쓰기 평가에서 에세이를 손으로 쓰거나 타이핑하는 상황을 상상해 보자. 손으로 쓴 에세이기 티이핑한 에세이보

---

6) (옮긴이) 검사 도구의 측정 결과가 준거가 되는 다른 측성 결과와 관련이 있는 정도이다. 미래의 측정 결과와의 연관성은 예측 타당도라고 하고, 현재의 다른 측정 결과와의 연관성은 공인 타당도라고 한다. 한국교육심리학회, 『교육심리학용어사전』, 학지사, 2000.1.10.

다 눈에 띄게 높은 점수를 받았을 경우, 표기 방식이 구인의 요소로 포함되지 않는다면 구인 타당도를 저해하는 것이다.

쓰기를 평가하는 데 있어 구인 타당도는 적어도 다음과 같은 세 가지 방법으로 설명되어야 한다. (1) 과제는 반드시 평가하고자 하는 쓰기 유형에서 도출해야 한다(아래 실제성에 관한 논의를 볼 것). (2) 채점 기준은 반드시 구인으로 정의된 쓰기 요소들을 설명해야 한다. (3) 평가자들은 쓰기 답안을 채점할 때 채점 기준을 반드시 준수해야 한다. 이러한 문제들에 관해서는 4장, 5장, 6장에서 자세히 논의한다.

Bachman과 Palmer가 언급한 유용성의 다음 자질로는 **실제성**을 들 수 있다. 이 자질은 주어진 언어 평가 과제의 특성이 목표 언어 사용(TLU) 과제의 자질과 부합하는 정도를 나타낸다(Bachman & Palmer, 1996: 23). 즉, 평가 과제(우리의 경우 쓰기 과제)가 시험 수단에 그치지 않고 수험자가 실제 세계에서 필요로 할 쓰기 유형의 표상(representative)이 되어야 한다는 것이다. 몇몇 경우에 이런 점은 더욱 문제적일 수 있다. 예를 들면 외국어로서의 영어 학습자(EFL)를 위한 일반 목적의 영어 수업에서 학습자들이 사용하게 될 쓰기 유형에 적절한 쓰기 과제를 규정하는 것은 쉽지 않다. 이를 테면 학습자들은 여행사에 여행 정보를 요구하는 편지를 쓸 수도 있고, 취업 광고를 보고 이에 응모하는 서류를 보낼 수도 있다. 외국어를 모어로 하는 영어 학습자의 경우에 실제성은 더 문제가 된다. 교실 바깥에서 영어를 써야 할 실제적 필요성을 거의 느끼지 않기 때문이다. 그래서 실제적인 목표 언어 사용 상황을 대표하는 적절한 쓰기 과제를 찾아내는 것은 생각보다 더 어렵다. 이 경우에는 평가 개발자가 타당도와 같은 유용성의 다른 측면들보다 실제성을 덜 고려하는 쪽으로 결정을 내릴 수도 있다.

실제성에서 또 다른 문제적인 영역은 쓰기 평가의 가장 일반적인 분야 중 하나인 학문 목적 영어 분야이다. 전형적인 쓰기 평가(수험자가 자신이 잘 알지 못하는 분야에 관해 제한된 시간에 즉흥적으로 글을 쓰는 것)는 다음과 같은 학술적 글쓰기 특성 때문에 비교적 덜 실제적이다. 첫째, 평가 상황 밖에 있는 학술적 글쓰기는 지정된 읽기 자료, 강의, 학급 토론의 형태로 입력(input)된 원천 자료를 이용할 수 있다. 학생들은 일반적으로 주어진 주제에 관해 글을 쓰기 전 읽기, 말하기, 듣기를 통해 주제를 다룰 수 있기 때문에 (이론적으로) 그 주제에 대해 글을 쓰기 위한 배경 지식과 스키마를 충분히 갖추게 된다. 둘째, 시간이 제한된 시험의 경우를 제외하면, 대부분의 학술적 글쓰기는 시간 제한이 없고, 그리 급하지도 않다. 그래서 필자들은 자신의 계획이나 습관에 맞춰 충분한 시간을 사용할 수 있다. 또 평가받기 위해 원고를 제출하기 전에 화제에 대해 충분히 생각해 볼 여지가 있으며, 자료를 참고하고 내용을 교정하거나 편집할 수도 있다. 셋째, 쓰기 평가에서는 수험자가 잘 알지 못하는 평가자들에 의해 점수가 매겨지는 반면, 대부분의 학술적 글쓰기에서는 학생을 가르치는 교수자에 의해 평가가 이루어진다. 그렇기 때문에 학생들은 이 과제에서 무엇이 요구되는지, 어떤 형식과 내용이 필요한지 등을 알 수 있는 이점이 있다. 그리고 학생들은 교수자가 원하는 기대에 맞춰 보다 적절하게 내용을 구성할 수 있다. 마지막으로, 작문이나 창의적 글쓰기 수업을 제외한 대부분의 학술적 글쓰기에서는 기본적으로 언어 구사 능력이나 형식의 적절성보다도 내용의 정확성에 의해 평가된다. 이러한 필자들에게는 문법이나 용법에 관한 선다형의 시험보다 에세이 시험이 더 실제적일 수 있지만, 학술적 글쓰기 평가를 위해 과제를 설정할 때에는 실제성을 고려하기 어렵다는 논란도 분명히 있을 것으로 보인다. 사실 실제성에 관한 이러한 고려사항들 때문에 특히 교실 쓰기 평가에서는 시간 제한이 있는 즉흥적인 쓰기 시험보다 다른 대안을 찾거나 포트폴리오 평가를 해야 한다는 주장들이 계속 제기되어 왔다. 이러한 문제에 대해서는 8장과 9장에서 다시 다루도록 하겠다.

Bachman과 Palmer(1996: 25)는 **상호작용성**을 '평가 과제를 수행하는 데 있어 수험자 개인 특성이 관여한 정도나 형태'를 의미한다고 정의했다. 위에서 논의한 대로, 언어 평가와 관련된 특징에는 언어 지식(예를 들어, 언어 기호에 관한 지식)이나 전략적 능력(예를 들어, 과제를 완수하기 위해 언어 자원이나 인지 자원을 효과적으로 통제하는 것), 화제 지식, 정서적 스키마, 수험자가 평가 과제에 관해 감성적으로 어떻게 반응하는가에 관한 것들이 포함된다. 상호작용성은 실제적으로 언어를 사용할 때 늘 관여되는 것이기 때문에 언어 평가에서 중요하다. 다른 특성은 포함되지 않고 단지 언어 지식만 포함되는 평가 과제는 수험자가 언어에 대해 얼마나 많이 알고 있는가에 관한 견해는 줄 수 있지만, 언어를 얼마나 잘 사용하는지에 관한 정보는 주지 않는다.

비교적 상호작용적이지 않은 쓰기 과제의 예로는 수험자들에게 한 단락 안에 있는 동사의 현재형을 모두 과거형으로 바꾸라고 요구하는 과제를 들 수 있다. 이런 과제에서는 수험자들이 자신의 영어 문법 지식을 드러내야만 한다. 반면에 초인지 전략에 관한 요구는 제한될 수밖에 없다. 또 그 단락에 있는 화제에 관해 반드시 알아야만 하는 정도도 제한될 수밖에 없다. 이런 과제는 기계적인 것인 만큼 정서적인 호소도 제한된다. 그리고 상호작용적인 과제만큼 과제 수행자의 관심을 끌기가 어렵다.

이와 반대로 상호작용성이 높은 쓰기 과제는 언어 능력뿐만 아니라 전략적 능력까지도 볼 수 있다. 위에서 논의한 Bachman과 Palmer의 체제에서 보면, 상호작용적 쓰기 과제와 관련된 초인지 전략은 **목표 세우기**(쓰기 과제에서 완수하고자 하는 목표는 무엇인가?), 과제의 여러 측면들, 즉 수사적 상황(누가 독자인가?, 독자가 기대하는 것은 무엇인가?), 과제를 수행하기 위한 언어적 자원, 과제 수행의 궁극적인 성공 등에 관한 **사정**(assessment)이 포함된다. 또 과제를 어떻게 완수할 것인가에 관한 **계획하기**와 관련된다. 화제 지식에 관해 살펴보면, 필자는 사전에 화제에 관한 정보를 어느 정도 숙지하고 있어야 하거나, 아니면 과제 설명의 일부로 화제에 관한 정보가 주어져야 한다. 그렇지 않고 화제에 관해 더 많이 알고 있는 수험자가 있다면 그렇지 않은 사람보다 불공평한 일이 될 것이다. 마지막으로, 상호작용적인 과제는 필자가 최선의 수준에서 과제를 수행할 수 있도록 필자의 관심과 연관되어 있어야 한다. 내용 지식이나 쓰기 과제 설계에 영향을 주는 요소로 감정적 개입에 관해서는 5장에서 보다 자세히 논의할 것이다.

영향성은 평가가 개인(특히 수험자와 교사)이나 교육 시스템, 보다 넓게는 어떤 사회에 대한 특별한 교육 시스템에 주는 효과로 정의할 수 있다. Bachman과 Palmer가 언급한 대로, 평가는 결코 무의미하게 관리되지 않으며, 사회적 목표와 가치로 표현되거나 반영된다. 그리고 평가 점수는 개인이나 집단이 후속 평가를 위한 결정이나 교육 행정과 관련된 결정을 내릴 때 주의 깊게 살펴보아야 할 결과치로 사용된다.

이와 관련하여 최근 수년에 걸쳐 많은 관심을 받고 있는 분야는 교육과정과 교수법에 대한 평가의 영향인데, 자주 **환류 효과**와 함께 거론된다. 어떤 평가 결과가 나오면, 환류 효과는 긍정적이거나 부정적으로 나타난다. 긍정적인 환류 효과란 평가가 끝난 후 교사에게 현재 가장 우수한 교수법을 따르고 있다는 용기를 주는 평가 절차의 효과로 정의될 수 있다. 부정적 환류 효과란 교사로 하여금 학생들의 학습에 대해 잘못된 결과를 내도록 하여 교수법 분야의 우수한 견해를 반영하지 못하게 하는 평가의 효과를 의미한다. 쓰기와 관련하여 긍정적 환류 효과의 좋은 예로는 TOEFL 시험이 있다. 최근까지 TOEFL 시험에는 표준 시험의 일부로서 직접 쓰기를 포함하지 않았고, 단지 문어 영어(Written English)를 선택 시험으로 채택했을 뿐이었다. 컴퓨터 기반의 TOEFL 시험이 공식적으로 도입되었을 때, 구조 점수(structure score)의 일부로 30분 동안 직접 쓰기 시험이 포함되었고, 평가 사용자들에게 독립된 점수로 기록되어 제공되었다. 그 결과, TOEFL 준비 강좌를 개설하고 있는 많은 언어교육 학원에서는 문법 지식보다 에세이 쓰기에 더 초점을 맞추게 되었다. 짐작하건대, 그것은 북미 대학에서 쓰기가 학술적인 성공의 핵심 요소이기 때문에, 미국에 유학 올 세계 여러 나라의 학생들에게 보다 나은 준비를 할 수 있도록 하는 긍정적 효과를 가져 올 것으로 생각된다.

그러나 환류 효과는 복잡한 현상이며, 어떤 평가와 교육적 실천의 변화 사이의 관련성도 간단하지가 않다. 환류 효과는 평가의 중요성이나 평가 언어의 위상, 평가의 목적, 평가 형식에 따라 달라진다(Shohamy et al., 1996). 긍정적인 환류 효과는 기본적으로 언어 프로그램을 평가하는 데 사용되는 외국인 언어 평가와 같은 초급 수준의 평가보다는, TOEFL처럼 고급 수준의 언어 평가에 쓰기 요소를 추가할 때 나타난다. 나아가 교수자 개인들에게는 적절한 교육적 자원의 유용성, 학생들의 기대(Alderson & Hamp-Lyons, 1996), 교수자 개인의 신념, 교육기관의 요구, 폭넓은 사회적·정치적·경제적 문제들에 의해 교육적 실천에 영향을 받을 가능성이 많다(Wall, 1996).

환류 효과에 영향을 미칠 수 있는 다양한 평가 외적 요소들 때문에, 평가 설계는 그 자체로 긍정적 환류 효과를 보장하지는 않는다. 그러나 평가 개발자가 다수의 방법을 통해 긍정적인 환류 효과를 단계적으로 촉진할 수는 있다. Baily(1996)는 수험자, 교수자, 행정가들이 평가의 목적을 잘 이해하고, 유익하고 신뢰할 만한 결과를 찾을 때 유용한 환류 효과가 더 잘 일어날 수 있다고 말했다. 또 유용한 환류 효과는 학습 대상이 명료하게 표현된 목적과 바로 그 대상에 근거를 둔 평가라야 나타나며, 평가 과제가 실제 현실 언어 과제와 밀접하게 관련될 경우에도 잘 발생한다고 보았다. 아울러 수험자가 자기평가(self-assessment)와 같은 것을 통해 평가 과정에 많은 투자를 하면 더 유용한 환류 효과가 가능하다고 언급했다. 이러한 논의 사항들은 점차 증가하는, 쓰기에서의 포트폴리오 평가 운동의 중심이 되어 왔다. 이 점에 대해서는 9장에서 다시 논의한다.

Bachman과 Palmer는 수험자들 스스로 평가 절차의 세 가지 측면에 의해 영향을 받을 수 있다고 했다. 평가를 준비하고 평가를 수행한 경험, 수험자들이 자신의 수행에 관해 받은 피드백, 평가 결과에 근거하여 만들어진 결정이 그것이다. 이런 세 가지 측면에서 긍정적인 영향을 최대화하기 위해, 수험자들이 평가를 어떻게 인식하고 있는지, 이들이 얼마나 유용하고 정확하게 피드백을 받는지, 평가를 통해 내린 결정이 공정하고 적절하도록 하기 위하여 평가 점수의 정확성을 어떻게 최대화할 수 있는지에 관해 고려하는 것이 중요하다.

특별히 대규모의 평가, 고부담 평가는 사회 전반에 영향을 줄 수가 있다. 그래서 주어진 평가를 촉진시킬 수 있는 가치 체계를 고려하는 것이 중요하다. 예를 들어, 주 단위 평가에서 채택된 쓰기 유형은 사회가 가치를 두는 쓰기 형식을 지향한다. 2장에서 논의한 대로, 어떤 사회에서는 개인적 글쓰기에 높은 가치를 두는 반면에, 다른 사회에서는 개인적 관점의 쓰기보다 학술 문헌을 참조한 글에 경의를 표한다. 현재 미국의 많은 대규모 교육 평가에서 글쓰기가 한 부분을 차지하고 있다는 사실은 미국 사회가 학술적 맥락의 글쓰기에 대해 중요하게 인식하고 있음을 보여준다. 그래서 평가가 개인에게뿐만 아니라 대규모 사회 체제에 미치는 영향도 주의 깊게 고려해야 한다.

실용성은 평가 개발자와 평가 행정에 요구되는 자원과 이를 위해 현재 이용할 수 있는 자원 사이의 관련성으로 정의된다. 좀 더 간단히 말하면, 평가 활동에 이용 가능한 자원이 평가를 개발하거나 관리할 때 필요한 자원의 양에 부합하거나 능가할 때에만 평가가 실용적일 수 있다. 자원은 인적 자원, 물적 자원, 과제 설계 시간, 시험 당일 관리, 채점과 점수 보고 등에 소요된다. 실용성은 두 가지 이유로 쓰기 평가에서 핵심적인 고려 대상이 된다. 첫째, 이상적으로는 다양한 수험자와 다양한 영역에서 상이한 답안들을 많이 수집할수록 좋겠지만, 이는 현실적으로 불가능하므로 시간과 과제의 수를 제한해야 한다. 둘째, 쓰기 과제의 채점은 시간이 걸리고 집중적인 노동이 들어가야 하는 일이라서 실용성을 고려하지 않고는 채점 절차를 진행하지 못할 수도 있다. 그러므로 쓰기 평가를 설계할 때 평가가 가능하도록 충분한 자원이 있는지 먼저 확인하는 것이 바람직하다. 이와 함께 다양한 개발 활동과 행정 활동에 자원을 적절하게 분배하는 것도 매우 중요하다. 예를 들어 채점자를 고용할 필요가 없는 선다형의 쓰기 평가 항목을 위해 인력을 고용하는 것은 유용한 자원을 잘못 할당하는 것이다(Lyle Bachman, personal communication).

한 국가 내 혹은 국가 간 평가와 같이, 매우 큰 규모의 쓰기 평가에 필요한 비용과 시간은 엄청나기 때문에 컴퓨터를 이용한 쓰기 채점 방식이 채택되기도 하는데, 아직 이에 대해서는 다소 논란이 있다. 이런 문제는 10장에서 보다 상세히 다루게 될 것이다.

요약하자면, 쓰기 평가를 설계하는 데 있어 Bachman과 Palmer가 제안한 여섯 가지 유용성의 자질(구인 타당도, 신뢰도, 상호작용성, 실제성, 영향성, 실용성)을 고려하는 일은 매우 중요하다. 이들 각각의 자질들을 최대화하는 것은 가능하지 않겠지만, 평가 개발자들은 유용성의 자질들을 주의 깊게 고려함으로써 이들의 효용을 최대화할 수 있도록 노력해야 한다. 이를 위해 각 개별 평가 상황마다 각각의 자질들이 적절한 균형을 잡도록 의사결정을 해야 한다.

5. 요약

이 장은 평가 절차, 개인의 능력, 평가 유용성에 관한 고려, 언어 사용에 기반을 둔 다른 개인적 요인들을 살펴보면서 쓰기 평가에 관한 개요를 소개하고 있다. 위에서 본 바대로, 쓰기 평가를 설계하는 것은 주어진 평가 목적에 따라 평가에서 관심을 두는 능력을 정의하는 것을 포함한다. 평가 결과에 근거해 우리가 내린 언어 능력에 관한 추론이 정당하다는 것을 보장할 수 있도록 우리는 여러 요인들을 통제해야 하며, 이에 따라 평가하고자 하는 능력과 이와 관련된 다른 요인들을 규정하는 것이 필요하다. 나아가 평가가 주어진 목적에 따라 유용한 결과를 얻을 수 있도록, 평가 설계자는 평가 유용성의 다양한 측면들을 고려할 필요가 있으며, 상황의 특수성에 따라 각 측면마다 허용할 수 있는 수준을 최대한 배려하면서 의사 결정을 하여야 한다. 이러한 고려 사항을 염두에 두고, 4장에서 대규모 쓰기 평가와 관련된 논의를 살펴본 후, 5장에서 쓰기 과제 설계와 6장에서 채점 절차 개발하기를 논의하면서 쓰기 평가 설계에 있어서 두 가지 핵심 요소를 살펴보도록 한다.

4장 대규모 쓰기 평가에 대한 연구

1. 도입

여기에서는 대규모 쓰기 평가, 즉 교실 차원을 넘어서는 쓰기 평가를 개발하기 위한 지침을 제공한다. 4장에서는 '직접' 쓰기 평가와 관련된 연구 성과를 개괄하고, 4장의 이론적 뒷받침을 바탕으로 하여 5장에서는 쓰기 평가 과제 개발에 대해, 6장에서는 채점 절차에 대해 실제적인 지침을 제공하고자 한다.

'직접' 쓰기 평가란 수험자가 답안지에다 실제로 글을 쓰는 평가 과제를 말하는데, 제1언어와 제2언어 쓰기 시험 맥락에서 가장 많이 사용하는 쓰기 평가 방법이다. Hamp-Lyons(1991a: 5)는 '직접' 쓰기 평가의 특징을 다음과 같이 다섯 가지로 정리하였다. 첫째, 지원자는 논리적으로 연속성 있는 텍스트를 최소 한 편 이상 써야 한다(Hamp-Lyons는 최소 100단어는 되어야 한다고 주장하지만 이 조건은 높은 언어 숙달도를 전제한 것으로 숙달도가 낮은 학습자에게는 적합하지 않다). 둘째, 수험자에게는 일련의 시험 과정에 대한 설명(혹은 '프롬프트')이 제공되어야 하지만, 이 프롬프트를 이해하고 받아들이는 정도는 수험자에 따라 상당히 다를 것이다. 셋째, 훈련 받은 채점자들은 각각의 텍스트를 적어도 한 번, 보통은 두 번 이상 읽어야 한다. 넷째, 판정은 모범답안이나 복수(複數)의 채점 등급 체계가 있는, 상식적인 척도를 따른다. 마지막으로 판정은 숫자로 표시되며 언어적 설명을 추가로 제공할 수 있다. 이외에 두 가지 속성을 더 덧붙이자면, 평가는 보통 30분에서 2시간 사이라는 제한 시간 안에 수행되고, 글의 화제는 수험자에게 미리 고지되지 않는다.

'직접'이라는 용어는 주로 문법과 용법을 다지선다형으로 테스트하는 소위 '간접' 쓰기 평가와 대비되는 개념이다. 하지만 어떤 평가라도 근본적인 능력에 대해서 간접적으로만 수치화할 수 있다는 점에서 '직접'이라는 용어 자체가 문제될 수 있다(Messick, 1994). 그래서 이 책에서 이러한 쓰기 평가를 언급할 때에는 '시간 제한이 있는 즉흥적 쓰기 평가(timed impromptu writing test)'(가끔 줄여서 '쓰기 평가 writing test')라 지칭할 것이다.[1]

많이 쓰이는 대규모 평가 방법에는 직접 쓰기 평가 이외에도 두 개의 평가 시스템이 더 있다. 앞에서 언급한 간접 쓰기 평가와 9장에서 논의될 포트폴리오 평가 방식이 그것이다. 포트폴리오 평가는 다소 긴 기간 시험이 아닌 상황에서 작성된 쓰기 결과물을 여러 편

---

1) (옮긴이) 원 저자가 '직접' 평가라는 용어를 사용할 때의 문제점을 충분히 설명하였으므로 본 번역서에서는 '시간 제한이 있는 즉흥적 쓰기 평가' 대신에 통념상 사용되고 있는 '직접 쓰기 평가'라는 용어를 사용하고자 한다.

모아서 평가하는 것으로, 교실 활동에 기반한 평가라는 점에서 직접 쓰기 평가와 대별된다.

제반 쓰기 평가 방식 가운데 가장 많이 연구된 것은 직접 쓰기 평가일 것이다. 지난 수년 간 미국의 쓰기 평가 연구는 채점자들 사이의 일관성 있는 채점, 즉 수용 가능한 수준의 채점자 간 신뢰도에 집중되었다. Camp(1993)와 White(1994, 1995)를 비롯해 여러 연구자들이 말하듯이 신뢰도 관련 연구는 필수적이다. 특히 교육용 검사 도구 개발 기관(Educational Testing Service)과 같은 대규모 평가 기관이나 교육 기관이 기계식 채점에 의한, 보다 '객관적' 측정을 대체할 안정적 대안으로서 직접 쓰기 평가 결과를 수용하게 하기 위해서 신뢰도 연구는 반드시 진행되어야 했다. 이론과 실제적 경험에 기초한 관련 연구들 덕분에 쓰기 평가의 효율성과 신뢰도를 제고할, 평가 도구 개발 절차가 수립되었다. 그 일련의 절차란 고안해 낸 과제 지시문을 사전에 적용시켜 수험자 모두가 이해할 수 있는지 여부를 꼼꼼히 확인하고, 채점자들을 선발하여 훈련시키고, 답안을 복사해 두고, 앞선 채점 점수가 다른 채점자의 점수 부여에 영향을 미치지 않도록 독립적인 채점 여건을 조성하고, 채점 기준표[2]의 범주별 예시가 드

---

2) (옮긴이) 평가 준거의 개념으로 쓰이는 채점 기준(rubric)은 붉은 색을 의미하는 라틴어 ruber에서 유래하였다. 중세에 rubric은 미사 전례나 재판 진행을 돕기 위해 빨간 색으로 적은 지침을 의미했고, 그래서 지금도 rubric은 수행 평가나 프로젝트, 쓰기 시험 등 수험자가 주관적으로 답안을 작성하는 평가 국면에서 평가자가 참조할 만한 권위 있는 채점 기준을 뜻한다.

    서술식 채점 기준표(rubric)는 목표 숙달 영역을 범주화한 ① 평가 준거(criteria)와 수행 과제가 기술된 ② 평가 문항(item), 그리고 그 문항에서 제시한 과제를 수행한 수준에 따라 구획된 ③ 등간 척도(standard)로 구성된다. 등간 척도의 범위는 연구자의 판단에 따라 세 개 이상 다양하게 구획되고, 이 등간 척도에 부여되는 ④ 양적 점수 척도(scale)의 범위도 평가 대상 집단의 특성이나 평가의 복적에 따라 달라진다. 평가자는 ⑤ 질적 기술(description) 척도 내용을 보고 수험자의 수행 수준에 해당하는 양적 척도 점수를 부여하는 채점을 수행하게 된다. 효율적으로 평가를 하려면 이 질적 척도를 간단 명료하게 기술해야 한다.

러난 예시 답안에 비추어 채점 기준표를 사용하는 것 등이다. 미국 등지의 제1, 제2 언어 필자를 대상으로 한 대규모 쓰기 평가에서는 이러한 기본 절차에 약간의 변이만 주어서 사용하고 있다. 그러다가 1980년대 초기부터 이렇게 쓰기 능력을 평가하는 것이 타당한가 하는 문제 제기가 있었고 현재까지 쓰기 평가의 타당도 문제는 주요 연구 대상이 되고 있다. 특히 문제가 되는 것은 채점자 신뢰도를 높이는 절차가 타당도를 손상시키는지 여부이다(Charney, 1984; Huot, 1990a, 1996).

현재 진행 중인 타당도 관련 연구는 방대한 정보와 데이터 분석에 기초하고 있다. 평가 점수에 영향을 미치는 다양한 변인에 대한 고려로부터 타당도 관련 논의를 시작해 보자. 〈자료 4.1〉에 표시된 평가 변인(McNamara, 1996; Kenyon, 1992 참조)에는 쓰기 과제, 작성된 텍스트, 사용된 채점 척도, 채점자 특성, 필자와 그들의 쓰기 능력 특성 등 다양한 맥락 요인이 있다. 맥락 요인이란 평가가 수행되는 상황 맥락 자체(예, 시험이 운영되는 물리적 조건)와, 해당 평가가 처한 특정 사회적 환경(예, 학교 및 기관)을 말한다. 이러한 맥락 요인은 평가 목표는 물론 사회 문화적 맥락을 한정하며, 쓰기나 평가 등과 관련된 문화 규범과도 연결된다. 맥락 요인이 초래하는 효과를 모두 측정할 수는 없다. 하지만 모든 평가가 특정한 사회 문화적 맥락

서술식 채점 기준표(rubric)의 구성 요소 예시				
① 준거 (criteria)	② 문항 (item)	③ 등간 척도 (standard)	④ 양적 점수 척도(scale)	⑤ 질적 기술(description) 척도
내용	예시		3점	주장에 대해 적절한 예시를 하였다.
		3	2점	주장에 대해 예시 내용이 없거나 예시에 대한 설명이 없어서 어색한 부분이 1군데 있다.
		2		
		1	1점	주장에 대해 예시 내용이 없거나 예시에 대한 설명이 없어서 어색한 부분이 2군데 이상 있다.
			0점	주장에 대한 예시가 없다.

〈자료 4.1〉 쓰기 평가 요인(McNamara, 1996 참조)

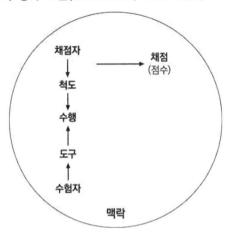

아래 진행되며 그 맥락을 벗어나 일반화시킬 수는 없음을 상기시킨
다는 데 맥락 요인을 포함시키는 의의가 있다. 다음 그림은 제1, 제2
언어의 관련 연구를 검토할 틀을 제공한다. 이어지는 논의에서는
변인들이 복합적인 방식으로 상호작용하는 양상을 규명할 것이다.
Purves(1992: 112)에 따르면, '상이한 과제는 상이한 학생이 수행할
상이한 문제를 제시하고 이를 상이한 채점자가 판정한다.' 여기서
는 간단히 과제, 텍스트, 채점자, 척도, 맥락, 필자에 한정하여 선행
연구들을 살펴보고 이들 요인 가운데 2개 정도의 상호작용에 대해
서만 논의를 진행하겠다.

2. 과제 변인

전형적인 쓰기 평가에서 수험자는 한두 개의 극히 적은 쓰기 과

제를 수행하게 된다. 점차 많은 사람들이 과제를 적게 수행하는 것의 한계를 알게 되었음에도 불구하고 대부분의 경우, 시험 진행 시간과 채점 비용 같은 실제적 조건을 고려하여 응시자의 과제 수를 엄격히 제한한다. 그래서 소수의 과제를 구성할 때 더욱 신중할 필요가 있다. 모든 지원자가 자신의 능력을 최대한 드러낼 수 있어야 하고, 수험자 능력이 아닌 과제 변인에서 기인한 채점 편차가 발생하지 않도록 주의해야 한다.

쓰기 과제를 만들 때 가장 많이 하게 되는 고민은 '실제 세계'와 평가 상황 가운데 어느 차원을 어떻게 변형할 것인가 하는 것이다. 이는 내용 범주나 '평가 구인 표상(construct representation)'(Messick, 1989)과 관련된 문제다. 쓰기 평가에서는 특정 쓰기 영역을 대표하는 표본이 중요하므로 무엇보다 먼저 특정 모집단의 성격을 규명해야 한다. 다음으로 제기되는 문제는, 쓰기 과제를 다양화할 여러 방법 가운데 상이한 수준으로 실행해 볼 수 있는 것과 없는 것은 각각 어떤 것인가 하는 점이다. 이러한 질문은 여러 가지 이유에서 타당하다. 첫째, 무선 표집이든 목적 표집이든 '구인과 관련이 없는 변인(construct-irrelevant variance)'의 오류는 언제나 최소화되어야 한다 (Messick, 1989). 가능하다면 모든 수험자가 동일하게 과제를 해석하고 그들이 수행한 결과는 비교될 수 있어야 한다. 제한 시간 안에 과제 완료를 어렵게 하거나 과제 해석에 혼란을 초래할 변인이라면 줄이거나 없애는 게 바람직하다. 또한 상이한 국면에서 수행된 결과도 비교할 수 있다면 좋을 것이다. 가령 서로 다른 상황에서 배치고사를 주관해야 한다거나 이어지는 학기에 쓰기 능력이 성장한 것을 측정하고 싶을 수도 있다. 아니면 수험자가 상이한 쓰기 시험 유형 가운데 마음에 드는 것을 골라서 시험을 치르게 배려할 수도 있다.

이러한 경우 과제나 프롬프트를 얼마나 달리했을 때 비교 가능한 결과를 얻을 수 있는지를 미리 헤아려 두어야 한다. 끝으로 과제의 제반 측면이 수행 변인과 체계적으로 연결되는 양상을 보인다면 그러한 차이가 어디에서 기인하는지 알아내야 한다. 과제 수행의 편차가 텍스트의 문법이나 어휘, 수사적 요소 때문인지, 아니면 과제 유형에 따라 채점 방법이 달라져서 채점자들이 상이한 준거로 점수를 부여했는지를 따져봐야 한다. Purves 외(1984)과 Hale 외(1996)이 분류한 쓰기 과제 유형을 참조하여 〈표 4.1〉에 평가 과제가 여러 차원으로 변화하는 양상을 예시하였다. 연구자마다 유사한 개념에 다른 용어들을 사용하였으므로, 쓰기 과제를 분류한 차원에 대해 먼저 정의를 내리고 나서 논의를 시작하는 것이 좋겠다. 먼저 **과제**(task)는

〈표 4.1〉 직접 쓰기 평가 과제의 차원	
차원	예시
주제	자신, 가족, 학교, 기술 등
쓰기 동기화 자료	단일 텍스트, 복수 텍스트, 그래프, 도표
텍스트 장르	에세이, 편지, 메모, 광고
수사적 과제	서사, 묘사, 설명, 논증
설명 방식	과정, 비교/대조, 원인/결과, 분류, 정의
인지적 요구	사실/개념 기억, 정보 (재)조직, 적용, 분석, 종합, 평가
특성 −독자	자신, 교사, 친구, 대중
−화자	자신/객관적 관찰자, 타인/가정된 페르소나
−어조, 문체	공적, 비공식적
길이	1/2쪽 이하, 1/2~1쪽, 2~5쪽
허용 시간	30분 이하, 30~59분, 1~2시간
프롬프트의 문구	질문형 vs. 진술형, 암시적 vs. 명시적, 맥락의 제공 정도
프롬프트의 선택 여부	선택형 vs. 비선택형
작성 양식	손 글씨 vs. 컴퓨터 자판
채점 척도	내용과 조직 위주/어법의 정확성 위주/특기하지 않음

※ Purves 외(1984: 397~398)과 Hale 외(1996)에서 발췌.

평가와 관련하여 명시적으로 언급되었든 언급되지 않았든 관계없이 모든 차원을 포괄하는 최상위 용어로 논의될 것이다. 한편 **프롬프트**는 수험자에게 제공되는 짤막한 글을 지칭한다. 이에 대한 연구를 소개하기에 앞서 각각의 차원들에 대해 간단히 알아보자.

주제(subject matter)는 간단히 말해 수험자가 작성해야 하는 내용 영역 일반으로, 가족, 자기가 속한 학술 분야에서의 쟁점, 또는 성공처럼 추상적인 개념을 사용할 수 있다. **쓰기 동기화 자료**(stimulus)는 글의 내용을 촉발할 물리적 양식을 말한다. 그래프를 설명하라거나 도표에 제시된 내용을 평가하고 선택하라는 과제가 그러한 예에 해당한다. 짧은 텍스트를 읽고 내용을 인용해 가며 동의하거나 반론을 제기하는 활동도 가능하다. **텍스트 장르**란 편지, 에세이, 실험 보고서처럼 쓰기 결과물에서 기대되는 의사소통기능의 양식이다. **수사적 과제**(rhetorical task)는 프롬프트에 명시된 서사, 묘사, 설명, 논증, 설득 등의 관습적인 담화 양식을 말하고, **설명 방식**(pattern of exposition)은 비교, 대조, 인과, 개요 등 수험자가 하도록 명시된, 설명하기 과제의 하위 범주(Hale et al., 1996)를 말한다. **인지적 요구**(cognitive demands)는 익히 알려진 Bloom(1956)의 학습 목표 분류에 기반한 것으로 '해당 과제를 수행할 때 요구되는[요구될 것으로 여겨지는] 사고 능력이나 인지 기능 수준을 말한다(Hale et al., 1996: 12). 베껴 쓰기나 받아쓰기처럼 사실이나 개념을 기억하는 것에서부터, 이야기 옮기기, 길 설명하기, 어떤 것에 대해 사실, 사건, 개념을 (재)구성하기, 설명문과 논증 글에서처럼 아이디어를 창안 또는 생성하기에 이르기까지, 쓰기 평가 과제에서 인지 수준의 범위는 매우 넓다(Purves et al., 1984; 〈표 1.2〉도 참조 바람).

프롬프트는 예상 독자 부류 및 필자의 페르소나, 요구되는 어조 및 문체, 답안 길이 등 요인들이 **특성화된** 정도에 따라 달라진다. **프롬프트의 문구**도 수험자들이 수사적 과제나 설명 방식을 명시적으로 수행하는 정도, 질문형이나 명령형 구문의 비율 등에 영향을 미칠 수 있다. 특히 제2언어 쓰기 평가에서 **프롬프트**에 수험자의 **선택권**을 명시할 것인가, 그러한 선택권이 있을 때와 없을 때 수행의 함의를 어떻게 해석할 것인가는 여전히 논쟁적인 주제이다. 끝으로, 글을 쓰고 평가를 할 때 컴퓨터 사용이 늘어나면서 손으로 쓰느냐 자판을 이용하느냐 하는 **작성 양식**의 문제가 중요해졌다. **채점 절차** 문제는 6장에서 좀 더 상세히 다루겠지만, 수험자에게 과제를 설명할 때, 장차 적용될 평가 척도를 명시하였는가의 여부는 확실히 과제 수행에 영향을 미친다. 채점 척도가 수험자에게 알려진다면 수험자가 과제를 수행하는 방법에 영향을 주어 결국 시험을 치르는 데에도 영향을 미치게 될 것이므로 채점 척도를 공개할 때에는 신중해야 한다.

 이 범주들이 상호 배타적인 것만은 아니다. 특히 인지적 요구와 수사적 과제 사이에는, 담화 양식에 따라 인지적 부담의 경중이 달라지는 것처럼 논리적 연관이 있다. 일례로, 서사와 묘사는 그 자체가 목적이다. 정보를 재생산하거나 재구성하는 등의 해석이나 분석이 없어도 된다는 뜻이다. 반면 개념 정의에 의한 설명과 설득은 분석과 평가라는, 보다 복잡한 인지 기능과 연결된다(Hale et al., 1996). 프롬프트는 텍스트 장르, 수사적 과제, 설명 방식 등을 드러내는 정도에 따라 달라지므로, 평가의 세부 범주도 과제 목적 및 형식과 관련된 범주와 중첩된다. 따라서 시험을 치는 데 결정적으로 영향을 미치는 단 하나의 변인을 골라내 포함시키기란 매우 어렵고 어쩌면 불가능할 것이다. 실제로 다른 모든 과제 변인을 통제하고 단일 변인만으로 설계된 연구는 거의 없다.

그렇다면 단일 변인의 효과를 조사하기보다, 이들 변인이 어떻게 서로 영향을 미치고 함께 묶이는지를 조사하는 것이 더 나을 것이다. Huot(1990b)는 L1 쓰기 평가 관련 연구를 검토하고 나서, 과제 변인과 관련된 연구를 담화 양식, 수사적 설명, 쓰기 프롬프트의 구문 표현과 구조 등 3개 범주로 구분하였다. Tedick과 Mathison(1995)은 유사 문헌들을 제2언어 관점에서 검토하면서 동일한 분류 체계를 따랐으나 '주제'를 제4 범주로 추가하였다. 이어서 담화 양식, 내용 영역, 쓰기 동기화 자료, 수사적 설명, 프롬프트의 구문 표현 등과 관련된 문헌들을 검토하고자 한다.

담화 양식

이러한 범주 체계에서 담화 양식이란 '프롬프트에서 요청된 쓰기 유형'(Huot, 1990b: 240)으로서, 장르, 수사적 과제, 설명 방식, 인지적 요구 범주를 아우르는 최상위 개념이다. 쓰기 평가에서 담화 양식은 쓰기 결과물의 질에 단독으로나 혹은 상호작용하며 영향을 미치는 다양한 차원들과 고루 연결되어 있다. 그래서 쓰기 평가에서 담화 양식의 역할을 가늠하기가 쉽지 않다. 그동안 담화 양식 관련 연구가 다른 변인에 대한 통제 없이 한 측면에만 초점을 맞추거나, 주제 영역의 혼란된 효과로 인해 일관된 결론을 내지 못한 것도 그리 놀랍지만은 않다.

이 분야의 연구에서 그나마 하나로 수렴된 의견은, 특정한 여건에서 담화 양식이나 담화 목적과 관련된 변인들이 시험 점수에 영향을 미친다는 것이다. 11학년과 12학년 L1 쓰기에 대한 Quellmalz

외(1982)의 연구를 보면 학생들은 전반적으로 서사보다 설명 과제를 더 잘 수행하였다. Hoetker(1982)도 캘리포니아 주립 대학교와 대학 졸업 검정고시(Colleges Equivalency Examination) 결과에서 개인의 경험을 반영하라고 했던 1973년 논제에 비해 개념적인 논증을 요구한 1974년 논제 점수가 훨씬 낮았음을 보고하였다.

한편 L2 필자에 대한 연구에서 Carlson 외(1985)는 TOEFL 쓰기 시험의 논제 유형 가운데 2개 논제(비교/대조 vs. 도표나 그래프 해석)의 쓰기 결과물에 대해, 전반적인 인상으로 서열을 매기는 총체적 점수가 높게 나타나는 경향성을 확인하였다. Spaan(1993)도 상이한 척도와 프롬프트를 사용한 두 번의 실험에서 유사한 결과가 있었음을 보고하였다.

이러한 점수 차이가 수험자가 작성한 텍스트의 질적 차이에 기인한 것인지 아니면 채점 국면의 문제인지는 여전히 알 수 없다. 양쪽 입장을 대변하는 연구가 다 있기 때문이다. Crowhurst(1980)는 논제 유형의 차이가 텍스트에 질적인 차이를 초래했음을 입증하였다. L1 3개 학년의 서사와 논증 쓰기 결과물을 비교 조사한 결과, 서사적 에세이에 비해 논증적 에세이의 T-unit(종속절을 동반한 독립절)[3]의

---

3) (옮긴이) t-unit은 텍스트의 의미 단위를 측정하기 위해 도입되었다.
　　이런 맥락에서 Hunt(1965)는 학생들의 문법적 구조를 연구한 한 논문에서 문장 대신에 의미의 최소 단위로서 T-unit이라는 개념을 제안했다. 이 연구는 원래 4학년, 8학년, 12학년 학생들의 글을 대상으로 학년이 올라갈수록 학생들의 문장 쓰기 능력이 어떻게 성장하는가를 분석한 것이었다. 여기에서 Hunt는 학년이 올라갈수록 문장의 길이와 절의 길이, 종속절의 비율이 증가한다는 사실을 발견했다. 하지만 문장이나 절의 길이만으로는 문장의 성숙도를 완전하게 측정할 수 없다고 생각했다. 따라서 텍스트의 자질을 검증하기 위해서 새로운 검증 단위가 필요했다.
　　Hunt는 문장의 성숙도를 측정하기 위한 새로운 지표로 자신이 고안한 t-unit을 내세웠다. t-unit이란 의미를 이루는 최소 단위이며, 통상 영어에서는 종속절을 포함한 하나의 문장으로 나타난다. 종속절이 아닌 대등하게 연결된 문장의 경우, 각각의 절이 곧 t-unit이 된다. 한국어 문장으로 설명한다면 다음과 같을 것이다.
　　① 그는 다섯 시간 동안이나 달렸다.

길이가 두드러지게 길었다. 그리고 6학년에서는 그렇지 않았지만 10학년과 12학년의 논증적 에세이에서는 서사적 에세이와 달리, T-unit의 길이가 총체적 평가 점수와 유의미한 상관이 있었다. Reid (1990)는 TOEFL 쓰기 시험의 두 에세이 유형에서 통사적 차이는 없었지만 단어 길이와 내용 어휘 빈도 등 글의 길이와 어휘 다양성 면에는 현격한 차이가 있음을 발견하였다.

한편 담화 양식의 차이가 채점 과정에서 시험 성적을 낮추는 주요 요인이라는 주장도 늘고 있다. Hake(1986)에 의하면 개인의 경험으로만 작성된 서사적 L2 에세이는 개인 서사를 논증을 위한 예시나 논거로 사용한 설명적 에세이보다 훨씬 자주 저평가된다고 한다. Purves(1992)는 L1 학교 쓰기에 관한 대규모 국제 연구 결과를 보고하면서, 여러 가지 상이한 기능적 에세이 유형 간 상관지수가 나라마다 다른 것으로 미루어 이러한 점수 차이가 학생의 실제 능

---

② 나는 밥을 먹고, 영희는 차를 마셨다.
③ 그의 꿈은 의사가 되는 것이다.

①은 하나의 주어와 서술어로 구성된 홑문장이다. 의심할 나위 없이 이 문장은 하나의 t-unit을 형성한다. ②는 2개의 주어와 서술어로 구성된 대등하게 이어진 문장이다. 여기에는 "나는 밥을 먹었다"와 "영희는 차를 마셨다"라는 2개의 t-unit이 포함되어 있다. ③은 "의사가 되는"이라는 관형절을 안고 있는 안은 문장이다. 다시 말해, 2개의 절로 구성된 문장이다. 하지만 이 문장의 t-unit은 1개이다. 왜냐하면 이 문장의 주어는 "그의 꿈"으로, "의사가 되는 것이다"란 서술어는 이를 설명하기 위한 것이다. 따라서 이 문장은 하나의 의미 단위로 봐야 한다.

이 개념의 창안자 Hunt의 설명에 따르면, t-unit은 대문자로 시작해서 구두점으로 끝나는 부분, 그리고 문장 조각(fragment)을 남기지 않고 나누어지는 부분까지라고 한다. 예컨대 'I said she was pretty'라는 문장의 경우 종속절인 'she was pretty'를 하나의 t-unit으로 설정할 경우, 'I said'라는 목적어 없는 깨진 문장이 남는다. 그래서 종속절을 별도의 t-unit이라고 말할 수 없다. 그러나 보다 중요한 것은 여기서 '나는 ~을 말했다(I said)'를 하나의 의미 단위로 볼 수 없다는 사실이다. 여기서는 '나는 그녀가 예쁘다는 사실을 말했다'가 하나의 의미 단위가 된다.

이후 t-unit이란 개념은 텍스트를 의미 단위로 연구하는데, 또한 학생 글의 문장 화제들을 분석하는 데 많이 사용되었다. Hunt 이후의 글쓰기 연구자들은 t-unit을 활용해 텍스트의 내용 구조를 밝히려는 시도를 많이 하였다.

정희모·김성희, 「대학생 글쓰기의 텍스트 비교 분석 연구」, 『국어교육학연구』 제32집, 2008, 396~398쪽.

력 차이보다 채점자 변인에서 기인된다는 가설을 세웠다. Hamp-Lyons와 Matthias(1994)는 작문 전문가들에게서 좀 더 어렵겠다고 판정 받은 화제로 L2 학습자가 에세이를 썼을 경우, 쉽겠다고 판정 받은 화제로 글을 썼을 때보다 점수가 더 높게 판정되는 경향을 발견하고, 채점자들이 무의식적으로 더 어려운 프롬프트를 선택한 수험자를 보상하려 하거나 어려운 화제에는 기대를 낮추려는 성향이 있다고 판단하였다.

Weigle(1994, 1999)은 두 종류의 프롬프트 유형을 사용한 제2언어 영어 작문을 채점하면서 채점자 훈련 전후의 채점 유경험자와 무경험자에게서 나타나는 채점 방식을 비교하였다. 하나는 도표 정보를 바탕으로 한 쪽 입장을 옹호하게 하는 선택형 프롬프트이고, 다른 하나는 그래프의 경향을 설명하고 이 정보를 바탕으로 예상되는 바를 적는 그래프형 프롬프트였다. 채점 경험이 있든지 없든지 간에 채점자 훈련 전에는 모두 입장 선택형 에세이를 엄격하게 채점하였다. 한편 채점자 훈련 전에 그래프에 대한 에세이는 채점 무경험자가 유경험자보다 더 엄격하게 채점하였다. 채점자들의 사고 구술을 분석해 보면 왜 이러한 결과가 생겼는지 이해할 수 있다. 입장 선택형 프롬프트의 답안은 대체로 관습적인 다섯 단락 에세이 형식으로 작성된 반면, 그래프형 프롬프트 답안에는 여러 가지 수사적 관점이 시도되었던 것이다. 채점 무경험자들에게는 도입, 본문, 결론의 핵심 자질이 기술된 채점 지침서를 적용하기에 입장 선택형 에세이가 훨씬 쉬웠고, 그래서 훈련을 받지 않았을 때에도 입장 선택형 에세이에는 채점 척도를 적절히 적용할 수 있었던 것이다. 이 채점자들에게는 관습적인 다섯 단락 형식을 따르지 않은 그래프형 에세이를 감점하는 경향이 있었다. 하지만 채점 유경험자들은 '틀을 깨고' 보다 참신한 방식으로 화제에 접근한 그래프형 에세이를 보상하려는 경향이 있었다. 또한 채점 유경험자들에게는 입장 선택형 에세이에 척도 내 최고점을 주지 않으려는 경향도 보였다. 이 연구는 과제 변인(특히 담화 양식)과 채점자 변인, 그리고 채점 척도 사이의 복합적인 상호 관계에 주목하였는데, 이들 변인은 모두 쓰기 평가 점수에 영향을 미치는 것으로 확인되었다.

내용 영역

글로 쓸 주제(subjects)는 무수히 많고 또 화제(topics)는 모든 수험자가 고루 접근할 수 있어야 한다는 통념 탓인지, 상이한 주제나 내용 영역이 쓰기에 미치는 영향에 대한 연구는 생각보다 적다. 내용 영역의 문제는 항공 운행 제어나 호텔 관리, 학문 등의 목적으로 학습자가 특정 전문 분야의 언어를 배워야 하는 특수 목적 언어 교육과정에서 관심이 높다. 그런데 이러한 문제를 다룬 소수의 연구에서도 주제와 내용의 영향에 관해서는 의견이 엇갈린다. Hamp-Lyons(1986; Hamp-Lyons, 1990에서 인용)는 영국문화원이 주관하는 영어 시험 ELTS에서 일반적인 프롬프트와 수험자의 전공 영역 관련 프롬프트로 내용을 달리했을 때 유의미한 차이를 발견하지 못했다. 반면 Tedick(1990)은 학생들이 일반적인 주제보다 자신의 전공 관련 주제로 글을 쓸 때 더 잘 쓰는 것을 확인하였다. 프롬프트 유형과 주제 사이의 상호 작용을 발견한 연구들도 있다(예, Brown et al., 1991). 요약하자면, 수험자가 이미 알고 관심 있는 주제에 대해서 글을 더 잘 쓸 것이라고 가정하는 것이 타당하겠지만, 내용으로 인한 영향은 다른 과제 변인들을 조정하여 줄일 수 있다.

쓰기 동기화 자료

과제의 제반 측면 가운데 쓰기 동기를 촉진하는 자료의 속성은 더 특별히 살펴봐야 한다. 평가 프로그램에서 쓰기 과제가 읽기나 듣기 과제와 통합되어 있기 때문이다. 쓰기 동기화 자료의 내용을 어느 정도로 달리 하면 수험자 수행에 영향을 미칠 수 있을까? 물론 쓰기 동기화 자료의 속성과 양은 무한히 변이될 수 있기 때문에 이 질문에 구체적으로 답변하기는 어렵다. Smith 외(1985)가 L1 쓰기 동기화 자료의 양상에 대해 연구한 바에 따르면, 학생들은 특정 화제에 대한 한 편의 발췌문을 읽을 때보다 서너 개의 짧은 발췌문을 읽을 때 대체로 더 나은 수행을 보였다. 보다 최근에 Lewkowicz (1997)는 홍콩에서 제2언어로 영어를 배우는 학습자들이 에세이를 작성할 때 읽기 자료 제공 여부에 따라 결과물의 질에 차이가 있는지를 조사하였다. 그 결과 읽기 자료가 학생들에게 아이디어를 제공하기는 하지만 쓰기 질을 개선하지는 않았다. 자료를 제공 받은 학생들은 자료를 제공 받지 않은 학생들에 비해 아이디어를 덜 생성하였고, 자료 텍스트의 언어에 매우 심하게 의존하는 경향을 보였다. 이에 대해서는 추가적인 연구가 있어야 할 것으로 보인다.

수사적 설명과 프롬프트의 구문 표현

Brossell(1986)의 정의에 따르면, 수사적 설명은 쓰기 과제의 필자, 목적, 독자, 화자, 주제 등 프롬프트를 특화시키는 범위 전체를 포괄한다. Brossell(1983)은 L1 학령기 필자들이 글을 쓸 때 수사적 조건에 대한 설명이 전반적으로 명시된 프롬프트를 제공 받은 경우가 그렇지 않은 경우보다 질적으로 더 우수한 에세이를 산출할 거라는 가설을 실험하였다. 하지만 중간 정도의 수사적 정보를 담은 프롬 프트가, 정보가 가득 차 있거나 전혀 설명이 없는 경우보다 질적으로 더 우수한 글을 산출해 냈다. 프롬프트에 수사적 설명이 어느 정도 드러나 있으면 학생들이 글의 초점을 잡는 데 도움을 받을 수 있지만, 너무 많이 드러날 경우에는 불필요한 정보가 반복됨으로써 수험자의 시간을 낭비하여 오히려 글에 역효과를 줄 수 있음을 확인한 것이다.

에세이 쓰기 과제에서 프롬프트의 구문 표현도 시험 점수에 영향을 미칠 수 있는데 이에 대해서도 아직 결론이 나지 않았다. Brossell 과 Ash(1984), Hoetker와 Brossell(1989)은 프롬프트의 구문 표현 차이가 점수에 유의미한 차이를 초래하지 않는다고 말한다. 이들 연구는 L1 필자를 대상으로 하였는데 L2 필자를 대상으로 에세이 과제에서 프롬프트의 구문 표현 차이를 분석한다면 영향 관계가 더 크게 확인될 수도 있을 것이다. 하지만 '소개팅(blind date)'이라는 단어처럼 특정 문화 용어를 잘못 이해한 제2언어 영어 학습자들의 사례 보고 말고는 아직 쓰기 프롬프트의 구문 표현에 대해 구체적으로 연구된 바가 없다(Kroll & Reid, 1994).

과제 변인에 대한 연구 개요

간단히 말해서, 과제 변인의 영향과 관련하여 많은 연구가 있었지만 현재까지 어떤 특정 변인이 수험자의 수행에 어떤 방식으로 차이를 유발하는지에 대해서 뚜렷하게 밝혀진 바가 없다. 하지만 쓰기 과제의 화제, 목적, 독자 유형에 따라 수험자들이 적용하는 인지적, 수사적, 언어적 전략이 달라지며, 과제 유형에 따라 채점자 반응도 달라진다는 점만은 분명하다. 결국 직접 평가의 과제 변인에 대한 연구에서 우려스러운 점은, 단일한 쓰기 과제를 가지고 전반적인 쓰기 능력을 측정할 수 있다는 잘못된 믿음이 공고해질 수 있다는 것이다.

3. 텍스트 변인

텍스트의 특정 측면이 시험 점수와 어느 정도로 상관이 있는가는 쓰기 평가 연구에서 중요한 문제였다. 텍스트의 특정 양상과 시험 점수의 상관에 대한 연구는 L1과 L2 모두에서 꽤 많은 연구가 진행되었다. 이러한 연구는 둘 중 하나의 형태로 진행된다. 즉, 언어적 특질(예를 들면 단어 수, T-unit 수, 어휘, 맞춤법 오류)을 계산하여 총체적 평가 점수와의 상관을 확인하는 연구 경향이 있는가 하면, 내용, 구성, 언어 자질에 대한 분석적 평가와 총체적 평가를 비교하는 연구들이 있다.

상당수 L1 연구자들은 산출된 텍스트의 길이 등 양적 측면이 총체적 평가와 유의미한 상관이 있다고 주장한다(Noel & Freedman, 1977; Stewart & Grobe, 1979; Grobe, 1981; Breland & Jones, 1984). 하지만 점수와 상관을 보이는 변인은 길이뿐만이 아니다. 일례로 Grobe(1981)가 통사적 복잡성, 용법, 맞춤법, 어휘를 측정한 결과, 이들은 각기 독립적으로 총체적 평가 점수와 상관이 있었으며 어휘 수준의 상관지수가 가장 높았다. 이외에 L1 시험 점수와 상관이 발견된 텍스트 변인으로는 종결 어미(final free modifier; Noel & Freedman, 1977)와 비한정명사구

(indefinite noun phrase) 사용(Sullivan, 1987; Huot, 1990b에서 인용), 수기 작성(handwriting; Markham, 1976; Chase, 1968)이다. Homburg(1984)는 쓰기 능력 수준을 상중하로 변별하는 다섯 개 변인을 L2 연구에서 찾아냈다. T-unit 당 심각한 오류 수, 전체 글의 종속절 수, 전체 글의 등위 접속사 수, 전체 글의 무오류 T-unit 수, 문장 당 어휘 수 등이 그것이다. Tedick과 Mathison(1995)은 에세이 도입부에 기대되는 내용을 써 넣는 등의 수사적 격식 충족 여부가 총체적 평가 점수를 예견하는 주요 자질임을 확인하였다. Janopolous(1992)도 독자들이 낮은 점수를 받은 에세이보다 높은 점수를 받은 에세이로부터 주제문을 더 많이 떠올린다는 사실을 발견하였다.

이제까지 살펴본 연구들은 다양한 텍스트 변인과 점수 간 상관을 보여주었지만, 채점자들이 실제로 무엇을 근거로 쓰기 평가 점수를 매기는가 하는 문제는 다루지 못하였다. 이 질문에 대답하려면 에세이에 대한 채점자 반응 관련 연구들을 살펴봐야 한다.

4. 채점자 변인

쓰기 평가의 채점자 변인 연구는 크게 두 방향으로 진행되었다. 작문 채점자가 글을 평가하는 동안 무엇에 영향을 받는가, 그리고 채점자 개개인의 특성이 작문 읽기 과정과 최종적으로 부여되는 점수에 어떤 영향을 미치는가가 주요한 관심사였다.

작문 채점 과정을 조사하고 채점자가 쓰기의 어떤 측면에 주의를 기울이는지를 알아보기 위하여 작문 과정의 사고 구술을 분석하는 연구가 많다. 사고 구술 방법은 숙련된 채점자와 초보 채점자 간의 차이를 조사하기 위한 방법으로도 자주 사용된다. Huot(1988)는 L1 에세이를 채점할 때 숙련된 채점자가 초보 채점자보다 더 일관되게 채점 전략을 사용하기는 하지만 두 집단 모두 주로 내용에 주목한다는 사실을 발견하였다. L2 쓰기 채점을 연구한 Cumming(1989), Connor와 Carrell(1993) 역시 채점자 대부분이 내용과 요지를 주로 본다고 유사하게 보고하였다.

Vaughan(1992)도 L2 쓰기와 관련하여 '첫인상 위주의 접근' 혹은 '문법 위주의 채점' 등 총체적 평가를 하는 채점자들을 조사하였다. 그 결과 채점자들은 주로 제공 받은 총체적 평가 기준에 근거해서 에세이를 채점하지만, 자신의 개별적인 에세이 채점 스타일이 제공받은 채점 기준에 정확하게 부합하지 않더라도 자신의 기준을 고수하는 경향을 확인하였다. L2 쓰기 채점에 대한 최근 연구에서 Lumley (출간 예정)는 채점 척도를 가지고 훈련하는 시간을 가지면 텍스트에 대한 채점자들의 다양한 반응 편차를 좁혀서 기관의 요구에 부합하는 반응으로 수렴할 수 있다는 가설을 검증하였다. 이 연구에는 채점자들이 기술된 채점 척도에다가 텍스트의 구체적인 면모를 대입할 때 겪는 문제들이 설명되어 있다.

최근에 연구자들은 채점에 영향을 미치는 채점자 고유의 변인에 주목하기 시작하였다. 그 가운데 작문 교육이나 채점 경험이 가장 주목받는 변인이다. Ruth와 Murphy(1988)는 고등학생, 초보 교사, 숙련 교사가 114명의 L1 학생 에세이를 총체적으로 채점하게 하여 비교한, Keech와 McNelly(1982)의 연구를 소개하였다. 이 연구에서 학생들은 숙련 교사에 비해서 유의미하게 낮은 점수를 부여하였고 학생과 숙련 교사들의 점수 사이에 초보 교사들의 점수가 분포하였다. Sweedler-Brown(1985)은 L2 쓰기 채점에서 채점자 훈련 지도자들이 경험이 적은 채점자들에 비해 더 엄격하게 채점하는 양상을 발견하였다. L2 쓰기를 연구한 Cumming(1990)과 L1 쓰기를 연구한 Breland와 Jones(1984)의 연구 결과도 이와 유사하다. Weigle(1994, 1999)은 채점자 집단 특성과 앞서 논의한 과제 양상 사이에 상관이 있음을 발견하였다.

제2언어 쓰기에서는 제2언어 영어 전공 채점자와 여타 채점자(영문과 교수나 다른 전공 영역 교수) 사이의 채점 양상을 비교하는 연구가 있었다. 연구자들은 비모어 화자의 쓰기에 대해 전공 학문 배경이 다른 채점자는 준거를 다르게 적용한다는 사실을 보고하였다. 이는 채점자의 상이한 배경 지식이 작문 채점에 미치는 영향을 강조한 것이다(Mendelsohn & Cumming, 1987; Santos, 1988; Brown, 1991; Sweedler-Brown, 1993).

채점의 경향성은 채점자의 문화적 배경 지식과도 상관이 있다. L1의 일반적인 수사 방식에 익숙한 채점자들은 그렇지 않은 채점자에 비해서 L2 에세이를 채점할 때 수사적 규범들을 더 많이 고려하였다(Kobayashi & Rinnert, 1999; Land & Whitley, 1989; Hinkel, 1994).

채점자 훈련도 중요하게 연구되어 온 변인이며 L2 연구에서는 더욱 그러하다. Shohamy 외(1992)는 경험과 훈련이 채점의 엄격성에 미치는 영향에는 큰 차이가 없었지만 채점자 신뢰도에는 경험보다 훈련이 더 중요하게 작용함을 확인하였다. Weigle(1994, 1998)도 채점자 훈련으로 채점자 신뢰도는 개선되었지만 채점의 엄격성이나 관대함 같은 개인적 편차는 완전히 제거되지 않았다고 보고하였다.

채점자의 행동 가운데 시험 점수에 영향을 미치는 것으로 밝혀진 것 중 하나는 채점자의 기대이다. Stock과 Robinson(1987)은 작문 점수를 결정하는 데 있어서 채점자의 기대가 텍스트 자체의 질만큼이나 중요하다고 말한다. Diederich(1974)는 같은 L1 글이라도 일반 학생이 썼다고 했을 때보다 우수한 학생이 썼다고 했을 때 채점자들이 더 높은 점수를 준다는 사실을 발견하였다. 최근 수기(手記)본과 워드본을 비교한 L1 연구에서는 손으로 쓴 에세이 점수가 더 높았다. 워드로 글을 작성하면 형식, 문법, 맞춤법 오류를 더 쉽게 알아보고 고칠 거라는 기대가 영향을 미친 것이다(Powers et al., 1994).

이상의 간략한 개괄적 검토로도 쓰기 시험 점수를 결정하는 데 채점자 변인이 매우 큰 영향을 미친다는 사실이 확실해졌다. 채점자들은 고유의 배경 지식, 경험, 가치를 가지고 글을 평가한다. 채점자 훈련을 하는 동안 일시적으로 표준화된 준거 체계에 합의할 수는 있지만, 앞선 연구에서도 일관되게 확인한 바와 같이 채점자들이 부여하는 점수를 완전히 일치시키기란 불가능하다. 채점자들은 특정 과제에 대한 자신의 기대와 자신이 평가하는 특정 과제에 대한 평소의 관점을 가지고 글에 대한 판단을 내리므로 채점자와 과제 간 상관은 더욱 복잡한 양상을 띠게 된다.

5. 채점 척도

적용되는 채점 척도4)의 속성 역시 쓰기 평가의 중요한 요소이다.

---

4) (옮긴이) 척도(scale)는 검사 결과 산출된 원점수(raw score)를 변환시켜, 좀 더 사용자에게 의미 있는 숫자로 바꾼 것, 즉 보다 의미 있는 체계를 뜻한다. **채점 척도**는 점수를 부여하는 단계에서 활용되는데 이때에는 분류된 범주, 숫자, 체크리스트로 미리 만들어진 채점표가 사용될 수 있나.

American Psychological Association (ed.) (1985), *Standards for educational and psychological testing*; 이순묵·이봉건 공역, 『설문·시험·검사의 제작 및 사용을 위한 표준』, 학지사, 1995.

채점 척도는 측정되는 구인(construct)을 최대한 구체적으로 기술한 것이다. 따라서 채점 척도가 수험자에 대한 결정을 내리는 데 어떤 영향을 주는가는 반드시 알아야 한다. 6장에서 채점 척도의 여러 유형을 상세히 다루었으므로, 여기서는 총체적 평가(한 편의 글에 단일한 점수를 부여하는 평가)와 분석적 평가(내용, 조직, 어법 등 글의 여러 측면마다 각각의 점수를 부여하는 평가)로 구분되는 가장 일반적인 채점 척도에 대해서만 언급하려고 한다.

L1과 L2 필자를 대상으로 다양한 척도 유형을 적용한 많은 신행 연구들이 찬반으로 대립되는 주장을 펼쳐 왔지만 다양한 채점 척도가 쓰기 결과물에 미치는 영향에 대한 연구는 생각보다 적다. 총체적 평가의 점수와 분석적 평가의 점수가 궁극적으로 의미하는 것은 무엇인가? Freedman(1979)이 대학생과 전문 필자들에게 글을 쓰게 한 뒤 총체적 평가와 분석적 평가를 한 후 비교한 것이 이 문제를 다룬 극소수의 L1 연구 중 하나이다. 분석적 척도를 적용했을 때 전문 필자들은 모두 대학생 필자에 비해서 높은 점수를 받았지만 총체적 척도를 적용했을 때는 그렇지 않았다. 분석적 척도를 고려하지 않고 총체적으로 접근하자 대학생도 전문 필자들과 거의 유사한 점수를 받은 것이다. 최근에 Carr(2000)는 듣기, 읽기, 쓰기로 구성된 대학교 제2언어 영어 과정 편입시험의 쓰기 평가에서 하위 작문 시험 평가 척도를 기존의 분석적 척도에서 총체적 척도로 바꾼 효과를 비교하였다. 그 결과 채점 척도만 바꾸었을 뿐인데 쓰기 답안에서 중시되는 부분이 달라졌다. 채점 척도 이외의 다른 부분은 전혀 바뀌지 않았는데도 수용적인 양태 표현보다는 생성적인 양태 표현의 글이 더 높은 점수를 받는 쪽으로 채점의 선호도가 옮겨 간 것이다.

이외에도 상이한 척도 유형과 신뢰도의 관계를 다룬 연구가 더 있다. Weir(1990)는 채점자 훈련을 따로 하지 않아도 분석적 점수가 총체적 점수보다 더 신뢰할 만하다는 Hartog 외(1936)와 Cast(1939) 의 연구를 강조하였다. Bauer(1981)도 비용 면에서는 총체적 평가가 더 효율적일지라도 총체적 점수보다는 분석적 점수가 더 신뢰할 만 하다고 주장한다.

6. 맥락 변인

채점 맥락 변인으로는 쓰기 답안지의 배열 순서, 채점 기간, 채점 을 혼자서 하는지 모여서 하는지 여부, 실시되는 훈련 형태 등이 있다.

다수의 L1 쓰기 채점 연구에서는 대비 효과를 주장한다. 낮은 수 준 에세이 여러 편 다음에 오는 중급 수준 에세이는 높은 점수를 받는 반면, 고급 수준 에세이 여러 편 다음에 오는 중급 수준 에세이 는 낮은 점수를 받는 경향이 있다(Hales & Tokar, 1975; Hughes et al., 1980; Daly & Dickson-Markman, 1982). Daly와 Dickson-Markman은 이럴 때는 채점할 에세이를 무작위로 제공함으로써 이러한 대비 효 과를 줄일 수 있다. 하지만 Hughes와 Keeling(1984: 281)은 준거 에세 이를 가지고 채점자 지도를 하여도 대비 효과가 없어지지 않으며 대비 효과는 '에세이 채점 시 필수 부산물'임을 확인하였다.

Freedman(1981)은 에세이들을 총체적으로 채점하면서 날짜, 채점 기간, 훈련자 등 다양한 맥락 변인이 미치는 영향에 대해 연구하였 다. 필자 자신의 능력 다음으로 영향이 큰 것은 훈련자 변인이었다. 자료 검토 결과 훈련 기간에 두 명의 채점 지도자가 보인 미세한 접근 방식의 차이가 채점 과정의 차이를 유발하였다.

채점 맥락 가운데 에세이 채점의 사회적 측면에 대해서는 좀 더 주목할 필요가 있다. 상당수 대규모 평가에서 채점자들은 사나흘 정도의 일정 기간 동안 모여서 에세이를 채점한다. White(1994)가 보기에 그러한 훈련 기간 동안 형성되는 공동체 의식은 에세이 채점의 본질적인 측면으로, 채점 준거를 강화하여 일정 수준의 신뢰도를 견지하는 작용을 한다. 하지만 채점자들이 준거 에세이를 가지고 훈련을 충분히 해도 다른 평가자들과 다르게 독립적으로 점수를 주는 상황도 있다. 이런 상황은 에세이들이 실제 시험이 아닌 연구 목적으로 읽힐 때나 두 명의 채점자가 적은 채점 척도를 가지고 쓰기 시험을 채점할 때 자주 일어난다. 단 두 명이 적은 척도를 적용하여 채점한 결과를 가지고 채점자 신뢰도를 조사한 연구는 없는 것으로 안다. 인터넷을 통한 컴퓨터 기반 평가가 늘어나면서 채점의 사회적 측면에 대한 연구는 장차 중요한 연구 분야가 될 것이다.

7. 수험자 변인

쓰기 평가에서 수험자 변인은 본질적으로 가장 중요한 요인이지만 놀랍게도 시험을 치면서 수험자가 어떤 반응을 보이는가에 대한 연구는 거의 없다. Ruth와 Murphy(1984)의 말대로, 필자들이 인지하고 글로 옮기고자 하는 쓰기 과제는 애초에 문항 작성자가 의도한 쓰기 과제와 동일하지 않다. 그런데도 에세이 시험을 볼 때 수험자가 무엇을 어떻게 읽고 어떻게 반응하는가에 대해서 연구된 바가 거의 없다. 이러한 수험자 관련 정보는 특정 등급에 적합한 프롬프트를 결정하거나 2개 이상 복수의 프롬프트를 제공할지 여부를 결정하는 데 중요하다.

쓰기 시험을 치르는 필자에 대한 연구는 많지 않은데 이 분야를 다룬 몇몇 연구에서는 쓰기 과제에 반응하는 개별적 특성을 강조한다. Weaver(1973; Hamp-Lyons, 1991d에서 재인용)는 '교사가 제시한(teacher-initiated)' 화제를 필자들이 '자기 주도적(self-initiated)' 화제로 전환할 필요를 제기하였다. 즉, 필자 자신이 유의미하게 응답할 수 있는 과제로 자기화해야 한다는 것이다. Hamp-Lyons(1991b)는 프롬프트가 요구하는 문제를 완전히 이해하지 못했을 때 L2 필자들이 보이는 상반된 쓰기 전략을 비교하였다. 내용 지식이 부족한 이유를 에세이 안에 변명한 이들이 있는가 하면, 자신에게 부족한 지식에 개의치 않고 자기 분야의 권위자로서 자신 있게 접근하여 프롬프트의 요구를 효과적으로 논증하는 이들도 있었다. Murphy와 Ruth(1993)는 고등학생 인터뷰를 인용하면서 특정 프롬프트에 대한 해석은 무수히 많을 수 있으므로 채점자들이 예상 외의 답안도 유연하게 인정해 주어야 한다고 주장한다.

수험자의 선택권을 보장하는 프롬프트가 필요하다는 연구도 지속되어 왔다. Polio와 Glew(1996)에 의하면 수험자가 해당 화제를 친숙하게 여기는 정도가 특정 프롬프트를 선택하는 이유로 가장 빈번하게 언급된다. 프롬프트의 보편적이거나 특수한 정도, 프롬프트의 수사적 구조, 프롬프트의 흥미 유발 정도, 적합한 영어 어휘 지식도 선택 기준이다. Polio와 Glew는 학생들이 화제를 선택하는 데 과도한 시간을 소요한다고 느끼지 않으며, 쓰기 시험의 화제는 반드시 선택할 수 있어야 한다고 여긴다는 사실을 확인하였다. Weigle 외(2000)는 영어 비모어 화자들의 대학교 쓰기 평가에서 선택형 프롬프트와 관련된 연구를 하여 유사한 결과를 도출하였다. 그런데 Weigle 외(2000)는 프롬프트의 성격이 사적이냐 공적이냐에 따라 특정 프롬프트를 선정하는 조건이 달라짐을 확인하였다. 사적 프롬프트에서는 친숙한 정도가 중요하게 고려되고 공적 프롬프트에서는 화제를 조직하여 발전시킬 수 있는가가 더 중요하게 고려되었다.

프롬프트의 내용이나 선택권 보장 여부에 대한 연구도 적지만, 필자가 시험 과제에 어떻게 대응하고 과제들과 어떻게 상호작용하는지에 대해서도 정보가 부족하다.

> 쓰기 시험을 마주한 학생들에 관해 연구하지 않고서는 … 학생들이 에세이 시험을 치를 때 무엇을 하는지, 즉 학생들이 프롬프트를 (실제로 읽는다면) 어떻게 읽는지, 프롬프트의 핵심 요소를 어떻게 파악하는지, 무엇이 학생들로 하여금 한 프롬프트를 배제하고 다른 프롬프트를 선택하도록 하는지, 독자에게 필자로서 어떤 페르소나를 보여주기로 했는지, 왜 그렇게 결정을 내리게 되는지 등에 대해서 확실히 모르는 채로 남아 있게 될 것이다. (Hamp-Lyons, 1991b: 103)

쓰기 평가에서 이러한 분야는 장차 더 연구되어야 한다.

8. 요약

이 장에서는 에세이 쓰기 평가와 관련된 연구를 검토하였다. 이로써 쓰기 평가의 과제와 채점 절차를 설계할 때 상호 연관 지어 고려해야 할 요인이 적지 않음을 알 수 있었다. 여기서 한 가지 더 밝혀

두어야 할 것은 대다수 쓰기 평가 연구가 제1, 제2 언어로, 특히 학문 목적으로 글을 쓰는 제한된 성인 집단을 대상으로 진행되었다는 점이다. 외국어 학습자라든가 어린이 언어 학습자, 이민이나 난민 집단에 대한 연구는 그리 많지 않다. 이러한 연구가 새로 보완되기까지 독자들은 이 장에서 검토된 연구 성과를 다른 학습자 집단에 성급하게 일반화해서는 안 된다. 일반화하기 전에 상이한 언어 학습 집단별로 차이가 클 수 있음을 반드시 고려해야 한다. 하지만 이 장에 제시된 선행 연구들은 글을 평가하기 위해 어떤 결정을 내리는 데 보충 자료로서는 매우 유용하게 쓰일 수 있을 것이다.

5장 쓰기 평가 과제 설계

이 장에서는 대규모 쓰기 평가, 즉 개별 교실 차원을 벗어난 평가 도구 설계의 기본 원리를 제시하고자 한다. 이 장은 두 개 부분으로 나뉘는데 전반부에는 평가 도구를 개발할 때 전반적으로 고려해야 할 사항, 특히 평가 도구 특성을 밝힌 출제구성표와 예비 평가의 중요성을 설명하였다. 그리고 이 장의 나머지 부분에서는 4장에서 논의된 평가 관련 연구 결과를 토대로 쓰기 과제를 개발할 때 고려할 사안들을 제시하였다. 쓰기 과제 사례를 통해 이와 관련된 주요 논점들을 예시할 것이다.

1. 평가 도구 개발 과정

언어 능력 평가 도구를 개발한 일반적인 과정에 대한 보고가 많다 (예, Bachman & Palmer, 1996; Alderson et al., 1995; Norris et al., 1998; Davidson & Lynch, 2002). 이들 선행 연구에서는 평가 도구 개발에 몇 개의 단계가 필요하다고 강조하는데, 이 단계들은 반드시 인과적이 거나 선조적으로 진행되지는 않지만 각 단계가 상호 지속적으로 정 보를 주고받는다. 예를 들어 개발 과정 중 어떤 단계에 대해 피드백 을 받으면 반드시 이전 단계로 돌아가 문제를 바로 잡아야 한다. 쓰기 평가 도구 개발 과정은 설계(design), 출제(operationalization), 실행 (administration)의 3단계로 개념화할 수 있다(Bachman & Palmer, 1996). **설계 단계**에서는 평가의 목적, 수험자 특성, 수험자의 실제적인 쓰기 요구, 사용 가능한 자원 등에 대한 정보를 모은다. 물론 이 단계에서 도 평가로 측정될 구인(construct)은 구체화되어 간다. 또한 평가 도구 를 개발하는 전체 과정의 유용성 정도를 어떻게 판단할지, 어떻게 하면 가용 자원을 최적으로 할당하고 관리할 수 있을지도 결정해야 한다. **출제 단계**에서는 설계 단계에서 마련한 정보를 바탕으로 평가 도구 특성을 확정하거나, 특정 문항들로 과제를 배치한 출제구성표 를 만든다. 이러한 구체화 과정을 통하여 평가 과제와 평가 준거[1]를

---

1) (옮긴이) 평가 준거(evaluation criteria)는 일반적으로 학생이 성취해야 할 행동이 어느 정도여야 성취했다는 증거로 볼 수 있는가를 나타내는 표준을 의미한다. 평가 준거라 는 용어는 크게 세 가지 의미로 나누어 생각할 수 있다(Scriven, 1991). 첫째는 성공이라 고 판단할 수 있는 산출물을 의미한다. 이는 흔히 예측 타당도와 관련해서 생각할 수 있다. 이는 특정한 검사의 평가 준거를 충족하는 산출은 미래에 행해질 측정 결과에 대해 설명하여 줄 수 있음을 뜻한다. 둘째는 성공 자체가 아니라 경험적 연구에 의한 성공이나 우수성의 지표를 의미한다. 이러한 개념에서 평가 준거는 1차 지표라고 명명 되기도 한다. 반면, 2차 지표로 명명할 수 있는 부분은 경험적 관련성에 의한 준거만을 의미한다. 셋째는 개념과 그 정의되는 속성인 증거의 관계를 의미한다. 예컨대 특정한

개발하여 하나의 평가 도구로 수렴한다. 마지막 **실행 단계**에는 수험자를 대표할 표본 집단을 대상으로 예비 평가를 실시하여 평가 과정이 제대로 진행되는지 평가 준거 항목이 타당하게 선정되었는지를 확인한다. 이제부터 이들 단계에 대해 간단히 소개하고자 한다.

설계 단계

설계 단계에서는 핵심 정보를 모아서 전체 평가 도구를 개발할 주요 일정을 짠다. 보통 설계 단계는 관계 기관이 **요구하는**(Lynch & Davidson, 1994) 평가의 목적을 고려하는 것으로 시작한다. 인사 담당자나 교사들이 직원 선발이나 어학 수업의 반 배치와 같은 특수 목적으로 언어 능력을 측정하는 것처럼, 평가의 목적은 평가와 관련된 이해당사자들(stakeholders)의 다양한 요구로부터 수렴된다. 예를 들면, 어학기관 장은 일반 회계 전공자를 위한 영어 수업이 끝났을 때 영어로 소통하는 업무 환경에 적응할 만큼 학생들이 잘 준비되었는지를 알아보는 쓰기 시험을 마련하고 싶어할 것이다. 혹은 집중 영어 과정의 교사라면 교육과정의 변화 추세를 반영하기 위하여 최근 수년간 사용해 오고 있는 배치고사 문제를 수정하기로 결정을 내릴 수도 있다.

Lynch와 Davidson(1994: 736)은 평가에 요구되는 사항이 '교육과정의 철학과 정치 현실의 조합에서 비롯된다'고 말한다. 해당 평가 도구의 정치, 철학적 맥락이 평가에 특정한 요구를 하게 되고 궁극적으

X의 준거는 일련의 Xi가 가지는 속성으로 구성되어 있다. 정의적으로 X가 존재하면 그 중 일부는 Xi의 상태로 손재해야 할 것이다. 우리가 현상석으로 볼 수 있는 것은 Xi로 항상 똑같지 않지만 집합적 동질성을 가진 X의 준거 뭉치로 존재하고 그러한 군집은 이름을 가질 수 있다.

Scriven, M., *Evaluation Thesaurus* (4th), Newbury Park, CA: Sage, 1991.

로 개발되는 평가 도구에 영향을 미치게 된다는 것이다. 그러한 요구를 적합하게 충족하였다고 인정을 받은 평가 도구만이 마지막에 실제적으로 성공을 거둘 수 있음을 평가 도구 개발자들은 명심해야 한다.

평가 도구의 목적과 수험자 집단이 정해졌다면 평가 도구가 측정하고자 하는 구인이 정의되어야 한다. 일반적으로 구인 설정은 교육과정의 내용 항목이나 언어 능력에 대한 이론적 정의에 기반을 두지만, 이외에 특별히 쓰기 능력에 기반을 두기도 한다(Bachman & Palmer, 1996). 특수 목적 언어 능력을 파악하려면 교육과정의 내용 항목이나 추구하는 목표에 근거하여 구인을 설정하는 것이 좋다. 예를 들어, 초급 과정이라면 학습자가 수업에서 특정 문법을 잘 습득했는지를 파악해야 하고, 실용적 글쓰기 과정에서는 학생들이 업무용 서식을 작성할 수 있는지, 어떤 과정을 정확하고 명료하게 기술할 수 있는지를 확인해야 한다.

이론에 기반한 구인 설정은, 교육과정의 내용 항목이 아니라 평가하고자 하는 능력에 대한 이론적 모형으로부터 구인을 도출하는 것을 뜻한다. 선발이나 배치고사와 같이 특정 교육과정에 근거할 수 없는 평가 상황이라면 이론에 기반한 구인 설정이 유용하다. 배치고사에서 추구하는 숙달도 평가란 특정 교육과정이 아닌 보편 이론에 기반한 측정을 의미한다. 3장에서 논의되었던 Bachman과 Palmer(1996)의 언어 능력 모형이나 이와 유사한 것으로 2장에서 논의되었던 Grabe와 Kaplan(1996) 모형은 화용론적 맥락 지식과 언어학적 분류 체계를 제공한다. 이러한 모형은 수험자, 평가 맥락, 평가 목적 등에 관한 정보와 함께 해당 구인에 대한 정의를 내리는 데 유용한 출발 지점이 된다. 예를 들어 외국어 초급 학습자를 대상으로 쓰기 시험을 본다면, 다양한 의사소통적 기능을 수행하고 갖가지 상이한 상황에 적합하게 언어를 변이해 쓰는 기능이나 사회언어적 지식을 측정하는 것보다 어법과 텍스트 지식, 또는 해당 언어의 문법과 어휘에 대한 지식, 문장을 조직하여 텍스트화하는 능력을 우선적으로 평가할 것이다. 하지만 평가하기나 설득하기 등의 특정 기능용 에세이를 쓸 수 있는지, 또 학술적 담화공동체에 통용되는 공적 담화 형식을 적용할 수 있는지를 파악하는 학문 목적 평가 도구 개발을 염두에 둔다면, 학업에 필요한 기능의 체득 정도와 사회언어적 지식의 정도를 묻는 것이 더 중요하다.

평가 구인을 설정할 때에는 언어 지식 요소뿐만 아니라 전략적 능력과 화제에 대한 지식의 역할도 구체화해야 한다. 정도의 차이는 있으나 실제로는 어떤 쓰기 과제든지 전략적 능력이 기여하는 바가 있는데, 평가 도구 개발자는 이 전략적 능력을 평가 구인으로 포함시키려 할 수도 있고 하지 않을 수도 있다. 개발자의 이러한 결정은 과제 수행이나 채점 절차에 그대로 반영된다. 외국어 초급 학습자를 대상으로 한 쓰기 시험을 예로 들자면, 우리는 학생이 수업 시간에 배운 어휘와 문법 지식을 숙달했는지 알아보는 것을 제일 먼저 염두에 둘 것이다. 이 경우 전략적 능력은 평가 구인으로서 별 역할을 할 수 없으며 평가 과제를 개발하는 사람도 전략적 능력에 크게 좌우되지 않는 문항을 개발하고자 할 것이다. 물론 채점 과정에서도 마찬가지로 쓰기 결과물의 언어적 측면에 가장 먼저 주목할 것이다. 반대로 학술적인 상황이라면 학생들이 자신의 주장과 함께 독자들이 가질 법한 반론을 잘 고려해 가면서 설득적 에세이를 쓸 수 있는지 여부를 평가하는 데 관심을 기울일 것이다. 이 경우 전략적 능력은 중요한 역할을 할 것이며, 과제를 설명하고 채점 기준을 마련할 때 언어적 지식보다 훨씬 강조될 것이다.

마찬가지로 화제 지식의 역할도 구인의 정의에서 강조되어야 한다. 그래야만 해당 쓰기가 무엇에 대한 것인지 규정되기 때문이다. 3장에서 논의된 것처럼 화제 지식을 구인으로 설정하는 것에 대해서 Bachman과 Palmer(1996)는 세 개의 선택 사항을 제시한다. (a) 평가 구인에서 화제 지식을 배제한다. (b) 평가 구인에 명시적으로 포함시킨다. (c) 언어 능력과 화제 지식을 별개의 구인으로 설정한다. 평가 구인에서 화제 지식을 제외하는 첫 번째 방법은 수험자에게 유사한 수준의 지식이 있지 않으리라 예상되는 경우, 그리고 오로지 언어 능력만을 측정하려는 경우에 적합하다. 언어 교육과정의 배치고사가 그러한 사례에 해당한다. 특수 목적 영어에서처럼 수험자들이 동일한 특정 지식을 가지고 있으리라 예상되는 경우 평가 설계자들은 두 번째, 즉 화제에 대한 지식을 평가 구인에 명시적으로 포함시키고자 할 것이다. (특수 목적 영어 시험에서 화제에 대한 지식의 역할에 대해 심도 있게 다룬 2장 Douglas(2000)의 연구를 참조할 것.) 끝으로, 평가 설계자들은 화제 지식과 언어 능력을 별개의 평가 구인으로 측정하고 싶어할 수도 있다. 학생들이 쓰기 답안을 작성하여 내용에 대한 이해도를 증명해야 하는, 내용 중심 언어 교육과정의 성취도 평가 상황이 이에 해당한다.

평가 도구 개발자가 설계 단계에서 고려해야 할 마지막 사항은 제반 측면에서의 유용성(신뢰도, 구인 타당도, 실제성, 상호작용성, 영향성, 실용성)이다. Bachman과 Palmer(1996: 136)는 두 개의 극단적인 입장을 경계하라고 조언한다. 즉, 이 여섯 개 항목을 모두 최고 수준으로 도달하려고 하거나(3장에서 논의된 것처럼 실용적인 한계로 인해 불가능한 과제가 있다), 하나 이상의 일부 항목이 매우 중요하다고 하여 다른 것을 희생해서라도 추구하려고 해서는 안 된다는 것이다. Bachman과 Palmer(1996: 140~141)는 출제를 진행하는 세부 단계에서 평가의 유용성을 측정할 때 개발자가 유념해야 할 질문 목록을 제공하였으며, 평가 유용성의 세부 구인이 허용할 수 있는 최소 수준으로 조합된 다양한 상황을 보여주었다. 예를 들어, 구인 타당도를 논리적으로 평가하려고 할 때 "이 평가 도구가 목표로 하는 언어 능력 구인이 명료하게 정의되었는가?", "평가 과제는 평가하고자 하는 구인을 어느 정도나 반영하고 있는가?" 같은 질문을 할 수 있다. 평가 도구 개발자는 이러한 질문을 가지고 출제 계획을 세우고 실제로 평가 과제, 프롬프트, 채점 절차가 실행되기 전에 그 초안들의 적합성을 평가해 볼 수 있다. 뿐만 아니라 평가 도구를 설계하는 단계에서 개발자는 평가의 유용성을 입증할 방안을 세워야 한다. 쓰기 평가의 유용함을 입증할 특수 유형들은 이어지는 '출제'와 '실행' 단계에서 계속 논의될 것이다.

평가의 유용성 구인 가운데 실용성은 설계 단계에서 더 특별히 고려되어야 한다. 아무리 훌륭하게 설계되고 이론적으로 탄탄한 평가라고 할지라도 자원이 충분하지 않다면 실행될 수 없다. 쓰기 평가에서 인력은 가장 기본적인 자원이다. 개발 단계에는 초안을 수정해서 쓰기 과제를 완성할 과제 작성자가 있어야 하고, 시험이 시행된 후에는 채점 기한에 맞춰 동일한 기준으로 채점을 완료할 평가자들이 충분히 확보되어야 한다. 공간, 장비, 비품 같은 물적 자원도 확보되어야 한다. 공간으로는 시험 진행 공간, 채점 공간, 과거에 시행되었거나 장차 치러질 시험지를 보관할 공간 등이 필요하다. 워드프로세서와 복사기 같은 장비와 종이, 연필 같은 비품도 있어야 한다. 시간 또한 필수 자원이다. 과제를 명료하게 작성하고 엄정한 평가가

이루어지도록 설계되었는지를 확인하는 데 시간을 충분히 들여야
한다. 쓰기 결과물을 읽고 채점하는 데에도 시간 자원은 반드시 고려
되어야 한다. 추후 발생할 잠재적 문제를 방지하기 위하여 평가 도구
개발자는 설계 단계에서 이들 자원을 잘 고려해야 한다. Bachman과
Palmer(1996: 88)는 설계 단계의 결과물로서 다음 정보를 담은 **설계
기안서** 개발을 제안하였다.

- 평가 목적
- 목표 언어 사용(TLU) 영역과 과제 유형
- 예상 수험자
- 평가 구인
- 실용성을 질적으로 평가하기 위한 계획
- 필수 및 가용 자산 목록과 이들 자산의 분배와 관리 계획

이후 계속 논의되겠지만, 일부 평가 전문가(예, Alderson et al., 1995;
Douglas, 2000)는 이러한 정보를 출제구성표에 포함시킨다. 출제구성
표를 작성하기 전에 설계 기안서를 만들면 평가 도구를 개발하는
전 과정에서 평가의 전반적인 유용성 조건을 명시적으로 고려하도
록 구조화할 수 있다. 또한 출제구성표는 상이한 독자군(아래 논의
참조)에게 읽힐 것을 전제하므로 해당 출제구성표 안에 평가 목적,
예상 수험자 집단, 구인 정의 같은 정보를 명시하는 것이 효율적이
다. 출제구성표와 별개로 설계 기안서를 작성하는지 여부는 개별적
으로 선호의 문제이다. 중요한 것은 훌륭한 평가 도구를 개발하는
데 그러한 정보가 얼마나 유용하게 쓰이는가이지, 평가 도구 개발
과정을 지시하는 기안의 형식이 아니다.

출제 단계

출제는 전반적인 계획이나 설계 차원의 검토에서 세부적인 출제 구성표나 실제 평가 도구 작성으로 옮겨 가는 과정이다. 전체 평가 차원이나 개별 문항 과제 차원에서 출제구성표의 역할은 매우 중요 하다. Bachman과 Palmer(1996)는 다음 4개 이유를 들어 출제구성표 의 유용성을 주장하였다. (1) 유사 문항이나 혹은 동일한 특성을 가 진 상이한 문항을 만드는 데 유용하다. (2) 평가 문항 개발자의 의도 를 평가할 유일한 수단이다. (3) 종료된 시험이 출제구성표에 부합 했는지 평가할 수 있다. (4) 평가 도구의 실제성을 검토할 수단이다. 출제구성표가 있음으로 해서 문항 개발자들이 평가 목적에 합의할 수 있고, 평가 도구와 교과과정 목표 사이에 잠재된 불일치를 발견 할 수 있다(Lynch & Davidson, 1994). 따라서 출제구성표는 최대한 상 세하게 작성되어야 한다.

Alderson 외(1995: 10~11)는 출제구성표가 평가 도구 개발자를 비 롯하여 다양한 독자군에게 유용하며, 독자군에 따라 출제구성표의 제공 형식은 다를 수 있다고 말한다. 예를 들어, 특정 평가를 근거로 학생을 배정 받은 교사는 평가 내용의 전반적인 정보만을 알면 되 지만, 평가의 타당성을 검토해야 할 관계자는 평가 도구의 특성을 상세하게 알아야 한다.

여러 등급의 전반적 평가에 대해 다양한 출제구성표 서식이 제안 되었다(Hughes, 1989; Bachman & Palmer, 1996; Alderson et al., 1995; Norris et al., 1998). 출제구성표에 평가 도구의 특성을 밝히지 않기로 했다면, 설계 단계에서 밝힌 정보에 추가하여 최소한 다음과 같은 요소는 따로 작성되어야 한다.

- 평가 도구의 구성 및 평가 내용에 대한 기술, 평가될 과제의 유형과 수에 대한 기술, 개별 과제에 할당된 시간, 개별 과제의 특성, 쓰기 동기화 자료
- 채점 준거
- 예시 과제나 문항

(Douglas, 2000: 110~113)

출제구성표는 이러한 기본 요인을 고려하여 다양하게 작성된다. Bachman과 Palmer(1996), Alderson 외(1995)에는 출제구성표를 개발하는 여러 가지 접근 방법이 소개되어 있다. 평가 도구를 개발할 때 가장 복잡하면서도 중요한 결정은 전체가 아니라 세부 과제 수준에서 내려지게 된다. 이 장의 뒷부분에서 특수 목적 쓰기 과제를 설계할 때 고려해야 할 문제를 상세히 다룰 것이다. 여기서는 일단 평가 도구 개발자로서 개인적으로 유용하게 사용했던 출제구성표의 일반적인 형식을 제시하고자 한다. 이 형식은 처음에 Popham (1978)이 개발한 것으로 Lynch와 Davidson(1994), Davidson과 Lynch (2002)의 언어 평가 연구에 자세히 인용되었다. Davidson과 Lynch (2002)에서 인용한 〈자료 5.1〉에서 과제 중심 출제구성표의 요인을 확인할 수 있다. 이러한 유형의 출제구성표에는 측정하고자 하는 기능이나 구인, 프롬프트에 대한 구체적인 정보, 수험자 안내문, 모범 답안, 예시 문항 등 평가 문항 작성자에게 유용한 여러 가지 정보가 기술되어 있다.

〈자료 5.1〉 쓰기 과제 출제구성표 형식(Davidson & Lynch, 2002: 14)

지정된 문서 번호: 분류 번호를 짧게 제시한다.

특징들의 제목: 세부적인 특징을 개괄적으로 소개하는 짧은 제목이 필요하다. 제목을 보면 여러 특징을 아우르는 기능을 조망할 수 있다.

관련 특징: 앞선 제목에 덧붙일 특징이 있는 경우, 제목이나 숫자를 적는다. 가령 단락 글을 읽고 쓰는 과제라면 단락 글과 개별 문항의 특징을 함께 제시하도록 한다.

(1) **전체적인 기술**: 평가하고자 하는 쓰기 유형에 대해 간략하게 개괄한다.

(2) **프롬프트 설명**: 수험자가 무엇을 해야 하는지를 상세하게 설명한다. 여건에 따라서 다르겠지만 설명에는 다음과 같은 정보가 포함되어야 한다.

   ⓐ 독자, 목적 / 소통 기능, 장르나 형식, 내용 정보 출처 등을 고려한 쓰기 과제 설명

   ⓑ 내용 정보 출처로 기능할 텍스트나 시각 자료에 대한 자세한 설명

   ⓒ 프롬프트의 언어적 특징

   ⓓ 답안지 공간에 대한 설명

(3) **답안 설명**: 프롬프트를 읽고 나서 수험자가 무엇을 해야 하는지, 답안의 평가나 채점 범주를 포함하여 성공과 실패를 가르는 기준 등 답안 작성 방식에 대한 상세한 설명

(4) **예시 문항**: 출제구성표를 반영한 예시 문항이나 과제로서, 출제구성표로부터 예상되는 문항 및 과제 유형. 반드시 과제에 대한 모범 답안이 포함되어야 함.

(5) **부가 사항**: 제시한 특징 이외에 평가 문항을 구성하기 위해 추가적으로 기술되어야 할 정보에 대한 상세한 설명

Davidson과 Lynch의 말대로, 출제구성표는 평가 도구 개발자 집단이 적합한 문제 은행을 만드는 데 유연하게 사용하도록 고안된

도구이므로 체제는 평가 여건의 특별한 필요에 따라 달라질 수 있다. 〈자료 5.2〉와 〈자료 5.3〉은 쓰기 과제 출제구성표의 예시로서, 기본적인 출제구성표 체제가 다른 방식으로 변환되는 양상을 보여준다. Davidson과 Lynch(2002)에서 인용한 〈자료 5.2〉는 여러 단락의 에세이를 쓰도록 하는 출제구성표이다.

〈자료 5.2〉 여러 단락 에세이 쓰기(Davidson & Lynch, 2002: 28~29)

문서 번호: FA36/QL12
제목: 작문: 여러 단락 쓰기(개인적인 주제)
급: 초급 성인 학습자

전체적인 기술: 학생들은 제시받은 화제로 과제를 수행하면서 자신의 아이디어, 생각, 의견을 단락들로 표현하는 능력을 입증해야 한다. 이 과정에서 학생들은,
- 쓰기 과제를 소개받는다.
- 단락들을 명료하게 조직하여 전개한다.
- 주장을 뒷받침하거나 아이디어를 예시하기 위해 사례를 제시하거나 설명을 한다.
- 언어 숙달도를 발휘한다.
- 학습한 문법 표현의 정확성을 보여준다.

예시 문항: 현재 미국 생활과 이전의 고국 생활에 대해 기술하고 나서 어떤 삶을 왜 더 좋아하는지 설명하시오.
프롬프트 설명: 학생들은 자신의 생활과 관련된 특정 화제로 쓰기 과제를 부여받는다. 화제 및 과제를 선정할 때는 다음과 같은 자질이 포함된 것이어야 한다.
- 유의미한 화제여야 하고 문어적 의사소통에 어울리며 적합해야 한다.
- 시사적인 지식과 같이 특정한 배경 지식을 요구하는 화제는 아니다.
- 학술적 글쓰기에 도움이 되는 실제적인 과제이다.
- 부여된 특정 화제에 대한 이해를 바탕으로 한 답안이어야 한다.
- 과제에는 학술적 글쓰기에 일반적인 수사적 전략을 종합적으로 사용해야 한다.

'지정된 화제로 두세 단락의 글을 쓰시오.'처럼 학생에게 제공하는 제시문은 누구나 이해할 수 있어야 한다.

답안 설명: 학생들이 지정된 화제로 에세이를 쓰면, 내용과 조직 면에서 채점될 것이며, 교실에서 배운 문법 표현을 정확하게 사용하는지도 평가될 것이다.
부가 사항: 화제 예시, 모범 답안, 채점 체계 및 해당 수준에서 다루어야 할 문법 표현을 보려면 교사용 안내서를 참조하시오.

출제구성표를 작성해 본 사람들은 시험에 대한 전체적인 기술에 이어 바로 답안을 배치하기보다 예시 문항을 먼저 보여주는 것이 더 유용하다고 여긴다. 채점 체계와 모범 답안 같은 정보를 부가 사항에 포함시키는 경우, 이러한 정보는 별도의 서식으로 덧붙인다. Butler 외(1996)는 캘리포니아의 제2언어 영어 성인 학습자를 대상으로 한 평가지 개발 프로젝트에서 Popham의 모델과 조금 다른 접근 양상을 보였다. 쓰기 평가 출제구성표의 제1면에 일련의 과제를 수행하는 데 전반적으로 적용되는 설명을 실은 것이다. 전반적인 설명은 다음과 같다.

수험자는 프롬프트를 읽고 나서 독자, 목적, 형식, 정보 내용 출처 등의 요소를 명시적으로 드러내면서 2~4문장 이상의 길이로 한 단락을 작성하도록 한다.

이러한 전반적인 설명에 이어서 독자, 목적, 형식, 내용 정보의 측면이 상세히 기술되었고, 과제의 평가 준서를 고려한 여타 정보가 제공되었다. 그리고 출제구성표에는 평가 등급(예. 고급이나 초급 학습자 대상), 프롬프트에 관한 설명, 모범 답안 등이 과제에 어떻게 부합하는지를 설명한 데 이어서 각각의 특정 쓰기 과제 유형이 제시되었다. 〈자료 5.3〉은 이러한 출제구성표 가운데 하나를 예시한 것이다. 출제구성표를 〈자료 5.2〉와 〈자료 5.3〉처럼 작성하면 다음과 같은 장점이 있다. 먼저 출제구성표가 있으면 쓰기 과제의 제반 핵심 요소들을 특징적으로 상세화하고 명시적으로 정교화할 틀이 생긴다. 또한 평가 문항 개발자들에게 지침을 제공할 것이며, 평가의 목표 및 목표 이행 방법에 대해 평가의 다양한 수요층과 소통하는 데에도 사용된다.

〈자료 5.3〉 성인 ESL 배치 테스트를 위한 샘플 테스트 사양(Butler et al., 1996)

GNI 과제 유형

평가 등급: A급

쓰기 동기화 자료 설명
  프롬프트에 나타난 특정 정보를 가지고 초보적으로 대사회적 기능을 수행하는, 사적 또는 공적 메모를 작성하는 과제이다.
  1차 자료는 A급 수험자에게 적합한 단락 글이나 게시물이다.
  프롬프트의 언어는 초급 상 수준의 어휘와 문법을 써서 간단하고 명료하게 작성한다.
  복사해서 나누어 주는 용지에는 답안을 작성할 수 있도록 가로로 6~10줄 정도 그어준다.

답안 설명
수험자는 제공 받은 용지에 부여 받은 쓰기 과제에 적절한 응답을 작성한다. 훈련 받은 채점자가 명료하게 세분화된 채점 준거를 가지고 답안을 채점할 것이다.

모범 답안은 한 문단 이상으로 구성된 일련의 문장들로 작성되어야 하며 과제의 요구를 모두 충족해야 한다. 모범 답안에서 복잡한 구조를 보여줄 수도 있지만, 대체로 일부 오류가 있을지라도 단순한 구조를 전체적으로 적절히 장악하고 있음을 예시하는 것이어야 한다. 모범 답안은 1차 자료나 프롬프트로부터 극히 일부의 어휘나 구절만을 직접 인용함을 보여주어야 하며 대개는 수험자 자신의 언어로 통합해 표현하도록 유도해야 한다,

전형적인 과제

Parks and Recreation 백화점이 토요일 저녁 콘서트를 후원합니다.
7월 9, 16, 23일.
콘서트는 오후 7시에 시작해서 2시간 가량 진행될 예정입니다.
새로 단장한 야외 홀에서 개최됩니다.
555-8632로 전화 주시면 보다 자세한 정보를 알려 드리겠습니다.

ELK Grove 성인 제2언어 영어 학교 배치고사에서 인용함

친구가 이 공지문을 보고 여러분에게 7월 16일에 콘서트에 가자고 합니다. 그런데 여러분은 그 날 저녁에 갈 수가 없습니다. 이유를 설명하고 23일에 같이 가겠느냐고 물어보는 짧은 글을 쓰십시오.

메시지를 남기세요...
_____
_____
_____
_____
_____

과제 수행의 전범

독자와는 개인적인 관계(친구)이며 글의 목적은 문제를 설명한 뒤 제안을 하는 데 있다.

수험자는 프롬프트의 표현을 가져다 쓸 수 있지만 시험 자료의 정보를 그대로 사용할 필요는 없다. 프롬프트의 내용을 가져다 쓸 때에는 다른 사람에게 들은 정보를 옮기는 형식으로 변형시켜야 한다.

모범 답안

> 메시지를 남기세요...
>
> 친구야, 어젯밤 퇴근하고 돌아와서 네 글을 읽었어. 7월 16일에 나하고 콘서트에 가고 싶다고 했잖아. 그런데 어쩌지? 그 날 우리 형네 집에 가기로 했거든. 나도 그 콘서트에 꼭 가고 싶기는 한데. 7월 23일에 가는 건 어때? 그 날 나하고 같이 갈 수 있는지 알려주기를 바라. 고마워

평가 도구 개발의 모든 측면이 다 그러해야 하겠지만, 특히 출제 구성표와 평가 문항을 작성하는 작업은 기존의 인과적인 방식을 고수하지 말고 쌍방향으로 동시에 추진해야 한다. 출제구성표 초안에 근거해서 소수의 수험자를 대상으로 예비 평가를 치른 후에 과제를 구체화시켜 가는 과정에서 얻어진 정보를 바탕으로 출제구성표를 더 정교화할 수 있기 때문이다. Lynch와 Davidson(1994)이 적시한 바와 같이 출제구성표는 고정되어 불변하는 것이 아니라 수정되고 개선되면서 역동적으로 변화하는 것이다.

실행 단계

설계와 출제에 이어 평가지 개발 과정 중 세 번째 단계는 예비 평가와 본 평가를 포함하여, 수험자를 대상으로 평가 과제를 실행하고 동시에 관련 자료를 수집, 분석하는 것이다. 평가 과정에서 수합된 정보는 물론 평가 도구 개발 과정에서 파생된 정보들도 모은다. 여기서 명심해야 할 것은 출제와 실행 단계를 긴밀히 교차시키

면서 본 평가에 앞서 예상 수험자라든가 출제 의도 등의 적합도를 충분히 점검해야 한다는 점이다. 평가 과제는 예비 평가와 시범 평가로 구분하여 점검한다(Butler et al., 1996). 예비 평가에서는 프롬프트가 명료한지 여부와, 과제 수행에 소요되는 시간을 비롯하여 과제의 다양한 측면에 대한 1차 정보를 수집하기 위해서 소수의 수험자에게 다양한 과제를 수행해 보게 한다. 반면 평가 도구의 최종 버전을 실행해 보는 시범 평가 때에는 통계적 정보를 얻기 위해 보다 큰 사례수를 대상으로 시험을 실시한다. 모든 평가 여건에서 이러한 두 단계를 거치는 것이 경제적으로 타당하지 않을 수도 있지만 최소한의 예비 평가를 거쳐야 비로소 명료하고 납득할 만하며 채점이 가능한 과제를 만들어 낼 수 있다.

Kroll과 Reid(1994: 245)는 시험 개발자가 예비 평가로부터 얼마나 유용한 정보를 얻을 수 있는가를 보여 주었다. 다음은 영어 쓰기 시험에서 아래와 같은 프롬프트를 가지고 예비 평가를 치러 본 사례에 관한 것이다.

인생이 자신에게 끊임없이 선택의 기회를 준다고 믿는 사람들이 있는가 하면, 인생은 해결해야 할 문제의 연속이라고 여기는 사람들이 있다. 인생에 대한 이 두 관점을 비교하고 어느 입장에 동의하는지 근거를 대어 설명하시오.

수험자들이 충분히 길게 답안을 작성할 수 있는 매력적인 프롬프트로 예상되었지만, 채점을 해보니 쓸 만한 특정 문제나 기회를 구체적으로 적는 것이 수험자에게 어려웠으며 논점이 부족한 글이 많았다. 또한 화제에 대한 접근 방법이 너무나 각양각색이어서 과제를 제대로 이행한 것인지 여부를 채점자들이 판단하기 곤란했고, 서로 다른 관점에서 접근한 내용들이 많아 일관된 채점 기준을 적용하기도 어려웠다. 이러한 예비 평가 결과를 바탕으로 실제 평가에서 이 프롬프트는 쓰이지 않았다.

쓰기 평가를 설계할 때 프롬프트에 대한 예비 평가 절차가 중요함을 보여 주는 사례 연구는 이외에도 대단히 많다. 예비 평가를 치르는 동안 수험자 및 교사나 행정 직원 같은 기타 관계자들로부터 얻을 수 있는 양적·질적 정보는, 개발된 과제가 실제 평가에 적합할 것인지를 판단하는 데에 결정적인 작용을 한다. 질적인 정보는 '프롬프트에 이해하지 못하는 어휘가 있는가?'와 같이 수험자들에게 직접 질문을 하여 얻을 수도 있고, '이 화제로 에세이를 쓰기가 쉬웠다', '이 화제는 내 글쓰기 실력을 보여주기에 적합하였다'와 같이 수험자의 동의 여부를 묻는 설문 조사 결과에서도 얻을 수 있다. 제출된 에세이를 가지고 수험자 중 어느 정도가 평가 설계자의 의도대로 프롬프트를 해석하였는지 질적으로 분석해 보면, 과제 해석이나 이행에 어떤 문제가 발생했는지를 파악할 수 있다. 시범 평가로부터 1차적으로 얻어지는 양적 피드백에 대해서는 6장에서 자세히 다루겠지만, 일반적으로 시험 점수의 최솟값, 최댓값과 채점자 간 신뢰도는 반드시 포함한다.

이제 쓰기 과제 설계의 특성과 과제 설계 시 고려해야 할 사항에 대해서 알아보자.

2. 과제 설계 시 고려 사항

White(1994)에 따르면 평가 도구 개발자들이 쓰기 과제를 개발할 때 적어도 명료성(clarity), 타당도(validity), 신뢰도(reliability), 흥미(interest)의 네 개 사항만은 대부분 준수하려고 한다. 수험자가 무엇을 해야 하는지 단시간에 스스로 터득시키려면 과제는 기본적으로 **명료**해야 한다. 과제의 **타당도**에 대해서는 이전 장에서 충분히 다루었으므로, 여기서는 White가 언급한, 프롬프트의 잠재력에만 주목해 보겠다. 프롬프트가 매력적일수록 답안을 작성하는 수험자의 흥미가 높아진다. 미숙한 필자보다는 유능한 필자가 높은 점수를 받는 게 당연하다. 하지만 프롬프트가 훌륭하다면 글을 잘 쓰는 사람은 잘 쓰는 대로 못 쓰는 사람은 못 쓰는 대로 자신의 기량을 최대한 발휘할 수 있다. 3장에서 다루었던 **신뢰도** 역시 중요한 고려 사항이다. 채점 준거는 모든 답안에 일관성 있게 적용되어야 하고 다른 사람이 채점했다고 해서 같은 글에 다른 점수가 부여되어서는 안 된다. 명료하고 간편한 채점 준거 개발과 채점자 훈련을 통해서 납득할 만한 수준의 신뢰도를 성취하곤 하는데, 과제 설계 시 고려되는 요인들도 신뢰도에 영향을 미친다. 즉, 상이한 능력과 배경 지식을 가진 수험자들이 각자 뭔가 말할 것을 찾아서 글을 쓰기 시작할 수 있도록 과제의 프롬프트가 충분히 포괄적이어야 한다. 하지만 프롬프트가 지나치게 포괄적이어서 서로 비교할 수 없으리만치 답안을 분산시켜도 안된다. 이러한 문제는 앞서 다룬 영어 쓰기 시험(TWE)의 프롬프트 사례(147쪽 참조)에 잘 나타나 있다. 상기한 이유로 이 프롬프트는 예비 평가 이후 바로 철회되었다(Kroll & Reid, 1994). 마지막으로, 과제는 수험자와 채점자 모두에게 **흥미**로워야 한다. 수험자도 뭔가 말할 거리를 찾아서 글을 쓰는 데 몰두할 수 있어야 하겠지만(3장에 논의된 상호작용성interactivity를 참조할 것), 채점자 역시 주어진 화제로 수백 편을 읽어도 계속 흥미로워야 한다.

이 네 개의 최소 요건 이외에도 평가 도구 개발 단계에서 고려되어야 할 것이 더 있다. 특정 평가 여건에서 지원되는 것들을 가지고 최선의 해결 방법을 찾아야 할 때 평가의 제반 국면이 서로 균형을 이루도록 조율해야 한다. 이어서 상이한 서너 개 평가 맥락의 사례를 소개함으로써 최적의 해결 방법을 찾는 과정을 예시할 것이다.

주제

여기서 다룰 문제는 수험자에게 어떤 화제(내용 영역)에 대해 쓰도록 해야 하는가 또 어떤 화제는 쓰도록 하면 안 되는가에 관한 것이다. 이 때 가장 중요한 기준은 모든 수험자가 접근할 수 있는가 하는 점이다. 과제를 완료하는 데 모두가 동등하게 참여할 수 있어야 하기 때문이다. 수험자들의 배경이 유사하다면 모두가 평가 목적과 관련하여 뭔가를 쓸 수 있는 화제를 선정하기가 어렵지 않을 것이다. 일반 목적의 외국어로서의 영어 교육에서 화제로 삼을 만한 것을 예로 들자면, 국제 영어 능력 시험(International English Language Testing System) 안내서(1999)를 참조할 수 있다. 이 안내서에는 쓰기 시험을 앞두고 연습할 수 있도록 일반적인 화제 목록이 제시되어 있다. 쓰기 시험 모듈은 특정 상황에서 답장 편지를 쓰는 것과 일반적인 화제에 대해 에세이나 보고서를 쓰는 것으로 구성되어 있다. 화제는 다음과 같다.

- 여행
- (숙박) 시설
- 시사 문제
- 상점과 서비스
- 건강과 복지
- 직업상 건강과 안전
- 여가
- 사회적, 물리적 환경

위 화제 목록을 보면 수험자가 제2언어로 글을 써야 하는 상황들이 짐작되며, 호텔 예약을 위해 글을 쓰는 등 이러한 상황에 적합한 쓰기 과제도 쉽게 떠올릴 수 있다.

학술적 글쓰기 맥락의 수험자는 구조적으로 안정된 에세이 쓰기 능력을 입증해야 하는데, 개인 경험에 근거한 화제와 보다 객관적인 화제 사이에 어느 쪽이 더 적절한가를 두고 늘 논쟁이 있어 왔다. Wolcott(1998)는 두 화제 범주의 장단점을 면밀히 고찰하였다. 수험자별로 고유의 경험에 대해 쓰게 하는 개인적인 화제는 그렇지 않은 화제에 비해 수험자의 집중도가 높고 더 잘 쓸 수 있다는 게 장점이다. 또한 별도의 배경 지식이 필요 없어서 수험자 거의 전부가 접근 가능하다. 그리고 개인적 화제는 채점자가 흥미를 가지고 계속 읽어나갈 수 있을 만큼 매우 다양한 답안이 도출된다. 채점자가 대량의 에세이를 읽어야 하는 대규모 평가에서는 채점자의 흥미도 특별히 중요하게 고려되어야 한다.

하지만 글쓰기에서 자기 표현의 가치를 인정하지 않는 문화권에서 온 일부 학생들은 이러한 개인적인 화제를 어려워할 수 있다.

또한 수험자가 지나치게 감정적으로 몰입한 나머지 경험을 회상하여 감정을 격하게 방출하면서 오히려 쓰기 과정을 부차적인 것으로 경시할 수 있다는 점도 개인적인 화제의 단점이다. 만약 학생이 자신의 고통스러운 과거를 세세히 드러낸다면 개인적 화제를 가지고 쓴 에세이를 채점하는 것이 더욱 어려워진다. 개인적인 화제에서 무엇보다도 심각한 문제는 구인 타당도이다. 직업이나 전문 영역 등 많은 특수 목적 언어 환경에서 개인적인 화제로 글을 쓸 기회는 거의 없기 때문이다.

객관적인(개인적이지 않는) 화제를 도입하면 개인적인 화제를 제시했을 때의 단점들을 일부 피할 수 있겠지만 문제적이기는 마찬가지이다. 수험자의 개인 경험에서 벗어난 것에 대해 쓰도록 요구하기 때문에 어떤 화제에 대해서는 자신 있게 적용할 적절한 배경 지식이 없는 수험자도 생길 우려가 있다. 반대로 모든 수험자가 관련 지식을 가지고 있을 만큼 충분히 객관적인 화제라면 답안 대부분이 경직되거나 기계적일 것이므로 유사한 형식과 내용을 변별하여 채점하려면 애를 먹게 될 것이다. 또한 사형이나 낙태와 같이 논쟁적인 화제가 쓰기 과정에 지장을 줄 만큼 강한 정서적인 반응을 일으킬 수 있다고 해서 논쟁적인 화제를 회피한다면, 가장 진부하고 단조로운 주제 영역으로 화제를 한정하는 결과를 초래함으로써 수험자나 채점자 모두 쉽게 지루해질 수 있을 것이다.

영어권 국가에서 대학원 공부를 시작하는 국제 유학생이 시험을 보는 경우 적합한 화제를 선정하기가 특별히 더 어려울 수 있다. 이들 유학생은 세계 각국에서 왔고 음악에서 경영학, 천체물리학에 이르기까지 매우 다른 전공 영역을 공부한다. Horowitz(1991: 74~75)의 주장대로, 학생들이 각자의 전공 영역에서 실제로 접하는 쓰기 과제나 학점을 받기 위한 과제는 '텍스트 길이, 텍스트 산출 시 필자 배경 지식의 역할, 동일한 전공 안에서 생성된 텍스트가 다른 텍스트와 맺는 관계' 면에서 그 간극이 대단히 크다. 학술적 글쓰기와 관련된 또 다른 심각한 문제는, 쓰기 평가가 아닌 상황에서는 이러한 글쓰기가 보통은 전공 영역 내의 전문가에게 평가를 받지만, 쓰기 평가의 대부분 채점자(글쓰기 교수자 또는 언어 교수자)는 세부 전공 영역별 글쓰기를 평가할 만큼의 배경 지식을 갖고 있지 못하다는 사실이다.

특수 전문 학술 분야의 필자들에게 적합한 쓰기 과제를 마련하기 어렵다는 한계가 있기는 하지만 그러한 약점이 절대적인 것은 아니다. 어떤 쓰기 시험이라도 장차 학생들의 학술 이력에 필요할 쓰기 기능 범주를 평가하기에는 부분적으로 다 한계가 있다. 그동안 해 온 시도가 모두 성공적이지는 않았지만 각기 다른 전공 영역의 학생들에게 상이한 과제를 주는 것도 해결 방법일 수 있다. 4장에서 보았듯이, Hamp-Lyons(1986; Hamp-Lyons, 1990에서 인용)는 일반적인 프롬프트와 세부 전공별 프롬프트를 주었을 경우, 학생들의 수행에서 체계적인 차이를 확인하지 못했다. 반면 Tedick(1990)이 실험했을 때에는 학생들에게 일반적인 프롬프트보다 세부 전공별 프롬프트를 주었을 때 수행 결과가 더 나았다. 학생들이 개인적으로 관련이 있는 과제에 대해 또 적합한 배경 지식이 있는 경우에 더 잘 쓸 수 있음을 입증한 것이다.

요약하자면, 쓰기 과제에서 실제적인 화제나 주제 영역을 정할 때 고려해야 할 사항은 대단히 복잡하다. 하지만 앞서 논의한 것처럼 구인으로 정의된 화제 지식의 역할을 가장 우선적으로 고려하는 것이 좋다. 또한 수험자 집단이 동질적인가 이질적인가도 고려해야 한다. 가장 많은 수의 수험자가 접근할 화제를 정하고, 쓰기 평가의 목적이 일반 목적인지 학문 목적인지를 구분한 뒤, 쓰기나 채점 과정을 방해할 정도의 강력한 정서적 반응은 자제하면서도 수험자의 흥미와 능력을 적절히 균형 맞춰 이끌어 낼 수 있는 화제를 골라야 한다.

쓰기 동기화 자료

프롬프트로 다른 어떤 쓰기 동기화 자료도 없이 프롬프트로 간단히 화제만을 지정해 주는 유형이 있는가 하면, 단락 읽기, 짤막한 인용구, 그림 자료를 제시해 수험자에게 쓸 거리를 제공하는 유형도 있다. 쓰기 동기화 자료를 제공하는 것과 제공하지 않는 것 모두 그 나름의 타당한 이유가 있으므로 궁극적으로 최종 결정은 구인을 어떻게 정의할 것인가 그리고 앞서 개괄한 내용들을 어떻게 포함시킬 것인가에 달려 있다. 가령 언어 능력 측정만이 목적이고 특정 화제 관련 지식을 배제하기로 구인을 설정했다면 시각적인 쓰기 동기화 자료를 사용해야 할 것이다. 일례로 외국어 교실이라면 수험자에게 일련의 이야기가 있는 그림 자료를 제시하고 그림들이 이야기하는 바를 글로 쓰게 할 수 있다. 이러한 유형의 쓰기 동기화 자료를 제공하면 수험자가 과제의 언어적인 측면에만 집중하여 내용을 생성하도록 유도할 수 있다. 쓸 내용을 지정해 주는 것은 숙달도 초급 학습자의 쓰기 능력을 측정하기에 특히 적합한 전략이다. 쓸 내용을 창의적으로 생성하고 그 내용에 적합한 언어 표현을 찾아 연결하는 것은 초급 학습자의 능력을 뛰어 넘는 인지적 요구이기 때문이다.

한편 (언어 능력은 물론 전략 수행 역량과 관련된) 장르 지식과 논증 구성력 등 배경 지식을 비롯하여 독자 고려 능력까지 측정하고자 한다면, 프롬프트에 인용구를 제시하고 제시된 견해에 동의하는지 여부를 표현하도록 해야 할 것이다. 그러면 필자는 견해를 표명하고 그에 맞는 언어 표현까지 생성해야 하므로 쓸 내용을 한정해 주는 자료를 제공받을 때보다 수험자로서의 인지적 부담은 좀 더 커진다.

중등 교육 이후의 학술적 글쓰기에서는 읽기 자료에 근거해 쓰거나 주장을 뒷받침하기에 적합한 내용을 작성하라는 요구가 가장 많다. 실제로 대학의 글쓰기는 듣기나 말하기 자료를 주기도 하지만 대부분 읽기 자료에 근거해 쓰도록 지도되며, 대학에서 평가되는 거의 모든 쓰기 결과물은 지정된 교재이든 독립적인 연구이든 글로 작성된 자료를 참조해야 한다. Horowitz(1991)가 지적한 바와 같이, 연구 보고서 같은 핵심 장르에서 학술적 글쓰기의 필수적 자질은 이미 작성된 다른 텍스트에 대해 언급하며 새로운 텍스트를 작성하는 상호텍스트성이다. "우리는 타인의 연구를 인용하며 자신의 생각을 정당화하고 지지하며 연결시킨다. 이로써 선행 연구에 대비하여 독창성을 드러내거나 당면 주제를 거론하는 복수의 목소리 및 텍스트 가운데 자신이 어디에 위치하고 있는가를 보여준다."(Arrington, 1988: 191) 이러한 정도로 여타 텍스트와 상호 작용하는 것을 쓰기 평가에서 그대로 모방할 수는 없겠지만, 학술적인 맥락의 필자를 대상으로 하는 평가라면 어느 정도는 다른 필자의 생각에 연계하여 자신의 생각을 표방하도록 설계하는 것은 대단히 중요하다. 평가 상황의 쓰기와 학술적 맥락의 쓰기가 어떻게 다른가는 8장에서 다시 다룰 것이다.

글을 쓰기 위한 기초 자료로 읽기 텍스트를 사용하는 것에 대해 또 다른 논의가 있다. 모든 수험자가 글을 쓰기에 불편하지 않고 내용적인 편향이 없이 말하고자 하는 바를 설명할 수 있는 공통적인 기본 정보를 제공할 수 있느냐는 것이다. 어떤 화제에 대해 짤막하게라도 읽을거리가 제공된다면 필자는 배경 지식이나 스키마를 활성화하게 되고 뭔가 말할 거리를 찾기가 더 용이해질 것이다. 화제와 관련된 짤막한 읽을거리를 서너 개 제시하는 것이 긴 한 편의 글을 제시하는 것보다 더 효과적이라고 한다(Smith et al., 1985). Feak 와 Dobson(1996)은 이러한 방법을 채택한 미시간 대학의 학부 쓰기 평가에 대해 소개하였다.

하지만 때때로 글쓰기의 기반으로 읽기 자료를 사용하는 것은 문제가 될 수 있다. 읽기 능력이 부족할 경우 읽기 자료의 내용을 잘못 이해하여 쓰기 능력과 상관없이 낮은 점수를 받을 수 있고, 과제 설계가 잘못된 경우 일부 필자는 제공된 텍스트에서 자신의 쓰기 능력으로는 사용할 수 없을 언어 표현을 끌어다 쓸 수도 있다. 4장에서 언급했던 Lewkowicz(1997)는, 읽을거리를 제공해도 학생들의 쓰기 질은 개선되지 않았고 학생들은 자료 텍스트로부터 상당 부분을 그대로 차용하려는 경향을 보였다고 보고한다. 이러한 문제는 제공 받은 읽기 자료에 국한되지 않는 쓰기 과제를 마련함으로써 피할 수도 있다. 특히 읽기 능력과 쓰기 능력을 동시에 측정하는 언어 시험이라면 더더욱 그럴 수 있다. 미국의 영어 집중 프로그램을 예로 들면, 배치고사를 치르는 학생들은 인류학 교과서에서 다양한 문화권의 미(美) 개념에 대해 논의한 한 단락을 읽고 나서 자신의 문화권에서는 미(美)를 어떻게 규정하는지를 기술한다. 학생들은 자신의 글에서 텍스트에 제시된 사례를 가지고 미의 정의를 비교할 수도 있지만 반드시 그래야 하는 것은 아니다.

읽기 자료의 어휘를 그대로 사용하는 문제를 예방할 수 있는 또 다른 방법으로는 Butler 외(1996)가 사용한 〈자료 5.4〉의 방법처럼, 수험자가 자료의 언어를 변형시켜야 과제를 완수할 수 있도록 과제를 구성하는 것이다. 성인 이민자를 위한 제2언어 영어 수업에서 수험자는 이야기를 1인칭 시점으로 다시 옮기는 과제를 수행하였다. 읽기 자료는 시간 순으로 정리되지 않은 서사라서 수험자는 문장들을 재구성해서 텍스트를 결속력 있게 만들어야 한다. 이러한 과제 유형은 일반적인 에세이 시험과는 상당히 다르며, 쓰기의 특정 요소에 주목한 평가 도구를 개발하고자 할 때나 초급 단계의 수험자들에게 적합할 수 있다. 요약하자면 쓰기 동기화 자료의 문제는 대체로 쓰기 평가 도구의 구인이 무엇인지, 다루고자 하는 쓰기 영역이 어느 분야인지에 달려 있다. 개인의 경험이나 텍스트로 된 쓰기 동기화 자료를 사용하는 것, 별다른 자료 없이 프롬프트만을 사용하는 것에 대해서 찬성하거나 반대하는 입장 모두 타당한 이유가 있다. 어떤 형태를 선택하든 수험자가 특수 목적 평가 구인으로 정의되지 않은 능력에 대해 평가받지 않도록 유의해야 한다.

〈자료 5.4〉 성인 이민자 학생을 위한 쓰기 과제(Butler et al., 1996)

> **황당한 실제 이야기**
>   경찰은 지난 3월 Wally 씨의 작은 가게에서 훔친 운전면허증(Douglas Cleaver 소유)으로 맥주를 사려고 시도한 James Haskell이라는 17살 소년을 체포했다. Wally 씨 가게의 계산대에 있던 남자는 자신이 그 운전면허증의 실제 주인인 Douglas Cleaver였기 때문에 그 면허증이 도난당한 것임을 알았다. 그는 두 달 전 트럭 강도를 당해서 운전면허증을 분실했다. Haskell은 Cleaver가 경찰과 나누는

대화를 듣고 도망갔다. 하지만 자신의 진짜 운전면허증이 들어 있
는 지갑을 현장에 두고 가서 붙잡혔다.

The Los Angeles Reader, 2 June 1994에서 인용

여러분이 Douglas Cleaver라고 가정하고 Wally 씨의 작은 가게에서
일어난 황당한 사건을 친구에게 편지를 써서 알리도록 한다. 편지는
다음과 같이 시작된다.

크리스에게

일전에 나한테 어떤 일이 일어났었는지 너는 믿지 못할 거야.
내가 *Wally* 씨의 작은 가게에서 일을 하고 있을 때 누군가 맥주를 사려고
하는 거야.
그래서 운전면허증을 보여 달라고 했지. 그런데 그 면허증이 자기 게 아니었어.
그게 가짜라는 걸 내가 어떻게 알았을 것 같아? 그 운전면허증이 바로 내
거였거든.
내가 경찰에 전화를 걸어서 통화하는 것을 듣자 그 녀석이 도망을 갔어.
다행히 그 녀석은 경찰에 잡혔어. 너도 지갑을 조심해. 다음 차례는 너일지도
몰라!

장르

장르는 의도된 쓰기 양식(form)과 기능(function)의 두 가지 측면에
의해 정의될 수 있다. 양식은 편지, 실험 보고서, 에세이와 같은 쓰
기 결과물을 의미하고, 기능은 전통적인 언어 수업에서 가르치던
의사소통 기능(묘사하기, 초대하기, 사과하기)이나 전통적인 쓰기 수

업에서 다루던 담화 방식(서사, 묘사, 설명, 논증)을 가리킨다. 하지만 이제까지 우리는 장르를 프롬프트에서 명시적으로 의도하는 것이라 논의해 왔다. 이렇듯 장르는 양식과 기능 둘 다에 관여하는 쓰기 유형으로서 대체로 보편적인 일반화에 의존하여 정의된다. 수험자가 평가 이후에도 평가의 목표 장르를 실행할지 따져봐야 한다. 그래서 평가 도구 개발자는 Bachman과 Palmer(1996)가 개념화한 실제성(authenticity)을 핵심 개념으로 고려한다.

실제성 있는 쓰기 과제의 요소는 언어 학습자 집단의 속성에 따라 크게 달라진다. 학문 목적 쓰기에서는 실제적인 과제로 모종의 에세이 쓰기가 빈번하게 출제되는 반면, 영어를 외국어로 배우는 성인 필자에게는 가장 논리적인 쓰기 유형이라고 해봤자 숙박 시설 예약 편지 등의 실용적 글쓰기 과제가 고작이다. 모국어의 문식성조차 부족한 성인 이민자에게는 〈자료 5.5〉(BEST 시험, Basic English Skills Test, 응용언어학센터, 1984)처럼 집주인에게 뭔가를 알리는 짧은 글을 쓰게 하기도 한다. 실제성의 측면에서 가장 문제가 되는 상황

〈자료 5.5〉 숙달도가 낮은 이민자를 위한 쓰기 과제(CAL, 1984)

집 주인에게 지금 살고 있는 아파트에 생긴 문제를 수리해 달라고 부탁하는 3~4문장의 짧은 글을 쓰십시오. 문제가 무엇인지 설명해야 합니다.

_____

_____

_____

_____

_____

은 외국어 학습자가 교실을 나가서 해당 언어로 그러한 글을 쓸 기회가 전혀 없는 경우이다. 콜로라도 외국어 표본 숙달도 프로젝트 (Colorado Foreign Language Sample Proficiency Project; Apodaco, 1990)는 고등학생의 외국어 성취도 평가 도구로서, 실제성 문제를 해결한 대표적인 사례이다. 평가 과제는 이 나이 또래 학생이 목표 외국어를 사용할 만한 쓰기 상황을 모방하여 설계되었다. 〈자료 5.6〉은 그러한 과제를 예시한 것이다. 7장에도 외국어 학습자에게 실제적인 과제가 제시되어 있다. 이는 고등학생과 대학생을 위한 프랑스어, 독일어, 스페인어 시험인 CoWA(Contextualized Writing Assessment, 2001)에서 발췌한 자료이다.

〈자료 5.6〉 중등학교 외국어 학습자를 위한 쓰기 과제(Apodaco, 1990)

엽서 1: 자신이 미국에 1년 동안 살기 위해 방금 도착한 목표 외국어 나라의 학생이라고 가정하라. 고국에 계시는 부모에게 자신이 미국에서 살게 된 집의 가족들에 대해 소개하는 엽서를 쓴다. 초고를 작성하기 위해 이 종이 뒷면을 사용해도 된다. 최소 50단어 이상으로 작성하고 150단어를 넘지 않도록 한다. 제한 시간은 30분이다.

엽서 2: 목표 외국어 나라의 펜팔 친구에게 그 친구의 도시로 가족과 함께 여행 혹은 방문 중임을 알리는 엽서를 쓴다. 초고를 작성하기 위해 이 종이 뒷면을 사용해도 된다. 최소 50단어 이상으로 작성하고 150단어를 넘지 않도록 한다. 제한 시간은 30분이다.

부모에게 보내는 편지 1: 여러분은 목표 외국어 나라에서 온 교환학생이다. 고국의 부모에게 여러분이 언제 왜 집에 갈 것인지를 알리는 짧은 편지를 쓴다. 초고를 작성하기 위해 이 종이 뒷면을 사용해도 된다. 최소 50단어 이상으로 작성하고 150단어를 넘지 않도록 한다. 제한 시간은 30분이다.

부모에게 보내는 편지 2: 여러분은 목표 외국어 나라에서 온 교환학생이다. 고국의 부모에게 이번 주말에 하고자 하는 활동에 대해 허락해

주기를 바라는 짧은 편지를 쓴다. 초고를 작성하기 위해 이 종이 뒷면을 사용해도 된다. 최소 50단어 이상으로 작성하고 150단어를 넘지 않도록 한다. 제한 시간은 30분이다.

전화 메시지: 여러분은 목표 외국어 나라에서 온 교환학생이다. 함께 있는 고향 언니나 오빠(누나나 형)에게 그들의 친구한테서 전화가 왔음을 알리는 메모를 작성한다. (누가 어떤 이유로 전화했었는지 여러분이 정한다.) 언제 어디에서 왜 이 친구를 만나야 하는지를 전달한다. 초고를 작성하기 위해 이 종이 뒷면을 사용해도 된다. 최소 50단어 이상으로 작성하고 150단어를 넘지 않도록 한다. 제한 시간은 30분이다.

상황 1(호텔): 목표 외국어 나라의 호텔에 편지를 쓴다. 이름, 예약, 방에 필요한 물품, 여행자 수표로 결제할 수 있는지, 개인 욕실을 사용할 수 있는지, 식사 포함 여부, 도착 예정일 등의 정보를 알리거나 요청한다. 목표 외국어로 작성한다. 초고를 작성하기 위해 이 종이 뒷면을 사용해도 된다. 최소 50단어 이상으로 작성하고 150단어를 넘지 않도록 한다. 제한 시간은 30분이다.

상황 2(건강): 학교 양호실 간호사가 자리에 없다. 여러분이 왜 그 간호사가 돌아오는 대로 만나야 하는지를 설명하는 메모 글을 쓴다. 목표 외국어로 상세한 정보를 주도록 한다. 초고를 작성하기 위해 이 종이 뒷면을 사용해도 된다. 최소 50단어 이상으로 작성하고 150단어를 넘지 않도록 한다. 제한 시간은 30분이다.

상황 3(초대): 친구를 어딘가로 초대하는 편지를 쓴다. 시간, 장소, 활동, 가격(필요한 경우), 의상, 교통수단 등의 정보를 포함시킨다. 목표 외국어로 작성한다. 초고를 작성하기 위해 이 종이 뒷면을 사용해도 된다. 최소 50단어 이상으로 작성하고 150단어를 넘지 않도록 한다. 제한 시간은 30분이다.

하지만 시험을 보는 수험자나 집단이 과제가 실제적이라고 여길 것인지에 대해서 평가 도구 개발자는 논리적으로 추정할 뿐이다. 수험자가 실제적이라고 인식하는 것이 개발자의 인식과 일치할 수도 있지만 그렇지 않을 수도 있다. Keech(1982; Murphy & Ruth, 1993

에서 인용)는 잘 기획된 쓰기 과제라도 특정 L1 학생 집단에게 상대적으로 덜 실제적일 수 있다는 좋은 사례를 보여 준다. 고등학생들이 자기 학교의 문제를 해결할 방안의 요지를 써서 교장에게 편지를 보내는 과제였다. 한 학교의 교장은 학생들과 대단히 소원한 관계였고 학생들과 소통한 적이 없었으므로 학생들은 교장에게 편지를 쓸 수 있다는 가정을 할 수 없었다. 또 다른 학교의 교장은 매우 유능하였으므로 학생들이 해결되기를 바라며 해결 방안을 모색할 수 있는 문젯거리가 없었다. 이러한 학교들에서 이 쓰기 과제는 사용될 수 없어 폐기되었다.

쓰기 과제의 양식과 담화 방식을 결정할 때 실제성을 중점적으로 고려해야 하지만 특정 담화 방식이 실제 쓰기 수행과 채점 과정에 미치는 영향에도 주목해야 한다. 4장에서 확인한 바와 같이 담화 방식이 달라지면 수행에도 변화가 생긴다. 서사와 묘사에는 설명과 논증보다 인지적으로 부담이 적고 덜 복잡한 언어가 쓰인다. 특히 목표로 하는 외국어로 언어화하는 방식을 충분히 숙달하지 못한 제2언어 필자는 여러 가지 담화 방식을 다르게 만드는 언어 표현들을 기억해야 한다. Biber(1988)는 다양한 의사소통 유형별로 특징적인 언어 자질을 범주화하였는데 연구 성과 중 일부는 본 논의와 관련된다. Biber가 구분한 서사와 비서사 담화의 차이를 예로 들어 보자. 서사 담화 방식에는 과거 시제와 완료형 동사, 현재분사 구문, 3인칭 대명사가 주로 사용되는 반면, 비서사 담화에는 현재 시제와 더 길고 복잡한 명사 구문이 사용되는 경향이 있다. 또 설득적인 언어에는 may, can, must, would, should 같은 서법 조동사와 if, unless 구문이 자주 쓰인다. 평가 요소로 언어 능력, 특히 문법 구조 범주와 정확성 측면은 대단히 중요하며, 여러 텍스트 유형별로 특화된 언어 자질들도 고려해야 한다. Byrd(1998) 그리고 Reid와 Byrd(1998)는 Biber의 연구 성과를 학문 목적의 제2 언어 쓰기와 연결시켜 논의를 구체화하였다.

담화 방식이 채점에 미치는 영향도 고려해야 한다. 4장에서 논의한 바와 같이 여러 가지 담화 방식은 채점자에게 다른 기대를 형성하므로 채점 점수에 영향을 미치게 마련이다. 채점자에게는 더 어려워 보이는 주제를 고른 수험자에게 더 높은 점수로 보상해 주려는 마음이 있다. 그러므로 수험자가 화제를 고를 수 있는 경우에는 담화 방식이 채점에 영향을 미치지 않도록 세심하게 주의를 기울여야 한다. 그리고 선택지가 특히 담화 방식의 측면에서 가능한 한 고른 수준을 가지도록 설계해야 한다. 이에 대해서는 다음에 나올 '과제 선택' 항목에서 다시 한번 다룰 것이다.

시간 할당

쓰기 시험에서 수험자에게 개별 과제를 완성하는 데 시간을 얼마나 줄 것인가도 중요한 문제이다. 첫 번째로 고려해야 할 것은 쓰기 능력이 일반적인 언어 숙달도 평가에서처럼 포괄적 기능 시험의 세부 영역으로 측정되는지 아니면 독자적 영역으로 측정되는지의 여부이다. 부분으로 나뉘어 치러지는 시험이라면 전체 시험 시간과 다른 언어 기능 대비 쓰기의 중요성을 고려하여 쓰기 시간을 할당해야 한다. 비즈니스 의사소통을 위한 영어 시험이라면 쓰기가 중요한 기능이겠지만, 숙달도가 낮은 이민자를 대상으로 한 시험에서 쓰기는 구어적 의사소통이나 읽기 능력에 비해 그리 중요하게 여겨지지 않는다.

특히 학술적 에세이처럼 계획과 수정이 필요한 과제에서는 수험자가 계획을 세우고 글을 쓰고 (필요하다면) 수정도 할 수 있는 최적의 시간을 제공하느냐는 중요한 문제이다. 이 분야에서 진행된 연구들을 살펴보면 놀랍게도 시간을 많이 주는 게 더 나을 것이라는 상식에 부합하지 않는 결과도 있다. Powers와 Fowles(1996)의 연구에서 경영전문대학원 입학시험(Graduate Management Admission Test: GMAT)[2]을 본 학생들은 40분을 주었을 때보다 60분을 주었을 때 쓰기 성적이 좋았지만 추후 그들의 다른 연구에서는 같은 효과가 나타나지 않았다. 그래서 이들은 시간 제한이 특정 집단의 학생들에게 차이나게 유리하거나 불리하지는 않다고 주장한다.

시간 제한 문제의 또 다른 측면은 수험자가 가진 문화적 선호와 경험이다. Purves(1992)에 의하면, 학생들이 글을 작성하는 데 걸리는 시간은 보통 평소 습관에 달려 있다. 학교 쓰기에 대한 국제적 연구를 예로 들어 보자. 핀란드와 이탈리아의 학생들은 수업 시간에 쓰기 과제를 완수하는 데 180분을 주고 최종고를 제출하도록 한다. 반면 미국의 학생들은 수업 시간에 45분을 주고 초고를 써 내도록 교육을 받는다. Purves와 그의 동료들이 수행한 실험 연구에서 학생들에게 글 작성 시간으로 60분을 주었는데 미국 학생들 중 상당수가 35분이나 40분에 과제를 끝내 놓고 남은 시간에 무엇을 해야 하는지 모르고 있었다. 이들은 한 번에 두세 차례씩 수정을 하여

---

2) (옮긴이) GMAT(Graduate Management Admission Test)란 미국을 비롯한 전 세계 경영대학원에 지원할 예비 경영인의 기본적인 학업 능력을 평가하기 위한 시험이다. 시험 분야는 AWA, IR, QS, VERBAL 등 4개 분야이다. AWA(analytical writing assessment)는 논증 분석 영역으로, 주어진 주제를 분석해 비판하는 작문을 30분 안에 작성한다. IR(integrated reasoning)은 통합 판단 영역으로, 제시된 자료나 표, 그래프 등에 대한 이해 능력을 객관식 문항으로 측정한다. QS(Quantitative Section)는 수리 영역이고, VERBAL에서는 언어 이해력, 논리력, 명확한 언어 구사력을 측정한다.

과제를 완성하는 경험을 해 본 적이 없었기 때문이다.

시간 할당의 문제는 부여되는 과제의 수와도 관계가 있다. 대부분의 쓰기 전문가들은 충분한 이유를 들어서 단일 텍스트로는 수험자가 다양한 맥락에서 수행하는 쓰기 능력을 측정할 수 없다고 주장한다. 한 개 이상의 쓰기 답안을 작성하게 하는 것과 각각의 과제를 잘 마치는 데 충분한 시간을 주는 것 사이에 적당한 타협이 필요하다.

과제 수와 수행 시간 사이에는 근본적으로 딜레마가 있다. 총 한 시간 시험을 본다고 할 때 30분짜리 과제 두 개와 보다 복잡한 60분짜리 과제 한 개 가운데 더 유용한 정보를 얻을 수 있는 것은 무엇일까? 양쪽 다 타당한 입장이 있다. 과제가 많아질수록 수험자는 다양한 능력을 선보일 기회를 더 얻게 된다. 첫 번째 과제에는 그리 흥미를 느끼지 못했지만 두 번째 과제에는 집중할 수도 있다. 과제에서 제시된 자료가 한 개 이상이면 보다 다양한 기능과 통사적 표현, 어휘들을 선보일 수 있다. 하지만 30분도 걸리지 않을 만큼 쉽게 작성되는 과제는 필자가 자신의 기량을 충분히 펼쳐 보이기에 제한적이다. 이러한 과제들은 복잡한 과제보다 자신이 공부할 학문 과정에서 필요한 유형의 쓰기를 대표하지 못할 수 있다. 그래프를 읽거나 설명하는 데 기반을 둔 쓰기 과제라면 당연히 시간이 더 걸릴 것이다.

Ruth와 Murphy(1984)는 에세이에 대한 총체적 점수와 계획하기 및 다시 읽기에 관한 설문 결과 사이에 유의미한 상관을 발견하였다. 능숙한 필자들은 대체로 '나는 계획하기에 시간을 많이 쏟았기 때문에 글을 빠르게 써 나가기 시작할 수 있었다.'는 진술에 동의를 표한 반면, 글쓰기에 미숙한 학생들은 그렇지 않았다. 쓰기 숙달도가 높은 학생들은 쓰기 과정을 좀 더 복합적으로 바라본다. Ruth와 Murphy에 따르면, 쓰기 능력이 뛰어난 학생에게 짧은 쓰기 과제를 주면 긴 과제를 수행할 때만큼 자신의 역량을 충분히 드러내지 못한다고 한다. 그러므로 쓰기 숙달도가 높은 학생들을 변별하려면 짧은 과제를 여러 개 주는 것보다 소수의 긴 과제를 주는 것이 타당할 것이다.

지시문

평가를 타당하게 설계하려면 수험자에게 명료한 지시문을 제공하는 데 주의를 기울여야 한다. 4장에서 검토한 연구들에 따르면 쓰기 시험 지시문의 상세한 정도는 시험 점수에 영향을 미친다. Bachman과 Palmer(1996)는 지시문에 대해 3가지 지침을 제안한다. (1) 수험자가 이해할 수 있도록 단순해야 한다. (2) 시험 진행 시간을 너무 많이 빼앗지 않도록 짧아야 한다. (3) 수험자가 무엇을 해야 하는지 정확하게 알 수 있도록 상세해야 한다. 쓰기 과제에는 반드시 지시문이 있어야 하며, 최소한 독자가 누구인지, 글을 쓰는 목적이 무엇인지, 글의 분량은 어느 정도여야 하는지에 대해서 알려 주어야 한다. Carson(2000)은 문장이나 단락과 같이 구문론적 단위가 아닌, 반 페이지, 한두 페이지처럼 페이지를 단위로 해서 쓸 분량을 알려 주라고 제안한다. 수험자가 과제에 어떻게 접근하는가에 따라 구문론적 단위는 달라질 수 있고 자칫하면 답안이 어떻게 채점될 것인지를 노출시킬 수도 있기 때문이다. 〈자료 5.7〉은 이상의 기준을 충족한 지시문의 사례로서, 미시간 영어 평가 도구(Michigan English Language Assessment Battery: MELAB)라는 학문 목적 영어 시험의 일부이다.

<자료 5.7> 미시간 영어 평가 도구의 지시문

미시간 영어 평가 도구
1부: 작문

이름 _____ 날짜 _____
　　(성)　　　　　　　　　　(명)

서명

지시문

1. 아래 제시된 2개 주제 가운데 하나를 골라 30분 동안 쓰십시오. 제시되지 않은 화제에 대해 쓴 글은 채점되지 않습니다. 제시된 화제를 이해할 수 없는 경우 감독관에게 설명이나 번역을 요청할 수 있습니다.
2. 원하면 개요를 작성해도 됩니다. 하지만 개요는 점수에 반영되지 않습니다.
3. 한두 페이지 가량 작성하십시오. 지나치게 짧은 글은 감점됩니다. 답안지 양쪽 면에 모두 작성하시고 필요하면 감독관에게 답안지를 더 요청할 수 있습니다.
4. 답안지의 상태는 평가 대상이 아니지만 필체를 읽을 수 있어야 합니다. 작성된 글을 부분적으로 고치거나 첨삭할 수는 있지만 글 전체를 다시 베껴 쓸 수는 없습니다.
5. 평가 기준은 총체적 인상과 명료성, 그리고 다음 사항입니다.
   - 화제 전개
   - 구성
   - 문법 표현 및 어휘의 정확성, 적절성, 난이도 수준

과제 선택권

수험자가 서너 개 과제 가운데 하나를 선택할 수 있도록 배려해야 하느냐 여부에 대해 오랫동안 논의가 분분했고, 양쪽 입장을 뒷받침하는 주장들이 있어 왔다. 먼저 수험생에게 과제를 선택하게 하면, 단일 화제로 인한 배경 지식이나 흥미가 미치는 영향을 줄일 수 있다. 필자는 자신이 가장 잘 알고 있거나 흥미를 느끼는 과제를 골라 쓰게 된다. 이로써 수험생의 불안을 감소시키고 기량을 최대한 발휘하도록 유도할 수 있다. 한편 일부 연구에서는 수험자가 늘 최선의 선택을 하는 것은 아니며 과제를 고르는 시간이 쓰기 과정을 지연시킬 수 있다고 역설한다. 수험자에게 과제 선택권을 주는 것에 반대하는 가장 설득력 있는 근거는 과제들의 난이도를 똑같이 맞추기가 어려우며 그 난이도가 같은지 여부를 확신할 수 없다는 것이다. 4장에서도 논의된 바와 같이, 과제 난이도는 과제(담화 방식이나 과제에 요구되는 인지적 부담), 필자(화제에 친숙한 정도), 채점자(상이한 과제 수행에 대한 기대 수준) 등 여러 요인에 의해 복합적으로 구성된다. 따라서 과제에 대한 선택권을 주기로 했다면, 다양한 과제가 인지 부담, 지시문 복잡성 등의 측면에서 최대한 유사한 수준을 견지하도록 최선을 다하고, 모든 과제에 대해 유사한 기준을 적용하도록 채점자 훈련을 실시해야 한다.

작성 방식(수기(手記) vs 자판 작성)

교육과 평가 국면에 컴퓨터 사용이 늘어남에 따라 수험자에게 손으로 쓰라고 할 것인지 컴퓨터로 작성하게 할 것인지가 중요한 문제가 되었다. 이 문제를 고찰하기에 앞서 컴퓨터가 쓰기에 미친 영향을 인식하고 쓰기 평가에 컴퓨터를 사용하면 무엇이 유리하고 불리한지를 따져 봐야 한다. 많은 경우 특히 컴퓨터 평가가 불가능한 지역에서 개별적인 용도로 평가 도구를 개발할 때 이 문제는 그리 중요하지 않다. 하지만 현재 컴퓨터로 시험을 치르는 TOEFL과 같이 대규모로 제도화된 시험에서는 컴퓨터 글쓰기가 초래할 영향을 중요하게 고려해야 한다. 여기서는 핵심적인 안건 세 개를 다루려고 한다. 첫째, 수험자 중 어느 정도가 컴퓨터 자판에 익숙한가, 컴퓨터로 쓰기 시험을 치를 수 있을 정도의 컴퓨터 친숙성이 초래할 영향은 무엇인가? TOEFL이 컴퓨터 기반 평가로 전환될 때 TOEFL 응시자가 겪는 이러한 문제에 대한 연구가 대단위로 진행되었다. Taylor 외(1998)의 연구 결과에 따르면, 수험자에게 컴퓨터 사용 안내서를 주었을 경우, 컴퓨터 친숙성과 TOEFL 점수와의 상관은 거의 없었다고 한다. 하지만 에세이를 작성하는 것은 객관식 문항에서 답을 고르는 것보다 훨씬 더 많이 키보드와 상호작용해야 한다. 그래서 현 TOEFL 시험에서는 손으로 쓸 것인지 자판을 사용할 것인지를 수험자가 선택할 수 있도록 하고 있다.

둘째, 수기와 자판 작성을 비교할 때, 쓰기의 과정이나 종료 이후에 일관된 차이가 나타날 수 있는가를 고려해야 한다. 자판으로 작성하는 것에 대해 어떤 연구는 긍정적인 영향을, 다른 연구에서는 부정적인 영향을 확인하면서, 양 편의 입장을 대변하는 연구가 모순된 결과를 내놓고 있다(심도 있는 논의를 보려면 Ferris & Hedgcock, 1998; Pennington, 1996을 참조할 것).

끝으로, 채점에 미치는 영향 때문에라도 수기와 자판 작성은 신중하게 선택되어야 한다. 4장에서 살펴보았듯이, 초고를 손글씨로 작성했든 자판으로 작성했든 상관없이 손글씨 형태로 제출된 최종고 에세이가, 자판으로 작성되어 제출된 글보다 더 높은 점수를 받는 경향이 있었다(Powers et al., 1994; Arnold et al., 1990, Powers et al., 1994에서 인용). Powers 외(1994)는 다음과 같은 여러 이유를 들어 이러한 연구 결과를 뒷받침한다. 첫째, 자판으로 작성하면 손으로 썼을 때보다 짧아 보이는데, 에세이 길이와 작문 질의 점수 사이에는 유의미한 상관이 보고되었다(Markham, 1976; Hughes et al., 1983; Chase, 1968). 둘째, 타자로 작성되는 글의 오류는 더 두드러지므로 그러한 속성도 채점자에게는 손으로 작성한 글에서 유사한 오류가 발견되었을 때보다 부정적으로 작용한다. 부정확한 필체로 인해 그러한 오류가 가려질 수 있고, 또 컴퓨터로 작성된 서식은 손으로 쓴 것보다 더 좋아 보이는 경향이 있어 채점자의 경계심이 높아지기 때문이다. 셋째, 채점자가 손으로 쓴 에세이에 더 공감을 하는 이유는, 어떤 부분에 한 단어가 추가되고 다른 부분에 한 어절이 삭제된 뒤 대체되는 등의 편집이나 수정 양상을 확인할 수 있어서이다. 쓰기 교사가 에세이를 채점하는 경우가 많기 때문에 이러한 쓰기 과정에 대한 보상으로 높은 점수를 주려는 경향이 생기는 것이다. Powers 외(1994)는 자판으로 작성된 에세이에 대한 채점자 훈련을 병행해서, 손으로 글을 쓴 노고를 보상하려는 그들의 무의식이 편견일 수 있음을 주지시켜야 한다고 결론지었다.

사전 및 다른 참고 자료의 사용

전통적으로 언어 시험에서는 사전을 사용하지 못하게 하였다. 어휘 지식도 평가되어야 할 기능 중 하나로 간주되었기 때문이다. 하지만 사용 가능한 모든 자원을 사용하는 것으로 쓰기 능력을 보다 광범위하게 정의한다면 사전 사용을 굳이 제한할 이유가 없다. 사실상 사전과 같은 자원을 적절하게 효과적으로 사용하는 방법을 알아야 우수한 필자라고 정의할 수 있다. 우수한 필자는 자신이 의미하고자 하는 바에 정확하게 들어맞는 표현을 골라내기 위해 자주 사전을 사용한다.

그런데 학생들은 사전을 효율적으로 사용하는 방법을 잘 모르기 때문에 사전 사용을 허가하면 글을 쓸 시간을 낭비하게 해서 결과적으로 학생들에게 덜 효율적일 수도 있다. 언어 평가에서 사전을 사용한 효과에 대해서는 거의 보고된 바가 없다. 사전을 사용한 L2 읽기 시험에 대한 연구(Nesi & Meara, 1991; Bensoussan et al., 1981)에서는 사전 사용이 평가 점수에 유의미한 영향을 미치지는 않았으나 시험 종료 시간에는 영향을 미쳤다고 보고하였다. 추후 연구가 필요한 분야이다.

3. 요약

이 장에서는 평가 도구를 개발하는, 설계, 출제, 실행의 3단계 과정을 살펴보았다. 평가 도구를 설계할 때 과제의 특징을 구체화하는 작업은 매우 중요하다. 평가 도구 설계를 시작하면서 과제의 특징에 대해 개괄적인 상을 수립한 뒤, 평가 결과에 관심을 갖는 다양한 이용자들과 소통하면서 이를 정교화해 나갈 수 있다. 이렇게 합의된 과제 특징은 평가 과제를 설계하는 데 청사진을 제시하고, 평가되어야 할 특정 능력, 능력의 측정 방법 등에도 지침을 제공한다.

쓰기 과제를 설계할 때에는 주제 영역에서부터 제한 시간을 정하는 데 이르기까지 많은 안건을 고려하게 된다. 하지만 쓰기 과제를 설계할 때 가장 중요한 것은, 평가하고자 하는 특정한 능력을 적절하게 구인으로 상정할 수 있는가, 언어 지식을 동반하여 글을 쓰면서 혹은 글을 쓰는 동안 전략을 펼치면서 구현되는 언어적 역량을 어떻게 측정할 것인가 하는 점이다. 특정 능력을 끄집어내기에 적합한 과제를 설계하는 것은 방정식의 반쪽에 해당된다. 특정 능력에 대한 우리의 추론이 적합하려면 제출된 과제의 평가 방법에 대해서도 고려해야 한다. 6장에서는 이에 대해 다룰 것이다.

6장 쓰기 평가를 위한 채점 절차

앞 장에서는 과제 개발과 시험에 관한 쟁점을 논의하였다. 이제 쓰기 평가의 두 번째 핵심 요소인 쓰기 결과물을 채점하는 절차에 대해 논의해 보자. 점수는 종국에 필자에 대해 어떤 결정을 내리거나 추론을 할 때 사용될 것이기에 채점 절차는 대단히 중요하다. 4장에서 논의한 바와 같이, 쓰기 평가에 있어서 점수는, 단순히 수험자와 시험에만 관련되는 것이 아니다. 수험자, 문항에 대한 프롬프트, 과제, 시험 답안 자체, 평가자나 평가 척도가 상호작용한 결과이다(Hamp-Lyons, 1990; Kenyon, 1992; McNamara, 1996). 이러한 요인들 중 채점할 때 고려해야 할 두 가지 대표적인 사항은 평가 척도를 정하는 것, 그리고 평가자가 적절하고 일관성 있게 척도를 사용하도록 확실히 인지시키는 것이다. 이 장에서는 이러한 고려 사항에 대해 논의하고 평가 척도, 평가자 훈련, 점수의 신뢰도와 타당도 확인을 위한 가이드라인을 제공하고자 한다. 이를 위해 영국과 호주의 관례를 참조할 것이고 채점자들이 평가한 '쓰기 답안(script)' 텍스트를 참고할 것이다. 이 용어(script)가 미국에서 널리 사용되지는 않지만, 에세이나 편지, 또는 어떤 장르에나 상관없이 쓰기 평가에서 과제에 대한 쓰기 결과물을 지칭하는 가장 쉽고 포괄적인 개념이라고 생각된다.[1]

1. 평가 척도

McNamara(1996)가 언급한 바와 같이, 쓰기 시험과 같은 수행 과제를 평가하는 데에 사용되는 **평가 척도**(rating scale)는 비명시적으로 또는 명시적으로, 해당 시험이 기초하고 있는 이론적 기반을 표상한다. 즉, 여기에는 시험을 통해서 측정되는 기능이나 능력에 대해 평가 도구(또는 평가 척도) 개발자가 갖고 있는 생각이 담겨 있다. 따라서 평가의 타당도를 높이기 위해서는 평가 척도와 각 척도 수준에 대한 기술어(descriptors)를 체계적으로 전개시키는 것이 대단히 중요하다.

평가 척도 체계의 유형

평가 척도를 결정하는 데 있어서 가장 먼저 검토해야 할 것은 사

---

1) (옮긴이) 원문의 script라는 용어는 학생이나 수험자가 작성한 답안을 비롯하여 채점을 수월하게 하기 위해 제공되는 참조용 예시 답안까지를 포괄하는 개념이다. 이하 script는 '쓰기 답안'으로 번역하였다.

용될 평가 척도 체계의 유형을 선정하는 것이다. 즉, 쓰기 답안마다 단일한 점수를 줄 것인가, 아니면 각각의 자질들마다 다른 점수를 부여할 것인가? 이 문제는 과거 삼십 여년 넘게 수많은 연구와 논의의 주제가 되어 왔다. 문헌 자료 기반 글쓰기에서는 주요 특성 평가, 총체적 평가, 분석적 평가 등 세 가지 방법이 주로 논의된다. 최근 제2언어 관련 문헌에서는 다중 특성 척도(multiple-trail scale)라 불리는 네 번째 평가 체계도 자주 언급된다(Hamp-Lyons, 1990; Cohen, 1994). 그러나 다중 특성 척도와 관련된 많은 연구는 척도 자체보다는 그 척도를 개발하고 사용하는 절차와 더 관련되어 있다. 따라서 이 책의 목적을 위해 다중 특성 척도는 분석적 척도와 구별하지 않으려고 한다. 세 가지 유형의 척도 체계는 두 개의 변별적 자질에 의해 특징 지을 수 있다. (1) 척도가 단일한 쓰기 과제에 대해 상세화된 것인가, 아니면 (광범위하거나 협소하게 규정된) 어떤 과제 부류에도 일반화될 수 있는 것인가, (2) 각 쓰기 답안에 단일 점수가 매겨지는가, 아니면 복수 점수가 매겨지는가이다. 〈표 6.1〉은 이러한 생각에 따른 세 가지 유형의 척도를 한눈에 보여준다. 표가 제시하는 바와 같이, 주요 특성 평가는 특정 쓰기 과제를 위해 구체화된 것인 반면, 총체적 평가와 분석적 평가는 복합적인 과제에 성적을 부여할 때 사용할 수 있다. 이러한 세 가지 유형의 평가 척도는 아래에서 좀 더 상세하게 논의될 것이다.

〈표 6.1〉 쓰기 평가에 사용되는 평가 척도의 유형		
	특정 쓰기 과제에 맞춰진 것	모든 부류의 쓰기 과제에 범용적인 것
단일 점수	주요 특성 평가	총체적 평가
복수 점수		분석적 평가

주요 특성 평가

주요 특성에 기반한 채점은 미국 학교의 대규모 평가 프로그램인 국가 수준 성취도 평가(National Assessment of Educational Progress: NAEP)에서 수행된 Lloyd-Jones(1977)의 업적과 가장 밀접하게 관련된다. 주요 특성 평가의 근거가 되는 철학은, 학생들이 협소하게 규정된 담화(예컨대, 설득이나 설명)를 얼마나 잘 작성할 수 있는지를 이해하는 것이 중요하다고 보는 것이다. 주요 특성 평가에서 평가 척도는 구체적인 쓰기 과제에 의해 규정되고, 답안의 질은 필자가 과제를 성공적으로 수행한 정도에 따라 판정된다. 주요 특성 평가에서는 각 쓰기 과제마다 다음 사항을 포함하여 채점 기준표를 만든다. (a) 해당 쓰기 과제, (b) 과제가 추구하는 기본 수사적 특성(예를 들면, 설득적 에세이, 축하 편지)에 대한 진술, (c) 과제에서 예상되는 수행에 대한 가설, (d) 과제와 주요 특성 간의 관계에 대한 진술, (e) 쓰기 수행의 수준을 설명하는 평가 척도, (f) 각 수준의 쓰기 답안 예시, (g) 각 쓰기 답안이 해당 점수를 받은 이유에 대한 설명이 그것이다. 주요 특성 평가 지침서에는 각 쓰기 답안이 평가되는 여러 범주를 포함할 수 있다. 〈자료 6.1〉에는 주요 특성 평가를 위한 채점 지침서의 일부가 Lloyd-Jones(1977)에서 발췌되어 제시되어 있다. 이 채점 기준표는 수험자가 쓰기 과제에 어떻게 접근하는지에 대하여 상당히 세부적이고 상세하게 설명되어 있다. 주요 특성 평가는 쓰기 과제가 달라질 때마다 채점 지침서를 개발해야 하므로 시간과 노력이 많이 들어간다. Lloyd-Jones(1977)에서는 채점 지침서를 만들 때 과제당 평균 60~80시간이 소요되는 것으로 추정했다. 이러한 이유 때문에 주요 특성 평가는 학생 개개인으로부터 수집된 쓰기 답안에서 학생들의 능력에 대한 풍부한 정보를

〈자료 6.1〉 주요 특성 평가 지침서(Lloyd-Jones, 1977)

지시문: 그림을 주의 깊게 보라. 아이들이 뒤집어진 배 앞에서 뛰며 즐거워하고 있다. 당신이 그림 안에 있는 아이들 중의 하나라고 상상해 보라. 만약 원한다면, 당신이 그 아이들을 가까이에서 바라보고 서 있는 어떤 사람이라고 상상해도 좋다. 어떤 일이 벌어질지 그 사람이 말하는 것처럼 말해 보라. 좋은 친구에게 감정을 강렬하게 표현하는 방식으로 이것을 이야기하듯이 써 보라. 당신의 친구도 그 경험을 느낄 수 있도록 말해야 한다. 글을 쓸 공간은 다음 세 페이지에 걸쳐서 제공되어 있다.

국가 수준 성취도 평가(NAEP) 채점 지침서: 보트 위의 어린이들

배경(Background)
주요 특성. 특정 시점으로 창의적인 내용을 상술하여 감정을 상상적으로 표현하기

채점 지침서
전체 과제
0 응답 없음. 조각 문장
1 점수를 매길 만은 함
2 읽기 어렵거나 문식성이 부족함
3 그림을 전혀 참고하지 않음
9 모르겠음[2]

대화의 사용
0 이야기에서 대화를 사용하지 않음
1 이야기에서 한 사람을 직접 인용하고 그 한 사람을 한 번 이상 말함. 두 개 진술이어도 동일인에 대한 것이거나 다른 사람인지 여부가 확실하지 않은 경우는 1점. 생각에 대한 직접 인용도 포함됨. 가정법 시제도 사용할 수 있음.
2 이야기에서 둘 이상의 사람들 간 대화를 직접 인용

시점
0 시점을 알 수 없거니 시점을 통제히지 못함
1 시점이 다섯 아이들 중 하나에게 일관되게 있음. "만일 내가 그 아이들 중 하나라면…"이라는 문장을 포함하고 아이들 중 하나인 참여자를 상기함.

2 관점이 일관되게 관찰자중 한 사람에게 있음. 관찰자가 아이들의 놀이에 함께 했을 때, 시점은 여전히 "2"에 있음 왜냐하면 관찰자는 여섯 번째 사람에게 놀이를 하게 했기 때문. 시점이 취해진 것을 말하기 어려운 경우일지라도 글에 최소한의 증거가 있는 경우 포함.

시제

0 시간을 알 수 없음. 또는 시제를 통제하지 않음. (현재 시제 이외의 잘못된 시제가 사용된 경우)

1 현재 시제: 과거 시제가 이야기의 주된 흐름이 아닌 일부로 나타날 수도 있음.

2 과거 시제: 과거 시제 기술이 현재 시제로 받아들여지는 경우에도 전체 답안의 기준 시제는 "과거"로 함. 때때로 현재는 과거 사건을 위한 프레임을 만들기 위해 사용됨. 이 경우 실제적인 기술은 과거이므로 전체 답안의 기준 시제를 과거로 함.

3 가정 시제: "만일 내가 보트 위에 있었다면"이나 "만일 내가 거기에 있었다면 나는 했을 것이다."가 쓰인 글. 이러한 글들은 종종 "내가 보트에 올라탔다면 나는 할 것이다"와 같은 미래 지시를 포함함. 만일 부분이 가정시제이고 나머지가 과거이거나 현재이고 시제가 통제되는 경우, 전체 답안의 기준 시제는 현재나 과거로 함.

얻을 수 있는 잠재성을 가지고도, 많은 평가 프로그램에 일반적으로 적용되어 오지 못했다.

제2언어 쓰기 평가에서, 주요 특성 평가는 광범위하게 사용되어 오지 못했고, 제2언어 평가에 적용될 만한 주요 특성 평가 방법에 대한 정보도 거의 없다.

그러나 Hamp-Lyons(1991a)가 지적한 것처럼, 주요 특성 평가는

---

2) (옮긴이) NAEP 채점에서는 무응답 또는 불완전한 응답에 대해 일괄적으로 0점이라는 점수를 부여하지 않는다. 이는 무응답과 불완전한 문장에 대해 상이한 코드를 부여함으로써 학생의 성취를 세분화하여 보고하려는 의도로 해석된다. 따라서 전체 과제에서 제시된 '0'을 채점 점수로 해석하기보다 특정한 의미를 갖는 코드로 해석하는 것이 적절하다. PISA에서 점수를 부여하지 않는 "No Credit Code"를 세분화하여 정답에서 벗어난 답을 하는 경우에는 '0'을 무응답의 경우에는 '9'를 부여하는 것도 같은 맥락이다.

제2언어 학습자들에게 학교 맥락에서 특별히 가치가 클 것이다. 학교의 공식 언어에 유창하지 못한 부모들에게는 자녀들이 해당 언어로 할 수 있는 것을 기술해 주는 것이 유익하다.

총체적 평가

많은 평가 프로그램은 **총체적 채점** 또는 쓰기 답안의 전체적인 인상에 의거한 단일 점수 부과를 선호한다. 전형적인 총체적 채점의 과정에서 채점자는 쓰기 답안을 빠르게 읽고 채점 기준의 대강이 서술된 평가 척도나 채점 기준표에 따라 판정한다. 총체적 채점은 채점 기준표가 있기 때문에 신뢰도가 낮은 인상 평가 모형과도 구별된다. 인상 평가는 평가 기준이 명시적으로 진술되지 않기에 신뢰할 수가 없다. 총체적 채점 기준표에는 각 척도의 평가 기준을 예시로 보여주는 일련의 모범 답안 혹은 기준 답안이 덧붙는다. 그리고 채점자들은 답안을 채점할 때마다 채점 기준을 충실히 지키도록 철저하게 훈련받는다. 그러나 채점 기준표, 점수별 기준 답안, 채점자 훈련이 총체적 평가에만 한정되는 것은 아니다. 오히려 이러한 자질들은 어떠한 척도 유형을 사용되는지에 상관없이 쓰기 평가에 필요한 것들이다.

제2언어 영어에서 총체적 채점 기준표로 잘 알려진 사례는 Test of Written English로 알려진 TOEFL 쓰기 시험의 평가 척도이다(〈자료 6.2〉를 보라). 이 평가 척도에는 여섯 개 쓰기 숙달 수준에 대한 통사 자질과 수사 자질에 대한 질적 기술이 포함되어 있다. 총체적 채점은 과거 25년 이상 쓰기 평가에서 활용될 만큼 긍정적 특성들이 많다. 실용적인 관점에서 볼 때 주요 특성 평가가 매번 상이한 측면에 초점을 두고 여러 번 쓰기 답안을 다시 읽어야 하는 것에 반해, 총체적 채점은 한 번에 읽어내기 때문에 채점 속도가 더 빠르고 (그러므로 비용이 덜 들고) 단일한 점수를 부과한다. 총체적 채점을 지지하는 데에 앞장서 온 White(1984, 1985)가 지적한 바와 같이, 총체적 채점의 이점은 이뿐만이 아니다. 총체적 채점은 글의 결점이 아니라 강점을 보도록 독자의 주의를 이끄는 경향이 있고, 그래서 White는 필자들이 자신이 잘한 것에 대해 보상을 받을 수 있는 평가 방법이라고 계속 주장해 오고 있다. 총체적 채점 지침서는 평가 맥락에서 가장 필수적인 것으로 간주되는 것을 위주로, 글의 특정 국면에 독자가 주목하도록 설계할 수 있다. 그렇게 해서 효율적인 방법으로 그 국면들에 대해 주요 정보를 제공할 수 있는 것이다.

〈자료 6.2〉 TOEFL 쓰기 채점 기준표(ETS, 2000)

6점 수준의 에세이는
- 쓰기 과제를 효과적으로 다룸
- 내용이 잘 조직되고 잘 전개됨
- 논지를 뒷받침하거나 아이디어를 명확히 설명하기 위해 내용을 적절하고 명료하게 상세화함
- 언어 사용에 일관된 재능을 보임
- 가끔의 오류가 있어도 통사적 다양성과 적절한 단어 선택 능력을 발휘함

5점 수준의 에세이는
- 과제의 어떤 부분들을 다른 곳보다 더 효과적으로 다룸
- 내용이 대체로 잘 조직되고 전개됨
- 논지를 뒷받침하거나 생각을 명확히 설명하기 위해 내용을 상세화함
- 언어 사용에 재능을 보임
- 일부 오류가 있어도 어느 정도 통사적 다양성과 어휘 선택의 폭을 보임

4점 수준의 에세이는
- 과제의 일부분에서 글쓰기 화제를 적절하게 다룸

- 내용이 적절하게 조직되고 전개됨
- 논지를 뒷받침하거나 생각을 명확히 설명하기 위해 약간 상세한 내용이 있음
- 통사와 용법이 적절하기는 하지만 일관된 기능으로 나타나지는 않음
- 종종 의미를 모호하게 하는 오류들이 포함됨

3점 수준의 에세이는 하나 이상의 다음과 같은 약점이 나타날 수 있음
- 부적절한 조직이나 전개
- 내용을 일반화하거나 명확히 설명하기 위해 필요한 상세한 내용이 부적절하거나 불충분함
- 단어 선택이나 단어 형태가 두드러지게 부적절함
- 문장 구조나 용법에서 오류가 잦음

2점 수준의 에세이는 다음과 같은 약점이 하나 이상 심각하게 결함으로 드러남
- 심각한 수준의 혼란스러운 조직이나 전개
- 상세한 내용이 거의 없거나 전혀 없음, 또는 무관한 상술
- 문장 구조나 용법에서 심각하고 높은 빈도의 오류가 있음
- 초점에 심각한 문제가 있음

1점 수준의 에세이는
- 글의 앞뒤가 맞지 않음
- 글의 전개가 제대로 되지 않음
- 심각하고 지속적인 쓰기 오류를 포함함

0점 아무런 답이 없거나 단순히 화제를 그대로 베꼈거나 화제에서 완전히 벗어났거나 외국어로 쓰였거나 알파벳 하나로 키보드를 쳤다는 흔적만 있는 경우, 쓰기 답안은 0점으로 채점됨

White는 총체적 채점이 텍스트에 대한 독자(채점자—옮긴이)의 실제 반응이나 개인적 반응을 근접하게 반영하고 있는 데 반해, 분석적 채점 방식은 각 부분에 너무 많이 주의를 기울여 전체적인 의미를 모호하게 할 가능성이 있기 때문에, 총체적 채점이 분석적 채점 방식보나 너 타당하나고 주상한다(White, 1984: 409).

White의 주장에 반해 총체적 채점은 특히 제2언어 맥락에서 몇

가지 약점이 있다. 총체적 채점의 문제점은 한 번의 채점으로 부과되는 점수가 한 사람의 쓰기 능력에 대해 유용한 진단 정보를 제공하지 못한다는 점이다. 단일 점수로는 통사적 통제, 어휘의 깊이, 조직 등과 같은 쓰기의 여러 국면들을 구별하여 채점할 수 없다. 제2언어 필자의 경우 쓰기 능력의 여러 다른 국면이 각기 다른 속도로 발달하기 때문에 이것은 특별히 문제가 된다. 즉, 어떤 필자는 내용과 조직의 측면에서 훌륭한 쓰기 기능을 갖고 있지만 문법적 통제력이 약할 수 있다. 또 어떤 이는 문장 구조 파악 능력이 훌륭하지만 논리적인 방식으로 글을 조직하는 방법을 모를 수 있다.

총체적 채점의 또 다른 단점은 채점자가 늘 동일한 기준을 사용하여 동일한 점수를 산출하지 않는 것처럼, 총체적 점수의 해석이 항상 쉽지만은 않다는 것이다. 예를 들어, 어떤 채점자는 특정 쓰기 답안에 대해 수사적 요소(내용, 조직, 전개) 때문에 총체적 척도에서 4점을 주는 반면, 다른 평가자는 같은 답안에 대해 언어적 요소(문법의 통제와 어휘) 때문에 4점을 줄 수도 있다. 또한 총체적 채점 점수는 글의 길이나 필체와 같은 비교적 표면적인 특성과 상관이 있는 것으로 보인다(Markham, 1976; Sloan & McGinnis, 1982). 3장에서 논의한 바와 같이, 총체적 채점 역시 타당도를 희생해가며 채점자 간 신뢰도를 높이는 데에만 초점을 두어 최근 몇 년 간 비판을 받아 왔다.

분석적 평가

분석적 채점에서는 쓰기 답안에 단일 점수를 부여하지 않고 쓰기의 여러 측면 혹은 여러 기준에 대해 다른 평가 점수를 주게 된다. 평가 목적에 따라 쓰기 답안은 내용, 조직, 응집성, 사용역, 어휘,

문법, 또는 어법이나 맞춤법 측면과 같은 자질들로 평가될 수 있다. 분석적 채점 전략은 이러한 방식으로 수험자의 쓰기 수행에 대해 쓰기의 여러 측면에서 더욱 더 세부적인 정보를 제공한다. 그리고 이런 이유로, 많은 쓰기 전공자들이 총체적 방식보다 분석적 방식을 더 선호한다.

제2언어 영어에서 가장 잘 알려지고 널리 사용되는 분석적 평가 척도 중 하나는 Jacobs 외(1981)가 만든 것이다(〈자료 6.3〉을 보라).

〈자료 6.3〉 Jacobs 외(1981)의 채점 개요

제2언어 영어 작문 수준 개요				
학생:		날짜:	화제:	
점수	척도	기준		내용
내용	30~27	**탁월함~매우 좋음**: 지식 •실제적임[3] •논지가 빈틈없이 전개됨 •부과된 과제와 연관이 있음		
	26~22	**좋음~보통**: 주제에 대한 약간의 지식 •적절한 범위 •논지가 제한적으로 전개됨 •어느 정도 화제와 관련되나 상세한 내용이 없음		
	21~17	**괜찮음~나쁨**: 주제에 대한 제한된 지식 •별로 실제적이지 않음 •화제가 부적절하게 전개됨		
	16~13	**매우 나쁨**: 주제 관련 지식을 제시하지 않음 •전혀 실제적이지 않음 •적절하지 않음 •또는 평가하기에 충분하지 않음		

---

3) (옮긴이) 실제에 기초한 타당도(Substantive aspect of validity)는 수험자의 문항 반응 형태가 문항 개발자의 의도와 어느 정도 상관이 있는가를 알아보기 위한 것이다. 실제 자료를 가지고 검사가 측정하고자 하는 요인과 수험자 반응의 일치 정도를 확인하여 문항의 양질 정도를 판단한다.

4) (옮긴이) run-ons: run-on sentence. 무종지문. 두 개 또는 그 이상의 문장이 접속사나 마침표 없이 계속 이어지는 것으로 쓰는 어법상 오류를 말한다. 이때 완전한 의미를 가진 각 문장 사이에 반점(쉼표)이나 세미콜론(:) 등의 문장부호를 사용하여 두 문장의 경계를 만들거나 두 문장을 의미관계에 따라 복합문으로 만들면 오류를 수정할 수 있다.

조직	20~18	**탁월함~매우 좋음**: 유창한 표현 ·생각이 명료하게 진술되거나 뒷받침됨 ·간단 명료함 ·잘 조직됨 ·논리적으로 연결됨 ·응집력이 있음
	17~14	**좋음~보통**: 연결이 다소 끊김 ·느슨하게 조직되었으나 주요 논지는 뚜렷함 ·제한적인 뒷받침 ·논리적이긴 하나 불완전하게 연결됨
	13~10	**괜찮음~나쁨**: 매끄럽지 않음 ·생각이 혼란스럽거나 연결되지 않음 ·논리적으로 연결되거나 전개하는 능력이 부족함
	9~7	**매우 나쁨**: 이해하기 어려움 ·조직 없음 ·또는 평가하기에 충분하지 않음
어휘	20~18	**탁월함~매우 좋음**: 세련된 다양성 ·효과적인 단어와 관용구를 선택함 ·단어 형태를 정확하게 사용함 ·언어 사용역이 적절함
	17~14	**좋음~보통**: 적절한 다양성 ·단어나 관용구 형태를 선정하고 사용하는 데 오류가 잦으나 의미는 명확함
	13~10	**괜찮음~나쁨**: 제한된 다양성 ·단어나 관용구 형태를 선정하고 사용하는 데 오류가 흔함 ·의미가 혼란스럽거나 불명확함
	9~7	**매우 나쁨**: 번역이 필요함 ·영어 어휘, 관용구, 단어 형태에 대한 지식이 거의 없음 ·또는 평가하기에 충분하지 않음
언어 사용	25~22	**탁월함~매우 좋음**: 효과적인 복합 구조 ·일치, 시제, 수, 어순/기능, 관사, 대명사, 전치사의 사용에 오류가 거의 없음
	21~18	**좋음~보통**: 효과적이기는 하나 단순 구조 ·복합 구조에서 가벼운 오류가 있음 ·일치, 시제, 수, 어순/기능, 관사, 대명사, 전치사의 오류가 몇 번 있으나 의미는 거의 명확함
	17~11	**괜찮음~나쁨**: 단순/복합 구조의 중대한 문제들 ·부정, 일치, 시제, 수, 어순/기능, 관사, 대명사, 전치사, 불완전한 문장, 구두점 없이 계속 다음 행으로 이어지는 문장4) 등의 오류가 흔함 ·의미가 혼란스럽거나 불명확함
	10~5	**매우 나쁨**: 문장 구조 규칙을 거의 모름 ·오류가 압도적으로 많고 의미 전달이 되지 않음 ·또는 평가하기에 충분하지 않음

	5	**탁월함~매우 좋음**: 관습에 대한 숙달을 입증 ·철자, 구두점, 대문자 사용, 단락 구성에 오류가 별로 없음
	4	**좋음~보통**: 철자, 구두점, 대문자 사용, 단락 구성에 오류가 종종 있으나 의미는 명확함
어법이나 맞춤법 측면	3	**괜찮음~나쁨**: 철자, 구두점, 대문자 사용, 단락 구성에 오류가 빈번함 ·필체가 좋지 못함 ·의미가 혼란스럽거나 불명확함
	2	**매우 나쁨**: 관습을 익히지 못함 ·철자, 구두점, 대문자 사용, 단락 구성 오류가 압도적으로 많음 ·필체를 알아볼 수 없음 ·또는 평가하기에 충분하지 않음
전체 점수	채점자	내용

Jacobs 외(1981)의 평가 척도에서 쓰기 답안은 내용, 조직, 어휘, 언어 사용, 어법이나 맞춤법 등의 범주로 점수가 매겨진다. 이 다섯 측면은 강조 정도에 따라 가중치가 다르다. 첫 번째가 내용(30점), 그 다음이 언어 사용(25점), 조직과 어휘가 각각 같은 비중이고(20점), 어법이나 맞춤법(5점)은 가장 가중치가 적다. 이러한 평가 척도는 대학 수준의 많은 글쓰기 프로그램에 적용되었고, 교육 연수 자료와 예시 자료가 함께 제공되므로 사용자는 공정하고 신속하게 평가 척도 사용 방법을 배울 수 있다.

Cyril Weir(1988)는 제2언어 쓰기 평가의 분석적 채점에 다소 상이한 관점으로 접근하여 교육 목적 영어 시험(Test in English for Educational Purposes: TEEP)용 평가 척도를 개발하였다. 이것은 〈자료 6.4〉에 나타나 있다. Weir는 복수의 하위 등급으로 구성된 단일 척도 대신에 일곱 개의 평가 척도 체계를 제안한다. 각 척도는 0에서 3까지의 점수를 가진 4등간 척도로 나뉜다. 네 개 척도는 의사소통적 효과성

〈자료 6.4〉 교육 목적 영어 시험(TEEP)의 쓰기 평가 척도

A. 내용의 관련성 및 타당도
  0. 답이 과제와 거의 무관함
  1. 과제와 관련성 있는 대답이 부족함. 화제와 크게 거리가 있거나 초점 없이 반복됨
  2. 약간의 거리가 있거나 불필요한 정보가 있을지라도 대부분이 과제에 관한 대답임
  3. 과제와 관련이 있고 적절한 대답임

B. 조직 구성
  0. 내용에 대한 조직이 전혀 없음
  1. 내용에 대한 조직이 매우 조금 나타남. 기저 구조가 충분히 다루어지지 못함
  2. 논거에 있어서 약간의 구성적인 기술이 있으나 적절하게 다루어지지 못함
  3. 전체 조직의 형태가 보이고 내적인 패턴이 명료하며 적절하게 구성하는 기술이 있음

C. 응집성
  0. 전체적 응집성이 거의 없음. 전달하고자 하는 내용이 무엇인지 전혀 이해할 수 없음
  1. 응집성이 부족하여 전달하고자 하는 내용을 이해하기가 대체로 어려움
  2. 특정 내용이 효과적으로 전달되지 않을 때가 있지만 대강의 응집성은 만족스러움
  3. 응집성이 충분하여 내용을 효과적으로 전달함

D. 목적에 맞는 적절한 어휘
  0. 전달하는 내용의 대부분에서 기본적인 어휘조차도 부적절함
  1. 과제와 관련된 어휘가 자주 부적절하게 사용되거나 부적절한 어휘가 반복됨
  2. 과제와 관련된 어휘가 가끔 부적절하게 사용되거나 에둘러 표현됨
  3. 과제와 관련된 어휘가 대체로 적절하게 사용되며 매우 드물게 에둘러 표현됨

E. 문법
  0. 거의 모든 문법 표현이 부정확함

1. 문법적 부정확성이 빈번하게 나타남
2. 가끔 문법적 부정확성이 나타남
3. 문법적 부정확성이 거의 없음

F. 정서법의 정확성 I (문장부호)
  0. 문장부호 관습에 대해 무지함
  1. 문장부호 사용에 정확도가 낮음
  2. 문장부호 사용이 약간 부정확함
  3. 문장부호 사용이 대부분 정확함

G. 어법이나 맞춤법의 정확성 II (철자)
  0. 거의 모든 철자가 부정확함
  1. 철자의 정확성이 낮은 수준임
  2. 철자에 약간의 부정확함이 있음
  3. 철자가 대부분 정확함

과 관련되고, 나머지는 정확성과 관련된다. Jacobs 외(1981)의 평가 척도와 마찬가지로, 교육 목적 영어 시험(TEEP)의 평가 척도도 훈련 받은 채점자들이 신뢰성 높게 적용할 수 있음을 입증하기 위해 광범위하게 검증되고 수정되었다. 분석적 평가 체계의 세 번째 사례는 신입생 대학 글쓰기 평가에 등급을 매기기 위한 미시간 주의 쓰기 평가 척도(Michigan Writing Assessment; Hamp-Lyons, 1990; Hamp-Lyons, 1991b)이다(〈자료 6.5〉를 보라). 미시간 쓰기 평가는 아이디어와 논증, 수사적 요소, 언어 통제력 등 세 가지 평가 척도로 점수가 매겨진다. 교육 목적 영어 시험(TEEP)의 척도와 마찬가지로, 세 가지 척도는 단일 점수로 합산되는 것이 아니라 각각 개별적으로 기록되어 교사와 수험생에게 가치 있는 진단 정보를 제공한다. 이 평가의 특징은 대학 교수들과 협의하여 쓰기 국면이 처한 지역 특색을 반영해 척도를 개발하면서 좋은 글의 구인이 될 만한 여러 요인을 고려하였다는 사실이다. Hamp-Lyons(1991b)는 이러한 평가 도구가

〈자료 6.5〉미시간 쓰기 평가 채점 지침서

미시간 쓰기 평가 채점 지침서
영어 작문 위원회: 평가 시 참조할 기준

	아이디어와 논증	수사적 특질	언어 표현 통제
6	전체적으로 해당 쟁점을 중심으로 다루고 있음. 입장이 분명하고 강함. 논증이 강하고 탄탄함. 쟁점의 복잡성이 신중하게 다루어졌고 다른 관점도 매우 잘 설명됨.	일관되고 절묘하게 수사적으로 통제됨. 생각들이 균형적으로 뒷받침되고 전체가 내용에 적합한 조직으로 탄탄하게 통제됨. 텍스트의 제반 요소가 접속 부사로 잘 연결되어 논리적이고 반복되거나 잉여적인 부분이 없음.	엄선된 어휘와 고상한 문체로 훌륭한 언어 통제력을 보임. 문법 구조와 어휘가 잘 선택되어 생각을 표현하고 글의 목적을 수행하는 데에 효과적임.
5	해당 쟁점을 잘 다룸. 입장이 분명하고 탄탄한 논증이 보임. 쟁점의 복잡성이나 그에 대한 다른 관점이 설명됨.	수사적으로 탄탄함. 생각이 대체로 균형 있게 뒷받침되고 글 전체가 내용에 부합하는 조직으로 잘 통제됨. 가끔 수사적 결함이 있지만 (잉여, 반복, 접속어 누락) 대체로 잘 연결됨.	강한 언어 통제력을 보이고 무난하게 읽힘. 문법 구조와 어휘가 대체로 잘 선택되어 생각을 표현하고 글의 목적을 수행하는 데 기여함.
4	해당 쟁점을 언급하였으나 더 잘 초점화하여 전개해야 함. 입장은 사려 깊지만 더 명료해야 함. 논증이 더 탄탄해야 함. 종종 반복이나 불일치가 나타남. 쟁점의 복잡성이나 다른 관점을 분명히 다루려고 시도는 했음.	수사적으로 꽤 잘 통제됨. 많은 부분에서 생각이 균형 있게 뒷받침되었고 조직은 내용에 부합됨. 계획하기를 수행한 증거가 있으며, 수사적 유창성이 결여된 부분이 있긴 하지만 글의 여러 부분이 대체로 적절하게 연결됨.	유연성은 부족할지라도 언어적 통제는 좋은 편임. 종종 읽다가 언어적 오류가 발견되기는 하지만 사용된 문법 구조와 선택된 어휘가 생각을 잘 표현하고 의미를 상당히 잘 전달할 수 있음.
3	쟁점을 고려하기는 했으나 논거의 핵심 없이 의견이나 주장에 의지하는 편임. 내용이 반복되거나 불일치함. 입장이 더 분명해야 하고 논증이 더 설득적이어야 함. 해당 쟁점의 복잡성이나 다른 관점을 설명하고자 시도했어도 부분적으로만 성공함.	수사적 통제가 불명확함. 조직이 내용에 부합하기는 하나 생각이 매번 균형적으로 뒷받침되지는 못함. 계획하기에 대한 시도가 엿보이고 일부 접속 부사는 성공적이지만 수사적 유창성의 실패가 두드러짐.	납득할 수준의 언어 통제가 보이나 제한적임. 사용된 문법 구조와 선택된 어휘가 적절하게 글의 생각을 표현하고 의미를 전달하기는 하나 어휘나 표현의 선택이 제한적임.

2	화제가 개괄적으로 언급되기는 했으나 논점이 제대로 파악되지 못하고 논증이 피상적이며 전체적인 전개 없이 한 관점에서 다른 관점으로 바뀌었을 뿐 다른 관점들이 신중하게 고려되지 않음.	대체로 수사적 통제가 부족하여 전체 형태를 파악하기 어려움. 대체로 생각이 논거로 뒷받침되지 못하고 조직화에 오류가 있음. 접속어가 산만하고 문장 내 일부만 성공적으로 시도됨.	꽤 약한 언어 통제를 보임. 사용된 문법 구조와 선택된 어휘가 대체로 글의 생각을 표현하고 의미를 전달하긴 하나 어휘나 표현의 선택이 제한적이어서 독해가 어려움.
1	화제에 대해 언급은 했을지라도 내용이 잘 전개되지 않았거나 화제에 대한 논증이 뒷받침되지 않음.	수사적 통제가 거의 보이지 않음. 계획하기나 조직하기를 한 증거가 거의 없고 제대로 연결된 부분이 적음.	언어적 통제가 거의 없음. 어휘나 표현의 선택이 현저하게 제한적이어서 심각할 정도로 독해가 어려움.

학생, 교수, 자문위원 등 여러 공동체 구성원의 관심사를 반영하는 동시에 다양한 쓰기 구성 요소에 대해 해석을 용이하게 해주어 반응이 좋았다고 보고하였다. 이 분석적 평가 척도의 사례는 명시적이고 세부적인 채점 기준표 사용의 중요성이라는 쓰기 평가 연구에서 합의된 사항을 반영하고 있다. 20~30년 전만 해도 분석적 평가 척도에서 '용어 선정(diction)'이나 '정취(flavor)' 등의 자질은 정의하기가 힘들고 주관적이어서 채점하기가 모호하다는 비판이 지배적이었다. 하지만 최근의 분석적 평가와 관련된 연구에서는(Weir, 1990; Hamp-Lyons, 1991; Alderson, 1991; Bachman & Palmer, 1996) 분석적 평가의 효용성을 전제로 범주 척도나 하위 척도에 명료하게 정의된 기준과 그에 부합하는 척도 규정의 필요성이 강조된다.

앞에서 언급된 바와 같이 총체적 평가 체계를 능가하는 분석적 평가 체계의 가장 큰 장점은 학습자의 쓰기 능력에 대해 좀 더 유용한 진단적 정보를 제공한다는 점이다. 이외에도 분석적 평가에는 총체적 평가에 없는 장점이 많다. 첫째, 경험 없는 채점자는 총체적 평가 척도보다 분리된 평가 척도의 채점 기준을 더 쉽게 이해하고 적용할 수 있기 때문에 분석적 평가가 채점자 훈련에 더 유용하다는 연구들이 있다(Francis, 1977; Adams, 1981; 모두 Weir, 1990에서 인용). 분석적 평가는 특히 쓰기의 여러 국면에서 눈에 띄게 고르지 않은 수준을 보이는 제2언어 학습자들에게 유용하다. 예를 들어, 글은 상당히 잘 전개되었지만 문법적 오류가 많은 경우라든지 또는 글이 통사적으로는 훌륭하지만 내용은 거의 또는 전혀 없는 경우가 그렇다(이러한 쟁점의 전체적인 논의는 Hamp-Lyons, 1991b를 보라). 마지막으로, 분석적 평가는 총체적 평가보다 더 신뢰할 만하다. 분석적 평가5)에 평가 요소를 부가적으로 증가시킬수록 신뢰도가 증가하는 것과 마찬가지로, 쓰기 답안을 다중 척도로 채점하는 체계는 신뢰도를 향상시키는 경향이 있다(Hamp-Lyons, 1991b; Huot, 1996).

분석적 평가의 주요 약점은 채점자가 모든 답안마다 여러 번 결정을 내려야만 하므로 총체적 평가보다 시간이 더 많이 소요된다는 점이다. 분석적 평가 체계에서 여러 가지 척도로 매긴 점수가 총점을 내기 위해 합산될 경우, 분석적 평가로 얻은 많은 정보를 잃게 되는 단점도 있다. 어떤 분석적 평가 체계에서는 채점자들이 단일 점수로 합산하는 과정에서 실제로는 분석적 채점 방식이 아닌 총체적 채점 방식을 취할지도 모른다. 즉, 경험이 있는 평가자는 기대하는 총점이 도출되도록 자신의 분석적 채점 점수를 조정할 수 있다(Charlene Polio 인터뷰, 1998).

요약하자면, 사용할 평가 척도의 유형을 언제나 확정할 수 있는 것은 아니다. 하지만 3장에서 논의한 Bachman과 Palmer(1996)의 분

---

5) (옮긴이) 일반적으로 언어의 숙달 정도를 평가하기 위한 방법으로는 구조주의 언어학의 영향을 받은 분리 평가 discrete-point test와 후에 나타난 그와 대립되는 통합 평가 integrative test 방법이 있다. 분리 평가는 언어 기능의 분리 기술을 강조하여 언어 사용의 상황 맥락을 고려하지 않고 언어를 구성 요소—음소, 형태소, 어휘, 문장 구조—로 세분화하여 언어의 형식을 집중적으로 평가하는 평가 방법이다. 정동빈(2000), 『영어 교육 어떻게 할 것인가』, 학문사, 209쪽 참조.

석틀로써 평가 체계의 유용성을 따져 볼 수 있다. 〈표 6.2〉는 평가 도구의 유용성, 즉 신뢰도, 구인 타당도, 실용성, 영향성, 실제성, 상호작용성 등 여섯 가지 자질에 기초하여 총체적 평가와 분석적 평가를 비교하고 있다. Bachman과 Palmer가 주목한 바와 같이, 평가 절차를 선정하는 것은 이러한 자질이 가능한 한 최선으로 결합할 방식을 찾고 주어진 상황에서 가장 적절한 자질을 우선적으로 적용하는 것이다. 만일 상당히 많은 수의 학생들이 제한된 시간 동안 제한된 자료를 가지고 글쓰기 과정을 수강해야 한다면 실용성을 고려한 총체적 평가가 가장 적절할 것이다. 이 경우에 신뢰도, 타당도, 영향성의 문제는 강좌 첫 주에 시행되는 쓰기 실습을 조정하여 개선할 수 있다. 반면, 연구 목적을 위한 쓰기 평가에서는 신뢰도와 구인 타당도에 주된 관심을 두는 대신, 실용성과 영향성은 덜 중요할 수도 있다. 이러한 쟁점들은 상황의 모든 국면을 고려하면서 평가 사용자들이 해결하여야 한다.

〈표 6.2〉 평가 유용성을 따지는 여섯 가지 자질에 대한 총체적 채점과 분석적 채점의 비교		
자질	총체적 채점	분석적 채점
신뢰도	분석적 채점보다 낮으나 수용 가능함	총체적 채점보다 높음
구인 타당도	모든 쓰기 능력 범주가 같은 속도로 발달한다고 보므로 단일 점수 부여를 허용함. 총체적 채점은 글의 길이나 필체와 같은 표면적인 국면과 관련됨	제2언어 필자들은 쓰기 능력 범주별로 발달 속도가 상이하므로 분석적 평가 척도가 더 적절함
실용성	비교적 빠르고 간편함	많은 시간이 걸림. 고비용
영향성	단일 점수는 고르지 못한 쓰기 능력을 드러내지 못하고 배치할 때 잘못된 정보를 줄 수 있음	배치나 지도를 위해서는 척도가 많을수록 유용한 진단적 정보를 제공함. 채점자 훈련에 더 유용함
실제성	White(1995)는 총체적으로 읽고 평가하는 것은 분석적으로 읽는 것보다 더 자연스러운 과정이라고 주장함	평가자들은 총체적인 인상에 맞추기 위해 총체적으로 읽고 분석적 척도 체계에 맞출 수 있음
상호작용성	유무	유무

※ Bachman과 Palmer가 정의한 바와 같이, 상호작용성이란 수험자와 시험 사이의 상호작용을 말한다. 만일 수험자가 자신이 쓴 글이 평가되는 기준을 알게 된다면 이 분석적 척도 체계에 의해 영향을 받을 수 있다는 것이다. 즉, 이것은 경험적인 문제이다.

2. 채점 기준표 설계하기

채점 기준표를 설계할 때 고려할 요소

일단 평가 척도의 종류가 결정되면 다음 단계는 양적 척도 체계 또는 채점 기준표를 설계하는 것이다. 채점 기준표에는 앞에서 언급한 바와 같이, 해당 시험이 측정하고자 하는 것을 가능한 한 명시적으로 표현해야 한다. 하지만 명료하고 명시적인 것만으로는 충분치 않다. 즉, 양적 척도를 질적으로 기술한 내용은 채점자뿐만 아니라 가급적이면 누구든지 그리고 시험과 관련된 모든 이해당사자, 특히 수험자와 결정권자들이 구분해서 사용할 수 있고 명확히 해석할 수 있어야 한다. 채점 기준표를 설계할 때 고려할 사항은 다음과 같다.

(a) 채점 기준표를 누가 사용하는가?

Anderson(1991)은 평가 척도를 사용할 사람이 누구냐에 따라 세 가지 뚜렷한 기능이 있다고 주장했다. **출제자 중심 평가 척도**는 "일상적 화제에 대한 단순한 개인의 편지 또는 일상적 사건에 대한 단순한 보고를 쓸 수 있다."(ACTFL, 1985; Alderson, 1991에서 인용함)와 같이 수준별로 평가지를 구성하는 방법을 안내한다. 미국 외국어교육협의회(ACTFL)의 쓰기 평가 척도처럼, 수험자가 해결해야 할 쓰기 과제 종류에 대한 설명도 포함된다. **평가자 중심 평가 척도**는 평가 절차를 안내하며 척도에 대한 질적 기술을 적용하여 답안을 비교하는 데 주안점을 둔다. **사용자 중심 평가 척도**는 수험자가 시험 점수를 해석할 때 유용한 정보를 제공한다. Alderson은 평가 척도의 주요 기능을 명확히 하는 것이 중요하다는 점과 하나의 목적을 지향하는 평가 척도가 다른 목적에 사용될 때 문제가 발생할 수 있다고 주장한다.

(b) 쓰기의 어느 국면이 가장 중요하며 그러한 국면을 어떻게 세분할 것인가?

앞에서 논의된 미시간 쓰기 평가 척도에서는 언어 표현 통제 국면의 범주가 단 하나였다. 하지만 어떤 상황에서는 어휘 선정과 문법의 정확성을 따로 분리하여 평가하는 것이 더 적절할 수 있다. 초급 수준의 비학술적 글쓰기 강좌나 일반 목적 외국어 수업과 같이 구체적인 표현의 기본 기능 습득 여부를 주로 평가해야 할 경우 언어 사용의 여러 국면에 대해 좀 더 상세한 정보가 필요하다. 만일 고등교육의 학술적 환경에서 학술 연구 숙달도를 확인하거나 필수 글쓰기 강좌 면제 여부를 판정하기 위한 평가라면, 언어 사용의 전반적 국면들 가운데 내용 전달의 효율성을 강조하고 구체적인 언어 자질들은 덜 강조하는 방향으로 조정해야 할 것이다.

(c) 점수 척도나 채점 수준은 몇 개로 구분할 것인가?

여러 가지 다른 능력을 가진 필자들을 구별하는 것은 중요하다. 하지만 채점자가 신뢰성 높게 수험자의 쓰기 능력을 구분하는 것에는 한계가 있다. TOEFL과 같은 대부분의 대규모 평가 프로그램은 여섯 개 척도를 사용한다. 그러나 다른 평가 프로그램에서는 아홉 개 척도도 성공적으로 사용해 왔다. 이러한 결정은 수험자의 모집단을 타당하게 예측할 수 있는 수행의 범위에 의해 확정된다. 그리고 평가가 시행되는 상황도 고려해야 한다. 만일 해당 평가가 (대학교 쓰기 능력 시험과 같이) 주로 통과 및 과락 여부를 결정하는 것이라면

적은 수의 점수 척도도 괜찮다. 하지만 해당 평가가 학생들을 여러 등급의 과정에 배치하는 데 사용될 경우에는 더 많은 척도(scale point)가 필요할 것이다. Bachman과 Palmer(1996)에서는 결정에 필요한 수보다 더 많은 점수 척도를 만들라고 추천한다. 점수를 매긴 결과가 결코 완전히 믿을 만한 것이 아니기 때문이다. 독립적으로 채점하는 평가자들이 모두 정확히 일치하는 점수를 부여하지는 않는다. 채점자의 배경과 경험도 점수 척도의 개수에 영향을 줄 수 있다. 경험이 많은 채점자는 경험이 부족한 채점자보다 쓰기 답안을 더 잘 구별한다. 그래서 이들은 신뢰도를 위해 더 많은 수준의 점수로 답안을 변별하고자 할 수도 있다.

점수 척도에 대한 몇 가지 문제는 예비 평가에서 실증적인 도구를 통해 해결할 수 있다. 채점자들이 척도의 전 범위를 사용하는지, 척도의 단계들별로 신뢰도 높게 구별할 수 있는지를 확인하기 위해서 다양한 쓰기 답안과 평가 척도를 시험해 봐야 한다. 만일 예비 평가에서 채점자들이 여섯 개 양적 척도 가운데 네 가지만 사용하였다면, 두 척도 점수를 삭제하거나 질적 기술 내용을 보완하여 채점자들이 각 수준 간 구별을 용이하게 하도록 재조정해야 한다. Pollit(1990)는 평가 척도에서 신뢰도 높게 구별될 수 있는 점수의 개수가 해당 시험의 전반적인 신뢰도에 영향을 미친다고 지적하면서 다섯 개 이상의 점수 척도를 가지고 신뢰도 높게 구별하는 쓰기 평가를 기대하는 것은 지나친 낙관이라고 주장하였다.

(d) 점수를 어떻게 기록할 것인가?

만일 분석적 채점을 한다면 점수 척도는 Jacobs 외(1981)에서와 같이 총점으로 합산될 수도 있고 진단적 목적을 위해 따로따로 기록될 수도 있다. 합산된 점수는 판정에 필요한 단일 점수(예컨대 배정, 수료, 면제 기준 점수)를 알려주므로 분명히 효율적이다. 분석적으로 채점한 후 합산된 점수는 개별적으로 분리된 부분 점수보다 더 신뢰도가 높은 편이다. 하지만 점수를 합산하면 학습자 능력에 대해 더 풍부한 정보를 제공하는 분석적 채점의 주된 장점을 무효화한다. 동일한 점수라도 여러 다양한 프로파일(예컨대, 통사에는 강하지만 수사에는 약하거나 혹은 그 반대인 경우)이 있기 때문에 합산된 점수는 아주 높거나 낮은 점수를 얻은 수험자들을 제외하고는 해석하기 힘들다.

분리된 점수들로 기록하는 것은 훨씬 더 유용한 진단적 정보를 제공하며 수험자의 쓰기 능력에 대해 일반적으로 좀 더 정확한 모습을 제공한다. 하지만 분리된 점수는 평가 시행자들이 신속하게 해석하고자 할 때 어려움이 있고 어떤 판정을 내려야 할 경우 척도별 점수를 합산하는 절차를 거쳐야 한다. 평가 결과를 판독하는 사람들은 이 점을 명심해야 한다. 많은 학생들에 대해 빠른 결정을 내려야 하는 평가 관리자들은 단일 점수를 선호한다. 반면 교수자들은 여러 강좌를 이수할 학생들을 위해 아마도 분리된 점수로 풍부한 정보를 제공받길 더 선호할 것이다.

이와 관련하여 분석적 채점에서 쓰기 능력의 여러 가지 구인들에 가중치를 부여할 것인지, 또 그렇게 한다면 얼마나 부여할 것인지를 결정해야 하는 문제가 남는다. Jacobs 외(1981)에서는 내용에 가장 큰 가중치를 주고 어법이나 맞춤법 부분에는 가장 적은 가중치를 주는 방식으로 여러 구인에 각기 다른 가중치를 부여했다. 반면 Hamp-Lyons(1991b)에서는 만일 어떤 텍스트에서 한 구인이 다른 것보다 더 많이 가중치를 받게 된다면 특정 구인에 초점을 맞춘 총체적 채점이 더 적절할 것이라면서, 모든 구인에 동일한 점수를 부여하도록 추천한다. 점수에 가중치를 부여하기 위해서는 (어떤 특정 측면이 다른 측면보다 더 혹은 덜, 중요하거나 적절하거나 관련된다는 등으로) 이를 뒷받침할 이론적 근거가 필요하다. 최종 점수에 내재된 가중치의 효과는 각 구인에 부여되는 점수를 좌우할 뿐 아니라 각 구인 안에 있는 변이의 양과 상관관계, 또는 구인 간 상관과 같은 다른 통계적 요인에도 영향을 미친다. 따라서 만일 가중치를 두려고 한다면 전문 통계 전문가의 조언을 구해야 할 것이다.

쓰기 평가 척도에 대한 기술

이러한 문제들을 해결하고 나면 평가 척도의 다양한 수준을 질적으로 기술해야 한다. 측정될 능력을 먼저 선험적으로 규정하고 그 다음에 기본 수준부터 숙달 완료 수준까지 성취할 여러 수준들을 기술하는, **연역적으로** 완성해 가는 방법이다. Bachman과 Palmer(1996)가 이러한 접근법을 제안하였는데, 대학교 쓰기 프로그램의 반 배정에 사용되었던 평가 척도가 〈자료 6.6〉에 제시되어 있다. Bachman과 Palmer에 따르면, 이러한 연역적 접근의 장점은 다른 수험자나 원어민 화자와 비교하는 대신 절대적인 평가 척도에 따라 수험자의 언어 능력만을 추론할 수 있다는 점이다. 하지만 평가 척도에 대한 이러한 질적 기술들에서 ('훌륭함', '매우 좋음', '좋음' 등) 수준 간 변별이 모호하다는 단점이 거론된다. 경험이 부족한 채점자들은 집중적인 훈련이나 다양한 척도의 쓰기 답안들을 계속해서 채점해 볼 기회가 없다면 이런 것들을 신뢰성 있게 구별하기가 어려울 수 있다. **귀납적으로** 접근하는 방법도 있다. 실제 쓰기 답안이나 쓰기 수행

<자료 6.6> 평가 척도: 통사 지식(Bachman & Palmer, 1996)

능력/숙달도 수준	질적 기술
0 전혀 없음.	통사 지식을 확인할 수 없음 범위: 0 정확성: 없음
1 제한적	통사 지식에 제약이 있음 범위: 협소함 정확성: 나쁘거나 괜찮거나 정확한 것도 있음. 수험자가 시도한 매우 적은 구조의 정확성은 좋음
2 보통	통사 지식이 중간 수준임 범위: 중간 정확성: 중급 수준에서는 비교적 정확함. 수험자가 자기 수준을 넘는 범위에서 시도한 구조의 정확성은 나쁨
3 폭넓음	폭넓은 통사 지식 범위: 넓음. 제약이 거의 없음 정확성: 정확성이 우수하고 오류가 거의 없음
4 완전함	통사 지식이 충분함을 확인할 수 있음 범위: 최고급 수준까지 문제없이 사용함 정확성: 통사 지식이 완벽함

평가 자료를 검토하여, 평가 척도에 대한 질적 기술을 경험적으로 일반화하는 것이다. North와 Schneider(1988)는 다섯 가지 데이터에 기반하여 평가 척도를 구성하는 방법을 알려준다. 각기 다른 수준에서 수행된 쓰기 결과물의 핵심 특질에 대한 전문가 평정, 채점 결과의 통계적 분석과 이에 대한 평가 척도 혹은 기술 내용 간 비교, 여러 수준에서 수행된 텍스트 자질들에 대한 자료가 있어야 한다. 이러한 접근에서 가장 필요한 작업은 학생들로부터 전형적인 쓰기 과제에 대한 예시 답안을 모으는 것이다. 그리고 각 숙달도 수준에 익숙한 교수자 집단의 쓰기 특질에 대한 정의도 필요하다. 이러한

정의는 질적인 측면을 명시적인 숫자로 위계화하지만 대개 말로 기술된다. 이러한 기술에는 보통 독자 인식이나 전반적인 의사소통의 성공 정도, 이해당사자가 평가 결과를 해석할 때 참조할 정보 등이 들어 있다. 이러한 기술들을 숫자적으로 위계화하기가 용이하지는 않다. 〈자료 6.2〉와 〈자료 6.4〉의 평가 척도는 이러한 귀납적 방식으로 개발되었다. North와 Schneider(1988)는 통계적 분석보다 전문가 판단에 더 의존하는 이러한 척도 구성 방식이 구체적으로 한정된 특수 맥락에서는 유용하지만 대규모 평가(가령 주 전체나 국제 수준에서 이루어지는 평가)에서는 그렇지 않을 수 있다고 경고한다.

평가 척도를 연역적으로 개발하느냐 귀납적으로 개발하느냐 사이의 선택은, 평가되는 능력의 핵심 요소가 '전혀 없음' 등급에서 '완전한 숙달' 등급까지로 측정될 수 있다고 믿는 철학적 성향의 정도에 좌우된다. 또한 평가 목적에 따라 좌우되기도 한다. Bachman과 Palmer(1996)의 숙달 수준 척도는, (기저 능력의 정확한 속성을 언급하지 않고 학습자가 X를 '할 수 있다'고 정의하는) 기능적 구인 개념보다는 (학습자가 X라는 능력을 '가지고 있다'고 정의하는) 내재적인 구인 개념에 더 근접한 것이다. 학습자가 숙달한 내재적 수준에 대한 접근법은 진단 평가에서와 같이 수험자의 기본 능력을 추론할 때 유용하다. 반면 기능에 대한 접근법은 학습자가 앞으로 유사한 과제를 어떻게 수행할 것인지를 예측하고자 할 때 유용하다. Bachman과 Palmer는 기능적 접근법이 일반화하기에 적합하지 않은 약점을 지적한다. 어떤 학습자의 기저 능력을 참고하지 않은 채 특정 언어 수행 능력만을 보고 해당 학습자가 미래에 어떻게 수행할 것인지 예측할 경우, 다른 과제 유형의 수행에 대해서는 일반화할 수 없다는 것이다.

척도 수준에 대한 기술 내용은 다르겠지만 이러한 기술 내용이 주요 특성 평가를 위한 채점 기준표의 초안이 될 수 있다. 채점자들이 쓰기 답안을 평가하면서 전체적으로 동의하게 될 때까지 평가 척도에 대한 질적 기술 내용들은 첨가, 삭제, 수정될 수 있다. 만약 어떤 채점 기준표를 다른 쓰기 과제에 사용하게 된다면 기술된 내용이 새로운 과제에 적합하도록 수정해야 한다. 또한 새로운 채점자들이 채점 기준표를 제대로 적용하게 하려면 훈련 절차를 만들어야 한다. 채점 훈련 절차는 이후 상세하게 설명할 것이다.

평가 도구 개발의 모든 과정에서와 마찬가지로 채점 기준표 개발 과정도 반복적이다. 점수화되는 쓰기 구인이나 각 구인마다 배정할 채점 척도의 개수를 결정하기 위해서는 실제 쓰기 문항 지시문을 테스트한 결과를 가지고 한 번 이상 다시 논의해야 한다. 예를 들어 채점자들이 쓰기의 어떤 양상에 대해서는 다섯 개 수준을 신뢰성 있게 구분할 수 있지만 다른 측면에 대해서는 네 개 수준으로만 구분할 수도 있다. 만일 채점자가 쓰기의 두 구인을 신뢰성 있게 구별하지 못한다면 채점 기준표에서 이 두 개 구인을 단일한 범주로 축소할 필요가 없는지 검토해야 한다.

총점 계산

채점 기준표를 완성하기 전에 점수 계산 방법을 결정해야 한다. 특히 총점이 채점자들의 개별 점수에서 도출될 것이라면, 이러한 점수로부터 총점을 어떻게 도출할 것인지, 불일치한 수준을 얼마나 허용할 것인지, 불일치를 판정하기 위해 어떤 절차를 마련할 것인지를 정해야 한다. 이러한 논의를 진행하기 위해 두 채점자가 각기 독립적으로 쓰기 답안을 읽고 채점할 것이고, 불일치가 발생할 경우 세 번째 선임 채점자가 예시 답안을 읽는다고 가정한다.

가장 간단한 경우를 보자면, 두 채점자의 판정이 일치할 때 기록된 점수는 두 점수의 총점 또는 평균이 될 것이다. 이러한 방식으로 점수를 합산하면 가능한 점수의 범위를 두 배로 만들게 된다. (만일 6점 척도일 경우 모두 더해서 기록된 점수는 2에서 12까지가 될 것이다. 점수를 평균으로 계산할 경우에는 총점을 절반으로 하여 1부터 6까지의 원래 점수가 유지된다.) 허용할 수 있다고 여겨질 평정 점수의 차이 구간도 결정해야 한다. 6점 척도에서 관례적으로 (3점과 5점처럼) 2점 이상 차이 나는 평가는 불일치로 본다. 어떤 시험에서는 (6점 척도에서 4점이면 통과, 3점이면 과락처럼) 구체적인 합격과 불합격의 경계 점수가 있는데, 만일 두 점수가 양쪽에 걸쳐 있는 경우에는 그 점수가 단지 1점에 불과하더라도, 제3의 채점자가 이 불일치를 해결해야 한다. 제3자 평가를 포함하는 절차는 기관마다 다르다. 어떤 경우에는 가장 가까운 두 점수를 평균 내는 반면, 다른 경우에는 모든 점수를 평균 내기도 한다. 합격/불합격의 경계 지점에서 제3자가 판정하는 경우에는 제3자 판단이 받아들여질 것이고, 경계의 같은 쪽에 있는 두 개의 점수는 원 점수를 그대로 계산할 것이다.

3. 채점 과정

일단 채점 기준표가 마무리되면, 다음 단계는 채점자를 선정하고 쓰기 답안 채점의 운영 절차를 설계한다. 대규모 시험에 대한 많은 연구는 효율적인 방식으로 만족스러운 신뢰도 수준을 얻기 위한 절차와 관련된 것이다. 이제부터 이 절차에 대해서 소개하고자 한다.

신뢰도 보장을 위한 절차

3장에서 신뢰도를 저해하는 여러 원인에 대해 논의했고, 5장에서는 과제나 과제 프롬프트의 일관성이나 신뢰도 보장 절차에 대해 논의하였다. 이 장에서는 쓰기 평가에 잠재된 또 다른 신뢰도 저해 원인인 채점 불일치에 대해 논의하려 한다. 채점 불일치에는 두 가지 주요 유형이 있다. 유사한 질의 다른 쓰기 답안에 대해 (1) 한 사람의 채점자가 다른 점수를 매겼을 경우와 (2) 서로 다른 채점자가 다른 점수를 매겼을 경우. 이러한 두 종류의 신뢰도 저해 원인은 다음에 설명되는 절차로 확인하여 관리할 수 있다.

White(1984)는 대규모 평가의 신뢰도를 높이기 위한 여섯 단계 실행 절차를 개괄하였다. 이 중 두 가지는 이미 논의되었다. 채점에 쓰일 평가 기준을 명시적으로 상세화한 채점 기준표, 그리고 척도에 있는 점수를 훈련할 전형적인 예시 답안 사례들이 그것이다. 모든 채점자가 이러한 예시 답안의 점수에 대한 합의에 근접하였을 때만이 신뢰도 높은 채점이 실행된다, 나머지 네 개에 대한 White의 권고 사항은 다음과 같다.

- 각각의 쓰기 답안은 최소 두 명의 채점자가 독립적으로 채점해야 하고, 불일치하는 경우에는 제3의 채점자가 판정해야 한다.
- 채점은 통제된 상황에서 읽는 것으로 수행되어야 한다. 이는 채점자 집단이 같은 장소, 같은 시간에 함께 만나서 쓰기 답안에 점수를 매기는 것을 의미한다. 통제된 채점은 두 가지 장점이 있다. 하나는 답안이 읽히는 상황이 통제되기 때문에 오류 변인의 불필요한 원천이 제거되는 것이고, 다른 하나는 채점 표준을 탄탄히 유지하도록 돕는 방향으

로 긍정적인 환경이 조성된다는 점이다. 하지만 안타깝게도 집단 채점이 항상 가능한 것은 아니다. Alderson 외(1995: 133~135)는 이러한 일이 실제로 발생하였을 때, 선택 가능한 대안을 보여준다.

- 채점팀 리더는 채점자들이 모두 합의한 표준을 준수하면서 성적을 주고 있는지 확인하고 그 상태를 유지하도록 돕는다.
- 지속적인 평가 프로그램에서 신뢰도를 유지하는 채점자는 계속 관여시키고 신뢰도가 부족한 평가자는 재훈련을 하거나 필요하다면 제외하기 위하여 평가 기록을 반드시 보관한다.

White는 채점팀 리더가 조성하는 분위기가 성공적인 채점에 엄청난 영향을 미친다는 점을 중요하게 언급했다. 채점이 세심하고 정중한 분위기로 유도되어야 채점자들이 즐겁고 전문적으로 가치 있는 경험이었다고 인식할 것이다. 채점자들이 착취당한다거나 강압적이라고 느끼도록 채점 분위기가 안 좋게 진행될 때에는 채점자들이 성적을 주는 과정에 저항하게 되고 그 다음에는 채점하는 것 자체에 대해 부정적인 느낌을 가질 수 있다.

채점자 훈련

교육용 검사 도구 개발 기관(Educational Testing Service)이 수행하는 채점과 같이 대규모 쓰기 평가가 진행되는 동안에는 White가 추천한 아래의 채점 방식과 절차를 따른다. 필수 과정 하위의 세부 상황은 상황에 따라 조금 달라지지만, 아래 주요 요소는 모두 채점자 훈련에 포함된다. 적은 양의 쓰기 답안을 채점하는 데에 두세 명의 채점자만 투입된다면 별로 복잡하지 않은 절차가 예상된다. 마찬가지로 자주 시행되는 채점에서 늘 동일한 채점자들이 채점한다면 매번 철저하게 완벽한 채점자 훈련 기간을 설정할 필요는 없다.

채점팀 리더는 평가 척도별 예시 답안을 찾기 위해 쓰기 답안들을 훑어보아야 한다. 채점 분량, 평가 척도의 복잡성, 채점자 수, 채점자의 경험 등에 따라 3~10개 세트의 모범 답안이 필요하다. 과제에 응답하지 않았거나 과제 프롬프트를 단순히 베낀 답안, 또는 (합격과 불합격 같이) 중요한 등급 경계를 보이는 답안처럼 특정한 문제가 있는 상황들을 이 채점 연습용 세트에 포함시키는 것이 좋다.

답안의 첫 번째 세트는 보통 (가장 상위 수준에서 하위 수준으로 또는 그 반대) 순서대로 적절한 점수가 매겨진 채로 채점자에게 주어지며, 이 답안 세트는 가능한 한 모호하지 않게 주어져야 한다. 이 세트는 채점자에게 평가 척도에 익숙하게 하고, 채점 기준표에 있는 낱낱의 특질을 보여주기 위해 사용된다. 리더는 ('적절한 도입', '가벼운 오류'처럼) 채점 기준표에 있는 구절이 의미하는 바를 채점자에게 설명하기 위해 이 답안을 사용한다. 이 절차의 모든 순간에 채점자들이 문제를 제기할 수 있고 이에 대해 전체적으로 논의한다.

채점자들이 리더가 정한 첫 번째 모범 답안 세트의 평가 척도에 익숙해지면 각 수준에 해당하는 답안을 하나씩 무작위로 섞어둔 세트의 답안을 제공한다. 채점자들은 각 수준별 답안을 한 편씩 선정하면서 혼자 답안을 평가해 보는 기회를 갖는다. 이 단계를 거치고 나면, 더 문제적인 세트로 연습을 하는데, 여기에는 수준별 사례가 한 편 이상 포함되고, 평가 척도의 특정 점수를 비교적 덜 명료하게 표상하는 답안이 포함된다.

대규모 채점자들이 정확한 점수로 일치하는 것은 실제로는 불가능하고 약간의 불일치는 불가피하다는 점을 명심해야 한다. 채점자들이 수용 가능한 수준에서 의견을 나눌 수 있고 채점이 항상 완벽하게 일치해야 하는 것은 아님을 채점자들도 알게 해야 한다. 다른 채점자들보다 항상 높은 점수나 낮은 점수를 주는 채점자들은 피드백을 받아야 한다. 그들의 점수가 집단의 다른 채점자들과 큰 격차가 없어질 때까지 추가적인 훈련을 받아야 할 것이다.

대규모 평가에서는 특정 상황에서 추가적으로 재훈련이 필요할 수도 있다. 만일 채점이 하루 이상 걸릴 경우라면 채점자 신뢰도를 매일 재측정하기 위해 한두 세트의 예시 답안이 더 쓰일 수 있다. 만일 채점자들이 하나 이상의 화제를 읽어야 한다면 각 화제마다 모범 답안이 따로 마련되어야 한다.

현재 채점이 진행 중이라면 채점 작업이 독립적인지를—즉, 채점자들이 서로 볼 수 없어서 다른 채점자들이 매긴 점수 때문에 영향을 받지 않는지—확인해야 한다. 물론 채점의 독립성을 유지하기 위한 절차가 사전에 잘 공지되어야 한다. 이러한 절차는 각 채점자에게 상이한 암호를 부과하거나 투명 잉크를 사용할 만큼 복잡할 수도 있고, 첫 번째 점수가 주어지면 두 번째 채점자에게는 감추어지게끔 반으로 접히는 채점지를 주는 것처럼 간단할 수도 있다. 어떤 절차가 사용되든 간에 채점을 성실히 수행하게 하려면 채점자가 다른 채점자의 점수를 참고하지 않고 자신의 점수를 독립적으로 매기는 여건이 필수적이다. 다른 채점자들이 매긴 점수의 영향을 배제하려면 채점자들이 답안에 점수를 매길 때 논평을 적지 않거나 오류에 밑줄을 긋지 않게 하는 것도 중요하다.

채점 과정의 특별한 문제들

쓰기 시험지를 채점할 때 흔히 몇 가지 문제가 생긴다. 이상적인 프롬프트라면 모든 수험자가 과제 요구를 정확히 이해하고 자신의 능력 수준 안에서 적절하게 반응하도록 작성되어야 한다. 그러면 모든 수험자들이 정확하게 출제자가 구상했던 방식으로 과제를 수행할 것이다. 그러나 현실적으로 이러한 조건을 구현하기는 어렵다. 프롬프트에 적힌 과제를 어느 정도까지 실현한 것을 용인할 것인가는 문항 출제자들이 결정했을 사안이지만 채점자가 문항 출제자와 다른 사람이라면 채점자도 채점하는 동안 결정을 내려야 할 때가 생긴다. 발생 가능한 모든 문제를 예견하기란 불가능하지만 채점자들이 각기 문제적인 답안을 채점하면서 불필요한 시행착오를 겪지 않게 하려면 주어진 프롬프트로부터 발생할 만한 모든 문제를 예견해보는 것이 바람직하다. 문제가 발생할 수 있는 답안의 세 가지 유형은 다음과 같다. (1) 완성되었지만 의도된 과제를 다루지 않았거나 과제의 일부만 다룬 경우, (2) 프롬프트에 대한 답으로 작성했다기보다 자기 기억에 의해 작성된 답안, (3) 불완전한 답안, 즉 필자가 과제의 중요한 특성을 알고는 있지만 정해진 시간 안에 완료하지 못한 답안. (예를 들면, 결론이 빠져 있는 것)

과제 불이행 답안

프롬프드는 보통 '두 가지를 비교하고 대조하라. 어떤 문제 원인의 개요를 서술하라. 어떤 행위 과정의 장점과 단점을 제시하라.'와 같이 수험자가 화제에 대해 고심하고 접근해야 할 방식에 대해 상세히 지시한다. 채점의 어려움은 이러한 지시를 오해한 답안들로 인해 생긴다. 예컨대 문제의 원인을 해법으로 이해했거나 장점만 제시하고 약점은 제시하지 않은 답안들이 그렇다. 이 경우 채점자는 과제 수행의 정도를 어떻게 범주화할 것인지 결정해야 한다. 과제 이행의 정도는 평가의 목적과 유형에 따라 결정된다. TOEFL의 경우 수험자와 사용자는 주로 에세이에 포함된 아이디어의 질이나 설득력의 정도가 아니라, 응집성 있는 문어 텍스트를 구성하는 능력에 대한 종합적 감각에 관심을 둔다. 또한 TOEFL 쓰기 시험은 쓰기 능력을 평가하려는 것이지 읽기 능력을 평가하는 것이 아니다. 이러한 이유로 채점자들은 프롬프트와 관련된 어떤 것을 담고 있다고 합리적으로 납득이 되는 에세이에 대해서 화제에 부합하며, 평가 가능하다고 간주한다. 예를 들어 프롬프트가 수험자에게 영화를 넘어서는 책의 장점에 대해 논의할 것을 요구했다면 최근 필자가 읽었던 책에 대해 단순하게 논의한 에세이도 화제를 벗어난 것으로 간주되지 않을 것이다. 한편 주요 특성 평가에서는 과제 이행 여부가 채점 지침서의 중심 내용이다. 그래서 과제의 요구를 다루지 않은 답안은 아무리 유려하게 쓰였더라도 낮은 점수를 받게 된다. 이 문제는 3장에서 논의된 수행에 대한 강한 감각과 약한 감각 사이의 구별을 상기시킨다.

이러한 사례들로 미루어 볼 때 과제 이행 여부를 판단하는 데에는 평가 목적과 채점 유형이 분명히 영향을 미친다. 가령 평가의 주된 목적이 통사 능력과 어휘 수준을 변별하기 위한 쓰기 시험이라면 필자가 과제의 지시를 정확히 따르는 정도는 덜 중요할 수 있다. 이는 글을 통해 성공적으로 의사소통할 수 있는 능력을 중요하게 여기고, 지시사항의 준수 여부에 관심을 갖는 학술 맥락에 비해서 상대적으로 덜 중요하게 여겨진다는 뜻이다.

기억된 답안

과제 이행 정도를 결정하는 것은 미리 작성된 답안을 기억해서 쓴 답안의 경우에 특히 문제가 된다. 만일 채점자가 쓰기 시험을 통해 구체적인 과제를 완수하는 능력보다는 단순히 채점 가능한 쓰기 답안을 찾는다는 사실이 알려지게 되면, 일부 수험자들은 모범 글을 작성하여 기억하고 시험 시간 동안 그것을 기억해내서 작성하도록 시험 준비를 할지 모른다. 기억된 답안은 필자나 그 답안의 원자료를 분명히 알 길이 없기 때문에, 수험자 능력을 보여주는 정확한 답안이 아니다. 그래서 기억된 답안들이 채점에 포함되고 수용될 가능성을 피하기 위한 조치가 필요하다. 비록 나중에 평가 환경에 따라 문제가 수정될 여지가 있다고 하더라도, 과제에 어느 정도 밀착된 부분이 있어야 답안으로 채택될 수 있음을 문제에 분명히 드러내야 한다. 일반적으로 특정 상황에 적합하도록 맞춰진 구체적인 쓰기 평가 도구일수록, 과제 수행 여부가 더 중요하게 다루어진다. 예를 들어, 교실 밖에서는 학생들이 실제적인 상황에서 해당 언어를 사용할 일이 없는, 대학 수준의 외국어 강좌 배정을 위한 일반적인 숙달도 시험에서는 과제 수행 정도가 덜 중요하다. 반면에, 학생들이 장차 직장에서 영어를 사용하도록 준비시키는 직업적 또는 전문적 목적의 언어 강좌에서는 과제 수행 수준이 훨씬 더 중요하게 여겨진다.

미완성 답안

내용이 완성되지 않은 답안도 문제가 된다. 과제 수행 여부가 채점 기준표의 필수 항목으로 포함된 경우에는 문제가 더 심각하다. 수험자가 답안의 시작 부분에서 앞으로 쓸 내용을 밝혔지만 완성하지 못한 경우, 시간이 충분했다면 적절하게 결론을 지었으리라 가정하면서 답안의 길이를 보고 점수를 줄 것인지, 아니면 채점 기준 표의 기준을 위주로 답안에 적힌 내용만을 근거로 점수를 줄 것인지가 딜레마이다. 이러한 딜레마에 봉착했을 때에는 평가의 목적과 그 결정이 수험자에게 미칠 영향에 대해 심사숙고해야 한다. 배치고사와 같이 수험자가 느끼는 부담이 비교적 낮은 시험에서는 답안의 길이를 보고 채점자가 일단 해석을 내려도 괜찮다. 사후에 추가 정보를 수집하여 이러한 결정을 수정할 수 있기 때문이다. 하지만 수험자의 부담이 높은 평가, 특히 쓰기 평가가 다른 유형의 학술적 글쓰기 능력을 표상하는 것으로 기대되는 학제적 맥락에서는 평가 기준이 더 엄격할 수 있고 미완성 답안에 대해 좀 더 엄격한 준거를 적용할 수 있다.

답안 작성에 걸리는 시간을 미리 알 수 없고 또 실제 채점에서 예상하지 못한 문제가 생길 수 있기 때문에 특정 프롬프트를 적용해 예비 평가를 치러 보게 된다. 5장에서 논의된 바와 같이 예비 평가는 중요한 절차이다. 예비 평가를 통해 확보한, 특정 화제의 예시 답안은 훈련 기간 동안 채점자들에게 제공되어 응답의 변이 가능한 양태를 미리 숙지시킬 수 있다는 점에서 효용 가치가 높다. 그리고 채점팀 리더가 채점 과정에서 발생할 수 있는 문제를 인식하고 예측하는 것도 중요하다. 채점팀 리더는 나쁜 필체를 어떻게 처리할 것인지, 극단적으로 간략한 응답, 창의적이지 않거나 지나치게 단순한 답안의 처리 방법에 대해 조언을 준비해야 한다. 채점을 수행하는 동안 예상하지 못한 문제가 발생하였을 때에는 문제와 그 해결책을 기록해서 보관하게 하여, 후에 그러한 문제가 재발하였을 경우 채점자들이 그 문제를 일관되게 다루도록 한다. 채점을 성공적으로 수행하기 위해서는 문제가 있는 답안들의 처리에 신중을 기해야 한다.

4. 채점 절차 평가

평가의 다른 국면과 마찬가지로 채점 절차도 Bachman과 Palmer (1996)가 개괄한 평가의 유용성 기준에 따라 평가될 수 있다. 특히 신뢰도, 타당도, 실용성 국면은 채점 절차에서 참고해야 할 범주이다. 유용성 자질들 중에서 평가의 신뢰도를 위한 절차가 가장 잘 알려져 있다.

점수의 신뢰도 평가하기

채점자들의 신뢰도와 일관성을 조사하는 방법은 아주 많다. 신뢰도의 두 가지 중요한 측면은 평가자 내 신뢰도(동일한 평가자의 자기 일관성)와 평가자 간 신뢰도(평가자들 간의 일치)이다. 평가자 내 신뢰도는 평가자가 여러 상황에서 동일한 답안에 얼마나 동일한 점수를 부여하는지의 경향성을 나타낸다. 반면 평가자 간 신뢰도는 서로 다른 평가자들이 동일한 답안에 얼마나 근접한 점수를 부여하는지의 경향성을 말한다. 총체적 평가에서 두 평가자 사이, 또는 한 평가자가 상이한 시점에 동일한 쓰기 답안에 부여하는 점수들 사이의 평가 신뢰도를 간단히 상관 계수로 계산할 수 있다. 두 세트의 점수 간 상관의 정도는 0부터 1까지의 통계 수치로 나타난다. 0에 가까운 상관 계수는 첫 번째 점수와 두 번째 점수 사이에 상관이 거의 또는 전혀 없음을 지시한다. 반면 1에 가까운 계수는 점수들 간 상관이 강함을 나타낸다. 적절한 통계를 계산하는 공식인 스피어만 순위 상관 계수(Spearman rank-order correlation coefficient)와 피어슨 적률 상관 계수(Pearson product-moment correlation coefficient)는 통계학의 모든 표준 교재에 실려 있으며, 신뢰도 계수는 마이크로소프트 엑셀과 같이 손쉽게 이용할 수 있는 스프레드시트(spreadsheet)[6] 소프트웨어로도 간편하게 계산할 수 있다.

특히 두 명보다 많은 평가자가 채점을 한 경우, 평가자 간 신뢰도를 조사하는 상호보완적인 방법은 분산분석(ANOVA)을 활용하는 것이다. ANOVA는 여러 채점 점수의 분포를 비교하는 데 사용한다(동일한 답안에 대해 여러 명의 채점자가 모두 점수를 부여해야 함). 점수 분포를 기술하는 데에는 **평균값**이나 평균 점수, **표준 편차** 또는 점수들의 중앙값과는 다른 평균량 등의 통계 자료가 쓰인다. ANOVA는 채점자의 평균 점수 간에 발생하는 통계적 차이를 확인하는 데 쓰인다. 즉, 채점자들이 낸 점수 간 상관과는 별개로, 어떤 채점자가 다른 채점자보다 더 높거나 낮은 점수를 주는 경향을 확인한다. ANOVA에 대한 더 자세한 정보는 통계학 교재를 참조하기 바란다. 평가자 내 신뢰도 및 평가자 간 신뢰도에 대한 유용한 논의는 Alderson 외(1995), Hatch와 Lazaraton(1991), Bachman(근간)에서 찾아볼 수 있다.

평가자 간 신뢰도에 이어 평가자 간 일치 수준을 살펴보는 방법은 여러 가지이다. 평가의 전반적 성공 여부를 판단하기 위해 첫 번째 점수와 두 번째 점수를 〈표 6.3〉에서와 같이 교차분석할 수 있다. White(1984)는 6점 척도를 사용하는 채점은 평균적으로 1점보다 많은 점수 차이를 내는 채점이 7~10%를 차지할 것이고, 성공적인 채점에서는 약 5%만이 불일치할 것이라고 말한다. 다음 표에서 음영 밖의 숫자는 불일치한 점수들이거나 두 채점자가 1점보다 많은 점

---

6) (옮긴이) 숫자, 문자 데이터가 가로 세로로 펼쳐져 있는 표를 입력하고 이것을 조작하여 데이터 처리를 할 수 있게 되어 있는 컴퓨터 응용 프로그램을 말한다.

점수	채점자 1						
체점자 2	1	2	3	4	5	6	총
1	4	2					6
2	2	8	5	2			17
3	1	6	12	7	2		28
4		2	9	15	7	1	34
5			2	8	12	4	26
6				1	3	5	9
총	7	18	28	33	24	10	120

〈표 6.3〉 예시 채점 요약

수 차이를 낸 경우이다. 이 사례에서는 총 11개 점수, 또는 전체 점수 중 9%가 약간 넘는 수가 일치하지 않는데, 이러한 채점자 불일치의 정도는 경험적으로 수용 가능한 수준이다. 〈표 6.3〉과 같이 표를 사용하여 채점자 일치의 정도를 교차적으로 표시한 상관 계수(카파 라고 불림)가 도출될 수 있으며, 이는 앞에서 기술한 상관계수와 동일 한 방법으로 해석된다. 이 통계적 방법에 대해 좀 더 상세한 것을 알려면 앞에서 제시한 참고문헌을 찾아보면 된다. 채점자들을 위해 읽은 답안의 수, 읽은 답안 중에 제3자 판정이 필요했던 답안의 수, 채점자의 호의로 불일치가 해결된 횟수를 포함하도록 통계용 스프 레드시트를 편집할 수 있다. 이러한 정보는 채점자들에게 정확성과 효율성에 대한 피드백을 제공하는 데, 또 다음 채점에 채점자들을 다시 활용할지 여부를 결정하는 데 유용하다.

채점 절차의 타당도 평가하기

점수의 신뢰도뿐만 아니라 채점 절차가 쓰기 시험의 구인 타당도,

즉 시험 결과에 근거한 추론의 타당도에 어떤 영향을 미치는가에 대한 연구도 중요하다. 하지만 채점 절차의 측면에서 구인 타당도를 살펴보자면, 다양한 관점에서 비롯된 다수의 요인을 조사해야 하므로 신뢰도 조사에 비해 다소 복잡하다. 몇 가지 기본적인 질문으로 시작해 보자. 첫째, 채점 절차, 특히 채점 지침서는 측정하고자 하는 구인을 정확히 반영하는가? 앞에서 논의한 바와 같이, 채점 지침서에는 쓰기의 어떤 측면이 평가 구인의 일부로 고려되었는지가 명시적으로 진술되어 있다. 첫 번째 질문은 평가 구인의 적절한 포함 여부를 묻는 것이다. 만일 쓰기 평가에서 내용, 정확성, 논리적인 조직에 일차적으로 관심을 두었다면, 채점 지침서에서는 문법에 초점을 많이 두지 않아야 한다.

두 번째 질문은 채점 절차가 적절한 방법으로 시행되었는가 하는 점이다. 이 질문은 채점자 행위와 관련된다. 앞서 언급했듯이 채점 지침서가 그 구인을 명시하고 있기 때문에, 만일 채점자들이 글을 판정할 때 채점 지침서에 규정되어 있는 평가 척도에 근거하지 않는다면, 실제로 무엇이 측정되겠는지를 반드시 물어야 한다. 4장에서 인용된 채점 행위 관련 연구, 특히 채점자가 채점을 수행하면서 내리는 의사 결정을 조사하기 위해 사고구술 프로토콜을 사용한 연구들은 이러한 질문과 관련된 것이고 이와 유사한 연구들에 모델로 제시될 수 있다. 채점자들이 평가 척도에 대해서나 채점 기간 발생한 여러 문제들에 대해서 어떻게 해석하는지를 알아보기 위해, 채점에 후속하여 보고하는 시간을 마련할 수 있다. 이 기간에 수집된 정보들은 차후 채점 지침서를 개선하는 데에 반영될 것이다.

세 번째 질문은 시험에서 얻은 점수가 적절한 변별력을 가지고 수험자에게 알맞은 정보를 제공하였는지의 여부이다. 이 질문에 답하기 위해서는 결과에 대한 효과 측면에서 채점 절차를 평가할 필요가 있다. 결과는 개별 수험자를 위한 결과의 측면과 교육 체계나 교수 프로그램(3장의 선순환 효과에 대한 논의 참조)의 측면에서 모두 평가될 수 있다. 수험자 측면에서 채점 절차의 타당성을 평가하는 방법은 시험 점수에 기초해서 내려진 결정의 적절성을 조사하는 것이다. 가령 쓰기 평가 결과가 배치에 사용되었다면 추가적인 정보에 근거해서 나중에 바뀐 배치 비율을 계산해 볼 수 있다. 이 수치는 해당 평가가 목적에 얼마나 잘 부합했는지를 나타내준다.

학제적 수준에서 채점 절차는 많은 방법으로 쓰기 지도에 (긍정적 또는 부정적) 영향을 미칠 수 있다. 먼저 교수자, 학습자, 여타 이해당사자들 사이에 채점 기준을 공개하는 것은 쓰기 지도의 목적과 학생에게서 기대되는 결과에 대해 솔직한 토의로 이상적인 합의를 이끌어 내고자 함이다. 만일 교사들이 평가 기준에서 강조된 것에 대해 가치 있다고 여기고 그러한 측면을 고려하여 자신의 쓰기 수업을 조정한다면 채점 기준 공개가 수업의 변화를 이끈 것이다. 같은 이유에서 학습자들이 자신의 글이 어떻게 점수화될지 미리 알게 된다면 그러한 측면에 맞추어 글을 쓰도록 동기가 부여될 수 있다.

총체적 평가나 분석적 평가, 주요 특성 평가에 사용된 척도도 이러한 점과 관련이 있다. 총체적 채점 지침서보다는 분석적 채점 지침서를 사용할 때, 학생들의 강점과 약점에 대해 더 많은 정보를 얻을 수 있고 그 결과로 교수자나 교육과정 개발자가 학생들의 요구에 부응하여 교육을 조정할 수 있기 때문에 더 유익한 효과를 기대할 수 있다.

채점 절차의 실용성에 대한 평가하기

3장에서 논의된 바와 같이 평가의 실용성은 평가 도구를 개발·관리·채점하는 데에 투입되는 자원의 효용성 문제와 관련이 있다. 평가의 제반 유용성 조건에 비추어 시험에 할당된 한정된 자료를 최대한 활용하여 요구 수준에 도달해야 한다. 이것은 손익분석 방식을 따른다. 분석적 척도가 총체적 척도보다 수험자 능력에 대해 더 유용한 정보를 제공해 줄 것을 믿지만, 분석적 점수를 산출하는 데 소요되는 시간이 그만큼의 이득을 보장해 주지 않는다고 여길 수 있다. 만약 평가자 간 신뢰도가 충분히 높지 않다면 쓰기 과제 수의 증가, 채점자 수의 증가, 또는 평가 척도 체계와 평가자 훈련 개선에 쏟을 시간 추가 등 여러 방안을 추가적으로 고려하게 된다. 각각의 추가 선택 사항에 대한 비용과 이득은 데이터의 적정성에 따라 가중치를 가지게 될 것이다.

보다 일상적인 수준에서 좀 더 효율적으로 훈련하는 방법은 무엇인가, 답안을 읽고 점수를 기록하는 시스템이 너무 복잡하지는 않았는가와 같이, 채점을 수행한 후에 채점팀 리더가 채점자들과 만나 신뢰도와 타당도를 희생하지 않으면서도 채점 과정을 능률적으로 진행할 방안을 논의하는 방법이 있다. 채점이 진행 중이어도 채점의 효율성을 높이기에 유용할 새로운 생각과 새로운 기술이 생겨남에 따라(10장 참조), 보고를 듣는 자리를 정기적으로 마련하는 것도 좋다.

5. 요약

이 장에서는 평가 척도 체계의 개발과 사용, 그리고 채점자를 훈련하고 점검하고 평가하는 절차에 초점을 두고 쓰기 평가를 위한 채점 절차에 대해 논의를 진행하였다. 다음 장에서는 이 장에서 제기되었던 여러 문제들과 함께 앞 장에서 보여주었던 쓰기 과제 및 여러 가지 목적의 쓰기 평가 도구 몇 가지를 예시하면서 쓰기 과제와 채점 절차들을 함께 논의하고자 한다.

이 장에서 설명된 많은 절차들은, 원래 쓰기 평가에 대한 여러 비판, 즉 주관적인 채점은 결코 신뢰할 수 없고, 특히 대규모 평가에서 수험자들이 실제로 작성한 글을 평가하는 것이라는 비판에 맞서 개발되었다. 그러한 이유로 채점의 신뢰도를 높이는 데 대단히 많은 관심을 집중해 온 것이 사실이다. 하지만 최근에는 그 관심이 채점의 타당도를 확보하는 데로 이동하고 있다. 이 문제는 10장에서 다시 논의될 것이다.

제한 시간 안에 그 자리에서 직접 글을 쓰는 시험이 평가의 대표적인 유형으로 자리를 잡았지만 그것은 수험자가 실제 세계에서 글을 써서 수행할 수 있는 능력에 대해 아주 제한적인 정보만 제공해 준다. 이 때문에, 많은 목적을 위해서는 제한 시간 안에 작성하는 단 하나의 답안만으로는 불충분하다는 사실이 점점 더 분명해지고 있다. 더욱이 시간 제한 쓰기 시험은 대규모 평가에서는 유용하더라도, 교실 기반 쓰기 평가에서는 별로 가치가 없다. 그 이유는 8장에서 논의된다. 따라서 9장과 10장에서는 시간 제한 쓰기 평가에서, 쓰기 평가의 대안적 형식인 교실 기반 쓰기 평가와 포트폴리오 평가로 전환하여 논의할 것이다.

7장 쓰기 평가 사례

1. 도입

5장과 6장에서는 대규모 평가에서 쓰기 과제와 채점 절차 개발과 관련된 쟁점을 논의하였다. 이 장에서는 제2언어 쓰기 평가에서 몇몇 예시를 뽑아서 앞선 두 장에서 제기된 특정 수험자 집단과 관련된 쟁점을 평가 도구 개발자들이 어떻게 다루었는지를 설명하려고 한다. 이 문제에는 다음 사항들이 포함되어 있다.

- 평가의 목적에 따라 쓰기 구인 정의하기
- 향후 시험을 치르게 될 수험자에게 실제적일 수 있도록, 특정 목표 언어 사용 영역에서 쓰기 과제 설계하기
- 수험자들을 위해 쓰기의 가장 중요한 측면을 반영하는 채점 준거 개

발하기

• 특정한 상황에서 평가 유용성의 다양한 측면 조율하기

이번 장에서는 다섯 가지 평가 도구에 대해서 논의할 것이다. 세 가지는 쓰기가 평가의 독립 구성 요소로 포함되어 있는 유명한 어학 시험으로, TOEFL, IELTS, UCLES FCE이다. 이 시험의 점수는 전 세계적으로 대학 입학 허가나 고용을 위한 언어 숙달도 인증 목적으로 쓰인다. 이후 논의될 다른 두 시험은 세 시험과 본질적으로 상당히 다르다. 먼저 워싱턴 D.C.의 응용언어학센터에서 개발한 BEST는 제1언어로 필수 문식성을 갖추지 못했거나 일상생활에서 기초 영어가 필요한 성인 이민 학습자를 대상으로 하는 시험이다. 그리고 미네소타 언어 평가 프로젝트에서 개발한 CoWA는 프랑스어, 독일어, 스페인어를 제2언어나 외국어로 배우는 학습자를 위한 외국어 시험이다. 이 두 가지 시험은 제2언어를 직업 목적이나 학문 목적으로 사용할 필요가 없는, 숙달도가 낮은 학습자를 위한 쓰기 평가 도구의 사례에 해당된다. 평가 도구의 목표와 수험자 특성은 쓰기 과제의 본질, 채점 절차, 평가의 유용성 요건에 대한 고려를 함의하고 있다. 각 시험에는 다음 정보가 소개된다.

1. 시험 출제자나 출제 기관, 평가가 의도하는 수험자 집단에 의해 규정되는 평가 도구의 목적, 출제자나 출제기관에서 의도하는 것 이상으로 사용되는 부가적인 정보도 포함됨
2. 평가 내용에 대한 서술. 특히 쓰기 과제의 문항 수와 유형에 대한 설명
3. 사용된 평가 척도 체계와 채점 절차에 대한 설명
4. 평가의 변별적인 자질에 대한 논의

(a) 쓰기 구인이 어떻게 정의되는지, 즉 출제 기관에 의해 명시적으로 정의되는지 아니면 쓰기 과제와 채점 기준표에서 추론할 수 있도록 암시적으로 정의되는지 여부에 대한 설명

(b) 평가 도구 개발자들이 수험자 모집단을 고려한 과제의 실제성에 어떻게 접근하는지에 대한 설명

(c) 평가 도구 개발자들이 평가 목적과 의도된 수험자 모집단을 고려함에 있어서 평가의 유용성을 위한 다양한 요건 가운데에서 어떻게 균형을 잡는지에 대한 설명

2. TOEFL(Test of English as a Foreign Language)

목적

TOEFL 시험은 영어가 모어가 아닌 사람들의 영어 숙달도를 평가하는 데 목적이 있다. TOEFL 점수는 주로 미국과 캐나다의 단과대학이나 종합대학 입학을 결정하는 데 사용되지만 정부 관계 기관이나 학술 프로그램 등 개별 단체에서 사용되기도 하고 다른 나라의 고등교육기관 입학을 위해서도 사용된다. 1998년까지 TOEFL에는 쓰기 영역 시험이 없었다. 1998년 처음으로 TOEFL에서 영어 쓰기 시험(TWE)이 30분 동안 별도로 시행되었고 이 첫 번째 쓰기 시험(TWE) 점수는 TOEFL 총점에 포함되지 않았다. 1998년 7월 컴퓨터 기반 TOEFL 도입으로 시험에 여러 가지 변화가 생기면서 쓰기도 모든 시험에 포함되었다.

컴퓨터 기반 TOEFL은 각 수험자들이 컴퓨터 앞에 앉아 듣기, 어

문 구조, 읽기, 쓰기 네 영역의 시험을 치른다. 전체 평가 시간은 컴퓨터 지도 시간을 필수로 포함하여 대략 네 시간 정도이다. 쓰기 영역 시험은 30분을 엄수해야 한다.

평가 내용

TOEFL 쓰기 평가는 한 편의 에세이를 구성하는 것이다. TOEFL 시험 안내서(ETS, 2000: 41)에 따르면 쓰기 시험의 목적은 영어로 글을 쓰는 (수험자의) 능력을 보기 위한 것이다. 생각을 생성하고 조직하는 능력, 이러한 생각을 예시나 근거를 토대로 뒷받침하는 능력, 부과된 화제에 반응하여 표준 문어 영어로 작문하는 능력을 포함한다.

〈자료 7.1〉 TOEFL 쓰기 프롬프트의 사례(ETS, 2000)

- 어떤 사람은 아이들이 아주 이른 나이에 공식적인 교육을 받는 것을 시작해야 하고 학교 공부를 하면서 대부분의 시간을 보내야 한다고 생각한다. 반면 어떤 사람은 아이들이 대부분의 시간을 노는 데 써야 한다고 생각한다. 이 두 관점을 비교하시오. 어느 관점에 동의하는가? 그 이유는 무엇인가?

- 정부가 길과 고속도로를 개선하는 데에 더 많은 돈을 써야 할까, 아니면 대중교통(버스, 기차, 지하철)을 개선하는 데에 더 많은 돈을 써야 할까? 왜 그렇게 생각하는가? 구체적인 근거와 상세한 내용을 제시하여 에세이를 작성하시오.

- 다음 진술에 찬성하는가 아니면 반대하는가? 사람들은 자신이 가진 것에 결코 만족하지 않고 항상 더 많은 것을 원하고 다른 것을 원한다. 구체적인 근거를 들어서 자신의 대답을 뒷받침하시오.

- 두 주 동안 외국 방문 기회를 얻었다고 가정하자. 어느 나라를 방문하고 싶은가? 구체적인 근거와 상세한 내용을 제시하여 그러한 선택의 이유를 설명하시오.

TOEFL의 프롬프트 사례는 〈자료 7.1〉에서 볼 수 있다. TOEFL의 모든 프롬프트는 공개된다. 최신판 TOEFL 시험 안내서에는 평가 가능한 프롬프트의 목록이 들어 있다. 2000~2001년 시험 안내서에는 155개 화제 목록이 수록되어 있다. 수험자에게 프롬프트의 선택권은 없다. 문제은행 식으로 저장된 수십 편의 프롬프트 가운데 컴퓨터가 무작위로 선택해 제공한다. TOEFL의 문항 프롬프트 유형은 두 가지이다. 자신의 견해를 표현하고 뒷받침해야 하는 유형과 어떤 쟁점에서 한 입장을 선택하고 이를 옹호해야 하는 유형이 그것이다. 이 쓰기 과제들은 Bridgeman과 Carlson(1983)가 학술적으로 조사 연구한 쓰기 유형에 기초한 것이다.

수험자가 컴퓨터 화면으로 보게 되는 지시 사항은 〈자료 7.2〉에 제시되었다. 에세이는 수기(手記)나 컴퓨터 중 선택하여 작성할 수 있다. 자필 에세이는 채점되기 전에 컴퓨터로 스캔된다.

〈자료 7.2〉 컴퓨터 기반 TOEFL 쓰기 평가의 과제 설명(ETS, 1998)

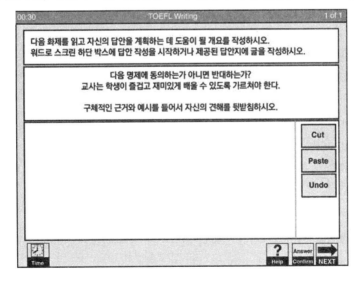

채점하기

TOEFL 쓰기 답안은 6점의 총체적 척도로 채점된다. 이 척도는 〈자료 6.2〉에 제시하였고 아래 〈자료 7.3〉에 다시 수록하였다.

〈자료 7.3〉 TOEFL 쓰기 채점 지침서(ETS, 2000)

6점 수준의 에세이는
- 쓰기 과제를 효과적으로 다룸
- 내용이 잘 조직되고 잘 전개됨
- 논지를 뒷받침하거나 아이디어를 명확히 설명하기 위해 내용을 적절하고 명료하게 상세화함
- 언어 사용에 일관된 재능을 보임
- 가끔의 오류가 있어도 통사적 다양성과 적절한 단어 선택 능력을 발휘함

5점 수준의 에세이는
- 과제의 어떤 부분들을 다른 곳보다 더 효과적으로 다룸
- 내용이 대체로 잘 조직되고 전개됨
- 논지를 뒷받침하거나 생각을 명확히 설명하기 위해 내용을 상세화함
- 언어 사용에 재능을 보임
- 일부 오류가 있어도 어느 정도 통사적 다양성과 어휘 선택의 폭을 보임

4점 수준의 에세이는
- 과제의 일부분에서 글쓰기 화제를 적절하게 다룸
- 내용이 적절하게 조직되고 전개됨
- 논지를 뒷받침하거나 생각을 명확히 설명하기 위해 약간 상세한 내용이 있음
- 통사와 용법이 적절하기는 하지만 일관된 기능으로 나타나지는 않음
- 종종 의미를 모호하게 하는 오류들이 포함됨

3점 수준의 에세이는 다음과 같은 약점이 하나 이상 나타날 수 있음
- 부적절한 조직이나 전개
- 내용을 일반화하거나 명확히 설명하기 위해 필요한 상세한 내용이

부적절하거나 불충분함
- 단어 선택이나 단어 형태가 두드러지게 부적절함
- 문장 구조나 용법에서 오류가 잦음

2점 수준의 에세이는 다음과 같은 약점이 하나 이상 심각하게 결함으로 드러남
- 심각한 수준의 혼란스러운 조직이나 전개
- 상세한 내용이 거의 없거나 전혀 없음, 또는 무관한 상술
- 문장 구조나 용법에서 심각하고 높은 빈도의 오류가 있음
- 초점에 심각한 문제가 있음

1점 수준의 에세이는
- 글의 앞뒤가 맞지 않음
- 글의 전개가 제대로 되지 않음
- 심각하고 지속적인 쓰기 오류를 포함함

0점 아무런 답이 없거나 단순히 화제를 그대로 베꼈거나 화제에서 완전히 벗어났거나 외국어로 쓰였거나 알파벳 하나로 키보드를 쳤다는 흔적만 있는 경우, 쓰기 답안은 0점으로 채점됨

이 채점 지침서에는 쓰기 과제의 전반적인 이행 정도, 글의 조직과 전개, 세부 근거의 사용, 언어 사용 및 통사적 다양성과 적합한 단어 선정 등의 쓰기 양상이 다루어졌다. TOEFL 쓰기 시험은 전체 쓰기 점수의 절반 정도를 차지하는 구조/쓰기 점수를 요인으로 포함하고 있다. 쓰기 점수는 전체 점수와 따로 기록된다. 쓰기 시험(TWE)만 따로 시행할 때에는 쓰기 시험 점수만 기록된다. 채점자들은 에세이를 채점하기 위해 6장에서 대략적으로 설명한 대로 적합한 시험의 각 단계에 절차들을 따른다. 이러한 채점을 진행하기 전에 채점자 대표와 부대표, 그리고 각 채점팀 리더들은 2~3일 간 걸리는 채점 기간 동안 채점 기준표와 에세이 화제에 맞추어 예시 답안을 선정하고, 채점자들의 수행을 점검한다.

그러나 이제는 매일 시험이 시행되고 있기 때문에 채점도 평일에

는 거의 매일, 어떤 경우는 일요일까지도 이루어진다. 소수의 채점자가 정해진 날에 ETS의 온라인 채점 네트워크를 통해 TOEFL 쓰기 답안을 채점한다. ETS에서 설립한 채점 센터에서 일하거나 웹에 접속해 집에서 일하는, 자격증이 있는 채점자는 컴퓨터 모니터로 키보드 에세이 및 자필 에세이 이미지 '폴더'를 배부 받는다. 채점자들은 해당 화제의 모든 점수에 해당하는 키보드 샘플과 자필 샘플 에세이에 접속할 수 있고, 채점팀 리더의 감독 아래 작업을 수행한다. 이 채점팀 리더들은 실시간으로 채점자들의 수행을 점검하고 채점이 진행되는 동안 채점자들에게 접속할 수 있으며 채점자도 이들에게 접속할 수 있다. 또한 모든 채점자들은 채점이 있는 날에는 업무를 시작할 때마다 해당 일자의 점수 조정 시험에 통과해야 한다. 채점팀 리더들도 '점검용 답안'에 나타난 채점자 수행을 관찰할 수 있다. 이 점검용 답안은 채점되고 있는 답안들을 서로 뒤섞은 것으로, 사전에 채점된 것을 사용한다(Robert Kantor 인터뷰, 2000.3).

종이로 시행된 쓰기 시험(TWE)과 같이, 최종 점수는 두 채점자가 부여한 점수의 평균값이다. 2점 이상의 불일치가 있을 경우에는 경험 많은 채점팀 리더가 에세이를 읽게 되며, 최종 점수는 세 점수 중 가장 가까운 두 점수의 평균값이 된다.

논의

TOEFL은 점수가 단과대학과 종합대학의 입학 결정에 사용되어 수험자에게 중요한 결과를 미치기 때문에 중대한 시험이다. 또한 대규모로 관리되고, 적절한 시간 안에 채점하고 계산되며 점수를 기록하는 잡다한 작업이 차질 없이 실행되어야 하므로 대단히 복잡하다. 게다가 TOEFL은 문항별로 목표 항목을 평가하는 미국이 심리 측정학적 전통1)을 따르고 있는데, 이런 특성들로 볼 때 쓰기 시험을 필수로 추가한 정책은 상당히 새로운 시도이다. 유용성 요건은 TOEFL 쓰기 시험의 구조와 내용을 결정하는 데 중요한 영향을 미쳤다. 상당히 제한적인 요소들로 잘 짜인 단일 과제 사용, 과제들 간 선택 기회 없음, 모든 과제에 적용되는 총체적 척도, 채점자 간 신뢰도를 달성하기 위한 고도로 구조화된 절차, 에세이 작성 시 수기(手記)와 키보드의 선택적 사용 등은 TOEFL 쓰기 시험의 뚜렷한 특징들이다. 언어의 구조 영역 점수에 쓰기 점수를 합산하도록 구인을 정의한 것도 특징적이다. 이는 아래에서 논의된다.

구인

TOEFL 쓰기 시험에서 측정되는 '쓰기 능력'의 개념은 '생각을 생성하고 조직하는 능력, 그 생각을 사례나 근거를 들어 뒷받침하는 능력, 부과된 화제에 표준 문어 영어로 대답을 작성하는 능력'으로 정의된다. 서술식 채점 기준표2)에 제시된 계량적 척도들에 대한 질

---

1) (옮긴이) TOFEL은 가분성 가설(discrete-point testing-divisibility hypothesis)에 따라 개발되었다. 이는 1960년대 구조주의 언어학과 대조분석가설의 영향으로 두 언어 간 문법, 어휘, 음성적 대비 요소를 문항별로 평가하는 유형이다. 선다형, 진위형 문제가 여기에 속하며 채점이 용이하고 객관적이어서 신뢰도가 높은 반면 언어 기능이나 요소들이 통합되어 쓰이는 실제성이 결여되었다는 점에서 타당도가 떨어진다. http://bomlee 0712.blog.me/80108838992(2017년 6월 15일 검색) 참조.

2) (옮긴이) 서술식 채점 기준표(rubric): 쓰기 평가에 대한 객관적 평가를 뒷받침하기 위해 개발된 것으로, 쓰기의 상대적 질을 평가할 때에 사용되는 평가 도구이다. 학습자들은 쓰기를 효율적으로 하기 위해서 일정 수준 이상의 기능을 개발할 필요가 있다. 이때에 서술식 채점 기준표에 제시된 평가 준거는 효율적인 쓰기의 질을 포착하기 위한 기술적인 언어를 제공한다. 따라서 평가 준거는 예시 글에 대한 교실 토론을 위한 틀(framework)이자, 학습사가 글을 쓰기 위한 안내이나. 서술식 채점 기준표는 학습자의 진전을 평가하는 것을 도울 뿐만 아니라 보다 효율적인 쓰기를 위한 준거로 활용되기 때문에 학습자들의 수행 수준을 세분화하여 그 특징을 제시해 주는 것이 일반적이다.

적 기술 내용은 이러한 쓰기 능력의 구성 요소인 과제 성취, 조직과 전개, 논증을 뒷받침할 세부 근거 사용, 그리고 통사적 다양성, 단어 선택의 적절성, 언어적 정확성을 포함하는 언어 사용 기능을 다루는 데 초점을 맞추고 있다. TOEFL 쓰기 시험은 학생이 다른 장르의 글이나 다른 독자, 다른 목적을 위한 글을 쓰는 능력을 측정하고자 하지 않는다. 이러한 점에서 TOEFL 쓰기 시험의 구인은 즉석에서 주어지는 화제에 대해 논증적인 담화를 작성하는 능력으로 국한된다. 쓰기 점수가 구조 점수의 일부로 기록된다는 사실로 미루어, TOEFL에서는 과제 이해 및 전개와 같은 측면보다는 언어적 정확성에 중점을 두는 편향이 내재되어 있는 것으로 보인다.

실제성

TOEFL은 학문 목적 수험자를 대상으로 개발되었다. 그래서 쓰기 시험 과제는 학술 영어의 중요한 측면, 즉 자신의 생각을 논증하고 뒷받침하는 능력에 초점을 두고 있다. 논증적인 산문이 학술적 글쓰기의 중요한 장르라는 점에서 TOEFL 쓰기 과제는 실제적이다. 하지만 TOEFL 쓰기 과제의 실제성은 방대한 양의 학술적 글쓰기 과제에 비교할 때 쓰기 전에 부과된 화제에 대해 읽고 토론할 기회가 없다는 점에서 제한적이다. 이 점은 8장에서 좀 더 자세하게 논의된다. 또한 수험자에게 과제 프롬프트의 선택권이 주어지지 않아 수험자가 자신의 배경, 흥미, 쓰기 목적과 관계 있는 구체적인 과제를 접할 기회가 적다는 점에서도 TOEFL의 실제성은 제한적이다.

서술식 채점 기준표는 규격화된 텍스트를 위한 기술이 아닌, 학습자의 반성과 분석을 위한 자료가 되어야 한다. 이를 통해 필자는 자신의 작업에 대한 정보를 제공받을 수 있으며, 교수자는 출판된 텍스트와 학습자의 쓰기에 대한 분석에 있어 학습자를 안내할 수 있다.

반면 학업을 수행하는 동안 점점 더 컴퓨터에 의존하게 된다는 점을 감안하면 에세이를 키보드로 작성하도록 허용하는 것은 일부 수험자에게는 과제의 실제성을 증가시키는 측면이 될 수가 있다.

평가의 유용성을 위한 다른 측면들

TOEFL은 매우 대규모로 관리되는 고부담 시험이다. 따라서 TOEFL에서는 신뢰도와 실용성이 평가의 유용성 측면에서 중요하다. TOEFL 쓰기 시험의 두드러지는 특징들은 높은 신뢰도를 유지하면서도 효과적으로 점수를 제공하려는 욕구에서 발생한 것이다. 과제의 요구를 대단히 제한적으로 담아 단일한 프롬프트를 사용한다든가 프롬프트에 대한 선택권을 주지 않는 특징들이 이에 해당한다. 평가의 신뢰도는 과제 프롬프트에 대한 신중한 예비 평가와 채점자에 대한 철저한 훈련 및 점검으로 성취된다. 여러 개의 쓰기 과제를 제시하면 구인 타당도는 향상되겠지만 실용성이 감소된다. 복수의 과제는 관리 비용이나 채점 시간을 가중시킬 것이고 상당히 많은 인적 자원이 필요해질 것이며 궁극적으로 수험자의 시험 비용을 증가시킬 것이다. 물론 수험자에게 프롬프트의 선택권을 부여하면 화제에 관한 자신의 배경 지식이 많은 프롬프트를 골라 더 많이 참여하게 되므로 상호작용성이 증가될 것이다. 하지만 프롬프트에 대한 선택권을 주면 앞 장에서 논의한 바와 같이 신뢰도를 떨어뜨릴 수 있다. 끝으로 시험에 쓰기가 포함된 데에는 고부담 쓰기 평가를 실시함으로써 잠재적 수험자에게 쓰기를 더 많이 지도하고 실습하도록 이끌 수 있다는 합의가 반영된 것이므로, 쓰기가 TOEFL의 필수 구성 요소가 된 데에는 잠재적인 영향력이 중요하게 고려된 것이다. TOEFL 개발자들이 모든 과제 프롬프트를 출판하기로 결정한 것도 흥미롭다. 이는 수험자들에게 TOEFL에서 평가되는 구체적인 과제 유형을 연습할 수 있는 기회를 제공함으로써 유익한 환류 효과를 촉진할 목적이었을 것이다. 과제 프롬프트의 수(155개)는 모든 화제의 에세이 내용을 기억하려고 시도하는 수험자들이 이들 과제의 요구에 부응하려면 놀라울 정도의 노력을 통해 자신의 언어 능력을 신장할 수 있을 정도로 충분히 많다. TOEFL의 흥미로운 측면은 수험자가 에세이를 수기로 작성하거나 키보드로 입력해도 되는 추가 선택권을 부여한 점이다. 이 선택권은 작문할 때 컴퓨터를 사용하는 것에 익숙한 일부 학생들에게 이 시험을 좀 더 실제적인 것으로 만들어준다. 그리고 키보드로 작성한 에세이는 채점자에게 더 쉽게 전송되므로 채점 과정은 확실히 간편해진다. 하지만 5장에 논의된 바와 같이, 쓰기 평가에서 워드 프로세서의 효과에 대해서는 작문 과정의 측면과 채점자의 판단에 대한 워드 프로세서의 영향 측면에서 의문이 남아 있다. 쓰기 시험에서 에세이 작성에 키보드 입력을 허용함으로써 얻을 수 있는 이익이 잠재적인 약점보다 더 클 것인지의 여부를 결정하려면 이 분야에서 좀 더 많은 연구가 수행될 필요가 있다.

3. 캠브리지 FCE(Cambridge First Certificate in English)

평가 목적

FCE(First Certificate in English)는 캠브리지 대학 지역 평가 연합체 (UCLES, 2001)가 관리하는 다섯 개 수준의 영어 숙달도 평가 도구로서 다양한 목적의 영어 숙달도에 자격증을 부여한다. FCE에 합격한 수험자들은 캠브리지 대학 지역 평가 연합체의 전체 시스템에서 세 번째 영어 숙달도 수준을 가진 것으로, 사무실에서 일을 할 정도의 언어 능력을 가진 것으로 간주된다. FCE를 획득한 수험자의 대략 80%는 평가와 연계된 후속 강좌를 듣는다. 이 시험을 보는 이유로는 고용, 학업, 개인적 흥미를 들 수 있는데, 이들의 비율은 대략 비슷하게 나뉜다(UCLES, 2001).

FCE는 언어 기능 영역에 초점을 두고 있는데, 읽기, 쓰기, 듣기, 말하기, 그리고 영어 사용이라는 다섯 부분의 시험지로 구성된다. 이 논의의 초점이 되는 쓰기 시험은 두 번째 부분이다.

평가 내용

FCE 쓰기 시험지는 두 개의 쓰기 과제로 구성되어 있다. 즉, 모두가 완성해야 하는 필수 과제와 네 가지 중 하나를 선택하는 선택 과제가 있다. 제1부 필수 과제는 조치를 바라는 요청이나 이러한 요청에 대한 응답과 같은 '상호교섭적' 편지이며, 광고나 짧은 기사문 등을 제시 자료로 활용한다. 제2부 선택 과제는 미리 제시된 다섯 권의 책 중 한 권을 읽어야 풀 수 있다. 선택 과제는 상호교섭적이지 않은 편지, 논쟁적인 글, 서사, 묘사 등 다양한 장르에서 선정된 자료를 제시한다. 각 과제는 120~180단어로 작성하여야 하고, 총 시험시간은 1시간 30분이다. 〈자료 7.4〉에 시험지 사례가 예시되어 있다.

〈자료 7.4〉 FCE 시험 문제지 예시(UCLES, 1997)

제1부

다음 질문에 반드시 대답하십시오.

1. 최근 경선 대회에 참여한 여러분에게 방금 편지가 도착했습니다. 아래 편지에는 여러분이 적은 메모도 약간 있습니다. 모든 정보를 사용하여 적절한 답장을 쓰십시오.

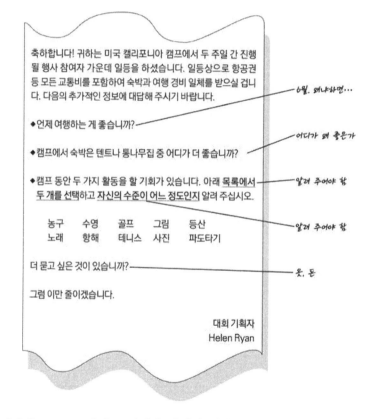

뒷장에 120~180단어로 적절한 양식의 편지를 작성하십시오.

발신자와 수신자의 주소는 적지 마십시오.

제2부

2번부터 5번 질문 가운데 중 하나를 골라 답을 작성하십시오. 뒷장에다가 120~180단어로 적절한 양식의 답안을 작성하십시오. 답안의 네모 칸 안에 응답한 질문의 번호를 적으십시오.

2. 여러분이 다니는 학교의 영어 수업에서 학교 일상생활에 대한 간단한 비디오 영상을 만들고자 합니다. 이 영상에 어떤 과목과 활동을 담아야 한다고 생각하는지, 왜 그렇게 생각하는지를 주장하는 내용의 보고서를 써서 선생님께 제출해야 합니다.

보고서를 작성하십시오.

3. 최근 쇼핑을 주제로 토론하는 수업을 들었습니다. 다음 명제를 주제로 작문을 써서 영어 교사에게 제출해야 합니다.

쇼핑이 언제나 즐거운 것만은 아니다.

작문을 하십시오.

4. 지난 달 팝 콘서트를 도와주며 누렸던 즐거운 경험에 대해 펜팔 친구인 Kim이 듣고 싶어합니다. 무엇을 도왔는지 자세히 설명하고 특별히 좋았던 경험을 쓰십시오.

편지를 쓰십시오. 발신자와 수신자의 주소는 적지 마십시오.

5. 아래 제시된 책 중 한 권을 읽었다면 두 가지 질문 중 하나를 골라 답하십시오. 네모 칸 안에는 질문 번호 5와 함께 (a)나 (b)를 쓰고 이어서 책 제목을 쓰십시오.
『아가사 크리스티의 최고의 탐정 소설』: 롱맨 픽션
『노인과 바다』: 어니스트 헤밍웨이
『자유를 외쳐라』: 존 브릴리
『폭풍의 언덕』: 에밀리 브론테
『우주의 창문』: 옥스포드 독서광 선집

(a) 어떤 이야기에서는 악한 인물이 착한 인물보다 더 흥미로울 때가 있습니다. 여러분이 읽은 책에서도 그러합니까? 책의 내용을 인용해서 자신의 관점을 설명하는 글을 쓰십시오.

(b) 대단히 훌륭한 책이어서 다시 읽고 싶은 책이 있습니다. 읽은 책의 내용을 인용해 가면서 이 명제가 참임을 입증하는 기사문을 쓰십시오. 여러분 대학의 잡지에 실릴 기사입니다.

채점

FCE 쓰기 과제는 〈자료 7.5〉와 같이 6점 척도 체계이다. FCE 관련 연구에서는 이 척도를 '총체적 인상에 근거한 평가 척도'라고 부른다. 6장에 논의된 바와 같이 이것을 명시적인 척도 없이 점수를 부여하는 '총체적 인상으로 주는 점수'와 혼동하지 말아야 한다. 총체적 인상에 근거한 평가 척도와 함께 세부 과제별 채점 기준표(이른바 '과제 맞춤형 평점 체계')도 시험 시행 전에 마련해야 하며 실제 예시 글이나 답안을 검토한 후에 최종적으로 완성해야 한다. 세부 과제별 평점 설계는 내용, 조직과 응집성, 구조의 범위와 어휘, 언어 사용역과 형식, 그리고 과제의 대상 독자에게 요구된 효과로 요약된다. 제1부에서는 내용의 초점 범위 조직이 중요한 반면, 제2부에서는 사용된 구조와 어휘의 범위가 수행의 질을 결정한다. 3점대는 수행의 '만족스러움' 수준을 나타내고, 이 점수대 안에서 채점자들은 가장 아래, 중간 또는 가장 위, 즉 3.1, 3.2, 3.3처럼 답안의 수준을 배치한다. 이 점수는 각 쓰기 답안에 점수를 제공하기 위해 20점 만점으로 치환된다(Linda Taylor 인터뷰, 2001.3). 채점은 작은 팀으로 구분된 훈련받은 채점자 패널에 의해 이루어지며 각 패널에는 경험이 매우 풍부한 채점자가 팀 리더로 있다. 채점자 대표가 팀 리더들을 모아 채점 과정을 안내하는 회의를 시작한다. 채점 회의는 시험 시행 이후에 즉시 열리고 문제지의 모든 과제에 대한 예시 답안을 선정하여 채점의 공통된 표준을 정하는 과정으로 시작한다. 점수를 매기는 동안 채점 관리자는 잘 쓰거나 못 쓴 답안이 한 사람에게 집중되지 않도록, 또 국가 내에서도 한 군데 대규모 센터에 집중되지 않도록 전체 답안지를 무작위로 배분한다. 팀 리더는 채점이 실시되기 이전부터 진행되는 내내 팀을 철저히 관리하고 점검한다. 주관적 편향을 최소화하기 위해 제3자 조정 절차가 있기는 하지만 쓰기 답안이 이중 채점되는 일은 드물다.

〈자료 7.5〉 FCE 채점 기준표(UCLES, 1997)

5점대 다음 조건을 완벽하게 실현함
- 독창적인 과제 수행 능력을 보기 위해 고안한 항목을 모두 충족시킴
- 정확하고 다양하게 구조와 어휘를 적용함
- 다양한 연결 장치로 내용을 확실히 조직함
- 전반적인 설명 방식과 언어 사용역이 글의 목적과 독자에 완벽하게 부합됨
종합: 목표로 하는 독자에게 매우 긍정적인 효과

4점대 다음 조건을 잘 실현함
- 요구된 세부 사항을 충실히 만족시킴
- 전반적으로 구조와 어휘를 정확하고 다양하게 적용함
- 알맞은 연결 장치로 내용을 효과적으로 조직함
- 설명 방식과 언어 사용역이 글의 목적과 독자에 적절함
종합: 목표로 하는 독자에게 긍정적인 효과

3점대 다음 조건을 합리적으로 달성함
- 주된 요구 사항을 충족함
- 약간의 오류가 있으나 구조와 어휘를 적절하고 다양하게 사용함
- 단순한 연결 장치로 내용을 적절히 조직함
- 설명 방식과 언어 사용역이 목적과 독자에 대체로 적절함
종합: 목표로 하는 독자에게 만족스러운 효과

2점대 과제 요구를 시도하기는 했으나 다음의 이유로 적절하게 달성되지 못하였음
- 과제의 요구를 약간 누락하거나 관계없는 자료를 사용함
- 오류가 잦아 의미가 모호하기도 하고 구조와 어휘 사용 폭이 다소 제한적임
- 연결 장치가 거의 없으며 내용 조직이 일관되지 않음
- 설명 방식과 언어 사용역 시도가 부적절하여 성공하지 못함

종합: 목표로 하는 독자에게 주는 메시지가 분명하게 전달되지 못함

1점대 다음의 이유로 과제 요구가 달성되지 못하였음
- 과제의 요구를 현격히 누락하거나 상당히 동떨어진 자료를 사용함
- 어법 관련 지식이 거의 또는 전혀 없으며 구조와 어휘 사용 폭이 협소함
- 내용 조직과 연결 장치가 결여됨
- 적절한 설명 방식과 언어 사용역에 대한 인식이 거의 또는 전혀 없음

종합: 목표로 하는 독자에게 매우 부정적인 효과

0점대 평가하기에는 언어 표현이 너무 적음

쓰기 시험은 읽기, 듣기, 말하기, 영어 사용 등 네 영역의 FCE 문제지와 마찬가지로 40점 만점이며, 다섯 영역의 총점은 200점이다. 응시자가 얻은 이 총점에 따라 응시자의 FCE 성적이 매겨진다. 개별 영역의 시험 결과로는 '합격', '불합격'을 알리지 않고 시험의 전체 점수로 '합격'이나 '불합격'을 통보한다. A·B·C·D·E 중 A·B·C는 합격, D·E는 불합격에 해당한다. 응시자는 자신의 FCE 성적 결과 진술서와 다섯 개 영역 각각에서 자신의 수행을 보여주는 그래프를 받는다. 이들은 매우 우수함-우수함-보통-취약함의 척도로 제시되고 각 영역에서 응시자의 상대적인 수행 정도가 표시된다.

논의

TOEFL과 마찬가지로 FCE의 합격 점수도 특정 유형의 고용이나 연구 영역에서 요구되므로 비교적 중요한 시험이다. FCE는 TOEFL보다 광범위한 응시자들이 시험을 보고 TOEFL보다 목적이 다양하다. 따라서 이에 대한 고려 사항이 평가 도구 설계에 영향을 미친다. FCE를 TOEFL과 구별하는 특징은 '긴 쓰기 시험 시간(30분이 아닌 90분), 단일한 필수 과제가 아닌 한 편의 필수 과제와 한 편의 선택 과제, 광범위하고 다양한 과제 유형, 과제에 맞게 구체화된 평점 설계, 어떤 쓰기 답안에 대해서도 이중 채점 없음'이다.

구인

TOEFL에 비해서 FCE로 측정되는 구인은 정의하기가 조금 어렵다. 수험자들에게 매우 다른 여러 가지 쓰기 선택권이 주어지기 때문이다. 출판된 FCE 안내서에 소개된 '주어진 목적과 대상 독자에 따라 편지, 신문기사, 보고서, 작문과 같이 직업 목적이 아닌 과제 유형을 완성하는 쓰기 능력을 평가받는다.'는 설명 외에는 쓰기 구인에 대한 명시적인 정의를 찾아보기 어렵다(UCLES, 2001). 단일 필수 과제가 아닌 두 개 영역의 선택형 과제 구성 형식에서 TOEFL보다 광범위한 관심 영역을 확인할 수 있다. 과제마다 구체적으로 달라지는 평가 척도에서도 여러 장르와 과제 유형으로 쓰기 능력의 각기 다른 차원을 보고자 했음을 알 수 있다. 따라서 TOEFL에 비해 수험자의 쓰기 능력 범위를 더 사실적으로 그려내게 될 것이다. 하지만 다양한 시험 과제들을 다루기 때문에 평가하고자 하는 것이 무엇인지 정확하게 이해하기 힘들다. 두 명의 수험자가 매우 다른 과제에 대해 글을 써서 매우 상이한 방식으로 유사한 점수에 도달할 수 있기 때문이다.

실제성

FCE에서 실제성은 상당히 다른 성격의 수험자들이 목표 언어를 사용하는 상황과 관련되기 때문에, FCE 수험자를 위한 실제적인 쓰기 과제를 규정하기는 꽤 어렵다. 어떤 수험자는 학업이나 취업 목적으로 영어 쓰기가 필요하고 또 어떤 수험자는 단지 가끔 편지를 쓰기 위해, 예컨대 여행 갈 준비를 하기 위해 영어 사용이 필요할 수도 있다. FCE 개발자는 수험자가 과제 중 하나라도 자신이 영어를 배우는 배경 및 목표와 관련된 것을 발견할 수 있도록 여러 상이한 과제 유형들 중에 고르게 하였다. 과제는 실제 세계의 과제와 흡사하게 만들어졌고, 각 과제마다 독자와 목적을 구체화하여 실제성을 더하였다. 게다가 평가 척도 체계에서 언어 사용역이나 설명 방식의 적절성에 관한 항목은 과제마다 적합한 독자와 목적을 구체적으로 고려하도록 자세히 명시하였다. 수험자가 자신의 답안을 작성할 때 구체적인 독자를 고려해야 점수를 얻을 수 있으므로 이러한 측면도 평가의 실제성을 더하는 요인이다. 하지만 앞에서 언급된 바와 같이 평가 과제 유형의 다양성은 신뢰도를 낮추는 원인이 되며 이 시험이 여러 다양한 수험자들의 동일한 구인을 측정한다고 보기 어렵게 만든다.

평가의 유용성을 위한 다른 측면들

TOEFL 쓰기 시험은 과제 유형을 협소한 범위로 제한하고 모든 답안을 이중 채점함으로써 신뢰도에 중점을 두는 반면, FCE는 수험자가 자신의 고유한 배경과 언어 사용 목적에 가장 적합한 과제를 선택하게 함으로써 실제성과 상호작용성을 강조한다. 또한 FCE는 포괄적인 쓰기 기능을 측정하기 위해 두 편의 쓰기 과제를 쓰게 한다. 하지만 복수의 쓰기 과제로 인해 채점에 투여해야 하는 자원 양이 증대되었다. 따라서 FCE 개발자들은 이중 채점을 하는 대신 비용이 덜 드는 다른 방법으로 신뢰도를 높이려 한 것이다.

4. IELTS(International English Language Testing System)

평가 목적

IELTS의 목적(IELTS, 2002)은 중등학교나 대학교 수준에서 공부할 사람 또는 영어를 사용하는 직장에서 근무하기 위해 직업 능력이 요구되는 사람들의 언어 능력을 평가하는 것이다. IELTS가 목표로 하는 영어 수준은 FCE보다는 TOEFL에 더 가까운데 목표 영어 숙달도는 TOEFL보다 다소 낮은 수준이다. IELTS는 UCLES, 영국 문화원, IDP Education Australia가 공동 관리한다. 시험은 듣기, 말하기, 읽기, 쓰기의 네 부분으로 구성되어 있다. 읽기와 쓰기 부분에서 응시자는 일반 직업 목적과 학문 목적 모듈 중에 하나를 선택한다. 총 시험 시간은 2시간 45분이며 일반 직업 목적과 학문 목적의 쓰기 모듈에는 각각 60분이 할당된다.

평가 내용

일반 직업 목적과 학문 목적 모듈은 각기 두 개 과제로 구성되는 데, 최소 150단어의 짧은 과제와 최소 250단어의 긴 과제가 있다. 첫 과제에는 20분을, 두 번째 과제에는 40분을 사용하도록 권장한다. 두 모듈은 화제 영역(일반/학술)과 과제의 복잡성 측면에서 구분된다.

일반 직업 목적 모듈

일반 직업 목적 모듈에서 첫 번째 과제는 주어진 문제에 대해 요청하거나 설명하는 편지로 답하는 것이다(〈자료 7.6〉 참조). 두 번째 과제는 수험자가 사실에 기반한 정보를 가지고 문제의 개요를 설명하고 해결책을 제안하며 자신의 견해를 제시하고 정당화하거나 논

〈자료 7.6〉 IELTS 일반 직업 목적 쓰기 과제 1(예시)

쓰기 과제 1

이 과제에 20분 정도를 사용하십시오.

부동산 중개인을 통해 집을 하나 얻었다. 그런데 난방 시스템이 작동하지 않는다. 일주일 전에 부동산 중개인에게 전화했지만 아직 수리되지 않았다.

부동산 중개인에게 편지를 쓰십시오. 이 상황을 설명하고 이 문제에 대해 그들이 해주기 원하는 것을 표현하십시오.

최소 150단어로 작성해야 합니다.
당신의 주소는 적을 필요가 없습니다.
편지를 다음과 같이 시작하십시오.
Dear Sir/Madam:

증하고 평가하는 에세이나 보고서를 쓰는 것이다(〈자료 7.7〉 참조).
두 과제의 화제는 일반적인 관심사이다.

〈자료 7.7〉 IELTS 일반 직업 목적 쓰기 과제 2(예시)

쓰기 과제 2

이 과제에 40분 정도를 사용하십시오.
다음의 화제로 글을 쓰십시오.

> 어떤 회사에서는 회사 내 모든 사무실에서 담배를 피우지 못하게 한다. 어떤
> 정부는 모든 공공장소에서 흡연을 금지하였다. 이것은 좋은 정책이지만 우리
> 자유를 제한하는 것이기도 하다.
> 이 견해에 동의하는가 아니면 반대하는가?
> 자신의 입장에 대한 근거를 제시하시오.

최소 250단어로 작성해야 합니다.

학문 목적 모듈

학문 목적 모듈에서 첫 번째 과제는 수험자가 다이어그램이나 표
를 보고 자신의 말로 정보를 제시하는 것이다(〈자료 7.8〉 참조). 수험
자는 자료를 조직, 제시, 비교하고 대상이나 과정, 사건의 순서를
기술하며 어떤 것이 어떻게 작용하는지 설명해야 한다. 두 번째 과
제에서 수험자는 어떤 관점이나 논증, 문제를 제공받는다. 수험자
는 문제에 대한 해결책을 제시하거나 견해를 제시하여 정당화해야
하고, 아니면 내포된 근거, 견해, 의미를 비교하거나 대조해야 하며,
또는 아이디어, 근거, 논증에 대해 평가하고 이의를 제기해야 한다

〈자료 7.8〉 IELTS 학술적 글쓰기 과제 1(예시)

쓰기 과제 1

이 과제에 20분 정도를 사용하십시오.

아래의 그래프는 1950, 1970, 1990년에 유럽의 한 도시에서 여행하러 가거나 일하러 가는 데에 사용되었던 교통수단의 여러 가지 방식을 보여준다. 아래에 제시된 정보를 기술하여 대학 강의에 제출할 보고서를 작성하십시오.

최소 250단어로 작성해야 합니다.

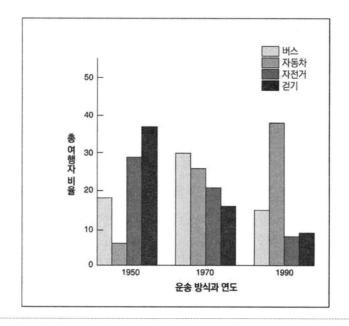

(〈자료 7.9〉 참조). 일반적 관심사를 화제로 했을 때 얻게 되는 이점은 일반적 관심사가 '대학원이나 학부에 입학하는 응시자에게 흥미로우며 적절하고 쉽게 이해'된다(IELTS, JANUARY 2002: 12)는 점이다.

쓰기 과제 2

이 과제에 40분 정도를 사용하십시오.
다음 화제에 대한 전문 지식은 없지만 교육받은 독자에게 논증이나 사례를 제시하십시오.

기술이 발전함에 따라 전통 문화의 소실은 불가피하다. 기술과 전통은 공존할 수 없다. 두 가지를 동시에 추구할 수는 없다.

당신은 이 견해에 어느 정도까지 동의하는가 아니면 반대하는가?

고유한 생각, 지식, 경험을 활용하여 적절한 예시와 증거로써 자신의 논증을 뒷받침해야 합니다.

최소 250단어로 작성하십시오.

채점

IELTS의 점수는 1점(해당 언어권 구사자로 볼 수 없음)에서 9점(전문 구사자) 사이의 점수대로 고지된다. 총점의 점수대뿐만 아니라 각 기능 영역별 점수대도 기록된다. 총점 점수에 대한 질적 기술은 〈자료 7.10〉에서 볼 수 있다.

IELTS도 학문 목적과 직업 목적이라는 다른 과정에서 특정 점수대를 어떻게 해석해야 하는지에 대한 지침을 제공한다(〈표 7.1〉 참조). 쓰기 답안은 훈련받고 자격증을 소지한 지역 평가 센터의 IELTS 채점자들에 의해 평가된다. 각 과제는 독립적으로 평가되고 과제

〈자료 7.10〉 IELTS 점수대(IELTS, 2002: 20)

9 전문적인 구사자
완벽한 언어 능력을 갖춤. 완벽한 이해를 바탕으로 적절성, 정확성, 유창성이 있음.

8 매우 우수한 구사자
아주 가끔 비체계적인 부정확성과 부적절성을 보일 때가 있지만 완전한 언어 능력을 지님. 익숙하지 않은 상황에서는 내용을 잘못 이해할 수 있음. 복잡하고 상세한 논증도 잘 다룸.

7 우수한 구사자
일부 상황에서 부정확성, 부적절성, 잘못된 이해를 보이기도 하지만 언어 능력을 갖춤. 전반적으로 복잡한 표현도 잘 다루고 상세한 추론도 이해함.

6 능숙한 구사자
약간의 부정확성, 부적절성, 잘못된 이해를 보이긴 하지만 전반적으로 효과적인 언어 능력이 있음. 특히 익숙한 상황에서는 상당히 복잡한 표현도 사용하고 이해 가능.

5 보통 구사자
많은 실수를 할 가능성이 있지만 대부분의 상황에서 전반적인 뜻은 이해할 수 있을 정도의 언어 능력이 있음. 자신의 분야에서 기본적인 의사 표현은 정확한 편임.

4 제한적인 구사자
기본적인 언어 능력이 익숙한 상황으로만 제한됨. 이해와 표현을 할 때 자주 문제가 생김. 복잡한 표현은 사용하지 못함.

3 극히 제한적인 구사자
매우 익숙한 상황에서 오직 일상적인 의미만 전달하고 이해함.
의사소통 상황에서 빈번히 소통 장애가 발생함.

2 간헐적인 구사자
익숙한 상황에서 개별적인 단어나 짧게 정형화된 표현을 사용하여 일상의 기본적인 정보를 제공하는 경우나 즉각적인 필요를 충족하는 경우를 제외하고는 실제적인 의사소통이 가능하지 않음. 구어와 문어 영어의 구분을 대단히 어려워함.

1 해당 언어권 구사자로 볼 수 없음
몇몇의 개별 단어 구사가 가능한 것 말고는 해당 언어를 사용할 능력이 거의 없음.

0 시험에 응할 수 없음
평가할 만한 정보가 제공되지 않음.

<table>
<thead>
<tr><th colspan="5">〈표 7.1〉 IELTS 점수대 해석(IELTS, 2002: 22)</th></tr>
<tr>
<th>점수대</th>
<th>언어 능력이 반드시
요구되는 학문 과정</th>
<th>언어 능력이 덜
요구되는 학문 과정</th>
<th>언어 능력이 반드시
요구되는 직업 과정</th>
<th>언어 능력이 덜
요구되는 직업 과정</th>
</tr>
</thead>
<tbody>
<tr>
<td></td>
<td>예) 의학, 법학, 언어
학, 언론, 도서관학</td>
<td>예) 농학, 순수수학,
공학, 컴퓨터기반 과
제, 원격 상담</td>
<td>예) 항공 교통 통제,
엔지니어, 순수과학,
응용과학, 안전관리</td>
<td>예) 축산업, 음식공
급업, 소방서비스</td>
</tr>
<tr>
<td>9.0~7.5</td>
<td>수용 가능함</td>
<td>수용 가능함</td>
<td>수용 가능함</td>
<td>수용 가능함</td>
</tr>
<tr>
<td>7.0</td>
<td>수용 가능할 것임</td>
<td>수용 가능함</td>
<td>수용 가능함</td>
<td>수용 가능함</td>
</tr>
<tr>
<td>6.5</td>
<td>영어 학습이 필요함</td>
<td>수용 가능할 것임</td>
<td>수용 가능함</td>
<td>수용 가능함</td>
</tr>
<tr>
<td>6.0</td>
<td>영어 학습이 필요함</td>
<td>영어 학습이 필요함</td>
<td>수용 가능할 것임</td>
<td>수용 가능함</td>
</tr>
<tr>
<td>5.5</td>
<td>영어 학습이 필요함</td>
<td>영어 학습이 필요함</td>
<td>영어 학습이 필요함</td>
<td>수용 가능할 것임</td>
</tr>
</tbody>
</table>

1보다 긴 시간 동안 작성된 과제 2의 평가 점수에 가중치가 있다. 과제 1의 답안은 과제 완수, 통일성과 응집성, 어휘와 문장 구조를 기준으로 평가되며. 과제 2의 답안은 논증, 아이디어와 근거, 내용 전달의 질, 어휘와 문장 구조를 기준으로 평가된다. 9점대에 걸친 문어 수행의 분포를 변별하기 위하여 각 수준에 대하여 세부적으로 기술한 평가 척도 체계가 개발되었다. 이 서술식 채점 기준표가 신뢰할 만하지만 실제 채점이 시행될 때에는 IELTS 견본 자료 보관 기관이 채점자 논평이 적힌 응시자 예시 답안을 점수대별로 제공한다. 네 개 기능 척도별 점수가 모두 불일치하는 경우 반드시 한 사람 더 채점하게 한다. 또한 평가 체계 전반에 걸쳐 쓰기 평가 신뢰도를 유지하기 위하여 특정 점수대의 예시 답안을 정기적으로 검토한다. 일정 기간마다 지역 평가 센터는 일정 수의 답안을 캠브리지 대학 지역 평가 연합체에 보내야 한다. 그 기간 동안 평가에 임했던 채점자들의 수행을 잘 대표할 수 있도록 답안을 선택해야 한다. 채점의 타당성을 검토한 결과는 다시 각 센터로 보내지고 채점자 재교육에 사용된다(Linda Taylor 인터뷰, April 2001).

논의

IELTS는 고등 교육과 이민이라는 두 가지 주요한 목적을 위해 사용되는 고부담 시험이다. TOEFL이나 FCE와 마찬가지로 IELTS도 대규모로 관리되며 그렇기 때문에 효율적인 채점이 필수적이다. FCE와 유사하게 IELTS도 학문 목적과 비학문 목적 모두에 사용되므로 성격이 다른 응시자들의 쓰기 목적을 모두 고려할 필요가 있다. IELTS 쓰기 평가의 두드러지는 특징은 일반 직업 목적 모듈과 학문 목적 모듈을 선택하게 한 점, 각기 다른 분량과 가중치를 가진 두 개 과제를 사용하는 점, 첫 번째 과제와 두 번째 과제에 다른 분석적 척도를 사용하는 점, 기능별로 균질하지 않은 점수를 받은 답안에 대해 이중 채점을 하는 점이다.

구인

출판된 IELTS 안내서에는 수험자가 시험에서 대면할 구체적인 과제 유형만 제시되어 있고 해당 평가에서 측정되는 쓰기 구인에 대한 명시적인 정의는 없다. 예를 들어, IELTS 핸드북에서 일반 직업 목적 모듈에 대한 서술은 다음과 같이 첫 번째 과제를 설명한다. '제시된 과제로써 응시자들은 다음과 같은 능력을 평가받는다. 개인적인 의사소통에 참여하기, 일상의 사실적 정보를 생각해 제공하기, 요구하기, 희망사항을 표현하기, 좋아하는 것과 싫어하는 것을 표현하기, 견해 피력하기(관점, 불평 등)…'와 같은 과제의 요구를 수행하는 한편으로 언어 사용역과 수사적 조직, 문체, 내용 관련 규범을 준수해야 한다(IELTS, 2000a: 13). 채점 준거를 살펴보면, 과제가 요구하는 기능을 성공적으로 수행하는 것 이외에 어휘, 문장 구조,

응집성과 같은 구성 능력 부분도 분명히 구인으로 포함되어 있음을 알 수 있다.

　FCE와 마찬가지로 IELTS는 수험자에게 두 개의 각기 다른 쓰기 과제를 완성하도록 요구하며, 그래서 TOEFL보다 쓰기 능력의 영역을 더 넓게 포괄한다. 그런데 IELTS는 두 모듈 중 하나를 선택하게 함으로써 일반 직업 목적 글쓰기와 학술적 글쓰기를 명시적으로 구별했다는 점에서 FCE보다 진일보했다. IELTS 개발자들은 일반 직업 목적 모듈과 학문 목적 모듈 모두 과제의 복잡성 면에서 차이를 두었다. 또한 두 모듈에서 측정하는 구인이 동일하다고 보고 두 모듈에서 동일한 채점 준거를 사용하는 점이 흥미롭다. 평가 준거의 유일한 차이는 짧은 정보 전달 과제와 긴 논증 과제 사이에서 발견된다. IELTS 개발자들이 각기 다른 장르를 선정하고 각기 다른 채점 준거를 마련한 것은 필자가 이들 장르를 작성할 때 다른 전략을 필요로 하며 이렇게 상이한 측면이 평가의 핵심임을 알고 있다는 증거이다. 마지막으로 IELTS에서 분석적 평가 척도를 사용하는 것은, 쓰기가 언어와 인식을 비롯하여 여러 다른 차원들이 복합적으로 상호작용한 결과이며, 개인마다 상이한 속도로 발전하는 어학적 특성을 반영하기 위함이다.

실제성

　FCE와 같이 IELTS도 수험생에게 실제적인 쓰기 과제를 찾으려고 노력하면서 다양한 목적의 시험을 개발하고 있다. FCE가 수험자에게 과제 선택권을 제공한 것과 달리 IELTS는 일반 직업 모듈과 학문 목적 모듈 중에서는 하나를 고르게 하였지만 각 모듈 안에서는 과제를 선택할 수 없게 하였다. 이러한 접근법은 쓰기 분야에서 학술적 글쓰기를 수행하는 필자와 비학술적 글쓰기를 수행하는 필자 간의 차이를 반영한 것이지만, 앞에서 FCE에 관해서 논의되었던 넓은 범위의 평가 과제 개발과 관련된 난점을 가급적 피하는 방법이기도 하다.

평가의 유용성을 위한 다른 측면들

IELTS도 분석적 평가 척도를 가지고 복수의 쓰기 과제를 채점하므로 FCE처럼 상당한 자원을 투입해야 한다. 그런데 IELTS는 고부담 시험이고 응시자에게 중대한 영향을 미치기 때문에 신뢰도를 충분히 확보하는 것도 역시 중요하다. IELTS는 모든 쓰기 답안을 이중 채점하는 대신에 채점의 일관성을 보장할 다른 수단을 마련했다는 점에서 FCE와 유사하다. 여기서 채택된 것은 수험자의 언어 기능 수행 능력이 전반적으로 균질하지 않을 때 이중 채점하는 방법이다. 이 절차는 모든 쓰기 답안을 이중 채점할 필요 없이 평가자 오류가 발생할 가능성이 가장 많은 경우를 확인하는 데 유용하다.

현재 IELTS는 컴퓨터 기반 평가 방식을 개발하고 있으므로 에세이를 손으로 쓸 것인지 컴퓨터로 쓸 것인지의 선택권 문제를 주목해야 할 것이다(IELTS, 2000b). IELTS도 앞서 TOEFL과 관련하여 논의된, 컴퓨터 기반 쓰기 평가 문제에 직면할 가능성이 높아 보인다 (219~228쪽 참조).

5. BEST(Basic English Skills Test)

평가 목적

BEST는 기본적인 언어 기능으로 얻을 수 있는 기초 정보가 필요한, 제한적인 영어 말하기 능력을 가진 성인 학습자를 위한 시험이다(Center for Applied Linguistic, 1989: 2). 이 시험은 제2언어 영어(ESL) 과정의 반편성 시험, '생존'에 필요한 언어 기능 향상을 확인하는 형성 평가, 직업 훈련 과정용 진단 평가와 프로그램 평가에 사용되도록 설계되었다.

평가 내용

이 시험은 개인적으로 평가받는 구어 인터뷰와 집단적으로 관리되는 문식성 수행 영역으로 구성된다. 문식성 수행 영역에는 기본적인 문식성 수행 과제가 다수 들어 있다. 읽기 과제는 달력, 음식과 의류 라벨, 전화번호부, 열차시각표, 광고와 공고, 그리고 짧은 정보 문구 읽기이다. 쓰기 과제는 형식에 맞게 인적사항 쓰기(이름과 주소), 수표 쓰기, 편지 봉투에 주소 적기, 메모 적기이다. 이러한 논의를 하는 목적에 대해서는, 이어질 메모 작성 과제에 대한 설명의 후반부, 즉 쓰기를 담화와 관련된 것으로 보는 시험의 특징을 설명하는 부분에서 집중적으로 다루도록 하겠다. 쓰기 과제는 두 개 항목으로 구성되어 있고, 수험자는 주어진 화제로 3~4개 문장을 써야한다. 여기에는 집주인에게 메모 남기기와 같이, 수험자 집단과 실제적으로 관계가 있는 대표적인 의사소통 과제를 찾으려는 의도가

담겨 있다. 시험 항목과 답안은 〈자료 7.11〉과 〈자료 7.12〉에 예시
되어 있다.

〈자료 7.11〉 BEST 쓰기 과제 사례(CAL, 1989)

영어 선생님께 내일 수업에 갈 수 없는 이유를 3~4개 문장으로 짧게 쓰십시오.

2000년 1월 4일

GARY 선생님께

안녕하세요. 저가 공공지원 사회복지사 약속이 있는데 내일 수업에 안 갑니다. 대단히
죄송합니다. 2000년 1월 6일 수업에 다시 돌아옵니다.
감사합니다.

〈자료 7.12〉 BEST 쓰기 과제 사례(CAL, 1989)

집주인에게 월세를 늦게 내는 이유를 3~4개 문장으로 짧게 설명하십시오.

*Mr. George Tom*에게

제 이름은 *IAN*입니다. 저는 아파트 3호실에 삽니다. 이번 달 월세를 지금 낼 수 없지만
다음 주 이번 달 월세를 내겠습니다.
미안하지만 이번 달 새 세탁기를 사기 때문입니다. 나를 이해하기 바랍니다.[3]

채점

BEST는 평가 운영과 채점을 지역적으로 하기 때문에, BEST 평가

---

3) (옮긴이) 원문의 BEST 쓰기 답안 사례에 초급 수준의 학습자가 불규칙동사 활용이나
통사적 완성도 면에서 미흡한 양상을 예시하였으므로 이를 반영하여 오류 문장으로
번역하였다.

매뉴얼(CAL, 1989)에는 쓰기 과제 채점 방법이 자세히 나와 있다. 이제까지 논의했던 다른 시험과 달리, BEST에는 이중 채점이나 평가자 신뢰도 점검 장치가 없다. 쓰기 답안은 의사소통 정보량이 과제 의도에 얼마나 부합했는지에 기초하여 엄격하게 채점된다. 사용되는 척도는 〈자료 7.13〉에서 확인할 수 있다. 평가 매뉴얼은 쓰기가 소정의 형식에 따라 채점되어야 한다고 분명히 밝히고 있다. 만

〈자료 7.13〉 BEST 채점 안내서

메모 작성 과제

이 부분은 2개의 항목으로 이루어져 있다. 각 항목은 주어진 화제에 대하여 3~4개의 문장으로 작성하도록 수험자에게 요구한다. 답안은 **전체적으로** 다음에 따라 채점되어야 한다.

5 = 화제와 관계있는 내용이 충분하고 이해 가능한 정보가 전달되었다. 문법과 철자의 정확성은 보지 않아도 된다. 편지를 써야 하는 경우라도 형식은 **따지지 않는다.**
3 = 합리적인 분량으로 관련성 있고 이해 가능한 정보가 전달되었다. 퇴고한 흔적이 있다.
1 = 질문에 대한 답으로 "요점" 정보만 있다. 어느 정도 관련성 있고 이해 가능한 쓰기 내용이 있을 경우에만 이 점수를 부여한다.
0 = 약간 글을 쓰기는 했지만 질문과 관련이 없거나 전혀 이해할 수 없다. 쓰기 내용이 전혀 없다.

2점과 4점이라는 중간 점수가 없음에 주의해야 한다. 쓰기 유창성이 있는 것은 분명하지만 주어진 화제와 관련이 없거나 화제에서 벗어난 답안은 주의해서 처리해야 한다. 수험자가 답안을 사전에 준비해 왔거나 질문을 잘못 해석했을 수 있기 때문이다. 후자의 경우 수험자의 실제 쓰기 유창성에 비해 시험 점수가 과소평가되어 나올 것이다. 수험자에 대한 다른 정보를 가지고 이것이 어떤 경우에 해당하는지를 변별하도록 한다.

일 수험자가 주어진 화제가 아닌 다른 화제로 글을 썼다면, 심지어 그 글이 주어진 화제로 쓴 글보다 과제를 아무리 효과적으로 잘 다루었다고 할지라도 점수는 0점이다. 문법이나 어휘의 정확성은 쓰기의 의사소통적 효과에 영향을 주는 경우를 제외하고는 그다지 고려사항이 되지 않는다. 메모 작성 과제의 점수는 BEST의 다른 읽기나 문식성 수행 영역 내 쓰기 과제 점수와 합산되며, 이 점수를 배치와 진단 목적으로 활용하는 방법은 BEST 평가 매뉴얼에 나와 있다.

논의

BEST 문식성 수행 시험은 배치와 진단을 목적으로 하기 때문에 상대적으로 부담이 적다. 지금까지 논의해 온 다른 시험과 달리 BEST는 언어 학습을 시작하는 단계의 성인 영어 학습자를 주된 대상으로 한다. 그래서 이 수험자 집단의 쓰기 요구와 평가 기준은 TOEFL, FCE, IELTS 등과 상당히 다르다. BEST의 변별적인 특징은 기능 중심의 짤막한 쓰기 과제, 언어적 정확성보다는 의사소통적 효과성과 과제 완수에 기반을 두는 단순한 평가 척도에 있다.

구인

BEST 문식성 기능 영역에서 측정되는 구인은 지금까지 언급된 여타 시험에서 측정되는 구인과 명확히 대조적이다. BEST가 대상으로 하는 수험자 집단에서는, 아이디어를 생성하고 전개하기나 정확한 표준 언어 구사하기 등 TOEFL, FCE, IELTS에서 검사되는 여타 쓰기 자질들보다는, 글을 써서 메시지를 전달했는지 여부를 엄격하게 측정하고자 한다. BEST에서는 표현의 정확성보다 의사소통의 효과성을 훨씬 더 중시한다. 실제로 표현이 정확하지 않아 의미가 모호한 경우를 제외하고 채점 준거에서 표현의 정확성은 전혀 고려되지 않는다.

실제성

BEST 수험자 모집단을 위한 실제적인 쓰기 과제의 성격 역시 지금까지 살펴보았던 다른 세 시험과 상당히 다르다. BEST의 쓰기 과제는 집주인이나 친구에게 짧은 메모를 전달하는 것처럼 수험자가 써야 할 만한 이유가 있다는 점에서 언어 숙달도가 낮은 이민자에게 실제적이다. 이러한 과제는 시험이 아닌 상황에서는 문법적 정확성보다 의사소통 기능 수행의 정도를 근거로 판정된다. 따라서 이해 가능한 방법으로 과제를 완수했는지의 여부를 엄격하게 판별하는 이 시험의 채점 안내서에서도 평가의 실제성 항목을 특별히 중시한다.

평가의 유용성을 위한 다른 측면들

대상 집단을 위한 BEST의 한 가지 장점은 실용성에 있다. 즉, 이 시험은 적은 자원으로도 실행할 수 있으므로 관리와 채점이 용이하다. BEST는 저부담 시험이기 때문에 이 장에서 지금까지 논의된 다른 시험들에 비해 신뢰도의 영향을 덜 받는다. BEST는 중앙 차원에서가 아니라 지역적으로 채점되기 때문에 쓰기 과제의 이중 채점을 위한 표준화된 절차가 없다. BEST 평가 매뉴얼에 기록된 평가자 간 신뢰도에 대한 연구에서는 매뉴얼의 지시를 따르는 평가자들이 높은 일관성을 가지고 평가할 수 있다고 주장한다. 쓰기 시험 영역에서 문식성 수행 부분에 대한 평가자 간 신뢰도는 .98에서 .99에 이른다고 보고되었다(CAL, 1989).

6. CoWA(Contextualized Writing Assessment)

평가 목적

맥락에 따른 쓰기 평가(Contextualized Writing Assessment: CoWA)는 제2언어 또는 외국어 학습자의 제2언어 숙달도를 인증할 목적으로 개발된 미네소타 언어 숙달도 평가(MLPA)의 일부이다. 전체 시험은 프랑스어, 독일어, 스페인어로 듣고 말하고 쓰고 읽는 시험으로 구성되어 있다. CoWA는 ACTFL 숙달도 기준으로 중급 하 수준의 문어 숙달도 시험이다(American Council on the Teaching of Foreign Language, 1983). CoWA는 졸업 요건 충족이나 고등학교 중급 수준 강좌에 학생을 배치하는 것처럼, 제2언어 필자의 수행이 최소한의 기준을 충족하는지 여부를 가리는 상황에서 사용하도록 의도되었다(CARLA, 2001).

평가 내용

CoWA는 단일한 화제로 조직된 다섯 개 과제들로 구성된다. 각 과제가 제시되기에 앞서 화제와 과제를 관련시키는 맥락 정보가 주어진다. 맥락화된 과제는 대상 언어로 실제적인 쓰기 과제를 완수하도록 수험자를 일련의 논리적인 사건에 관련시킨다. 또한 각 과제에는 준비 과제로 사용될 수 있는 선택적 브레인스토밍 과제도 포함되어 있다. 브레인스토밍 과제는 학습자로 하여금 글을 쓰기 전에 자신의 아이디어를 조직하고 초점화할 수 있게 한다. CoWA 웹사이트에 따르면, 'CoWA의 모든 과제는 중급 수준에 맞는 상황

안에서 구사되는 언어 기능, 화제, 담화를 목표로 한다. 또한 과제는 중급-하급 수준의 수행 영역에서 대표적인 것들이다.' 학습자들은 각 과제마다 최소한 7문장으로 글을 써야 한다. 〈자료 7.14〉는 두 가지 연결된 과제의 화제를 예시한 것이다.

〈자료 7.14〉 CoWA 쓰기 과제 사례

주제: 저널을 꾸준히 쓰기

프랑스어/독일어/스페인어 수업에서 선생님이 꾸준히 저널을 쓰면 추가 점수를 준다고 하였습니다. 이 제안을 받아들여 저널을 쓰기로 했습니다. 다음 과제를 살펴본 후 곧바로 쓰기 시작하십시오.

알아보기 쉽게 쓰십시오.
쓸 수 있는 만큼 많이 쓰십시오.
최대한의 쓰기 능력을 보이십시오.

제1과제: 멋진 날
상황: 선생님께서 어떤 날이 멋진 날인지 생각해 보고 저널에 쓰라고 하십니다.
준비: 굉장한 날에 대한 아이디어를 생각해 보고, 프랑스어/독일어/스페인어 또는 영어로 1분간 다음 질문에 대답하십시오.
　　•주변이 어떻습니까?(위치, 풍경, 소리, 냄새 등)
　　•지금 무엇을 합니까?
　　•지금 누구와 함께 있습니까?
과제: 어떤 날이 멋진 날인지 프랑스어/독일어/스페인어로 설명하십시오. 다음 내용을 포함할 수 있습니다. 1) 주변 환경에 대한 설명 2) 하는 일 3) 함께 지내는 사람 4) 느낌

7~10문장의 프랑스어/독일어/스페인어로 여러분이 생각하는 멋진 날을 설명하십시오.

제2과제: 방문자

상황: 마지막 저널 과제로서, 얼마 후 여러분 교실을 방문하게 될, 프랑스어
/독일어/스페인어 사용 교환학생에게 할 질문을 몇 개 만들라고 하
십니다. 교실에서 외국 친구와 질의응답 시간을 가질 예정인데 선생
님은 여러분이 이 시간을 잘 준비했으면 하십니다.

준비: 프랑스어/독일어/스페인어를 사용하는 친구에게 질문하고 싶은 것
을 생각해 보고 프랑스어/독일어/스페인어 또는 영어로 질문을 만들
고 대답하십시오. 날씨, 방문하기에 흥미로운 장소, 젊은이들이 하는
일과 여가생활(음악, 음식, 소풍 등) 등에 대해서 질문할 수 있습니다.

당신이 알고 싶어 하는 것:

과제: 교실을 방문할 프랑스어/독일어/스페인어 사용 교환학생에게 질문할
내용을 최소 다섯 문장 이상 쓰십시오. 다음 내용을 포함할 수 있습니
다. 1) 날씨 2) 젊은 층의 직업과 여가 생활 3) 방문하고 싶은 장소 등

교환학생에게 질문할 문장을 프랑스어/독일어/스페인어로 최소한 5개 이상이
되게 쓰십시오.

채점

CoWA는 〈자료 7.15〉의 기준을 사용하여, 합격/불합격으로 채점
된다. 이 평가 기준에는 과제 완수, 어휘, 담화, 그리고 현재 시제
및 가까운 미래 시제의 정확한 문법 지식이 포함된다. 합격 판정을
받으려면 모든 준거에서 최소한 5분의 4는 충족되어야 한다. 현재
채점은 CARLA에서 훈련받은 평가자들에 의해 중앙 차원에서 진행
되지만 지역적으로 채점이 진행되도록 훈련 자료가 준비되고 있다
(Cheryl Alcaya 인터뷰, 2001.3.29). 불합격 답안만 이중 채점된다. 합격
답안은 평가자가 점수에 대해 확신하지 못할 경우에만 이중 채점된다.

〈자료 7.15〉 CoWA 채점 기준

중급 하 수준 쓰기 평가 채점 기준

아래 기준은 중급 하 수준에서 **최소한** 수행해야 하는 **필수** 조건들을 고려한 것이다. 각 과제를 총체적으로 평가하라. 과제에 대한 전반적인 수행에서 다음 기준에 부합한 과제 점수는 '합격'이다.

과제 완수	어휘
담화	현재 시제

과제 완수
답안의 형식과 내용이 대체로 과제 요구를 충족한다(과제 요구는 굵은 활자로 표시됨).

어휘
- 화제에 응답하는 데 필요한 적절한 범위의 어휘를 사용할 수 있음
- 단어나 구문들을 과도하게 반복하지 않음
- 단어 선정이나 맞춤법에 사소한 오류가 있으나 전달하려는 의미를 명료하게 전달함

담화
- 기본적인 문장 수준의 담화 구성 능력을 보여줌. 단순한 문장(S-V-C)은 중급 하 기준을 충족하기에 충분함. 복잡한 문장을 쓸 수는 있으나 항상 성공적이지는 않음
- 문장 유형을 하나 이상 사용할 수 있음
- 종종 모국어를 직역하는 습관이 있음
- 전반적으로 문법적 오류 때문에 표현하고자 하는 의미가 모호해지지는 않음

현재 시제 및 가까운 미래 시제
- 답안 작성에 필요한, 현재 시제 표현 능력이 있음(현재 시제에서 일반

동사를 활용할 때 오류가 거의 없음)
- 가까운 미래 시제 표현(to go+동사 원형)이나 미래 행위 기술에 필요한 시간 부사 사용 능력이 있음

다음과 같은 이유로 채점이 불가능한 답안은 '불합격' 처리함
- 너무 짧음(5개 이하의 문장/독립절 혹은 4개 이하의 질문)
- 전체적으로 이해할 수 없음

논의

CoWA는 TOEFL이나 FCE, IELTS에 비해 중간 정도 수준의 저부담 시험이며 비교적 동질적인 수험자 집단에게 사용된다. BEST보다는 높은 수준의 숙달도를 목표로 삼지만 앞서 논의된 다른 세 가지 시험보다는 낮은 숙달도를 목표로 한다. CoWA의 변별적인 특징은 사전 쓰기 과제를 선택할 수 있게 하고 화제별로 연관되어 있는 다섯 개 과제가 있는 점이다. 합격/불합격으로 판정되는 간단한 채점 기준표가 있고, 불합격일 경우에만 이중 채점을 하는 점도 특징적이다.

구인

CoWA는 앞서 언급한 바와 같이, ACTFL 숙달도 기준으로 중급하 수준의 쓰기 수행을 측정하고자 설계되었다. ACTFL 숙달도에 따랐기 때문에 경험적 기반이 결여되어 있다는 비판을 자주 듣기도 하지만(ACTFL 숙달도 기준의 문제에 대한 연구는 Alderson 1991, Valdéz 외 1992를 참조할 것), 그럼에도 불구하고 이 숙달도 기준은 미국의 외국어 평가 관련 연구를 조직하고 계획할 때 자주 사용되는 평가

틀로서 대표적이다. CoWA는 단지 한 수준의 숙달도에서만 합격/불합격을 판정하기 때문에, 평가 도구 개발자들은 현재 시제와 기본 문장 수준의 담화 등과 같이, 이 수준을 특징짓는 문어 산출물의 언어적 자질을 채점 기준표에 상세하게 명시할 수 있다. 또한 이 시험의 쓰기 과제는 해당 수준의 숙달도에서 흥미로운 문장 구조와 담화 유형을 찾아내어 설계되었다. 이러한 의미에서 CoWA는 이 장에서 다루어진 시험들 중에서 가장 분명하게 정의된 구인을 가지고 있는 시험이다.

실제성

이제까지 살펴본 여타 시험과 달리, CoWA는 주로 언어 교실 밖에서는 실제로 전혀 필요하지 않을 수도 있는 언어를 학습하는 학생들을 위해 만들어진 것이다. 따라서 이러한 학생들에게 실제적인 과제가 무엇인지는 결정하기가 대단히 어렵다. CoWA 개발자들은 언어 교실 상황을 목표 언어 사용 구인으로 명시화함으로써 이 문제를 해결하였다. '실세계'의 과제가 아닌 교실 쓰기 과제로서의 개연성을 마련하여 과제의 실제성을 도모한 것이다. 이러한 실제성은 교실 쓰기 상황을 가정하는 브레인스토밍과 예비 쓰기 과제를 선택적으로 제공함으로써 더욱 향상되었다.

평가의 유용성을 위한 다른 측면들

CoWA는 수험자들에게 비교적 부담이 적은 시험이고 현재 소수의 학생들만 대상으로 하기 때문에, 많은 채점자나 수험자와 관련되는 TOEFL, FCE, IELTS 같은 시험에서처럼 신뢰도를 보장하는 정교한 측정이 그리 중요하지는 않다. 그래서 쓰기 답안에 대한 이중 채점은 불합격을 받은 경우와 수험자가 결과를 수긍하지 않는 경우에만 진행된다. 이로써 부정적인 결과나 실수를 방지할 안전장치를 마련하는 한편, 최소의 인력으로 채점을 진행한다. 앞으로 CoWA가 수험자에게 좀 더 중요한 영향을 미칠 만한 광범위한 수준에 적용된다면 적절한 신뢰도를 보장할 수 있는 절차가 개발되어야 하고 채점에 투입될 인력들도 추가적으로 필요하게 될 것이다.

7. 요약

이 장에서는 언어 발달의 다양한 수준에 있는 제2언어 학습자를 대상으로 한 여러 가지 목적의 다섯 가지 쓰기 평가 유형에 대해 논의하였다. 각 평가 도구 개발자들은 5장과 6장에서 제기된 많은 질문에 대답해야 했다. 쓰기 과제를 몇 개나 포함시킬 것인지, 과제 유형은 얼마나 다양화할 것인지, 다양한 과제는 채점에 어떤 영향을 주게 되는지, 실용성의 제약 안에서 충분한 신뢰도는 어떻게 확보해야 하는지 등이 그러한 질문에 해당한다. 각 평가 도구 개발자들은 해당 평가의 목적에 따라 이러한 질문들에 대해 각기 다르게 답해 왔다. 이 장에서는 다섯 가지 평가 유형을 예로 들어 다양한 측면에서 평가의 유용성을 고려하며 이들 질문의 경중을 조정한 사례를 소개하고 그러한 조정에 내재된 함의들을 설명하였다.

8장 시간 제한 직접 쓰기 평가의 대안

: 교실에서의 쓰기 평가

1. 도입

지금까지 쓰기 평가와 관련된 많은 연구에서는 다양한 상황의 쓰기 능력을 평가하기 위해 시간 제한 직접 쓰기 평가(timed impromptu writing test)[1]를 포함하여 다양한 형태의 도구를 개발하고 보급해 왔다. Cohen(1994)은 관리, 연구, 수업의 세 가지 차원에서 평가의 효용을 설명한다. 평가와 관련된 대부분의 연구에서는 배치나 숙달도

---

[1] (옮긴이) timed impromptu writing test: 시간 제한 직접 쓰기 평가는 학생이 제한된 시간 내에서 단일한 과제를 부여받고 이에 대해 즉시 답안을 작성하여 제출하는 방식으로 이루어지는 평가이다. 이와 같은 평가 방식은 학생의 쓰기 능력을 측정하기에 효율적이고 적절한 방식으로 여겨져 선다형 평가를 대체하는 평가 방법으로 널리 사용되어 왔으나, 평가의 타당도와 신뢰도 측면의 문제가 제기되고 있다. 이에 따라 시간 제한 직접 쓰기 평가를 대체하는 평가로 포트폴리오가 대두되기 시작하였다. White, E. M. (1995), *An Apologia for The Timed Impromptu Eessay Test*, College Composition and Communication, 46(1), 30-45.

평가 등 관리의 측면을 가장 중시한다. 다양한 조건 하의 제2언어 발달을 연구할 때처럼 학생이 생성하는 언어 용례를 모아야 할 때에도 시간 제한 직접 쓰기 평가가 빈번하게 사용되었다. 그러나 교실 내 평가 상황(예를 들어 진단, 성취도 평가, 과제 피드백, 교수 및 교육과정 평가)에서 시간 제한 직접 쓰기 평가는 쓰기 능력 평가 도구로서 그리 적합하지 않다. 이어질 두 개 장에서는 교실에서의 쓰기 평가에 대해 다룰 것이다. 그리고 교실에서 평가를 할 때 대규모 평가를 위해 개발되고 연구되어 온 쓰기 평가 모형을 어떻게 참조해야 하는지를 알려주고자 한다. 물론 대규모 평가를 위해 체계적으로 개발된 모형이라고 해서 대부분의 교실에서 다 평가 도구로 사용할 수 있을 만큼 최적의 것은 아니다. 먼저 이 장에서는 제2언어 교실의 쓰기 역할에 대해 논의한 뒤, 대규모 평가를 위한 평가 모형이 교실 평가에 어떻게 적용될 수 있는지에 대해 논의할 것이다. 9장에서는 단일 텍스트에 대한 고려를 넘어 일정 기간 동안 학생이 작성한 텍스트 전체를 고려하는 평가 모형에 대해 논의할 것이다. 이러한 포트폴리오 평가는 학생이 쓰기에 대해 갖고 있는 지식의 깊이, 여러 다양한 독자와 쓰기 목적을 고려한 전략 사용의 유연성 등이 일정 시간 동안 진전되어 가는 양상을 보여준다.

  8장과 9장에서 논의되는, 시간 제한 직접 쓰기 평가의 대안들은 특히 교실 내 평가에 적합하며, 대규모 평가에서도 광범위하게 사용될 수 있다. 쓰기 교실을 운영하는 교사들의 구체적인 실천이 대규모 평가 방식의 변화에 영향력을 미치고 있다. 평가 방식은 교수 실천이나 교육과정과 매우 밀접하게 관련되기 때문이다. 현재 교사들은 포트폴리오 평가를 비롯하여 상대적으로 전형적이지 않은 쓰기 평가 방법으로 눈을 돌리고 있다. 따라서 본 장에서는 주로 교실 내 평가에 초점을 맞추고, 9장에서는 교실과 대규모 평가에서 각각 포트폴리오를 사용할 방안을 다룰 것이다. 현재의 추세는 시간 제한 직접 쓰기 평가의 대안을 찾고자 하는 것인데, 이에 관한 전반적인 논의는 10장에서 다루고자 한다. 이는 쓰기 평가의 미래와도 관련이 된다.

2. L2 교실에서 쓰기의 역할

교실 내 쓰기 평가에 대해 생각할 때에는, 우선 L2 쓰기 교실에서 쓰기 과제가 어떻게 사용되어 왔는지를 돌아볼 필요가 있다. 이 책의 앞선 논의들을 떠올려 본다면, L2 쓰기 교실이 얼마나 다양한 목적으로, 얼마나 다양한 학습자 집단으로 구성되는지 짐작이 갈 것이다. 학급은 대개 쓰기 능력 또는 일반적인 언어 숙달도에 맞춰 배정된다. 학생들은 제2언어 필자만으로 채워지기도 하고 모국어 필자와 함께하는 수업이 개설되기도 한다. 그런데 어떤 성격의 쓰기 교실이라도 교사가 등급이나 점수를 표시하는 평가 목적의 쓰기 과제가 있을 것이고 그렇지 않은 쓰기 과제가 있을 것이다. 평가되지 않는 쓰기의 예로는, 학술 자료 목록, 이메일, 강의 노트 등이 있다. 이러한 과제를 점수화하겠다고 해도 교수자가 구두로 언급하는 정도일 뿐 점수나 등급이 명기되지는 않는다. 이러한 쓰기 유형은 쓰기 평가의 채점 대상에 포함되지 않으므로 이 책에서는 더 이상 언급하지 않을 것이다. 평가 대상인 쓰기 과제는 시간 제한이 없는 교실 밖 쓰기와 시간 제한이 있는 교실 내 쓰기로 구분된다. 두 가지 쓰기 활동이 어떻게 다른가에 대해서는 전문가들 사이에 이견이 있겠지만, 교실 내 쓰기가 대체로 평가 활동인 반면, 교실 밖 쓰기는 학습 활동으로 부과되는 경향이 있다는 점에는 거의가 동의하고 있다. 교실 밖 쓰기 과제는 학습 후 연습과 강화를 위해서 적합하고, 교실 내 쓰기 과제는 학습자가 수업 목표에 도달한 수준을 가늠하기 위해서 필요한데, 이런 인식은 현재 보편화된 것 같다.

교실 안팎 과제에 대한 인식 차이를 명료히 하기 위해, 초급 수준 외국어 교실과 학문 목적의 고급 수준 영어 교실(EAP)의 각기 다른 L2 교수요목을 떠올려 보자. 초급 수준 외국어 교실에서는 학습자들의 언어 숙달도에 따라 교실 밖 쓰기 과제로 추가 연습을 하게 하고 그 결과물을 검토한다. 학습자들은 자신에게 맞는 속도로 과제를 수행하고, 사전이나 문법서 같은 보조 자료도 사용할 수 있다. 하지만 시간 제한이 있는 쓰기 과제 상황에서는 일반적으로 외부 자원의 도움 없이 자신의 언어 능력만으로 글을 쓰는 평가 도구가 제공된다.

한편 학문 목적의 L2 쓰기 교실에서 교실 밖 과제는 학습자가 단지 언어를 연습하고 검토 받는 활동에 그치지 않는다. 자료를 모으고 분석하는 것에서부터 아이디어를 생성하여 초고를 쓰고 수정하는 데 이르기까지 쓰기 과정의 다양한 국면에서 학습자가 직접 경험을 쌓을 기회를 제공한다. 학문 목적 영어 교실에서 학습자들은 보통 최종 등급 판정을 받기 전에 초고에 대해 또는 수정고에 대해 교수자나 학급 동료로부터 여러 번 피드백을 받는다. 이러한 경우 한 편의 쓰기 과제를 완수하는 데 몇 주의 시일이 걸리기도 한다. 이와 같은 쓰기 유형에서 강조하는 것은 전체 쓰기 과정에 대한 이해와 연습이다. 학문 목적의 쓰기 교실에서도 시간 제한 직접 쓰기 평가의 목적은 초급 교실과 동일하다. 즉, 시간 제한을 두고 쓰기 과제를 부여하는 것은 외부의 도움이나 자료를 사용하지 않고 글을 쓰거나 다른 확장된 텍스트를 계획하고 쓸 수 있는 학습자의 능력을 평가하기 위해서이다. 하지만 학문 목적 쓰기 교실에서 시간 제한을 두고 쓰기 능력을 평가하는 이유는 이뿐만이 아니다. 대학 입학을 준비하는 학습자들은 미래의 학업 과정 수행에 필요한, 정해진 시간 내에 글을 완료하는 능력을 갖추어야 한다. 또한 비교적 짧은 시간 내에 글을 조직하여 쓰고 편집할 수 있는 능력이 필수적이다. 최근의 연구들에서는 최소한 미국 대학생이 치르는 시험에서 시간 제한 직접 쓰기가 학술적 글쓰기의 가장 일반적인 형태임을 시사하고 있다(Carson et al., 1992; Hale et al., 1996).

교실 안 쓰기와 교실 밖 쓰기가 각기 다른 교수 목적으로 제시되고 서로 다른 제약과 자원이 주어지겠지만, 두 유형 모두 학생의 쓰기 능력을 평가하는 데 필요한 정보를 제공하므로 쓰기 평가의 일반적인 채점 기준표를 적용할 수 있다. 이 장에서는 이 두 종류의 쓰기 과제에 대한 평가 방법을 다루고자 한다. 언어 교실에서 쓰기 평가에 어떻게 접근할 것인지를 검토하기에 앞서, 먼저 교실 평가가 대규모 평가와 어떻게 다른지를 알아보는 것이 올바른 순서일 것이다.

3. 교실 평가와 대규모 평가의 비교

지금까지 전형적인 쓰기 평가 유형으로 논의되어 온 것은 수험자에게 미리 알리지 않은 하나 혹은 그 이상의 화제로 구성된 쓰기 과제이다. 이 화제는 이론적으로 모든 수험자가 접근 가능할 만큼 보편적이어야 한다. 그리고 쓰기 답안은 수험자의 신분을 모르는 최소한 둘 이상의 훈련받은 채점자가 독립적으로 채점한다. 이 평가 모형을 3장에서 논의한 Bachman과 Palmer(1996)의 틀로 살펴 보면, 이 모형이 신뢰도와 실용성이라는 평가 유용성의 두 축을 중심으로 만들어졌다는 점을 알 수 있다. 4장에서 논의한 바와 같이 직접 쓰기 평가가 그동안 유용성의 이러한 측면을 강조해 온 결과, 최근에는 시간과 자원의 측면에서 간접 평가 방식과 경쟁할 수 있을 정도로 효율성과 신뢰도를 가지게 되었다.

한편 교수자는 평가 유용성의 다른 측면 즉, 구인 타당도, 실제성, 상호작용성, 영향력 등에 좀 더 관심을 가진다. 이러한 용어를 직접 사용하지는 않았다 할지라도, 교수자들은 다음과 같은 질문에 관심이 있다. 학습자가 교실에서의 쓰기 목적을 달성했는지 어떻게 알 수 있는가? 평가 결과가 학습자의 쓰기 능력 향상을 어떻게 도울 수 있을까? 학습자가 관심을 갖고 최선을 다할 수 있는 과제 프롬프트를 어떻게 설계할 수 있을까? 다시 말해서, 자신의 평가가 수업의 쓰기 목적을 반영하는지(구인 타당도), 자신의 평가가 교실 밖의 쓰기에 대한 학습자들의 요구를 충족하는지(실제성), 학습자들이 쓰기 과정에 능동적으로 참여하는지(상호작용성), 쓰기 관련 피드백이 도움이 되며 학습자의 부족한 점을 개선하는지(영향력)를 확인할 방법에 관심을 가져야 한다. 물론 자신이 등급을 부여할 때에 일관성이 있는지(신뢰도), 시간을 과도하게 사용하지 않으면서도 충분한 피드백을 제공하는지(실용성)에도 관심이 있다. 그러나 교실 평가에서 이러한 쟁점은 대규모 평가에서만큼 중요하지 않다.

대규모 평가는 교실 평가와 관심을 두는 지점이 다르기 때문에, 가장 적절한 형태의 대규모 평가 방식은 교실 평가와 달라질 수 있다. 시간 제한 직접 쓰기 평가는 다음의 다섯 가지 조건 하에서는 유용한 평가 도구로 간주되어 왔다. 이들 조건에서 대규모 평가와 교실 평가가 어떻게 서로 다른지 살펴보도록 하자.

1. 평가 점수에 기반하여 어떤 결정을 내려야 할 경우, 반드시 점수가 있어야 한다. 짧은 시간 내에 대규모 집단의 많은 수험자들을 변별할 평가 기준이 있어야 할 때에, 대규모 평가에서 가장 적절한 형태는 직접 쓰기 평가이다. 대규모 집단을 대상으로 제한 시간 내에 순발력 있게 글을 쓰도록 하는 평가의 장점은 채점이 신뢰할 만하고 효율적으로 이루어진다는 것이다. 한두 개의 프롬프트만 있으면 되고, 수험자 쓰기의 강·약점에 대해 피드백을 제공할 필요가 없으며 쓰기 결과물에 대해 숫자만 부여하면 될 때에 특히 유용하다.

그러나 일반적으로 교실 상황에서 학습자는 자신의 쓰기에 대해 교수자와 피드백을 주고받고 싶어 하기 때문에 교실에서 평가를 하는 경우, 교수자는 학습자의 글에 대해 단순히 점수만 부여하기보다는 논평을 써 주는 시간을 많이 할애해야 한다.

2. 수험자는 단일한 목적의 평가를 짧은 시간에 수행하게 된다. 시간 제한 직접 쓰기 평가는 일반적으로 30분에서 3시간 정도의 짧은 시간 동안 관리된다. 시간이 한정되어 있고 수험자들에게 한 번 이상이나 장시간에 걸쳐 평가를 받게 하기 어려운 대규모 평가에서는 짧은 시간에 수행되는 평가가 유리하다. 그러나 시간 제한 직접 쓰기 평가의 이러한 면모는 수험자가 글을 쓰기 전에 혼자서 또는 집단 내에서 화제에 대해 깊이 생각할 시간이 거의 혹은 전혀 없으며, 그 결과로 화제에 대해 다소 피상적인 생각들을 반영한 초고만으로 끝나게 될 수 있음을 의미한다.

반면 교실에서 학생은 화제에 대해 읽고 다른 학생들이나 교사와 토론하고 다양한 쓰기 전 활동을 함으로써 화제에 대한 쓰기를 준비할 수 있는 기회를 충분히 제공받는다. 그러므로 교실은 교실 밖의 자기 성찰적 쓰기가 포함된 쓰기 과정을 모사(模寫)하는 보다 양질의 기회를 제공한다. 교실 평가는 이러한 기회들을 사용할 수 있고, 또 사용해야 한다.

3. 학생들의 다양한 경험이 평가되어야 한다. 시간 제한 직접 쓰기 평가는 특정한 교육과정이나 내용에 얽매이지 않기 때문에, 학습자가 어떤 프로그램을 들었는가 또는 쓰기 수업을 받는가와 관계없이 평가할 수 있다. 시간 제한 직접 쓰기 평가는 여러 다른 고교 출신의 학생들을 동일한 대학의 제2언어 프로그램에 배치하는 데에 유용하다.

그러나 교실에서 교수자가 특히 성취도 평가에 관심을 둔다면 이러한 평가는 적절하지 않다. 교사가 학생의 사전 경험에 개의치 않고 교실에서 가르친 것을 숙달했는지를 평가하고자 한다면 그러하다. 그러므로 교실의 쓰기 평가는 교실 수업의 특정한 목표와 교육과정을 반영하는 데에 좀 더 초점이 맞추어질 수 있고 맞추어져야 한다.

4. 평가가 부정적인 환류 효과보다 긍정적인 환류 효과를 가지도록 해야 한다. 대규모의 언어 숙달도 평가에서, 직접 쓰기 평가는 3장에서 논의하였던 것과 같이 전통적으로 쓰기가 수업의 초점이 되지 않은 상황에서 긍정적인 환류 효과를 유발하는 것 같다.

반대로 교수 초점이 쓰기 과정에 있는 교실에서 시간 제한 직접 쓰기 평가는 부정적인 환류 효과를 줄 수 있다. 특히 기말시험과 같은 고부담 평가에서 더욱 그러하다. 이러한 경우 학생들은 자신이 공부했던 초고쓰기, 수정하기, 편집하기에 대한 수업이 시간 제한 직접 쓰기 평가를 받게 될 자신의 당면 목표와 무관하다고 인식할 수 있다.

5. 구인에 대한 정의가 쓰기의 사회적 측면보다 개별적인 측면을 강조해야 한다. 2장에서 논의하였던 것과 같이, 실제 세상에서 쓰기가 타인과의 상호작용 하에 성취될 때조차, 우리는 쓰기 능력을 대체로 개인에게 내재되어 있는 무언가로 기술해 왔다. 예를 들어, 내가 이 장을 쓸 때 동료, 대학원생, 편집자의 피드백에 의존해 왔음에도 나는 이 장을 '쓰고 있다'고 말한다. 나는 이 장을 쓸 때에 다른 이의 제안을 수없이 포함했고, 이와 같은 제안이 나의 글을 더 좋게 만들어준다고 확신한다. 그러나 쓰기 평가에서는 개인의 결정에 의존하기 때문에, 쓰기 능력의 정의는 전통적으로 개별 수험자의 인지적이고 언어적인 능력으로 제한되어 왔다. 대규모 평가의 경우에는 더욱 그러하다. 대규모 쓰기 평가는 심리측정학적 전통에서 많은 절차를 수용하였기 때문이다. 시간 제한 직접 쓰기 평가는 수험자가 외부의 도움 없이 쓰기를 수행할 수 있는지를 확인하는 최선의 방법이다. 평가 이전에 화제가 알려지는 것을 방지하고 평가를 치르는 동안 수험자가 서로 도움을 주고받을 수 없도록 조치를 취한다.

교수자에게도 쓰기 능력에 대한 개별적 관점은 중요하다. 학습자가 동료와 교수자나 튜터에게 자신의 글에 대해 피드백이나 격려를 받는 교실에서 학습자가 쓴 글에 대해 최종 등급을 내려 돌려주기 전에 개별적인 확인이 필요하다. 교실 밖에서 글을 쓸 때 받게 되는 도움의 종류와 범위를 교수자가 언제나 통제하고 점검할 수는 없기 때문에, 많은 교수자들은 학습자가 성취 수준에 도달할 수 있는지를 평가하기 위해 수업 시간 내에 쓰기 평가를 시행하는 것이 중요하다고 여긴다.

반면 학술적 글쓰기를 지도하는 교수자들은 쓰기의 사회적 측면을 점차 인식하고 있으며, 쓰기 평가에서도 글을 쓰면서 교수자나 동료의 피드백을 통합하는 절차를 포함시킨다. 그러므로 최종 결과물을 평가할 때 필자가 적절한 텍스트 생성에 필요한 언어 및 인지적 자원을 혼자 힘으로 적용하는 능력을 엄격하게 살펴야 한다고 더 이상 목소리를 높이기는 어렵다. 오히려 필자가 사회적 상호작용을 비롯하여 자신의 글을 읽는 독자의 요구를 적절하게 충족할 수 있는지, 의사소통을 목표로 텍스트를 만들 때 적절한 자원을 모두 사용할 능력이 있는지를 살펴보는 것이 중요하다. 쓰기에 대한 이러한 관점이 구인의 정의와 측정을 복잡하게 만들지라도, 실제 세상의 쓰기를 반영한 보다 정확한 관점일 수 있다. 현재 많은 쓰기 교수자들이 이러한 관점으로 학습자들을 이끌어 가고 있다. 제한 시간 안에 글을 쓰도록 한 평가 방식이 쓰기의 사회적 측면을 측정하기 위해 시작된 것이 아님은 분명하다. 따라서 쓰기의 사회적 측면을 고려하여 구인을 정의한다면 다른 형태의 평가를 모색해야 한다.

4. 대규모 평가 모형을 적용한 교실 평가

모르는 화제에 대해 주어진 시간 동안 글을 쓰는, 전형적인 대규모 쓰기 평가 방식이 교실 내 평가로는 여러 면에서 부적절하다. 하지만 대규모 평가에 적합한 직접 쓰기의 덕목 가운데 교실 평가에서 참조할 만한 것은, 제한 시간 내에 산출된 글은 학습자 자신의 작품임이 분명하다는 사실이다. 그러나 이러한 장점이 있다고 해도 평가와 교육과정이 가능한 한 통합되어야 한다고 믿는 교수자들은 제한 시간 내의 쓰기 평가를 납득하지 못할 것이다.

시간 제한 직접 쓰기 평가가 교실 수업을 위한 평가 도구가 될 수 없다고 배척만 해서는 안 된다. 학습자에게 교실 밖 쓰기를 요구하는 것이 비현실적인 상황도 있다. 하루 일과를 마친 후 살아가기 위한 방편으로 저녁 언어 수업을 듣는 성인 이민자 학습자들의 경우가 그러하다. 그래서 교실 내 쓰기를 평가 도구로 사용하는 것이 바람직한 상황도 존재한다. 대규모 평가로부터 수업 상황이나 교실 맥락에 적합하게 적용할 것이 있다면 받아들여야 한다. 교실 수업이 제공하는 이점을 이용하여 대규모 평가의 일부를 수정할 수도 있기 때문이다.

대규모 평가 방식에 준하여 교실 평가 절차를 설계할 때에는 과제 설계와 채점 절차의 두 측면을 함께 고려해야 한다. 대규모 평가에 대한 연구 중에는 교실 평가 절차 설계에 적용할 지식과 경험이 적지 않다. 교실 평가에서 제한 시간 내에 직접 쓰기 과제로 사용할 만한 것들을 살펴보기에 앞서 과제 설계와 채점 절차에 대해 간단히 논의해 보겠다.

과제 설계

교실에서 수업을 하는 교수자는 수업의 목표와 학습자의 배경 및 요구에 맞는 쓰기 과제를 설계할 수 있기 때문에 대규모 쓰기 평가 설계자로서 많은 이점이 있다. 교실의 쓰기 과제는 상대적으로 협소한 목표 언어 사용 영역(Bachman & Palmer, 1996)을 구인으로 삼게 된다. 또 교실의 쓰기 과제는 특정한 언어 학습 목표를 반영한다. 특히 학문 목적이나 직접 목적 쓰기 강좌의 경우에는 교실 밖의 실제적 쓰기를 반영해야 한다. 한편 대규모 쓰기 평가 과제는 '실제 세계'의 포괄적인 쓰기 과제를 담아내기 위해 보다 넓은 목표 언어 사용 영역을 구인으로 삼기 때문에, 평가 과제를 더 넓은 범위로 설정하게 된다. 교수자가 교실 내 직접 쓰기 평가 과제를 설계하는 것은 대규모 평가의 쓰기 과제를 설계하는 것보다 쉬울 것이다. 교수자는 대규모의 이질 집단 학습자의 요구를 고려할 필요가 없기 때문이다. 대규모 평가에 대한 연구로부터 교실의 쓰기 과제를 설계할 때 고려해야 할 두 가지 지혜를 얻을 수 있다.

첫째, 담화 양식에서부터 프롬프트를 선정하는 구체적인 작업에 이르기까지 쓰기 과제의 다양한 요소들을 주의 깊게 고려하라. 이러한 요인은 대규모 평가에서와 같이 교실 평가에서도 중요하게 다루어져야 한다. 일반적인 과제보다 교실에서 중요하게 다룬 쓰기 자질에 좀 더 좁게 초점을 맞출 수 있다는 점만 다르다. 교수자는 쓰기 과제를 설계할 때에 최소한 명료성, 타당성, 신뢰성, 흥미라는 네 가지 사항을 고려해야 한다. 이에 대해서는 5장에서 상세하게 논의하였다(White, 1994). 쓰기 과제가 수험자에게 기대하는 것이 무엇인지 알리기 위해 과제 프롬프트는 명료하게 진술되어야 한다. 그리고 쓰기 과제는 측정하고자 하는 기능을 드러내고 수험자의 능력을 정확하게 보여주도록 타당한 방식으로 유도해야 한다. 또한 신뢰할 만한 점수를 산출하기 위해 채점 절차는 일관성이 있어야 한다. 마지막으로 쓰기 과제는 필자와 독자 모두에게 흥미로운 것이어야 한다.

둘째, 평가 개발 과정을 눈여겨보라. 5장에 기술된 쓰기 평가 개발 과정에는 평가를 설계·조직·관리하는 절차가 포함되어 있다. 공식적인 평가 도구 개발 과정은 여기서 서술하는 교실 평가와 기본적으로 동일하다. 우선 평가되어야 할 능력에 대해 정의를 내리고 나서 학습자가 평가를 가장 잘 받을 수 있는 방법이 무엇인지 결정한다. 적절한 과제를 설계하고 어떻게 시행할 것인지를 정한다. 교수자가 교실에서 평가 도구를 개발하는 과정은 두 가지 이유에서 간소화될 수 있다. 첫째, 평가가 단일 집단 학습자 대상으로 단 한 번 시행될 것인데 대규모 평가를 개발할 때만큼 노력을 기울인다면 교수자의 시간과 자원이 매우 아까울 수 있다. 둘째, 일반적으로 교실 평가는 대규모 평가만큼 결정적으로 성패를 결정짓는 고부담 평가가 아닌 경우가 많다. 만일 평가가 신뢰도와 같은 기준을 엄격하게 충족시키지 않아도 된다면 절차는 다소 느슨하게 적용될 수 있다.

출제구성표(test specification)는 교수자가 교실에서 쓰기 평가를 개발할 때에도 작성하는 것이 좋다. 교수자 개인이 사용할 출제구성표가 여러 사람이 평가 도구를 개발할 때에 사용하는 것만큼 상세할 필요는 없어도 출제구성표를 구성하면 여러 가지로 유익한 점이 많다. 우선 출제구성표를 개발하는 동안 교수자는 자신이 평가하고자 하는 쓰기의 특정한 측면에 대해 그리고 평가 과제, 채점 절차에 이러한 측면이 어떻게 작동되겠는지에 대해 주의 깊게 고려하게 된다. 출제구성표를 명확하게 구성해 두면 평가 과제를 개발할 때 좀 더 일관성을 가질 수 있고, 다른 교수자들과 동일한 프로그램을 공유할 때 동일한 쓰기 과정에 유사한 평가 기준을 적용하게 할 수가 있다. 교실 평가에서 문서화된 출제구성표를 구비하면 이 문서를 학습자와 공유할 수 있다는 것도 장점이다. 학습자들에게 자신이 무엇을 평가받게 되는지 자신의 글이 어떤 준거로 평가될 것인지를 명확하게 알려 줄 수 있기 때문이다.

5장에서 언급했던 평가 도구 개발 과정 중 프롬프트에 대한 예비 평가도 교실 평가에서 실시할 필요가 있다. 본격적인 예비 평가를 언제나 할 수 있는 것은 아니지만 프롬프트 초고에 대해 과제 진술이 명확하고 할당된 시간에 실현할 수 있는 것인지, 수업 과정의 내용 영역을 포괄하는지 등을 한두 명의 동료에게 검토 받는 것은 그리 어렵지 않을 것이다. 교실 밖 쓰기 과제를 개발하는 경우라면 예비 평가를 반드시 시행해야 하는 것은 아니다. 과제를 수행해 가면서 필요한 경우 학습자들과 협상을 하거나 일정을 조정할 수 있기 때문이다. 하지만 학습자들이 교실 밖 쓰기에 너무 많은 시간과 수고를 들이거나 혼란을 겪지 않도록, 교수자는 처음부터 적절한 지침을 제공해야 하고 과제 지시문을 반복적으로 검토하여 수정해야 한다. 물론 교수자는 한 학기 수업 경험을 통해서 배우는 것이 있을 테고 이후 동일한 과정을 가르칠 때 경험을 바탕으로 다음 쓰기 과제를 수정할 수도 있다.

Reid와 Kroll(1995)은 여러 교실이나 기관의 교수자들이 각자의 교실에서 다른 교수자의 쓰기 과제를 가지고 예비 평가를 해줌으로써 서로 도울 수 있다고 말한다. 교실 쓰기 과제에 대한 예비 평가에서 프롬프트에 대한 문어적 반응은 물론, 프롬프트 자체도 면밀히 검토되어야 한다. 이들에 따르면 예비 평가에서 다음 세 가지 준거를 충족한 프롬프트는 통과될 수 있다. 첫째, 프롬프트를 실제 시험에서 사용할 집단은 예비 평가 모집단에 비해서 더 나은 결과를 내야 한다. 수업 내용을 숙지한 집단(학습자가 지금까지 해 온 것이 교수자의 지식에 의해 측정되는)은 그렇지 않은 집단에 비해서 전체적으로 더 나은 수행을 해야 한다. 둘째, 학습자가 제출한 결과물이 읽고 평가하기 용이해야 한다. 셋째, 학습자가 자신에게 내재한 능력을 최대한 발휘할 수 있어야 한다. 즉, 뛰어난 학습자의 쓰기 동기를 고무시키면서도 학습에 어려움을 느끼는 학습자도 뭔가 쓸 만한 거리를 찾을 수 있을 정도로 어렵지 않아야 한다.

Reid와 Kroll은 〈표 8.1〉과 같이 프롬프트의 적합성을 진단할 질문 목록을 제공하였다. 질문은 학술적 글쓰기를 위주로 작성되었지만, 비학술적 글쓰기의 경우에도 참고할 수 있다.

〈표 8.1〉 예비 평가용 프롬프트 분석 지침(Reid & Kroll, 1995)
프롬프트의 맥락
• 수업 과정 또는 학습자들과 관련이 없지는 않은가? • 학습자의 능력과 학습 목표를 고려할 때 합리성이 부족하지는 않은가?
내용
• 과제의 한도 내에서 성취되기에 지나치게 포괄적이지 않은가? • 학생-필자의 전문 지식, 경험, 탐구 능력을 넘어서지는 않는가?
문항 지시문이나 프롬프트의 표현
• 너무 단순하거나 너무 복잡하지는 않은가? • 문화적으로 편향되어 있지는 않은가? • 너무 추상적이거나 철학적이지는 않은가? • 비학술적이거나 반대로 지나치게 학술적이어서 부적절하지는 않은가?
답변
• 진부하지는 않은가? • 지나치게 감정적이지는 않은가? • 다른 것과 유사하지는 않은가? • 오해의 소지가 있거나 혼란스럽지는 않은가?

채점 절차

채점은 교수자가 대규모 평가의 연구 결과로부터 가장 많은 도움을 받을 수 있는 영역이다. 교실 안팎의 쓰기 답안을 채점하면서 명시적인 채점 기준표를 사용하면 학습자와 교수자 모두 혜택을 누릴 수 있다. 첫째, 학습자가 채점 기준표를 제공받는다면 자기 글이 판단될 준거가 무엇인지 인식할 수 있게 된다. Hamp-Lyons(1991c)

와 Ferris과 Hedgcock(1998)이 지적하였듯이 채점 기준표는 평가 도구일 뿐만 아니라 교수 도구이다. 학습자는 교실에서 자신과 친구의 글에 채점 기준표를 적용함으로써 쓰기에 대한 교수자의 기대를 알게 되고 자신의 글이 그러한 기대를 충족했을지 여부를 파악할 수 있게 된다.

둘째, 교수자는 채점 기준표를 기준으로 글을 일관성 있게 채점할 수 있다. 앞서 논의한 바와 같이 대규모 평가에서 채점 기준표는 채점자 내 신뢰도를 향상시키는 중요한 요소이다. 이는 교실 평가에서도 마찬가지이다.

명료하고 상세한 채점 준거를 체계적으로 적용하려는 교수자는 수업 목표와 과제 목적이 추구하는, 학습자 쓰기의 특정 자질에 관심을 집중하게 되므로 학습자의 글을 평가할 때 채점자 신뢰도가 향상된다. 교수자는 이와 같은 준거와 도구를 일관되게 사용하는 연습을 할 수 있다. 연습 시간이 많아질수록 교수자는 자신감을 갖고 점수를 부여하거나 피드백을 주게 될 것이다. (Ferris & Hedgcock, 1998: 230)

셋째, 채점 기준표를 사용하면 동일한 프로그램에서 동일 수업을 운영하는 여러 교수자들이 일관된 기준을 적용할 수 있다. 채점 기준표를 사용하면 학습자를 실수로 진급시키거나 유급시킬 가능성이 줄어들므로 여러 등급의 숙달도 수준이 있는 언어 프로그램에서 특히 중요하다. 동일한 숙달도 수준을 지도하는 교수자는 다른 교수자가 가르친 학습자의 글에 등급을 부여하면서 채점의 신뢰도를 한 번 더 점검할 수 있다. 채점 기준표 개발에 참여하는 교수자라면 채점 기준표에 더 많은 시간이나 노력을 투자하여 이를 일관성 있게 사용하려고 할 것이다.

넷째, 채점 기준표를 사용하면 등급 부여 과정을 단순화하는 장점이 있다. 채점 기준표는 체크리스트나 점수를 사용하기 때문에 길게 논평을 하거나 부적절한 문체 및 문법을 일일이 수정하는 것보다 등급 부여가 용이하다. 교수자의 시간을 절약하고 학습자에게 유용한 피드백을 제공할 수 있다. 많은 교수자가 글에 있는 오류를 모두 지적해주는 것을 의무로 여기며 학습자도 모든 오류를 지적해 주기 바란다고 생각하지만, 오류에 대한 이러한 수정 방식은 여러 가지로 문제가 있다. 첫째, Truscott(1996)의 지적대로, 문법 교정이 쓰기 능력 향상에 효과적이라는 경험적 증거는 거의 없다. (이후의 쓰기 과제에서 문법 능력 향상으로 연결될 뿐이다.) Truscott는 문법 교정이 학습자를 낙담시키는 측면이 있고, 교수자가 오류를 항상 정확하게 진단하고 설명하는 것이 아니며, 오류 교정에 과도하게 주의를 기울일 경우 좀 더 중요한 측면에 집중할 시간이 줄어들기 때문에, 심지어 문법 교정이 사실상 해로울지도 모른다는 입장을 고수하기까지 한다. 따라서 쓰기 교수자는 모든 문법 오류를 수정하려하기보다 집중적으로 지도할 수 있는 몇 개 오류 유형을 선별하는 것이 나을 수도 있음을 인식해야 한다. (오류 유형의 우선순위를 정하는 방법에 대한 유용한 논의는 Ferris & Hedgcock, 1998과 Reid, 1998을 참조할 것.) 교수자가 사용하기 쉽고 학습자가 이해하기 쉬운 채점 기준표는 학습자에게 자신의 수행을 전체적으로 조망할 감각을 제공한다는 점에서 유용하다. 상대적으로 체계성이 부족한 다른 유형의 피드백보다 학습자가 더 좋아할 수도 있다. 교실에서 사용할 수 있는 일반적인 채점 기준표 사례를 아래에 제시하였는데 다양한 오류 유형에 대한 참조 사항이 들어 있다.

대규모 평가를 위해 개발된 채점 기준표는 교실에서 사용하기에 최적화되어 있다고 말하기는 어렵다. 따라서 상세한 수업 목적이나 평가 맥락을 고려하지 않고 통째로 받아들여서는 안 된다. 6장에서 보았듯이 Jacobs 외(1981)의 척도에는 내용에 이어서 언어 사용(문법)에 많은 점수가 부여되었으나, 조직과 어휘에는 상대적으로 낮은 점수가 부여되어 있다. 학술적인 내용을 생성하고 이를 적절하게 조직하도록 가르치는 데 주안점을 둔 학문 목적 쓰기 수업의 채점 기준표에는 언어 사용보다 조직에 가중치를 주어야 한다는 생각이 반영되어야 한다. 특정한 교실 상황을 위해 개발된 채점 기준표의 사례를 이 장의 끝 부분에 제시하였다.

요약하자면 대규모 평가에서 고려해야 하는 여러 사항들은 교실 평가에서도 여전히 중요하다. 특히 교수자는 교실 안이나 밖 어디에서 작성되는 쓰기 과제이든 간에 적절한 목표 언어 사용 영역과 관련된 과제를 개발해야 한다. 지시문이 명료해야 하고 모든 학습자가 접근 가능해야 하며 제한된 시간과 사용 가능한 자원 내에서 참여하고 실현할 수 있어야 한다. 그리고 결과물을 채점할 때에 사용할 명료하고 일관성 있는 준거를 갖추어야 한다. 하지만 교실 평가는 교수자가 개인적으로 알고 지내는 소수의 학습자를 대상으로 하고, 학습자는 더 많은 시간을 할당 받으며 대규모 평가에 비해 동질적인 경험을 한다는 점에서 유리하다. 교수자는 이를 고려하여 쓰기 과제와 채점 준거 모두 대규모 평가에서보다 실제적이고 다양한 유형으로 개발할 수 있다. 이제 시간 제한 직접 쓰기 평가 모형을 교실 평가 목표에 맞게 수정하기 위해 이러한 요소를 교수자가 어떻게 활용하는지 살펴볼 것이다.

5. 교실 평가에 맞게 수정한 대규모 평가 모형

이 장의 앞에서 살펴보았듯이, 대규모 평가와 여러 모로 대조적인 교실 평가 상황에서는 대규모 평가에서처럼 신뢰도와 실용성을 특별히 고려해야 한다는 압박, 즉 많은 쓰기 답안을 효율적으로 채점해야 한다는 압박은 상대적으로 덜하다. 그러므로 교수자는 평가 유용성의 다른 측면인 구인 타당도, 실제성, 상호작용성, 영향력에 좀 더 주목할 수 있다. 이러한 측면들을 극대화하기 위해, 제한 시간 안에 직접 글을 쓰는 표준적인 평가 방식에 대해 많은 대안과 수정이 있어 왔다. 지금부터 이러한 수정 사항들에 대해 간단히 살펴보고자 한다.

1. 교실 안에서 작성된 글뿐만 아니라 교실 밖 쓰기도 평가하라. 앞 장에서 시간 제한 직접 쓰기 평가는 실제성이 다소 부족하다고 진술되었다. 평가 상황이 아니라면 대부분의 글이 엄격한 제한 시간을 두고 작성되지는 않는다. 그러므로 교실 쓰기 평가의 첫 번째 원칙은 쓰기 능력의 증거를 교실 내 쓰기로만 한정하지 않는 것이다. 학습자가 교실 밖 쓰기를 할 수 없어서 교실 쓰기로 제한해야 하는 적절한 이유가 그리 많지 않다면, 교수자는 교실 안팎의 쓰기 모두를 평가에 포함시켜야 한다.

2. 최소 두 편 이상의 답안을 작성하게 해서 평가하라. 쓰기 능력은 단일한 구인이 아니며 많은 과정적 지식을 포함하고 있다. 특정한 독자와 목적을 위해 작성된 한 편의 쓰기 답안이 여러 다른 상황, 다른 독자, 다른 목적의 쓰기 능력을 드러내는 데 한계가 있다는

것을 이 책 곳곳에서 지적해 왔다. 교실 내 포트폴리오 평가에 대한 (또한 대규모 평가에 대한) 인식이 확산되면서 이러한 한계가 더욱 주목을 받게 되었다. 이 점에 대해서는 다음 장에서 상세하게 논의될 것이다. 전체 포트폴리오에서 일부 내용을 선정할 때를 제외하고, 교수자는 교실 내 다양한 쓰기 과제는 물론 교실 밖 다양한 쓰기 결과물도 평가 대상으로 삼을 수 있다.

3. 시간 제한이 있는 쓰기 과제에 실제성과 상호작용성을 구축하라. 대규모 평가에서는, 5장에서 논의한 바와 같이 다양한 학생을 대상으로 광범위하게 평가를 할 수가 있게 되었으나, 쓰기 과제가 너무 일반적이어서 진부하거나 상투적으로 느껴진다는 것이 문제점으로 대두된 바 있다. 이 점에 있어서 교수자는 자신이 가르치는 학습자의 흥미와 요구에 따라 쓰기 과제를 조정할 수 있다는 게 얼마나 다행인지 모른다. 쓰기 과제는 교실 밖 쓰기 요구에 부응하면서도 학습자가 재미를 느끼면서 동시에 동기도 촉진할 수 있어야 한다. 이외에도 쓰기 과제에는 두 가지 요소가 더 필요하다. 첫째는 무언가에 대해 쓰기 전에 주제에 대해 읽고 토론하는 과정을 통해 구축되는 스키마의 순환이고, 둘째는 스스로나 다른 사람들로부터 받은 피드백을 반영한, 초고에 대한 반성과 수정 과정이다. 이러한 과정을 통해 쓰기 과제는 실제성과 상호작용적 의사소통을 둘 다 확보할 수 있다. 일반적으로 이 두 요소는 교실 밖 쓰기 과제에만 해당된다고 여겨진다. 하지만 조금만 생각해 보면 이러한 요소들을 시간 제한 직접 쓰기 평가에 사용해 볼 수 있다. 그래서 시간 제한 직접 쓰기 평가의 이점과 교실 평가에서 간과하기 쉬운 실제성의 요소를 결합시킬 수가 있다.

학습자가 화제를 준비하는 가장 손쉬운 방법은 실제 글을 쓰기에 앞서 쓰기 전 활동에 대한 수업을 듣는 것이다. 예를 들어 화제에 대해 읽고 토론할 시간이 없는 수업의 시작 단계에 교수자가 진단적 쓰기 과제에 브레인스토밍 내용을 구성하여 제시함으로써 시간 제한 직접 쓰기 과제를 위한 아이디어를 교실에서 찾도록 도울 수 있다. 즉, 수업에서 아이디어를 끌어내고 그 내용을 칠판에 적어 화제에 대한 개념 지도를 제시하거나 학습자가 화제에 대해 생각하도록 어떤 전략을 사용하는 것이다. 이러한 방법을 통해 학습자는 아이디어를 생산하느라 시간을 허비하지 않고 실제 글을 쓰고 편집하는 데에 더 많은 시간을 쏟을 수 있다.

시간 제한 직접 쓰기 평가는 교수자와 학습자가 며칠 혹은 몇 주를 함께 지내는 경우 쓰기 평가를 준비시키기에 더 용이하다. 많은 언어 교실에서 학습자는 수업을 들으면서 몇 주, 심지어 몇 달 간 특정한 내용을 준비한다. 내용 중심 언어 교수에서 쓰기 과제는 몇 주간의 내용 영역 학습을 완결 짓는 데 주로 활용된다. 학습은 텍스트 읽기, 듣기, 토론, 요약이나 저널 쓰기와 같은 짧은 쓰기 과제로 구성된다. 많은 교수자들은 교실에서 제한 시간 내에 쓰게 한 초고에 대해 주요 점수를 부여하고 편한 시간에 수정한 것에 별도의 점수를 부여하는 게 유용하다고 생각한다.

교실에서 사용하기 위해 직접 쓰기 평가를 수정하는 또 다른 방법은 학습자에게 미리 화제에 대해 숙고할 기회를 제공하는 것이다. 학습자에게 화제를 미리 제공하고 평가 날짜 이전에 개요를 작성하게 한다. 개요는 평가를 하기 전에 교수자에게 제출될 수 있으며, 평가를 할 때에 학습자에게 되돌려줄 수 있다. 이러한 방법을 통해 학습자는 화제에 대해 사전에 준비하는 조직하기와 사고하기를 할 수 있다. 하지만 실제 쓰기는 수업에서 이루어진다.

　Weigle과 Jensen(1997)은 대학 수준의 내용 기반 제2언어 영어 강좌 기말 고사 답안을 제공하였다. 이 수업은 학습자에게 글을 쓰기 전에 화제에 대한 지식을 축적하도록 하였다. 강좌 마지막 주에 학습자들은 비디오로 녹화된 강의를 보고 노트 필기를 하며 강의 요지를 적는다. 강의 노트와 강의 요지문은 교수자가 걷어 평가 날짜까지 보관한다. 학습자들은 동일한 화제로 읽기 자료를 제공받는데, 이 자료는 집에서 혼자 읽거나 스터디 그룹에서 읽지만 수업 시간에는 논의하지 않는다. 평가 당일 교수자는 강의 노트와 요지문을 학습자들에게 돌려주고, 학습자들은 강의 내용과 읽기 텍스트에 대한 내용 확인 질문이 적혀 있는 읽기 자료의 깨끗한 복사본을 받는다. 마지막으로 학습자들은 강의와 읽기에서 논의된 쟁점에 대해 특정한 입장을 취하는 에세이를 써야 한다. 학습자들은 자신의 논증을 뒷받침하기 위해 강의 노트와 읽기 자료 정보를 사용할 수 있다. 서로 다른 자료들로부터 조금씩 모은 정보를 종합하고 자신의 관점을 뒷받침하기 위해 다양한 정보를 사용한다는 점에서, Weigle과 Jensen은 이 방식이 대학생에게 기대되는 쓰기 유형을 좀 더 정확하게 반영할 수 있다고 말한다.

　이러한 시험 준비 형태는 화제 관련 정보를 얻기 위해 자료를 사용하는 쓰기 과정의 한 측면을 다루지만, 수정하기라는 또 다른 중요한 측면은 다루지 않는다. 그런데 평가 기간을 하루 이상으로 늘리면 수정하기 역시 시험에 포함시킬 수 있다. 시험 당일 학습자들에게 화제를 발표하고 초고를 작성하게 한다. 시험이 끝나면 초고를 걷고 다음 수정 기회를 제공하는 날 돌려준다. 학습자들은 각자 다른 사람의 글을 검토하고 조언하도록 허용하되 교수자 피드백은 전혀 없는 동료 수정 과정을 포함시킬 수 있다. 교실 쓰기의 협력적 측면을 평가에 포함시키기 위해서이다. 네트워크화된 교실과 웹에 기반한 가상 학습 환경의 증가는 이러한 과정을 더 쉽게 만들어 줄 것이다. 학습자들이 각자 온라인으로 서로의 글에 대해 조언을 할 수 있기 때문이다. 이러한 평가 방식에 대해서는 10장에서 보다 자세히 다룰 것이다.

4. **수업의 핵심과 과제 내용에 최적화되고 유용한 피드백을 제공할 채점 도구를 사용하라.** 대규모 평가가 교실 평가에 가장 크게 기여한 점은 정교하게 설계된 채점 기준표이다. 이는 신뢰도와 구인 타당도를 강화하기 때문이다. 교실 평가에 채점 기준표를 사용하면 대규모 평가에 비해서 더 유연하고 정교하게 특정 교실이나 과제의 요구를 충족시키도록 수정할 수 있다.

(일반적인 언어 숙달도라기보다) 특정 교실의 요구를 충족한 채점 기준표의 사례로서, 조지아 주립 대학의 집중 영어 프로그램(IEP)에서 개발한 채점 기준표 두 가지에 대해 논의하고자 한다. 집중 영어 프로그램은 학부 수준의 과제 수행 능력을 준비시키는 학술적 예비 프로그램으로 3단계로 이루어졌으며 고급 과정 안에 쓰기 수업이 두 강좌가 있다. 하나는 대학 시험을 위한 학술적 글쓰기 수업으로 한 학기 내내 단일 영역의 내용 자료를 다루며(예를 들어, 미국사), 쓰기 시험은 실제 내용 교과 수업에서 접하게 되는 내용으로 제한 시간 내에 교실에서 쓰는 것이다. (이 과정을 자세히 알고 싶다면 Weigle & Nelson, 2001을 참조할 것.) 또 하나는 글의 구조와 작문 수업으로, 쓰기 과정과 교실 밖 에세이 쓰기에 대해 배운다. 이 두 수업에서 사용되는 채점 기준표는 〈자료 8.1〉부터 〈자료 8.3〉까지에 제시되어 있다.

〈자료 8.1〉 학술적 글쓰기 수업의 채점 기준표(요약본)

내용	조직	표현
9~10	9~10	5
• 완전하고 정확하며 사려 깊다. • 중요한 아이디어를 모두 포함하였고 아이디어 간 관련성을 이해하고 있다. • 아이디어가 충분히 전개되었고 구체적인 사실이나 예시가 들어 있다. • 관련성 없는 정보는 전혀 포함되어 있지 않다.	• 주요 아이디어나 개념, 원리를 중심으로 논리적으로 조직되었다. • 한 번 언급한 문제를 정확하게 다시 진술하였다. • 아이디어가 일반적인 것에서 구체적인 것으로 전개되었다. • 적절하고 다양한 학술 표현 구조와 결속 장치를 사용하여 응집성이 있다.	• 오류가 거의 없이 명료하다. 오류가 있어도 이해를 방해하지 않는다. • 부정확하거나 반복적인 어휘가 거의 없으며, 학술 어휘가 포함되어 있다. • 대체로 정확한 단어 형태와 동사 시제를 사용하였다. • 다양한 문장 유형을 정확하게 사용하였다. • 자료 텍스트의 표현이 글에 생성된 표현과 잘 통합되었다.
7~8	7~8	4
• 화제를 잘 이해하고 있다. • 중요한 아이디어를 대부분 포함하였고, 아이디어 간 관련성을 잘 이해하고 있다. • 아이디어를 잘 전개하였고, 뒷받침할 수 있는 사실이나 예시가 충분하다. • 관련성 없는 정보가 다소 포함되었을 수도 있다.	• 주요 아이디어나 개념, 원리를 중심으로 대체로 잘 조직되었다. • 한 번 언급한 문제를 다시 진술하였다. • 아이디어는 대체로 일반적인 것에서 구체적인 것으로 전개되었다. • 학술적 표현 구조와 결속 장치를 사용해 어느 정도 응집성이 있다.	• 오류가 거의 없이 명료하다. 오류가 있어도 이해를 방해하지 않는다. • 대체로 정확한 학술 어휘를 사용하였다. • 부정확한 단어 형태와 동사 시제가 보이기도 한다. • 단문과 복문을 정확하게 사용하였으며 복잡한 문장을 사용하려고 한다. • 자료 텍스트의 표현이 글에 생성된 표현과 적절하게 통합되었다.

5~6	5~6	3
• 어느 정도 화제에 대한 지식과 이해가 있지만 부족한 부분이 있다. • 화제와 관련된 주요 아이디어가 일부 있으며 아이디어 간 관련성을 제한적으로 이해하고 있다. • 아이디어를 적절하게 전개하였고 뒷받침할 수 있는 사실이나 예시가 다소 있다. • 아이디어가 모호하고 반복적이거나 제대로 제시되지 않았다. 잘못된 개념이나 다소 부정확한 정보가 포함되었을 수도 있다.	• 주요 아이디어나 개념, 원리를 중심으로 느슨하게 조직되었다. • 한 번 언급한 문제를 다시 진술하려고 시도하였다. • 일부 아이디어는 일반적인 것에서 구체적인 것으로 전개되었지만 나머지 아이디어는 충분히 전개되지 않았다. • 학술적 표현 구조와 결속 장치가 되풀이되고 있지만, 이들 중 일부만 적절하게 사용되었다.	• 오류가 거의 없이 대체로 명료하게 작성되었다. 이해를 방해하는 오류는 몇 개에 불과하다. • 가끔 단어 선택이 잘못되었다. • 부정확한 단어 형태와 동사 시제가 일부 보인다. • 단문과 복문에 가끔 오류가 있으며 복잡한 구문을 시도하기도 한다. • 부분적으로 자료 텍스트 표현에 의존하였으며 글에 생성된 표현과 항상 들어맞지는 않는다.

　　쓰기 평가에서 사용되는 채점 기준표는 크게 두 영역으로 대별된다. 대학 시험을 위한 학술적 글쓰기 수업에서는 **논증적 쓰기**(Leki & Carson, 1997) 평가 기준표를 개발하였다. 내용 교과 수업의 쓰기 평가에서는 신변잡기보다 특정 주제의 단일 혹은 복수 텍스트를 이해하고 논증하는 쓰기 유형에 관심을 둔다. Leki와 Carsob의 말대로, 대부분의 영어 독해나 제2언어 영어 수업에서는 전통적으로 아이디어를 생성, 조직하고 적절한 표현을 쓰는 데에 초점을 맞춘다. 내용으로는 개인의 경험과 의견을 써야 한다. 문항 제시문에 포함된 자료 텍스트는 설명할 대상으로보다는 쓸 거리를 제공하기 위한 디딤돌로 사용되었다. 6장에서 본 채점 기준표는 내용 전문가가 아

닌 언어 전문가들에 의해 주로 개발되었으므로 언어적 사항을 우선적으로 반영하였고, 대개 내용의 정확성은 등급 부여를 위한 준거로 중요하게 다루어지지 않았다.

그러나 내용의 정확성은 논증적 텍스트 쓰기에서 중시되어야 한다. 많은 연구에서 내용 영역 교수자가 언어 표현력보다 내용의 정확성을 우선시한다는 사실을 보여 주었다(Santos, 1988; Mendelsohn & Cumming, 1987; Boldt et al., 2001). 〈자료 8.1〉에 발췌된 학술적 글쓰기 수업용 채점 기준표는 특별히 내용의 완전성과 정확성을 목표로 한다.

내용과 조직에 각기 10점을 주고 언어 사용에 5점을 주는 등 일정 척도에 부여된 가중치는 이러한 우선순위를 반영한다. 이러한 채점 기준표는 이 과정을 지도하는 교수자들이 공동으로 개발해서 부가적으로 이로운 효과가 있다. 채점 기준표에 내용의 정확성이 언급되었기 때문에 교수자는 인상적으로 점수를 매기지 않게 된다. 따라서 채점 기준표에는 평가 항목마다 정확한 내용으로 간주할 것이 무엇인지 명시적으로 상세히 기술되어야 한다. 결과적으로 각 에세이에 대한 기대가 명료해지고, 학습자들이 문항 지시문을 보고 자료 텍스트에서 적합한 정보를 확실히 끌어내도록, 교수자들은 자신이 작성하는 에세이 문항 지시문이나 프롬프트에 보다 많은 주의를 기울이게 된다. 그러므로 채점 기준표를 개발하고 사용하는 과정은 채점뿐만 아니라 쓰기 평가 도구 자체를 개선하는 효과를 낳는다.

이러한 채점 기준표는 내용 영역에서의 에세이 시험이라는 협소한 목표 언어 사용 영역을 구인으로 삼으므로, 그 의도에 있어서 6장에서 논의된 주요 특성 평가와 유사할 수 있다. 화학 실험 보고서나 자료 문헌 분석 등의 학술적 글쓰기 과제에 대한 채점 기준표는 관련 목표 언어 사용 영역의 내용과 조직 체계를 반영하도록 유의해야 한다. 모든 쓰기 과제에 대해 각기 다른 채점 기준표를 개발하는 것이 항상 가능하지는 않겠지만, 쓰기 과제와 채점 기준표는 어느 정도 맞아야 하며 모두 목표 언어 사용 영역을 구인으로 삼아야 함을 교수자는 늘 염두에 두어야 한다.

글의 구조와 쓰기 과정을 지도하는 쓰기 교수자는 또 다른 도전에 직면해 있다. 교수자가 쓰기 결과물은 물론 쓰기 과정 자체를 평가하는 데에도 관심을 두고 있기 때문이다. 짧은 시간 동안 하나의 초고를 생산하는 데에 관심을 두지 않고 쓰기 전, 쓰기, 수정하기, 편집하기의 과정을 성실하게 강조하는 교수자에게는 딜레마가 생길 수 있다. 교수자는 중간 정도 진행된 초고에 빈번하게 피드백을 제공하고 학습자에게도 다른 학습자의 글에 조언하도록 유도한다. 그러나 학습자들이 타인의 피드백을 자신의 최종 에세이에 적절하게 반영할 수 없어 보인다면, 교수자는 그렇게 하기를 주저할 수도 있다. 조지아 주립 대학의 집중 영어 프로그램에서는 최종 등급 산정에 수정하기와 편집하기를 통합함으로써 이러한 딜레마를 해결하였다. 이 프로그램의 채점 기준표는 시범 적용 후 최종 확정을 짓도록 개발되었으므로 공식 사용 전에 분명히 수정될 것이다. 이러한 채점 기준표는 수정하기를 최종 등급 판정에 통합하는 방법을 보여준다. 〈자료 8.2〉가 글의 구조와 작문 수업용 채점 기준표를 보여주었다면 〈자료 8.3〉은 학습자에게 주는 피드백 양식을 보여준다.

〈자료 8.2〉 글의 구조나 작문 수업용 채점 기준표

내용·조직	어법
9~10	**9~10**
• 쓰기 과제의 요건을 완전하게 충족하였고 화제를 꼼꼼히 다루었다. • 서론은 저자의 논점(목적, 계획, 초점)과 화제를 향해 독자의 관심을 효율적으로 집중시킨다. • 결론은 에세이를 마무리하면서 효율적으로 주제를 강화하고 논평한다. • 아이디어와 논증을 뒷받침하고 일반화하기 위해 필요한 내용을 완벽하게 전개하였으며 그 내용이 서로 관련성이 있고 신뢰할 만하다. • 단락이 논리적인 단위로 잘 구분되었다. 다양한 변화를 시도하였고 충분히 전개되었으며 주제와 분명하게 연관되고 서로 효율적으로 연결되어 있다. • 단락 내 문장들은 적절한 접속 부사와 결속 장치에 의해 아주 매끄럽게 연결되었다.	• 오류가 거의 없이 명료하게 작성되었다. 오류가 있어도 이해를 방해하지 않는다. • 정확하고 다양한 학술 어휘를 썼다. • 정확한 단어 형태와 동사 시제를 썼다. • 다양한 문장 유형을 정확하게 사용하였다. • 부과된 읽기 자료나 외부 자료로부터 아이디어를 표절 없이 통합하였다. 자료를 정확하게 인용하였고 다양한 방법과 표현으로 바꾸어 전달하였다.
7~8	**7~8**
• 쓰기 과제의 요건을 만족할 만한 수준으로 충족하였고 화제를 분명하게 다루었다. • 서론은 저자의 논점과 화제를 향해 독자의 관심을 집중시키기에 충분하다. • 결론은 주제를 만족할 만한 수준으로 강화하고 논평한다. • 아이디어와 논증을 뒷받침하고 일반화하기 위해 필요한 내용을 탄탄하게 전개하였으며 그 내용이 서로 관련성이 있고 신뢰할 만하다. • 단락이 논리적인 단위로 잘 구분되었다. 다양한 변화를 시도하였고 충분히 전개되었으며 주제와 분명하게 연관되고 서로 효율적으로 연결되어 있다. • 단락 내의 문장들은 적절한 접속 부사와 결속 장치에 의해 매끄럽게 연결되었다.	• 오류가 거의 없이 명료하게 작성되었다. 오류가 있어도 이해를 방해하지 않는다. • 부정확하거나 반복적인 어휘가 거의 없는 상태로 학술 어휘를 썼다. • 부정확한 단어 형태와 동사 시제가 보인다. • 다양한 문장 유형을 사용하였다. • 부과된 읽기 자료나 외부 자료로부터 아이디어를 표절 없이 통합하였다. 자료를 거의 정확하게 인용하였고 다양한 방법과 표현으로 바꾸어 전달했다.

내용·조직	어법
5~6	5~6
• 쓰기 과제의 요건을 어느 정도 충족하였고 화제를 분명하게 다루었다. • 조금 간단하거나 미숙하기는 하지만 서론은 저자의 논점과 화제로 독자의 관심을 끌기에 충분하다. • 결론은 주제를 강화하고 논평한다. • 아이디어와 논증을 뒷받침하고 일반화하기 위해 필요한 내용을 충분히 전개하였으며 그 내용이 서로 관련성이 있고 신뢰할 만하다. • 단락이 논리적인 단위로 구분되었다. 적절한 변화를 시도하였고 주제와 연관되어 서로 연결되어 있다. • 단락 내의 문장들은 적절한 접속 부사와 결속 장치에 의해 매끄럽게 연결되었다.	• 오류가 거의 없이 대체로 명료하게 작성되었다. 이해를 방해하는 오류는 일부분에 불과하다. • 단어 선택에 가끔 오류가 있다. • 부정확한 단어 형태 및 동사 시제가 어느 정도 있다. • 다양한 문장 유형을 사용하였으나 가끔 오류가 있다. • 부과된 읽기 자료나 외부 자료로부터 아이디어를 통합하였다. 자료를 거의 정확하게 인용하였고 다른 말로 바꾸어 표현하였다.
3~4	3~4
• 쓰기 과제의 요건을 부분적으로 충족하였고 화제를 분명하게 다루지 못한 곳이 있다. • 서론은 저자의 논점과 화제를 향해 독자의 관심을 끌기에 충분하지 않을 수도 있다. • 결론은 주제를 강화하지도 이에 대해 논평하지도 못하기도 한다. • 아이디어와 논증을 뒷받침하고 일반화하기 위해 필요한 내용을 충분히 전개하지 않았거나 그 내용이 서로 관련성이 없다. • 단락이 논리적으로 구분되지 않은 곳이 있다. 적절한 변화를 시도하지 못하거나 주제에 비추어 서로 연결되지 않을 수도 있다. • 필요한 접속 부사나 결속 장치가 누락되거나 부적절하게 사용되어 단락 내의 문장들이 매끄럽게 연결되지 않았다.	• 오류가 많다. 일부 오류는 이해를 방해하기도 한다. • 어휘 사용이 제한적이거나 잘못 선정한 사례가 보인다. • 정확하지 않은 단어 형태가 많이 보인다. • 동사 시제에 어느 정도 오류가 있다. • 문장 유형을 제한적으로 사용하였다. • 부과된 읽기 자료나 외부 자료로부터 아이디어를 표절하는 경우가 있다. 자료를 인용하지 않았거나 다른 말로 바꾸어 표현하지 않았을 수 있다.

내용·조직	어법
1~2	1~2
• 쓰기 과제의 요건을 충족하지 못하였고 글의 초점이 명료하지 않으며 아이디어 전개가 부족하다. • 서론은 저자의 논점과 화제로 독자의 관심을 끌기에 충분하지 않다. • 결론은 주제를 강화하지도 이에 대해 논평하지도 못한다. • 아이디어와 논증을 뒷받침하고 일반화하기 위해 필요한 내용을 충분히 전개하지 않았거나 그 내용이 서로 관련성이 없다. • 단락이 논리적으로 구분되지 않았다. 적절한 변화를 시도하지 못하였고 주제에 비추어 서로 연결되지 않는다. • 필요한 접속 부사나 결속 장치가 누락되거나 부적절하게 사용되어 단락 내의 문장들이 매끄럽게 연결되지 않았다.	• 오류가 아주 많다. • 이해를 방해하는 오류가 잦다. • 학술적인 글에 부적절하게 단순하고 반복적인 어휘를 사용하였다. • 부적절한 단어 형태와 동사 시제를 썼다. • 문장 유형이 별로 다양하지 않다. • 부과된 읽기 자료나 외부 자료로부터 아이디어를 표절하였다. 자료를 인용하지 않았거나 다른 말로 바꾸어 표현하지 않았다.

〈자료 8.3〉 학습자 피드백 양식

ESL 0640/0650 쓰기 피드백 양식　　　　　　　　　이름: _____

과제: _____　　총점: ____/20　수정/편집: _____ 등급: ____

☐ 초고　　☐ 완성본

내용·조직 _____/10 (점수에 대한 기술은 채점 기준표를 참조하시오.)	어법 _____/10 (점수에 대한 기술은 채점 기준표를 참조하시오.)	수정·편집 (최종본에만 해당됨) E　VG　G　F　P
• 전체적으로 화제에서 벗어난 자료가 거의 또는 전혀 없이 과제의 모든 요건에 부합하게 내용을 다루고 있다. • 서론은 독자의 관심을 화제와 주제로 유도하기에	• 오류가 거의 없이 분명하게 작성되었다. • 정확하고 다양한 학술 어휘를 썼다. • 다양한 문장 유형이 정확하게 사용되었다. • 부과된 읽기 자료나 외부	• 글의 내용을 향상시키기 위해 교수자나 동급생에게 받은 피드백을 반영하였다. • 글의 조직을 향상시키기 위해 교수자나 동급생에게 받은 피드백을 반영하

효율적이다.

- 중심 생각을 뒷받침하는 증거(예시, 일화, 상세화)가 엄선되었으며 분명하게 설명되었고 중심 생각을 뒷받침하기에 충분하다.
- 결론에서 글을 효율적으로 마무리하였다.
- 각 단락에는 하나의 중심 생각이 있고, 예시와 상세화를 통해 논리적이고 완전하게 전개된다.
- 다양한 변화(단어나 단락, 전체 문장)가 문장과 문단을 연결하는 데 효율적으로 사용된다.
- 이 과제를 수행함으로써 당신은 다음과 같은 구체적인 목적에 도달했다.
  _____
  _____
  _____
  _____

자료로부터 아이디어가 정확하게 인용되었고 다양한 방식으로 바꾸어 표현되었다.

다음과 같은 항목의 오류가 있다.

- 미완성
- 동사
- 일치
- 행을 바꾸지 않거나 쉼표로 계속 이어짐
- 어순
- 단어 선택
- 단어 형태

- 과제의 구체적인 목적:
  _____
  _____
  _____

였다.

- 교실에서 논의된 표현 규범을 준수하기 위해 세심하게 편집하였다.
- 적절한 격식을 갖추었다(여백, 한 행씩 비우기, 문단 들여쓰기, 제목, 참고 문헌, 제목 페이지).
- 철자, 구두점, 대문자 쓰기의 오류가 없도록 세심하게 편집되었다.

****

- 초고가 뛰어나기 때문에, 수정할 필요가 거의 없다.

| E: 훌륭함 |
| VG: 대단히 우수함 |
| G: 우수함 |
| F: 보통 |
| P: 부족함 |

※ UCLA 응용 언어학과와 TESL의 ESL 최적 프로그램을 위한 준비 과정에서 개발된 양식을 수정·보완하였음.

〈자료 8.2〉에 제시된 것처럼 학습자들은 초고의 문어 산출물에 대해 내용/조직과 어법이라는 두 개의 평가 척도에 기반하여 점수를 받게 된다. 그리고 최종고의 수정과 편집에 대해서는 〈자료 8.3〉의 가장 오른쪽 칸에서 보듯이, '훌륭함, 대단히 우수함, 우수함, 보통, 부족함'이라는 등급을 받는다. 수정과 편집에서 낮은 점수를 받은 학습자는 최종 등급 성적이 낮아질 것이다. 이렇게 하여 학습자들은 1차로 작성한 결과물뿐만 아니라 쓰기 과정에 대해서도 책임감을 갖게 된다. 이러한 사례는 교수자가 특정한 교수 상황에서 채점 기준표를 적용할 수 있는 몇 가지 방법을 보여준다. 특히 여러 교수자가 동일한 수업을 운영하고, 학습자가 교실 안팎 어디에서 작성한 쓰기 과제이든지 조금이라도 자신이 작성한 글에 대한 평가 결과를 바탕으로 진급하는 프로그램이라면, 이러한 채점 기준표는 중요하다. 수업의 진행 단계와 교수자들 사이에 일관성을 유지할 수 있기 때문이다. 또한 채점 기준표는 초임 교수자가 프로그램 문화에 적응하도록 돕는 유용한 훈련 도구가 된다. 이를 개발하면서 교수자는 자신이 중요하다고 느꼈던 쓰기 측면에 대해 논의하고 이를 명료화할 기회를 제공 받기 때문에도 채점 기준표는 유익하다.

6. 요약

이 장에서는 교실 안의 시간 제한이 있는 쓰기와 교실 밖의 시간 제한이 없는 쓰기라는 두 방식을 대규모 평가와 교실 평가의 관점에서 대조하였다. 시간 제한이 있는 직접 쓰기 평가가 대규모 평가에서 여러 모로 유용하다고 해서 교실에서 사용하기에도 언제나 적절한 것은 아니다. 하지만 대규모 쓰기 평가 관련 연구로부터 파생된 내용들은 교수자가 자신의 평가를 설계하고 학습자의 글을 평가하는 데 유용하게 쓰일 수 있다. 쓰기 과정을 보다 정확하게 반영하고 학습자에게 좀 더 유용한 피드백을 제공할 평가 도구를 만들기 위해 노력하면서 교수자는 제한 시간 내의 직접 쓰기 평가 한계를 넘어설 수 있다. 이러한 방법 중 몇 가지는 여기에서 논의되었다.

한편 이 장에서는 교실 안팎을 불문하고 단일한 쓰기 답안에 대한 교수자 평가를 주로 다루었다. 다음 장에서는 단순히 개별적인 쓰기 결과물에 대한 평가가 아니라 오랜 시간에 걸쳐 생산된 쓰기 표본을 수집하는 포트폴리오 평가로 관심을 돌릴 것이다.

9장 포트폴리오 평가

1. 도입

지금까지 우리는 단 1회로 수행된 개별적인 쓰기 답안을 수집해서 채점하는 과정을 통해 수험자의 쓰기 능력을 추론하는 쓰기 평가 방식을 주로 논의해 왔다. 그러나 앞서 지적한 바와 같이, 일회성 평가로 쓰기 능력을 측정하는 접근 방식에는 몇 가지 한계가 있다. 가장 큰 문제는 익숙하지 않은 화제를 가지고 제한 시간 안에 치러야 하는 쓰기 시험이 교실에서 연습하는 일반적인 쓰기 상황을 정확하게 반영하지 못한다는 점이다. 교실에서 가르치고 연습하는 대부분의 쓰기 활동에서는 평가를 목적으로 하지 않는 일상적인 쓰기 방식을 다룬다. 또한 하나의 쓰기 답안으로는 여러 가지 목적과 청중을 대상으로 한 다양한 쓰기 장르에 대처하는 능력을 포괄적으로 측정하기 어렵다. 앞서 8장에서는 시간 제한을 둔 평가 방식뿐만 아니라 시간 제한을 두지 않은 평가를 통해서도 쓰기 교실 내 평가가 가능함을 밝힘으로써 첫 번째 문제에 대해서는 어느 정도 해결 방법이 모색되었다. 하지만 다양한 쓰기 장르에 대처하는 능력을 측정하기 위해서는 포트폴리오 평가와 같이 색다른 평가 방식이 필요하다. 포트폴리오 평가 방식은 일회성 평가 방식에 비해서 개별 교실은 물론 대규모 평가에서도 수험자의 쓰기 능력을 폭 넓게 추론하게 하는 대안적 접근 방식으로 널리 알려져 있다.

포트폴리오는 건축, 디자인, 사진 등 시각 예술 관련 분야에서 통용되는 표준적인 평가 방식이다. 제1언어 쓰기 분야에서도 상당히 오래 전부터 포트폴리오 평가가 이루어졌고 최근에는 대규모 평가에서도 포트폴리오 평가가 도입되었다. 쓰기 평가 역사에 대한 Hamp-Lyons와 Condon(2000)의 논의를 보면, 영국의 교육 제도에서 교수자는 50년 이상 서류철을 사용해 쓰기 수업을 관리해 왔고 미국에서는 1970년대 초반부터 일부 교수자들이 포트폴리오를 사용하기 시작했다. 프로그램 전반에 걸쳐 측정을 누적하는 포트폴리오 평가는 충분히 실현 가능할 뿐만 아니라 학습자, 교수자, 프로그램 관리직 모두에게 이익을 제공할 수 있음을 Belanoff와 Elbow(1986)가 입증하였고, 그 이후 1980년대 중반부터 포트폴리오 평가는 대중화되었다. 현재 포트폴리오 평가는 초등학교부터 대학교에 이르기까지 제1언어 상황의 모든 교육 단계에서 학습자의 쓰기 능력 진전과 성취 수준을 측정하기 위한 목적으로 다양하게 사용되고 있다. 다른 쓰기 평가 추이와 마찬가지로, 포트폴리오 평가도 모어 쓰기 교육에서 제2언어 쓰기 교육으로 확산되는 중이며, 특히 학문 목적 수업에서 더욱 그러하다. 하지만 아직 포트폴리오 평가와 관련된 주요 문헌들은 대부분 제1언어 맥락에 대한 것이며, 추후 살펴볼 제2언어 쓰기 평가에 포트폴리오가 유용하게 쓰인 경우도 대부분 제1언어 연구 성과를 적용한 것이다.

이 장에서는 먼저 포트폴리오 평가에 대한 정의를 내리고 이어서 포트폴리오 평가의 주요 요소를 소개할 것이다. 그리고 앞 장에서 소개한 Bachman과 Palmer의 평가 도구 유용성 모형을 참조하여 포트폴리오 평가의 강점과 약점을 논의한 뒤, 마지막으로 포트폴리오 실행의 실제적이고 논리적인 쟁점들을 소개할 것이다.

2. 포트폴리오 평가의 정의

포트폴리오 평가란 무엇인가? 포트폴리오는 '특정 영역에 대한 학습자의 노력, 진전, 성취 수준을 다른 학습자(또는 다른 사람들)에게 전시하는, 학습자 작품에 대한 유목적적인 수집'으로 정의할 수 있다(Northwest Evaluation Association, 1991: 4; Wolcott, 1998에서 인용). 쓰기 평가의 측면에서 좀 더 구체적으로 살펴보면, 포트폴리오는 일정 기간 이상 서로 다른 목적으로 작성된, 문어 텍스트를 수집한 것이다. 포트폴리오 평가는 다양한 상황에 사용되므로, 포트폴리오를 어떻게 구성하고 평가하는지에 따라 광범위한 변형이 가능하다. 하지만 그러한 변이 형태에도 변하지 않는 포트폴리오 프로그램의 일반적인 특성이 있다.

Hamp-Lyons와 Condon(2000)에서는 어느 정도 차이는 있겠지만 포트폴리오에는 다음과 같은 아홉 가지 특성이 나타난다고 밝혔다.

1. 포트폴리오는 단일 쓰기 표본이 아니라 여러 편의 쓰기 작품을 **수집한** 것이다.

2. 여러 다른 장르, 독자, 목적 하에 필자가 수행한 쓰기 능력의 **범위를** 보여 준다.

3. 학습 대상인 **풍부한 상황**이 반영되므로 필자의 성취 수준을 광범위하게 보여 준다.

4. 최종 평가 전에 쓰기 결과물의 수정 기회와 동기를 제공하는 **지연된 평가**이다.

5. 일반적으로 포트폴리오에 포함될 부분은 교수자의 안내에 따라 학습자가 **선택**한다.

6. 지연된 평가와 선택은 **학습자 중심 통제**의 기회를 제공한다. 즉, 학습자는 지정된 평가 준거들을 가장 잘 충족할 부분들을 선택해서 포트폴리오에 포함시키기 전에 수정할 수 있다.

7. 포트폴리오에는 대개 **성찰과 자기 평가**의 과정이 있다. 포트폴리오에 작품을 배치하면서 학습자는 자신의 작업 과정을 성찰하게 된다. 필자로서의 발전 과정과, 포트폴리오에 실린 글이 그러한 발전을 어떻게 보여주는지 자기 성찰적인 글을 쓰도록 요구하기도 한다는 점에서 그렇다.

8. 언어적 정확성이나 논증 조직과 전개 능력 등 **구체적 준거 항목의 성장**을 측정할 수 있다.

9. 특정 교수자와의 관계를 초월하여 개별 학습자의 **지속적인 발전**을 측정할 수 있다.

Hamp-Lyons와 Condon은 이 아홉 가지 특성 중 가장 중요한 요소로 수집, 성찰, 선택을 꼽았다. 포트폴리오에서 평가의 목적은 학습자의 쓰기 능력에 대해 단일 텍스트가 제공할 수 있는 것보다 더 많은 증거를 참조하는 데에 있기 때문에, 당연히 다양한 쓰기 표본을 수집해야 한다. 수집의 범위는 조건의 개수에 따라 다양화된다. 완성된 결과물만 포함시키거나 혹은 필자의 쓰기 과정과 수정 양상을 반영하기 위해 최종고 이전 원고들까지 포함시킬 수도 있다. 이러한 수집은 매우 엄격한 지침 하에 구성될 수도 있고 학습자의 재량에 맡겨질 수도 있다. 적은 쓰기 표본만 포함되기도 하고 보다 많은 쓰기 표본이 포함되기도 한다. 다만 한 편 이상 포함되지 않은 포트폴리오는 본질적으로 포트폴리오라 할 수 없다.

그러나 쓰기 표본을 수집했다고 해서 바로 평가 수단으로 쓸 수는 없다. 성찰과 선택이 있어야 한다. "교육 수단, 교수법 발전의 방편, 평가 도구로서, 포트폴리오가 어떻게 그리고 왜 성공적으로 작동하는지에 대한 선행 연구들은, 성찰 없이 수집만 된 포트폴리오는 그저 쌓인 더미나 커다란 서류철에 불과하다고 역설한다."(Hamp-Lyons & Condon, 2000: 119) 수집된 쓰기 표본들이 특정한 내용으로 배치되며 포트폴리오를 형성하는 것은 사려 깊은 성찰의 결과이다. 성찰 과정은 자기 성찰적 에세이 양식으로 포트폴리오에 명시적으로 포함되기도 한다. 자기 성찰적 에세이에서 필자는 독자에게 포트폴리오 내용을 소개하고 개별 표본이 선택된 이유를 기술하며 해당 글이 필자의 강점과 발전 양상을 어떻게 반영하고 있는지 설명한다.

〈자료 9.1〉(Hamp-Lyons & Condon, 2000: 122)에는 포트폴리오의 기본 특성이 도해되어 있다. 수집, 성찰, 선택의 매 단계에서 진행되는 피드백의 연속적인 과정과, 마지막 제출 전까지 최종 평가가 지연되는 포트폴리오의 또 다른 특성도 보여준다. Hamp-Lyons와 Condon은, 자신이 쓴 글을 성찰하여 수정하고 선택할 기회가 있다 하더라도 평가가 지연되지 않는다면 학습자들에게 포트폴리오를 구성할 동기가 생기지 않을 거라며, 평가를 지연시키지 않는 포트폴리오는 결국 학습자들에게 의미 없는 연습에 불과하다고 역설한다.

〈자료 9.1〉 기본 포트폴리오 특성
(Hamp-Lyons, L. & Condon, W., 2000: 122)

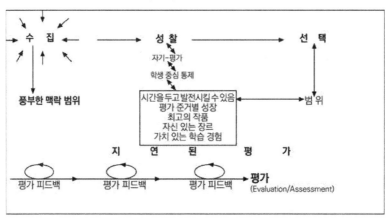

3. 포트폴리오와 평가의 유용성

여러 평가 유형 가운데 포트폴리오 평가를 하기로 결정하려면 검사의 질적 유용성을 고려해야 한다. 여기서는 포트폴리오 평가의 유용성을 시간 제한이 있는 에세이 평가와 비교하여 살펴볼 것이다. 평가의 유용성을 판단하는 데에는 구인 타당도, 신뢰도, 실제성, 상호작용성, 영향성, 실용성을 요인으로 하는 Bachman과 Palmer의 모형(1996)을 참조할 것이다. 학술적 글쓰기 맥락에서 시간 제한이 있는 쓰기 평가에 비해 포트폴리오가 갖는 이점(구인 타당도, 실제성,

상호작용성, 영향성)을 먼저 알아보고, 대규모 평가와 같이 시간 제한이 있는 쓰기 시험에서 포트폴리오 평가가 불리한 점(신뢰도, 실용성)도 논의하고자 한다.

측정의 유용성 측면을 논의하기 전에, 포트폴리오로 교실 내·외적 평가가 모두 가능하다(Wolcott, 1998)는 점을 언급해야겠다. 포트폴리오는 쓰기 교실에서 학습자의 성장과 성취도를 평가하려는 교수자 개인이 사용할 수도 있고, 담당 교수자 이외의 사람이 학습자의 성취도를 인정하거나 교육과정을 평가하는 등의 대규모 평가에서 다양한 목적으로 사용될 수도 있다. 학습자들은 포트폴리오에 입각한 대외적 평가에 상당한 부담을 느끼게 마련이다. 미국의 일부 주에서 고등학교 졸업을 위해 포트폴리오를 요구하거나, 대학생을 적합한 작문 수업에 배치하기 위해 포트폴리오를 사용하는 것 등이 그러한 외적 평가에 해당된다. 전통적인 쓰기 시험에서와 마찬가지로, 평가의 목적과 학습자가 느끼는 부담은 평가의 유용성과 관련된 요소들의 균형을 조절하기 위해서 중요하게 고려해야 할 대상이다.

구인 타당도

포트폴리오 평가의 가장 중요한 이점은 시간 제한이 있는 쓰기 평가에서보다 더 광범위한 쓰기 구인이나 개념을 타당하게 추론할 수 있다는 것이다. 포트폴리오 평가에서 쓰기 구인은 일단 두 가지 방식으로 확장 가능하다. 첫째, 여러 가지 다른 목적과 독자를 상정한 다양한 장르의 쓰기 표본을 포함함으로써 포트폴리오 평가의 결과를 좀 더 확신을 가지고 일반화할 수 있다. 둘째, 포트폴리오에 다수의 초고를 포함함으로써 내용과 조직을 수정하고 문장 수준의 오류와 어법, 맞춤법 오류를 편집하는 등 쓰기 과정 관리 능력을 추론할 수 있다. 쓰기 구인의 이러한 측면에 대한 평가는 다수의 초고, 과정 중심 쓰기, 상이한 독자와 목적을 고려한 글쓰기가 주로 다루어지는 학술적 글쓰기 수업에서 특히 중요하다.

구인 타당도의 측면에서 제2언어 필자에게 특히 중요한 포트폴리오 평가의 이점은 필자에게 추가 시간을 제공하는 혜택이다. 시간 제한이 있는 쓰기 평가는 모국어 필자가 아닌 경우 불리한 때가 있다(Silva, 1993; Hamp-Lyons & Condon, 2000). 평가 받기 전에 글을 수정하고 편집할 별도의 시간을 준다면 평가가 아닌 상황에서 학습자가 어떻게 글을 쓸지에 대해 시간 제한이 있는 시험 맥락에서보다 더 사실에 근접하게 파악할 수 있다.

포트폴리오 평가는 쓰기 학습이 핵심 목적인 학교 기반 교육과정의 모든 단계에서 보다 광범위하게 쓰기 구인을 타당화할 잠재성이 분명히 있다. 그러나 학습자의 언어 숙달도가 떨어지고 교육과정에서 쓰기가 부차적으로 강조되는 외국어 교육이나 성인 대상의 비학문적인 L2 쓰기 상황에서는 전혀 다른 문제가 생긴다. 이러한 쓰기 수업에서는 과정 중심 접근법을 시도하거나 다양한 독자와 목적을 상정하여 글을 쓰도록 가르치지 않는다. 쓰기는 대개 구어 숙달도를 개선하기 위한 보조 기능으로 여겨진다. 쓰기 능력도 주로 언어적 측면에 초점을 맞추므로 학술적 글쓰기 교실에서보다 협소하게 정의된다. 이러한 상황에서 광의의 쓰기 구인을 평가하기 위해 포트폴리오를 사용하자는 주장은 설득력을 얻기 어렵다.

그렇다고 해서 포트폴리오가 비학술적 상황 혹은 언어 숙달도가 낮은 학습자를 대상으로 사용될 수 없다거나 사용되지 않아야 한다는 것은 아니다. 사실 포트폴리오 평가는 경영학이나 공학 계열 쓰기 과정에서 보다 널리 사용되어 왔다(Elliot et al., 1994; Dillon, 1997; Hoger, 1998). 그리고 외국어 학습 분야에서도 받아들여지기 시작하고 있다. 그런 점에서 특별히 주목해야 하는 것은 유럽 언어 포트폴리오 프로젝트 위원회(Council of Europe, 2000)이다. 이 위원회의 목적은 회원국들에게 유럽인의 언어 학습 경험과 성취에 대한 기준을 제공하는 것이다. 이 프로젝트에서 COE 회원국들은 자국의 포트폴리오 평가 모형을 개발하였으며, 모든 포트폴리오는 '유럽 공통 참조 기준: 학습, 교수, 평가'에서 합의한 언어 숙달도 수준을 참조하였다(Council of Europe, 2000). 이 프로젝트는 쓰기 능력뿐만 아니라 일반적인 언어 숙달도 평가 문제를 다룬 것이지만, 제2언어 교육에서 포트폴리오 사용에 대해 혁신적으로 접근했다는 점에서 눈여겨볼 만하다.

실제성

구인 타당도와 마찬가지로, 실제성은 포트폴리오 평가의 필요성을 제기하는 강력한 근거가 된다. 제2언어 쓰기 상황의 필수 구인인, 목표 언어의 사용(Target Language Usage) 면에서도 실제성은 중요한 요인이다(Bachman & Palmer, 1996: 29). 학교 기반 쓰기에서 포트폴리오는 실제성 면에서 시간 제한이 있는 쓰기 시험에 비해 명백히 우세하다. 포트폴리오의 가장 큰 장점은 특정 전공의 쓰기 능력을 단 한 편의 에세이가 아니라, 실제적 목적을 가지고 작성된 여러 쓰기 표본으로 평가하도록 설계할 수 있다는 점이다. 여러 편의 에세이를 완성하고, 작성된 에세이 전부를 최종 포트폴리오에 포함시키는 쓰기 교실 프로그램에서, 평가 과제(포트폴리오 내용)와 목표 언어 사용 과제(교실 쓰기 과제)는 교육과정의 최종 산물을 평가 대상으로 삼는다는 점에서 동일하게 실제적이다.

학술적 글쓰기를 배우는 학습자, 특히 중·고등학교와 대학교 수준의 학습자에게 교실 밖의 쓰기와 초고·수정고 등 다수 버전의 에세이를 쓰게 하는 것만이 실제적인 쓰기 과제는 아니라는 사실을 명심하는 것이 중요하다. 오히려 내용 교과 수업에서 특정 주제로 글을 쓰는 시험이 있기 때문에, 학술적 글쓰기를 배우는 학습자에게 제한된 시간 안에 목표 언어로 글을 쓰는 과제도 마찬가지로 실제적이다. 따라서 포트폴리오에 시간 제한 없이 작성된 초고 에세이들만 포함되어야 하는 것은 아니다. 제한 시간을 두고 작성한 글도 포함될 수 있다. 하지만 8장에서 논의된 것처럼, 내용 교과 수업의 에세이 평가에서는 교실에서 다루었던 독서, 강의, 토론 자료에 기반을 두어야 한다. 자료에 기반한 쓰기 평가에서 실제성을 높이려면 내용의 정확성도 평가 준거로 삼아야 한다. 이와 같이 내용 중심 수업에서 쓰기 능력을 평가할 때에는 내용이 중요한 준거가 된다.

상호작용성

상호작용성은 '평가 과제를 완성함에 있어 수험자의 개별적 특성이 관여하는 범위와 유형'(Bachman & Palmer, 1996: 25)을 말한다. 수험자는 자신의 언어 능력, 메타 인지 전략, 화제 관련 지식, 정의적인 스키마 등을 소환하여 평가 과제와 상호작용한다. 이 정의대로라면, 시간 제한이 있는 쓰기 평가를 포함하여 궁극적으로 내용을 생성하고 조직하는 쓰기 과제는 모두 상호작용적일 수 있다. 하지만 제한 시간 내에 써야 하는 시험과 비교해 보면, 포트폴리오 평가는 분명히 상호작용성에 면에서 우위를 점한다. 특히 포트폴리오의 내용을 수집, 선택, 배열하는 행위에는 상당한 범위의 메타인지 전략이 필요하고, 포트폴리오 필자/학습자 측의 주도적인 참여가 요구된다. 포트폴리오 내용을 구성하면서 쓰기 과정에 대해 더 상세히 배우도록 유도하고 동기유발 요인도 제공할 수 있기 때문에, 포트폴리오 과제의 상호작용성은 학습자에게 매우 유익하다. 다만, 쓰기 중점 수업 맥락에서는 더 효과적이겠지만 제2언어 쓰기와 같이 제한된 쓰기 기능을 숙달해야 할 때에는 덜 적절할 수도 있다.

영향력

구인 타당도 이외에, 포트폴리오 평가의 이점으로 가장 빈번하게 언급되는 것은 학습자, 교수자, 프로그램에 미치는 영향력이다. Murphy와 Camp(1996)는 포트폴리오가 학습자에게 미치는 세 가지 근원적인 이점을 논한다. 첫째, 포트폴리오는 성찰과 자기 인식 계발의 기회를 제공한다. 이 두 인지 요소는 학습에 중요한 역할을 한다. Hamp-Lyons과 Condon(2000)에 따르면, 성찰의 기회는 특히 학술적 맥락의 제2언어 필자에게 중요하다. 체계적으로 조직되어 운영되는 학술적 포트폴리오 프로그램에는 쓰기 과정에 대한 양질의 성찰과 피드백 기회가 있다. 언어를 배우는 데 그리고 학문 목적 쓰기 과정의 요구를 이해하는 데에 어려움을 겪는 학습자들일수록 초고와 수정고들을 돌려받고 그에 대해 성찰하는 과정을 통해서 보다 성공적인 필자로 성장해 갈 수 있다. 둘째, 주도적으로 책임감을 가지고 글을 쓰는 상황과 일정 부분을 통제하며 포트폴리오 내용을 선택하는 과정을 통해, 학습자들은 자기 글에 대한 주인 의식을 발전시킨다. Murphy와 Camp(1996: 113~114)에 따르면, '포트폴리오 작성 과정에서 학습자들은 자기 작품을 판단하고 자신의 과정을 점검하고 자신의 목표를 설정하며, 자신은 물론 함께 작업한 이들을 드러내는 방법을 배운다.' 마지막으로, 포트폴리오 준비 과정에서 학습자들에게 자신의 작업을 평가하고 수정할 수 있는 기회가 주어진다면 학습자들은 포트폴리오를 자기 평가와 기준을 개발할 근거로 사용할 수 있다.

이러한 잠재적인 이익에 더하여, 포트폴리오 평가는 현재 수많은 쓰기 수업에서 주요하게 다루는 수정 과정을 촉진할 수 있다. 학습자들에게 포트폴리오를 제출하기 전에 자신의 글에서 취약한 부분을 개선할 기회를 주겠다고 하면, 학습자들은 아마 그렇지 않은 상황에서보다 더 기꺼이 자신의 글을 수정하려 할 것이다.

포트폴리오 평가는 교수자와 쓰기 프로그램에도 이롭다. Murphy와 Camp(1996)는 교수자에게 포트폴리오가 이로운 이유를 두 가지로 강조하였다. 첫째, 포트폴리오를 구성하게 하면 평가 활동이 수업 과정에 통합된 일부가 되므로 수업과 별개로 분리되지 않는다. 여러 장르의 글을 다양하게 쓰게 하든, 혹은 발견의 과정으로 한 편의 글을 완성해 가게 하든, 교수자는 주요 학습 목표를 명시할 수 있고 최종 목적을 촉진하도록 포트폴리오 조건을 설계할 수 있다. 둘째, 포트폴리오는 교수자에게 학습자의 쓰기 능력에 대해 단 하나의 에세이를 평가한 점수보다 많은 정보를 제공한다. 포트폴리오 안의 다양한 텍스트들을 보고 학습자가 가진 강점과 약점을 통찰할 수 있기 때문이다. 포트폴리오는 채점자에게 어떤 영역에서는 강점을 가지나 다른 영역에서는 약점을 가진, 학습자의 균질하지 않은 쓰기 능력을 확인시킨다. 학문 목적 ESL 필자들의 대다수 경우가 이러하다. 포트폴리오 내용 중에 자기 성찰적 에세이를 포함시키면, 학습자의 쓰기 과정 및 학습자가 스스로 파악한 장단점 정보를 알 수 있다. 그리고 포트폴리오는 상황에 따라 언어가 어떻게 변이되는지에 대해 중요한 정보를 제공한다.

> 포트폴리오에서는 독자와 목적 그리고 상황을 넘나들면서 언어가 어떻게 다양하게 사용되는지를 분명하게 볼 수 있다. 따라서 학교의 학문 목적 영어가 다른 종류의 글이나 또 집에서 사용되는 언어와 어떻게 다른지를 가르쳐야 하는 교수자에게 특히 유용하다. 포트폴리오에는 쓰기의 여러 부분이 포함되므로, 교수자들은 개개 텍스트가 다른 텍스트와 어떻게 다른지 더 자세히 살펴보도록 학습자를 돕고, 각기 다른 언어와 상황에서 사용된 수사적 전략들을 비교하고 대조하도록 해야 한다. ……이러한 점에서, 포트폴리오는 독특한 교수 기회를 제공한다.
>
> (Murphy & Camp, 1996: 122)

포트폴리오가 사정 대상인 프로그램과 진학 준비 프로그램에서, 포트폴리오는 교육과정과 수업에 긍정적인 효과를 미친다. 포트폴리오 평가를 프로그램 전반에 광범위하게 실행하려면 해당 교육과정의 교수자들이 모여 프로그램 내 쓰기의 역할에 대해 자신들이 이해하고 있는 것을 공유하고, 공통의 등급 준거를 설정하는 과정이 필요하다. 포트폴리오 평가 프로그램을 개발하는 교수자들은 포트폴리오에 들어갈 쓰기 표본의 숫자와 종류를 결정하고, 점수 산출 방법을 결정하기 위해 상당한 논의를 거쳐야 한다. 이러한 종류의 논의가 어렵고 시간이 많이 걸릴지라도, 점수를 산출하는 기준을 명시적으로 설정하고 이를 다른 동료들과 비교해 보는 작업은 유용하며, 그 결과 프로그램은 좀 더 동질적이고 응집성 있어진다. 이에 더하여 포트폴리오에 대한 논의는 성공적인 교수 활동 유형에 대한 교수자의 사고를 촉진시키며 교육과정의 질을 향상시키는 원동력이 된다(Murphy & Camp, 1996).

포트폴리오 평가는 진학 준비 프로그램에도 영향을 미친다. Hamp-Lyons와 Condon(2000)은 그러한 예로 미시간 대학 사례를 보고하였다. 미시간 대학이 1학년 영어 수업 배정을 위해 포트폴리오를 요구하자 고등학교는 학습자들에게 포트폴리오를 준비시키기 시작했으며 쓰기를 좀 더 강조하였고 대학 수준 쓰기를 좀 더 잘 준비시키게 되었다.

학문 목적 쓰기 영역 밖에서도 포트폴리오 평가는 긍정적으로 작용한다. Dillon(1997)은 학습자 포트폴리오를 판정하는 데 지역 공동체의 비즈니스 리더를 포함시킨 결과로, 교육 제공 기관과 지역 비즈니스 공동체의 연계를 강화했던 실용적 쓰기 교육과정을 소개하였다. 유럽 언어 포트폴리오 프로젝트 위원회(COE)는 포트폴리오 프로젝트가 추구하는 목적을 다음과 같이 밝혔다. (1) 유럽의 언어적 유산에 대한 인식을 증대, 촉진시킨다. (2) 유럽 시민에게 상대적으로 폭넓게 사용되지 않는 언어를 포함하여, 외국어 학습 동기를 부여한다. (3) 유럽의 경제, 사회, 문화적 변화에 대응하는 방법의 하나로 평생 언어 학습을 지원한다(Council of Europe, 2000). 프로젝트를 실행하던 초기부터 이 세 가지 잠재적 이익이 전제되었다. 주로 긍정적인 영향을 전제로 포트폴리오 실행을 논의하였다는 점이 중요하다.

요약하자면, 포트폴리오 평가는 학습자, 교수자, 프로그램 모두에 충분히 긍정적인 영향을 미칠 수 있다. 이러한 긍정적인 영향은 포트폴리오에만 국한되지 않는다. 교육과정이나 사정 방법을 개선하는 데 포트폴리오 평가를 도입하기 위하여 교수자들이 쓰기에 대해 가치 있는 토론을 벌이는 것도 보람 있는 일이다. 물론 학습자, 교수자, 행정 담당자 등 모든 이해 당사자들이 빠짐없이 포트폴리오 실행에 적극적으로 헌신을 해야 이러한 긍정적인 영향들이 정확히—그리고 잠재적으로—실현될 수 있다. Spalding과 Cummins(1998)의 연구에서는 선의로 시작된 포트폴리오 평가 체계가 긍정적으로 예상되었던 기대에 어떻게 도달하지 못하였는지를 잘 예시하고 있다. Spalding과 Cummins는 켄터키 대학 신입생들을 조사하였는데, 이들은 켄터키 주가 실시한 교육 개혁의 일환으로 고등학교 최고 학년 동안 의무적으로 쓰기 포트폴리오를 작성해야 했던 학습자들이다. 그런데 2/3에 가까운 응답자들이 포트폴리오 완성이 유용한 활동이 아니었다고 느끼고 있었다. 학습자가 더 나은 필자가 되도록 도와주려고 했고 자신의 글에 '주인 의식'을 갖도록 의도하였음에도, 학습자들은 포트폴리오가 너무 많은 시간을 빼앗아 더 중요한 다른 활동을 못하게 하는 것으로 인식하였다. 많은 학습자들이 포트폴리오를 자기 개인에게 이익이 되는 것이라기보다 막연한 외부의 권위(켄터키 주)로부터 오는 부담으로 간주하였다. 마지막으로, 포트폴리오 평가의 유용성을 보고하는 경험적 연구는 일반화하는 데 한계가 있다. Hamp-Lyons와 Condon(2000: 166~175)의 말대로, 포트폴리오 평가 지지자들은 포트폴리오를 선호하는 자신의 개인적 경험을 통해 포트폴리오 평가의 이점을 확신하고 강조한다. 다양한 독자층(예를 들어 평가 전문가, 학교 행정 담당자, 일반 대중)을 만족시킬 수 있는 방식으로 포트폴리오 평가를 추천하기 위한 토대 연구는 부족하다. Messick(1994)도 포트폴리오 평가의 타당도 연구가 필요함을 호소하였다.

게다가 학습자와 교수자에게 많은 시간과 노력이 요구되는, 포트폴리오의 부정적인 영향도 배제할 수 없다. 이는 자료 할당과 실현 가능성에 대한 관심과 중첩되기 때문에 추후 '실용성' 측면에서 더 논의될 것이다.

신뢰도

포트폴리오에는 채점의 신뢰도를 떨어뜨리는 부분이 분명히 있기 때문에, 신뢰도 면에서는 시간 제한이 있는 쓰기 평가에 비해 불리한 게 사실이다. 대규모 포트폴리오 평가에서는 종종 시간 제한이 있는 쓰기 평가에 비해 상대적으로 신뢰도가 낮은 결과가 나타난다. 주 수준의 쓰기 평가가 이루어지는 지역으로 널리 알려진 버몬트 주 쓰기 평가에서 1993년 4학년과 8학년의 쓰기 포트폴리오에 대한 채점자 간 신뢰도는 각각 .56과 .62였다(Koretz et al., 1993; Herman et al., 1996에서 재인용). 성실한 교수자들이 포트폴리오 판정에 일관된 기준을 적용하려고 애를 쓰는 것은 분명하지만, 개별 교실에서 포트폴리오 평가 국면의 신뢰도는 교수자에게 주요 관심사가 아닐 수도 있다. 직접 수업을 하는 교수자보다는 학습자나 교육과정에 친숙하지 않은 사람들이 포트폴리오를 읽을 때, 그리고 학습자 개개의 이해관계가 높을 때에, 신뢰도는 더욱 더 중요한 관심사가 된다.

포트폴리오 평가의 신뢰도를 높이려면 몇 가지 개선이 필요하다.

Hamp-Lyons와 Condon(2000: 134)에서 지적한 바와 같이, 특정 수준을 예시한 포트폴리오(anchor portfolio), 즉 평가자 훈련에서 채점 기준표의 특정 수준을 예시하는 데 사용된 포트폴리오에 너무 의지해서는 안 된다. 본래 포트폴리오는 여러 가지 다른 쓰기 유형의 집합적 표본이기 때문에, 특정 점수대마다 기준이 되는 포트폴리오를 특정한 채점 수준을 대표하도록 만들기란 거의 불가능하다. 결과적으로 포트폴리오가 다양화, 개방화되면 될수록, 채점의 신뢰도를 높이기가 점점 어려워질 것이다. 고부담 평가처럼 신뢰도가 핵심적인 경우라면 이러한 딜레마에 대해 다음과 같은 처방을 제공할 수 있다. 먼저, 포트폴리오에 포함될 쓰기 표본의 범위를 제한하고(315쪽부터 포트폴리오 내용에 대해 설명한 부분을 참조하시오), 평가자 훈련을 위한 포트폴리오에 가능한 한 다양한 표본을 포함시키며, 평가자들에게 포트폴리오가 평가 대상으로 삼은 텍스트 범위에 대해 추가적인 설명을 제공하는 것이다.

포트폴리오에 대해 가장 논쟁이 되는 지점은 포트폴리오를 구성하는 텍스트의 질이 여러 가지로 다르다는 데에 있다. 균질하지 않은 수준의 단일 쓰기 표본을 판정할 때 평가자가 어려움을 겪는 것처럼, 특히 총체적 채점을 하면서 각각의 쓰기 표본들이 채점 준거를 어떻게 충족시키는지를 살펴야 할 때 개별 텍스트의 완성 수준이 상이하다면 포트폴리오 채점자도 유사한 곤란을 겪을 것이다. 평가자는 각각의 텍스트가 갖는 고유의 장점을 고려하지 못하게 되거나 균질하지 않은 수준의 텍스트에 단일 점수를 부여하는 데 어려움을 겪을 수도 있다. 포트폴리오의 최종 텍스트에 대한 평가자 반응은 평가자가 최종고 이전의 과정 텍스트들에 어떻게 반응했는지에 따라 긍정적으로 혹은 부정적으로 달라질 수 있다는 점도 우려스럽다. 최종 채점에 불공정한 편향으로 작용할 수 있기 때문이다. 이러한 '후광 효과'를 말끔히 제거하기는 불가능하지만 평가자 훈련 동안 평가자 인식을 개선시킴으로써 어느 정도 완화할 수는 있다. 포트폴리오 전체를 급히 훑어보기보다 각각의 쓰기 표본이 갖고 있는 고유의 장점에 대해 평가자가 충분히 생각하도록 유도하는 것도 후광 효과를 줄일 수 있는 방안이다.

Herman 외(1996)는 다음 조건 중 하나 이상이 충족되면 포트폴리오 평가의 신뢰도가 쉽게 확보될 수 있다고 자신한다. 첫째, 포트폴리오의 내용을 가능한 한 유사한 것으로 구성한다. 둘째, 고도로 훈련된 소수의 채점자가 채점을 수행한다. 셋째, 경험 있는 채점자가 잘 다듬어진 채점 기준표(rubric)를 사용한다. 넷째, 명료하게 고안된 준거와 실증된 학생 샘플 자료를 사용한다. 다섯째, 오랜 시간 사용자와 채점자들이 밀접하게 협력하면서 누적해 온 경험과 가치를 공동체가 공유한다(1996: 51). 수험자의 삶에 중대한 결과를 초래하는 대외적 평가에 포트폴리오를 사용할 때에는 반드시 이러한 신뢰도 개선 조건을 충족하려고 노력해야 한다.

실용성

포트폴리오 평가의 가장 큰 한계는 쓸 수 있는 자원의 양이나 유형이 제한적이라는 점과 관련된다. 특히 교실 경계를 넘어서는 포트폴리오 평가에 필요한 인적 자원과 시간은 엄청나다. 특정 프로그램 전체를 대상으로 하는 포트폴리오 평가 체계를 제대로 개발하려면 상당한 규모의 자원을 대학 안팎에서 끌어와야 한다. 평가 기준을 설정할 때에도 꾸준히 전문가 자문을 받아야 하므로 이러한 과정에 시간과 에너지를 들일 가치가 있다고 믿는 교수 요원들을 확보해야 한다. 물론 포트폴리오를 구성할 기간만큼 프로그램을 지속하는 학습자도 필요하다.

이러한 조건들이 포트폴리오 평가에 기본이 된다면, 학습자들이 입학하기 쉽고 몇 주간만 수업을 받아도 되는 다수의 성인 교육 프로그램 상황에서 포트폴리오 평가를 시행하기란 지극히 힘들 것이다. 이러한 프로그램의 교수자는 시간제 계약직인 경우가 많으며 강의 이외의 학습자 상담이나 추가 근무 비용을 받지 못한다. 무엇보다도 이러한 프로그램에서 쓰기는 상대적으로 덜 중요하게 여겨지므로, 포트폴리오 평가 프로그램을 전면적으로 도입하자고 설득하는 것은 교육과정 개발에 동의를 얻어내는 것보다 더 많은 시간과 노력이 필요할 것이다.

교실에서 수행되는 포트폴리오 평가는 채점 기준 설정, 구성 내용 선정, 평가자 간 신뢰도 면에서 다른 교수자들과 굳이 일치를 볼 필요가 없으므로, 개인 교수자 입장에서는 포트폴리오를 실시하기가 어느 정도는 쉬울 수 있다. 하지만 포트폴리오 평가의 최대 약점은 교수자와 학습자 모두에게 시간 집약적이고 노동 집약적이라는 데 있다. 포트폴리오 평가의 효과는 거기에 드는 시간과 노력을 상쇄할 만큼의 가치가 있다고 믿고 추진해 온 교수자들도 포트폴리오 평가에 엄청난 시간이 소요된다는 점을 대체로 인정한다. Herman 외(1996: 54)는 대부분의 포트폴리오 프로젝트 보고서에 다음과 같은 논의가 포함되어 있다고 밝혔다.

포트폴리오 평가를 수행하는 교수자는 포트폴리오에 무엇을 포함시켜야 하는지, 그러한 내용을 모아두도록 안내할 학습자 지도 방법을 이해하는 데, 포트폴리오 과제 개발에 적합한 평가 준거를 골라 적용하는 데, 수업과 평가 진행 과정을 성찰하고 조정하는 데, 마지막으로 포트폴리오의 구체적 결과물을 만들고 관리하는 데에 시간을 집중적으로 투자해야 한다. (Herman et al., 1996: 54)

또한 Wolcott(1998)가 지적한 바와 같이, 포트폴리오의 개념을 단번에 소개하는 것은 무리이다. 학습자 전체에게 포트폴리오의 목적이나 세부 지침, 채점 준거 등을 명료하게 이해시키기 위해서는 관련 내용을 여러 번에 걸쳐 다루어야 한다. 학습자로서는 작업한 내용을 포트폴리오에 모아두는 데 상당한 시간과 노력이 추가로 든다고 여길 수도 있다. 또한 학습자들은 포트폴리오를 개선하려고 노력했던 모든 과정들이 항상 유익한 것이었다고 판단하는 것은 아니다.

평가의 유용성에 대한 요약

요약하자면, 교실이나 대규모 평가 수단으로 포트폴리오 평가를 고려하는 교수자와 행정 담당자는 특정 상황에서 그러한 측정이 유용할 수 있는지를 고려해야만 한다. 특히 학문 목적 쓰기 상황에서 포트폴리오 평가는 구인 타당도, 실제성, 상호작용성, 환류 효과 면에서 더 긍정적으로 작용할 수 있으므로 매력적인 평가 수단으로 선택될 가능성이 크다. 특히 평가자 간 신뢰도를 중요하게 고려하지 않아도 되는 개별 교실에서는 수업 결과물에 될 수 있는 대로 근거해 평가하고자 하는 교수자의 평가 수단으로 적절하다. 만약 대규모 고부담 평가 국면에서 포트폴리오 평가를 시행하고자 한다면 포트폴리오 평가의 장점을 최대한 실현시키고, 채점자 간 신뢰도 확보와 시간 자원 할당 등 취약점을 개선할 방안을 마련해야 한다.

4. 포트폴리오 평가 시행하기

포트폴리오 평가 체계를 설계할 때에도 다른 유형의 쓰기 평가를 실행할 때처럼 반드시 고려해야 할 사항이 있다. 평가의 목적, 내용, 채점 절차, 업무 조직 등의 문제가 그것이다.

평가 목적의 상세화

제한 시간 안에 치러지는 쓰기 시험과 마찬가지로, 포트폴리오 평가를 할 때에도 과제(무엇이 평가되어야 할지)와 채점 방법(어떻게 평가되어야 할지)을 결정해야 한다. 그리고 이러한 결정에는 앞서 시간 제한이 있는 쓰기 평가 방법에서 검토한 바와 같이, 반드시 평가의 목적을 감안해야만 한다. 포트폴리오 평가를 위한 과제 유형과 채점 방법을 결정할 때에는 더욱 복합적인 사항들을 고려해야 한다. 포트폴리오가 교육과정 및 강의와 밀접한 관계를 맺고 있다는 바로 그 이유 때문에 평가는 종종 여러 가지 목적으로 다양하게 실행되고 가끔은 그 목적들이 서로 충돌하기도 한다. Herman 외(1996)는 학교 평가의 일반적인 기대 수준을 뛰어넘는, 포트폴리오 평가의 잠재적 목적을 다음과 같이 목록화하였다.

- 진급 여부 판별: 프로그램이나 교육과정의 효율성 평가
- 개개 학습자의 진전 양상 평가, 등급 판정, 학습자의 성취도 증명서

발행

- 학습자의 요구 진단, 수업 설계 시 필요한 정보 제공, 강의 효율성 증진
- 효율적으로 가르치도록 돕는 등 교수자 효능감 촉진, 학교와 교실 차원에서 실천된 것을 성찰하도록 격려, 교수자의 전문성 개발을 지원
- 더 나은 학습자가 되도록 돕는 등 학습자 효능감 촉진, 학습자의 자기 평가 장려, 학업 수행의 동기 부여
- 학부모와 의사소통

(Herman et al., 1996: 29)

Herman 외(1996)에서도 논의되었듯이, 이러한 목적이 이론적으로는 상호 보완적일 수 있으나 실제로는 모순될 수 있다. 특히 교실 평가와 대규모 평가의 목적은 완전히 다르다. 예를 들어 교실 평가 국면에서는 해당 학교 안에서 타당하게 평가하는 것을 중시하겠지만, 그 성취 수준을 다른 학교와 비교하는 대규모 평가 국면에서는 과제 내용과 채점 준거를 표준화해야 할 것이다. 앞서 논의되었던 켄터키 주의 쓰기 능력 평가에서처럼, 포트폴리오 규범으로 인해 오히려 학습자의 자발적인 노력을 통제할 수도 있고 학습자의 효능감을 촉진하자는 목적을 위배할 수도 있다. 따라서 포트폴리오 평가 설계자는 특정 평가의 맥락에서 우선적으로 고려해야 할 목적의 순위를 명확히 하고 이러한 목적들을 최대한 실현하도록 과정을 개발해야 한다. 최우선 순위의 목적을 제대로 설정하지 못하여, 여러 가지 목적을 한꺼번에 추구할 경우 결국 아무것도 충족시키지 못하는, 매우 실제적인 위험에 처하게 된다.

포트폴리오 내용의 상세화

포트폴리오에 들어갈 내용을 결정할 때에는 다음과 같은 몇 가지 질문에 대해 신중하게 생각해 봐야 한다.

- 포트폴리오에 들어갈 내용을 결정하는 사람은 누구인가?
- 포트폴리오에 어떤 쓰기 유형을 포함시킬 것인가? 가장 잘 한 작품만을 넣어야 하는가? 장르 다양성은 어느 범위까지 확장하는가? 학교 안팎의 작업 결과물을 모두 넣을 것인가?
- 포트폴리오에 얼마나 많은 작품이 들어가야 하는가?
- 학습자가 교실에서 작성한 쓰기 표본 이외에 더 넣어야 하는 것은 무엇인가?
- 포트폴리오 내용을 직접 작성했다는 사실은 어떻게 확인할 것인가?

포트폴리오 내용은 평가 목적에 따라 결정되므로 이러한 질문에는 정답이 없다. 하지만 포트폴리오 내용을 결정할 때 일반적으로 고려하는 사항들을 안다면 이러한 질문들에 대답하기가 훨씬 수월할 것이다. 위 질문들에 대해 대답해 보자.

포트폴리오에 들어갈 내용은 누가 결정해야 하는가? 학습자여야 하나, 교수자여야 하나, 아니면 함께 협력해서 결정해야 할까? Hamp-Lyons와 Condon(2000)은 평가 대상 작품을 학습자가 직접 고르도록 성찰의 기회를 줄 때 학습과 노력의 의지가 강화되므로, 포트폴리오 내용을 구성할 때 학습자의 선택권을 보장할 것을 주장한다. 이론적으로 본다면 명시적인 준거에 기반하여 자기 자신이 수행한 작업 중 최선의 것을 선택할 수 있을 때, 학습자는 보다 적극적으로 수정에 참여하게 되고 자기 작품에 자부심을 느끼게 된다. 학습 강화가 주요 목적이라면, 학습자가 알아서 포트폴리오 내용을 결정하도록 허용해야 한다.

물론 포트폴리오 내용에 대한 학습자의 자율권을 반대하는 주장도 만만치 않다. 학습자가 언제나 최선의 선택을 하지는 않는다는 점이 반론의 근거이다. 특별히 흥미를 느낀 주제로 작업을 해도 채점 준거를 충족시키지 못할 수 있는데 이 경우 학습자에게 내용 선택권이 있다면 흥미로운 주제에 꽂혀 최선이 아닌 결과물을 포함시키기도 한다는 것이다. 또한 Herman 외(1996)의 지적처럼, 진급 여부를 판별할 목적으로 지역적 맥락을 모르는 채점자에게 포트폴리오 평가를 의뢰할 거라면, 교수자가 포트폴리오 내용을 정해 제공해 주는 것이 낫다. 등급 기준(grading criteria)에 가장 적합한 쓰기 표본을 교수자가 학습자보다 더 잘 선택할 수 있기 때문이다. 교수자의 포트폴리오 내용을 선정하게 되면 포트폴리오 구성에 좀 더 일관성이 생겨서 비교가 용이해지므로 평가의 신뢰도도 개선되는 이점이 있다. 따라서 외부 평가자가 포트폴리오를 채점할 때, 신뢰도를 중시해야 할 때에는 교수자가 포트폴리오 내용을 통제하는 것이 바람직하다.

포트폴리오에 어떤 쓰기 유형을 포함시킬 것인가? Herman 외(1996)는 최선의 작품만을 포함시키는 진열형(showcase) 포트폴리오, 일정 기간 성장한 경과를 보여주는 과정형(progress) 포트폴리오, 수업에서 수행한 작업들 전부, 혹은 최소한 특정 교과의 주요 학습 목표나 주요 단원을 대표하는 쓰기 표본들을 전부 포함시키는 작업형(working) 포트폴리오 등 세 가지 포트폴리오 유형을 소개하였다. 다시 말해 313~314쪽에 열거된 평가 목적이 이 세 가지 유형과 일대일로 꼭 맞아 떨어지지 않더라도, 포트폴리오의 사용 목적에 따라 이 세 가지 유형 중 가장 적합한 유형을 선택하게 될 것이다. 가령 학습자의 발전 양상을 개별적으로 평가하고자 한다면 과정형 포트폴리오가 적합할 것이다. 하지만 진급 여부를 판별한다거나 학습자가 수행한 작업에 대해 학부모 상담을 할 때는 세 종류 중 어느 유형을 사용해도 된다. 마찬가지로 세 유형 모두 학업 수행을 동기화하는 데 유용할 수 있다. 과정형으로는 학습자가 성취한 수준을 입증할 수 있고, 작업형으로는 학습자가 완료한 쓰기 과제의 전체 장르를 선보일 수 있으며, 전시형으로는 가장 우수한 작업의 성과를 자랑할 수 있다. 따라서 교수자와 행정 담당자는 특수 목적 평가 국면에서 어떤 포트폴리오 유형이 적합할지를 결정하기에 앞서 해당 평가로써 숙달 단계, 장르 범주, 성취 수준 가운데 어느 것에 대한 정보를 확인하고자 하는가를 결정해야 한다.

이와 관련하여 포트폴리오에 한 학년이나 한 학기의 시간대별로 대표적인 쓰기 표본을 다 실어야 하는가 라는 문제가 제기될 수 있다. 수업을 받은 후 능력이 향상될 것이라고 가정한다면, 학기 초나 학년 초에 수행된 작업은 언제나 최선의 작업이 아니라는 전제가 성립하기 때문이다. Herman 외(1996)는 장기간의 표본이 필요한 세 가지 포트폴리오 상황을 소개한다. 포트폴리오의 목적이 발달 수준에 대한 평가이거나, 한 학년 동안 학습자별로 가장 좋은 결과물을 낸 시기가 서로 다르다거나, 한 학년 동안 교실에서 수행한 모든 것을 평가에 정확히 반영하고 싶다면, 포트폴리오에 오랜 시간 누적된 표본들을 포함시켜야 한다.

포트폴리오에 얼마나 많은 작품이 들어가야 하는가? 이상적으로 포트폴리오는 쓰기 수행의 깊이와 폭을 보여주고자 의도된 평가이므로, 작품 수가 많을수록 더 좋다고 간단히 대답해버릴 수 있다. 하지만 실용성을 고려해 균형을 유지하기 위해서는 구인 타당도 등에 신경을 쓰면서 표본 영역을 적절하게 추출하려는 노력을 해야 한다. 특히 학습자가 포트폴리오를 구성하는 시간이나 교수자·평가자가 읽는 데 소요되는 시간과 대비하여 효율성을 따져 볼 필요가 있다. 예를 들어 다섯 개 작품을 읽고 신뢰할 만하고 타당한 평가를 할 수 있다면 어느 누구도 여덟 개 작품으로 포트폴리오를 구성하려고는 하지 않을 것이다. 쓰기 표본이 포트폴리오에 얼마나 포함되어야 하는지 경험적 보고 수준 이상의 논증적인 연구는 아직까지 별로 없다. 지역적 맥락과 경험적 사례를 반영하여 다양성과 효율성 사이에서 적절하게 균형을 잡아야 할 것이다.

학습자가 교실에서 작성한 쓰기 표본 이외에 더 넣어야 하는 것은 무엇인가? 물론 포트폴리오의 핵심 요소는 최종 작품을 완성하기 전에 수정되어 가는 문어 산출물들이다. 이외에 독자에게 포트폴리오를 상세하게 소개하고 내용물을 해석할 제2의 관점을 제공할 목적으로 다른 유형의 참고 자료를 포함시킬 수 있다. 이러한 참고 자료는 명시적으로 채점되기도 한다(327쪽 '포트폴리오 채점' 부분의 '채점 기준표 사례' 참조). 이런 자료는 평가자가 포트폴리오 내용에 관심을 가지게 하고 과제를 제대로 평가하도록 부가 정보를 제공하는 기능을 하기도 한다. 참고 자료는 주로 다음의 세 가지 유형이 대표적이다.

(1) 자기 성찰적 에세이

교수자 대부분은 학습자가 자신의 최종 작품을 산출하기까지 겪었던 과정을 성찰하는 내용을 포함시키고 싶어 한다. 많은 포트폴리오에는 내용 항목을 소개하거나 자신의 쓰기 전략과 장단점을 스스로 평가하고 되돌아본 여정이 자기 성찰적 에세이 형태로 들어 있다. 앞서 논의했던 것처럼 성찰은 포트폴리오의 핵심 요소이고 에세이는 학습자의 성찰 과정을 평가자가 가장 잘 통찰할 수 있는 수단이기도 하다. 자기 성찰적 에세이를 통해 학습자는 평가자에게 해명할 기회를 갖는다. 각자 무엇을 배웠는지 왜 특정 작품을 포트폴리오에 넣었고 어떤 것이 본인의 인지를 개발하는 데 도움을 주었으며 자기 작품을 스스로는 어떻게 평가하는지 설명할 수 있다. 물론 Murphy와 Camp(1996)의 지적처럼 모두가 이 성찰의 기회를 심각하게 받아들이지는 않는다. 교수자에게 아부하는 수단('이 수업을 사랑해요.')으로 사용하는 학습자가 있는가 하면, '……기 때문에 이 작품을 포함시켰다. ……기 때문에 이 작품을 포함시켰다. 마지막으로 ……기 때문에 이 작품을 포함시켰다.'와 같이 그저 '포트폴리오의 빈칸 채우기'(Murphy & Camp, 1996: 118) 활동으로 인식하는 학습자도 있을 것이다.

(2) 작성 배경/방향을 알리는 참고 자료

앞으로 포트폴리오를 평가할 사람들에게 포트폴리오의 작성 배경이나 보충 사항에 대해서 기록한 자료는 포트폴리오의 주요 요소로서 자주 거론된다. 포트폴리오에 대한 이해를 도와 장차 평가자들이 올바른 판단을 하게 하는 데 유용하기 때문이다. 특히 대규모 평가에서는 이러한 참고 자료가 대단히 중요할 수 있다. 지역적 맥락에 익숙하지 않은 평가자들에게 중요한 맥락 정보를 제공하기 때문이다. 내용 목차, 학습자가 제공 받은 쓰기 과제 안내문, 강의계획서 등이 이에 해당한다.

(3) 쓰기 과정에 대한 참고 자료

포트폴리오에는 쓰기 과정과 관련하여 참고할 자료들도 포함된다. 잘 다듬어진 결과물 이외에 초고가 요청될 때도 있다. 학습자가 과제를 수행하면서 받았던 외부의 도움, 예컨대 동료나 튜터에 대한 자료가 요청되기도 한다. 이러한 참고 자료는 학습자가 문장 수준의 오류 교정이나 수정에 외부 도움을 받아야 하는 제2언어 학습 맥락의 평가를 진행하는 데 특히 유용하다.

포트폴리오 내용을 직접 작성했다는 사실은 어떻게 확인할 것인가? 8장에서 논의한 바와 같이, 시간 제한이 있는 쓰기 평가에서는 필자에 대한 외부적 도움이 차단된다. 하지만 포트폴리오 과제는 다른 사람 특히 교수자에게 조언을 구하고 피드백 사항을 적용하도록 장려되기도 한다. 그래서 포트폴리오는 개별적 작업이라기보다 협력적 작업인 경우가 많다. 이는 교실 수준을 넘어서는 포트폴리오 평가에 있어 문제가 된다. 교수자 특성으로 인해 학습자의 작업을 지원하는 유형이나 정도가 상이하기 때문이다. 교수자로부터 도움을 덜 받은 학습자는 상대적으로 불리한 입장에 처하게 된다. 수업과 교육과정의 우수성을 포트폴리오로 평가하고자 한다면 더욱 까다로운 문제가 야기될 수 있다. 이러한 경우, 포트폴리오에 대한 학습자의 노력과 주인 의식은 줄어드는 반면 교수자가 들이는 시간과 노력은 엄청나게 늘어나고 세부적인 사항까지 전부 교수자가 지시하게 될 우려가 있다. 이러한 딜레마의 해결책으로 어느 정도는 독립적인 수행을 포함했다는 것을 보장하기 위해 시간 제한을 두고 작성한 글과 시간 제한 없이 작성한 글을 함께 포트폴리오에 넣는 방안이 있다. 학습자도 과제를 수행하면서 받은 도움의 양과 종류를 기록해서 함께 제출하도록 한다. 그리고 평가 대상 학습자를 준비시킨 교수자와 평가를 수행할 채점자들은 반드시 이러한 저술 주체성 문제에 대해 모여서 합의를 봐야 한다. 그래야 외부적으로 지원 받은 양이 다름으로 인해 불공정한 이익을 얻거나 불이익을 받을 가능성을 조금이라도 줄일 수 있다.

요약하자면, 포트폴리오에 들어갈 내용을 누가 어떻게 결정할 것인지를 정함에 있어 고려해야 할 사항은 한두 가지가 아니다. 평가의 목적과 지역적 맥락을 가장 우선시해야 할 것이다. 이러한 결정에는 학습자를 비롯하여, 특히 포트폴리오 구성에 관여하게 될 교수자들도 함께 참여하여 관련되는 모든 부분에 대해 충분히 논의해야 한다. 〈자료 9.2〉의 체크리스트(Marby, 1999)는 이러한 논의를 할 때 참조하기에 유용하다.

〈자료 9.2〉 포트폴리오 내용 점검을 위한 체크리스트(Marby, 1999)

2. 내용 포트폴리오에 무엇을 넣어야 하는가? 그 내용을 누가 작성하고 선정할 것인가?

포함 여부	내용을 만들거나 선정할 사람	학습자		교수자		그 외	
		제작	선정	제작	선정	제작	선정
	학습자가 가장 잘한 작품(시험, 쪽글, 보고서)						
	실패한 결과물						
	완성작과 초고 및 수정고						
	필수적 포함 사항						
	선택적 포함 사항 또는 불포함 사항						
	성취도 입증 자료						
	조별 활동 자료						
	학교 밖 성취도 입증 자료						
	비학문적인 성취 자료						

작품과 진전 양상에 대한 학습자의 성찰				
향후 작성하게 될 작품에 대한 제안				
비판적이거나 평가적인 논평				
사진, 오디오테이프, 비디오테이프				
성적 증명서나 학점 목록				
표준화된 검사 점수				
기타				
기타				
기타				

포트폴리오의 필수 구성 항목

포트폴리오의 선택 구성 항목

학생 작품에는 평가적 논평이 첨부되어야 하는가? _____

학생 작품에는 성찰적 논평이 첨부되어야 하는가? _____

나는 평가나 성찰적 논평을 하는 데 사용할 양식을 새로 만들 것인가?

_____

내용은 몇 번이나 수정, 첨삭, 조율하게 할 것인가? _____

한 학기나 한 학년 말까지 몇 개 작품을 포함시키도록 할 것인가?

_____

학생과 내(다른 이)가 내용 제작에 이견이 있을 때 어떻게 최종 결정을 내릴 것인가? _____

_____

나는 이러한 포트폴리오(수업)가 다음과 같이 되어야 한다고 생각한다.(하나만 선택하시오.):

_____비교적 비구조화 _____적당히 구조화 _____비교적 구조화

포트폴리오 채점

6장에서 논의되었던 시간 제한이 있는 쓰기 평가의 채점에서와 마찬가지로, 포트폴리오 채점을 할 때에도 고려할 사항이 적지 않다. 제한 시간 내 쓰기 평가에서 적용한 사항은 포트폴리오 채점에도 모두 적용이 되며, 포트폴리오가 제공하는 정보의 풍성함과 포트폴리오 자체의 복잡성으로 인해 두 가지를 추가로 고려할 필요가 있다. 먼저 광범위한 텍스트 유형이 포함된 포트폴리오를 신뢰성 있게 평가할 방법을 찾아야 한다. 그리고 숫자나 언어로 기술된 포트폴리오 평가의 결과를 학습자 등 이해 당사자들에게 납득시키고 추론된 정보를 활용할 의사소통 방법도 고민해야 한다. 다음은 포트폴리오 채점 시 반드시 논의해야 할 사항이다.

1. 채점 준거 설정
2. 평가 척도 유형 결정
3. 점수 기록 방식 결정

포트폴리오 채점 준거

시간 제한이 있는 에세이 쓰기 평가에서처럼 포트폴리오 평가 절차를 설계할 때에도 먼저 채점 준거부터 정해야 한다. 포트폴리오 평가는 에세이 채점보다 복잡하다. 앞서 살펴본 것처럼 포트폴리오에는 다양한 텍스트 유형과 참고 자료 문서가 들어 있으므로 전체 점수를 산출하는 과정에 이 다양한 부분을 어떻게 점수화할지 결정해야 한다.

Hamp-Lyons와 Condon(2000)은 미시간 대학에서 최초로 개발한 포트폴리오 평가틀을 제시하였다(〈자료 9.3〉 참조). 이 표에서 포트폴리오에 고려되는 네 개 차원에는 필자 특성, 포트폴리오 특성, 텍스트 특성, 텍스트 내적 요인이 있다. 뒤의 두 범주가 단일 쓰기 표본을 평가하는 주요 준거라면, 처음 두 범주(필자 특성과 포트폴리오 특성)는 포트폴리오 평가에만 해당된다. 교수자와 평가자는 포트폴리오에만 해당되는 채점 준거에 기초하여 평가 구인에 대한 관심을 개별 텍스트의 특성 이상으로 확장하면서, 쓰기 과정은 물론 여러

〈자료 9.3〉 포트폴리오 평가의 차원(Hamp-Lyons, L. & Condon, W., 2000: 144)

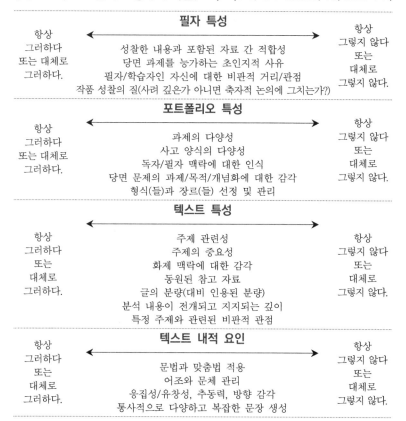

항상 그러하다 또는 대체로 그러하다.	**필자 특성** 성찰한 내용과 포함된 자료 간 적합성 당면 과제를 능가하는 초인지적 사유 필자/학습자인 자신에 대한 비판적 거리/관점 작품 성찰의 질(사려 깊은가 아니면 축자적 논의에 그치는가?)	항상 그렇지 않다 또는 대체로 그렇지 않다.
항상 그러하다 또는 대체로 그러하다.	**포트폴리오 특성** 과제의 다양성 사고 양식의 다양성 독자/필자 맥락에 대한 인식 당면 문제의 과제/목적/개념화에 대한 감각 형식(들)과 장르(들) 선정 및 관리	항상 그렇지 않다 또는 대체로 그렇지 않다.
항상 그러하다 또는 대체로 그러하다.	**텍스트 특성** 주제 관련성 주제의 중요성 화제 맥락에 대한 감각 동원된 참고 자료 글의 분량(대비 인용된 분량) 분석 내용이 전개되고 지지되는 깊이 특정 주제와 관련된 비판적 관점	항상 그렇지 않다 또는 대체로 그렇지 않다.
항상 그러하다 또는 대체로 그러하다.	**텍스트 내적 요인** 문법과 맞춤법 적용 어조와 문체 관리 응집성/유창성, 추동력, 방향 감각 통사적으로 다양하고 복잡한 문장 생성	항상 그렇지 않다 또는 대체로 그렇지 않다.

다양한 독자와 목적을 고려하여 쓰는 능력까지 점검하게 된다. '필자 특성' 범주는 구체적으로 자기 성찰과 저자성 인식의 정도를 파악하는 준거를 포함한다. 한편 '포트폴리오 특성' 범주는 쓰기 과제의 범위 및 여러 유형의 쓰기 과제별로 적합한 전략을 적용하는 능력과 관련된 준거로 구성된다.

〈자료 9.3〉의 평가표에서 특성은 '항상 그러하다'나 '대체로 그러하다'에서부터 '항상 그렇지 않다'나 '대체로 그렇지 않다'에 이르는 연속선으로 측정된다. 지역용 포트폴리오 채점 준거를 개발하는 교수자는 이 평가표를 출발점으로 삼아도 좋다. 포트폴리오에서 무엇을 강조하고 영역별 가중치는 어떻게 부여해야 할지에 대해 조언을 얻을 수 있다. 학문 목적 쓰기를 준비시키는 교수자라면 네 차원을 통합하고자 할 것이고, 다양한 유형의 업무 서신 쓰기를 준비시키는 교수자라면 필자 특성 대신 텍스트 내부 요인에 더 관심을 기울일 것이다.

포트폴리오 평가를 위한 평가 척도

단일 답안의 쓰기 평가처럼 포트폴리오도 총체적 척도나 분석적(다중 특성) 척도 어느 것으로도 채점 가능하며, 6장에서 논의한 제한 시간 내 쓰기 평가에서와 동일한 사항을 고려해야 한다. 하지만 대규모 평가에서 포트폴리오 채점에는 단일 쓰기 답안 채점 때보다 훨씬 많은 시간이 소요된다는 점을 명심해야 한다. 따라서 대규모 평가에서는 분석적 척도보다 총체적 척도가 더 실현 가능성이 높을 수 있다. Herman 외(1996)가 지적한 바와 같이, 학교 지역이나 주 단위 평가에서 약간만 시간을 절약해도 엄청난 금액을 절약할 수 있다.

교수자와 학생 모두 상세한 피드백을 중시하는 교실 내 평가 상황이라면 분석적 척도가 선호될 것이다. 한 편의 글이나 포트폴리오에서 상이한 측면들을 구별하여 평가한 분석적 채점 결과로부터 학생의 수행 수준에 대해 보다 풍부한 정보를 얻을 수 있기 때문이다.

점수 기록 방식

Herman 외(1996)에서는 점수, 관례적인 문자 등급, 언술(言述)(기대를 충족시키는 데 실패했습니다, 최소한의 기대를 충족했습니다, 기대를 넘어 섰습니다) 등의 여러 가지 방식으로 포트폴리오 평가 결과를 표현할 수 있다고 언급하였다. 각 접근 방법에는 장·단점이 있다. Herman 외(1996)는 점수와 언술 가운데 무엇을 선택하느냐는 학습자, 교수자, 정책 결정자에게 보내는 메시지에 무엇을 담을 것인가 하는 신념과 상관이 있다고 본다. 예를 들어, 점수는 집단의 평균 비교나 상이한 영역의 점수 비교와 같이 데이터의 양적 분석을 촉진한다. 특정 목적으로는 유용할 수도 있는데, 일반적으로 척도 점수가 등간이기보다 서열로 구획되기 때문에 부적절한 추론을 내릴 위험이 있다. 6점 척도에서 6점이라는 점수는 5점이라는 점수보다 더 나은 능력을 표상하지만, 4점과 5점 간 차이가 5점과 6점 간 차이와 동일한 능력치의 증가를 함의하지는 않는다. 물론 이러한 비판은 척도를 적용하는 평가 상황이라면 어디에서나 동일하게 제기된다. 여기서 Herman 외(1996)가 지적하려는 것은, 숫자 척도가 포트폴리오 평가로부터 얻을 수 있는 다양한 정보를 충분히 전달하기에 미흡하다는 사실이다. 점수만을 고지하게 되면 포트폴리오조차 계량화하는 환원주의적 접근을 조장할 우려가 있다.

점수에 대한 또 다른 우려는, 숫자가 평가라는 복잡한 과정을 과도하게 단순화하고 학습자와 교수자 모두에게 개선되어야 할 지점을 알리기에 유용하지 않다는 점이다. 평가 결과를 말로 설명해 주면 포트폴리오에 들어 있는 복잡한 수행의 단면을 더 잘 포착할 수 있다. Camp(1993: 280)의 지적대로, 포트폴리오 평가가 당면한 과제는 "수치가 납득되든 안 되든 숫자가 사용되었든 아니든 그동안 수치는 성취도를 표상할 수 있다고 기대되어 왔었는데 과연 그러한지"에 대해 비전문가인 대중과 협의하는 것이다. 이는 10장에서 다시 제기될 쟁점이기도 하다.

채점 기준표 사례

포트폴리오 평가용 채점 기준표는 에세이 시험용 채점 기준표와 여러 가지로 유사하다. 둘 다 글에서 하나 이상의 차원을 언급하고 각 차원마다 수준을 분별하거나 영역을 구획하기 위한 기술(descriptor)이 적혀 있다. 에세이 채점용과 마찬가지로 포트폴리오 채점 기준표에도 측정 구인이 명시적으로 기술되어 있고 채점 기준표마다 관심을 가지는 쓰기 능력도 서로 다르다. 하지만 이 장의 첫 부분에 논의되었던 것처럼 포트폴리오용 채점 기준표에서는 쓰기 능력을 보다 포괄적으로 정의 내려야 한다. 포트폴리오 채점은 제한 시간 이내에 작성되는 에세이 채점보다 더 복잡하기 때문이다. 포트폴리오용 채점 기준표는 다양한 쓰기 과제들을 넘나들면서, 다양한 차원에서 학습자의 능력 수준이 어느 정도인지, 상이한 목적과 독자를 고려한 쓰기 상황에서 학습자가 구현할 수 있는 범위와 실현 가능성은 어느 정도인지, 혹은 자신의 쓰기 과정과 전략을 반성적으로 검토하는지를 따져 볼 수 있어야 한다. 〈자료 9.4〉에서 〈자료

9.6〉까지는 상이한 맥락의 포트폴리오가 어떤 채점 기준표로 평가되는가 하는 전형적인 예를 보여준다. 이 세 개 채점 기준표는 모두 L1 맥락에서 왔다는 점을 명심해야 한다. 제2언어 포트폴리오 평가용으로 특별히 제작되어 발표된 채점 기준표가 부족하다는 사실은 L2 맥락에서 포트폴리오 평가가 여전히 걸음마 단계임을 함의한다.

Spalding과 Cummins(1998)가 제시한 〈자료 9.4〉의 채점 기준표는 주 전체 고등학교 상급생을 대상으로 한 쓰기 평가에 사용되었다. '입문' 단계에서 '최우수' 수준까지를 변별하는 기술은 텍스트가 여러 편이라고 해서 크게 다르지 않으므로 개별 쓰기 답안 평가에도 바로 적용할 수 있다. 하지만 '교수법 분석(Instructional Analysis)' 항목에서는 해당 포트폴리오 안에서 텍스트들을 가로지르는 '일관된 수행'이 있는지를 명시적으로 묻는다. 포트폴리오가 완성된 것인지 여부, 채점 가능한지 여부에 대해서도 구체적인 정보가 실려 있다.

〈자료 9.4〉 켄터키 쓰기 평가를 위한 총체적 채점 지침(Spalding & Cummins, 1998)

입문(novice)	중급(apprentice)	고급(proficient)	최우수(distinguished)
• 독자나 목적을 인식하지 못함 • 세부 내용에 문제가 있거나 관계가 없는 것이어서 아이디어 전개 면이 부족함 • 조직이 취약하거나 우연히 조직되었음 • 문장 구조가 부정확하거나 부적합함 • 표현이 부정확하거나 부적합함	• 초점을 놓칠 때도 있지만 특정 목적의 독자를 어느 정도 고려할 수 있음 • 세부 내용이 반복되거나 정교하지 않아 아이디어 전개가 미숙함 • 조직이나 응집성에 실수가 있음 • 문장 구조가 단순하거나 어색함	• 적합한 목소리나 어조로 목적에 맞게 독자를 고려할 수 있음 • 정교하고 관계 있는 세부 내용으로 뒷받침된 아이디어 전개에 깊이가 있음 • 조직이 논리적이고 일관성이 있음 • 문장 구조를 다양하게 제어할 수 있음 • 표현이 납득 가능하고 실제적임	• 목적을 세워 초점을 잃지 않고, 특정 독자를 대상으로 변별적인 목소리와 적합한 어조를 사용함 • 분석, 성찰, 통찰 등 세부 내용이 풍부하고 흡입력이 있거나 타당하여 아이디어를 깊이 있고 복합적으로 전개함 • 조직이 신중하고 세심함

• 맞춤법, 구두점, 대문자 표기 오류가 문장 길이와 복잡한 정도에 맞지 않게 많음	• 표현이 단순하거나 모호함 • 맞춤법, 구두점, 대문자 표기에 거슬리지 않을 정도의 오류가 있음	• 문장 길이와 복잡한 정도에 비추어 맞춤법, 구두점, 대문자 표기 오류가 거의 없음	• 문장 구조와 길이가 다양하여 **효과를 배가함** • 표현이 정확하고 풍부함 • 맞춤법, 구두점, 대문자 표기가 올바름

채점 준거		교수법 분석	(불)완전한 포트폴리오
준거	설명		
목적/독자	다음 사항의 수행 정도 • 목적을 세우고 유지함 • 독자를 고려함 • 적합한 목소리나 어조를 선정함	진행한 수업의 강점을 검토하여 쓰기 학습 개선에 참조할 수 있다. 포트폴리오는 진행된 수업 내역을 증빙한다. 총체적 채점 지침 부분을 첨가하면, 작성된 내용을 토대로 수업 내용을 유추하려는 교수자에게 도움이 된다. 학생 포트폴리오를 채점하면서 아래 사항을 검토하고 잘 된 교수 항목에 대해 점수를 부여할 수 있다.	다음 중 하나에 해당되면 불완전하다고 판단한다. • 목차에 필수 정보 누락 • (검토자에게 보내는 편지를 포함하여) 목차에 학습 영역 정보가 빠짐 • 목차와 (검토자 앞) 편지를 포함하여 내용이 7개 미만임 • 표절된 것이 한 편 이상임(입증되어야 함) • 목차와 상이한 내용이 한 편 이상임 • 영어로 작성되지 않은 것이 한 편 이상임
아이디어 전개/뒷받침	중심 아이디어를 전개할 때 사려 깊은 세부 내용으로 뒷받침하는 정도		
조직	다음 사항의 수행 정도 • 논리적인 배열 • 일관성 • 접속어/구조 결속 표지		
문장	다음 사항의 수행 정도 • 구조와 길이의 다양성 • 효율적인 구성 • 완벽하고 정확함	포트폴리오를 보고 다음 교수법으로 학생들이 일관된 지도를 받았음을 확인한다. • 실제적이고 논점이 분명한 **목적** 수립 • 실제적인 **독자**와 상황을 고려한 글쓰기 • 적합한 **목소리나 어조** 채택	• 컴퓨터에서만 실행되는 파일이거나 다이어그램 및 그림으로만 구성된 것이 한 편 이상임 • 포트폴리오에 집단 이름을 밝힘 • 목차가 명확히 기술되지 않은 채 내용이 섞여 있음

표현	다음 사항의 정확하고 효율적인 정도 • 어휘 선정 • 관용 표현	• 목적과 관련된 **아이디어 전개** • 정교하고 관계 있는 **세부 내용**으로 아이디어 **뒷받침**	완전한 포트폴리오를 대상으로 다음 중 하나 이상의 해당 사항이 있을 때 총체적 채점 지침 기준에 따라 채점한다.
정확성	다음 사항의 정확한 정도 • 맞춤법 • 구두점 • 대문자 사용	• 논리적으로 **조직된** 아이디어 • **접속어** 활용 • 적합하거나 정확한 **문장** 구성 • 적합하거나 정확한 **표현** 사용 • 수정을 위한 **편집**	• 명료히 기술된 목차와 내용 순서가 맞지 않음 • 의도된 목적이 충족되었는지 확실하지 않음 • 입증할 수는 없으나 표절의 여지가 있음

Wolcott(1998)가 제시한 〈자료 9.5〉는 이와 다른 방향에서 접근한 대학 수준 쓰기 포트폴리오를 평가하기 위한 것이다. 이 총체적 채점 기준표는 포트폴리오 한 편의 전체 속성에 대해 수준별로 기술하고 있으며 교실 안팎에서 수행된 과제 질에 대한 분류 기준도 제시하고 있다. 또한 포트폴리오 내의 상이한 텍스트들이 질적인 면에서 다양하게 평가될 수 있음을 명시적으로 기술하고 있다.

〈자료 9.5〉 포트폴리오 채점을 위한 총체적 지침(Wolcott, 1998)

6점 포트폴리오는 질적인 면에서 일관되게 수준 높은 작품을 담고 있다. 교실 밖에서 완성된 작품은 주의 깊게 수정되었고 교실 안에서 쓴 글 역시―오류가 조금 있긴 해도―탄탄하다. 내용이 창의적이거나 깊이가 있고 본인이 직접 작성했음을 알 수 있다. 전반적으로 유창하게 썼으며 정확하고 섬세한 어휘가 선택되었다. 글의 전개가 자연스럽고 조직도 대체로 적절하다. 필자는 문법, 어법, 맞춤법을 다루는 언어 표현 능력이 견고하다.

5점 포트폴리오는 질적인 면에서 일반적으로 높은 수준의 작품을 담고 있다. 교실 안에서 쓴 글은 그리 탄탄하지 않을 때도 있지만, 교실 밖에서 완성된 작품은 주의 깊게 수정되었다. 내용이 어느 정도 창의적이거나 깊이가 있고 글의 전개와 조직도 만족스럽다. 쓰기 스타일이 다양하고 어휘가 정확하게 선택되었다. 문법, 어법, 맞춤법은 일반적으로 정확하다. 필자 본인이 과제 대부분을 수행하였다.

4점 포트폴리오는 질적인 면에서 대체로 탄탄한 작품들로 구성되었다. 교실 밖에서 완성한 작품은 어느 정도 주의 깊게 수정되었고 교실 안에서 쓴 글은 적당한 수준이다. 내용도 어느 정도 수준으로는 전개되었다. 조직은 대체로 적당한데 전체적으로 볼 때 일부 오류가 보인다. 필자가 포트폴리오 완성에 일정 시간과 노력을 들였음을 알 수 있다.

3점 포트폴리오에 실린 작품은 질적인 면에서 고르지 않다. 교실 밖에서 쓴 쪽글에 수정된 흔적이 있긴 하지만 약간에 불과하고 전반적이지는 않다. 교실 안에서 쓴 글에는 상당히 서툰 구석이 자주 눈에 띤다. 내용이 얕고 조직과 전개도 서툴다. 필자가 문법, 어법, 맞춤법을 수정했어도 오류는 여전히 남아 있다. 문장 구조와 어휘 선택도 대체로 단조롭다. 필자가 과제에 수동적으로 참여한 흔적이 종종 보인다.

2점 포트폴리오에 실린 작품은 전반적으로 수준이 낮다. 교실 밖에서 글을 쓰고 수정한 것에도 문제가 있고 교실 안에서 쓴 글도 매우 수준이 낮다. 내용이 얕고 전개 역시 어색할 때가 잦다. 문법, 어법, 맞춤법 오류가 전반적으로 나타나며 문장 구조는 대체로 단순하다. 쓰기 시험에 임하는 자세도 매우 수동적이다.

1점 포트폴리오의 작품들이 매우 서투른 수준이다. 교실 밖에서 쓴 작품을 수정하려고 했을지 모르나 그러한 노력이 거의 보이지 않는다. 교실 안에서 작성된 글에는 오류가 다양하게 나타난다. 내용 전개와 조직 면에서 개선되어야 할 부분이 많다. 문법적으로 문제가 많고 통사 구조도 혼란스럽다. 필자는 과제에 거의 공을 들이지 않은 것 같다.

Willard-Traub 외(1999)가 제시한 〈자료 9.6〉은 포트폴리오용 분석적 채점 기준표이다. 미시간 대학교에서 1995~1996학년도 신입생 선발을 위한 대규모 쓰기 포트폴리오 평가에 사용되었다. 당시 그러한 의도로 사용된 이후 이 채점 기준표는 여러 번 수정되었으므로, 여기에는 단일 쓰기 답안 채점에 사용되는 채점 기준표와 변별되는 자질들로 구성된 모형을 소개하겠다. 이 채점 기준표에는 자기 성찰 글, 포트폴리오 내용 선정, 아이디어 복잡성, 텍스트 관습 등 네 개 영역이 포함되어 있다. 이 가운데 처음 세 영역에서는 채점자에게 평가 척도를 설명하는 것은 물론 평가 맥락에 대한 정보와 함께 점수를 줄 때 명심해야 하는 고려 사항까지 알려 주고 있다. 이 채점 기준표는 포트폴리오 평가의 쟁점을 다루고 있어서 더욱 흥미롭다. 자기 성찰적 글쓰기가 쓰기 과제와 과정을 논의하는 정도, 포트폴리오 내용 선정의 적합성과 범위, 선정된 작품 간 효과성 (effectiveness)의 편차 (특히 '몰입' 차원에 있어) 같은 내용이 구체적으로 적혀 있다.

〈자료 9.6〉 분석적 포트폴리오 채점 기준표(Willard-Traub et al., 1999)

1995 ECB 포트폴리오 등급 표

Ⅰ. 자기 성찰 글

'자기 성찰 글'을 작성하도록 하는 목적은 대개 두 가지이다. 하나는 (가장 낯선 과정이기도 하겠지만) 학생이 자신의 쓰기 과정을 성찰해 보도록 하기 위해서이고, 다른 하나는 관련 정보에 근거해 포트폴리오 내용을 읽을 수 있도록 배경 맥락을 제공하는 데 있다. 탄탄한 자기 성찰 글에는 부분의 총합을 넘어선 쓰기 과정이 담겨 있다.

우리 수업에서는 자기 성찰 글 안에 과제가 무엇이었는지, 과제에 어떻게 대처하였는지를 학생이 설명하게 함으로써 자신이 제출하는 과제를 재맥락화하게 하였다. 학생에게 제공될 피드백 내용 중에는 '포트폴리오 독자를 위한 쓰기 과제 소개'에 대한 채점도 포함된다. 물론 (자신이 글을 쓰는 목적을 인지하는 등의) 스스로 그려낸 '자아 개념'에 대해 학생이 어떻게 성찰하는가도 채점할 수 있지만 이 부분은 학생 피드백에 포함시키지 않을 것이다. 학생 분반을 결정하면서 이러한 '자아 개념'에 대해 판단을 내려야 할 때에는 포트폴리오의 제반 측면을 함께 고려하여야 한다.

	1	2	3	4
독자를 위한 쓰기 과제 소개	과제 및 쓰기 과정 정보가 거의 없다. 독자 인식이 미약하므로 독자를 초점화해야 한다. 반드시 도움을 받을 필요가 있다.	과제와 쓰기 과정에 대한 정보가 어느 정도 있다. 독자/필자 맥락을 기계적으로 인식한다.	과제 및 쓰기 과정에 대해 필요한 정보가 다 적혀 있다. 전체적으로 독자의 요구를 다루는 데 성공하였다.	과제 및 쓰기 과정을 충분히 논의하였고 독자 및 목적 인식이 명확하다. 쓰기에 대해 학교 과제 이상의 의미를 부여한다.

II. 포트폴리오 선정

수업을 마치고 자기 성찰 글, 글을 읽고 '비판적 혹은 분석적으로' 논평한 글, 언어 과목이 아닌 수업에서 쓴 글, 가장 좋아하는 혹은 가장 대표적인 글 등 총 4개 유형을 제출하게 하였다. 성찰 글에는 왜 특정 작품이 그러한 유형에 적당하다고 판단했는지 설명해야 했다. 제출하려고 따로 수정할 필요는 없었다. (개별 글과 성찰 글을) 학생이 선정하는 행위는 (과제 범주, 주제 범위 등의 측면에서) 적합하거나 창의적인가를 기준으로 판단할 수 있다. 그러나 출신 고등학교와 같이 텍스트 외적 정보에 전적으로 의존하는 것은 바람직하지 않다.

	1	2	3
내용물 선정 및 설명의 적절성	내용물이 모두 잘못 선정되었거나 교육과정을 제대로 이수하지 못하였다. 예) 과제 범위가 협소하고 수행이 미숙하며 제출된 분량이 적어서 다양한 쓰기 과제 수행 능력을 평가하기 어렵다.	한두 편은 적절히 선정되었으나 다른 한두 편은 취약하거나 부적절하다. 포트폴리오 전반에 교육과정의 다양성이 제한적으로 드러난다.	모든 글이 잘 선정되었고 과제 범위를 잘 설명하였다. 포트폴리오 전반에 교육과정의 다양성이 충분히 드러난다.

III. 아이디어 복잡성

'아이디어의 복잡성' 차원은 우리 대학교 학생에게 필요한 지적 작업의 본질을 가장 잘 포착하는, 평가의 핵심 요소이다. 학습자들은 '미시간 대학교에서 가장 보편적인 과제가 바로 읽은 내용을 비판적으로 분석하는 것'임을 알고 있다.

인문학 분야 공통의 '학술적인' 글과 과학적인 글, 창의적인 글 등 제반 과제 범주 맥락에서 모두 분석적 접근을 해야 한다. 학생들이 구체적인 사례와 읽기 텍스트, 혹은 개별 경험에 대하여 추상적으로 사고할 수 있는가를 '분석' 과제를 통하여 확인하려는 것이다. 아이디어를 생성하는 능력, 상이한 사례나 관점을 연계하는 능력,

'이론'을 설명하는 능력, 상이한 관점이나 구체적인 사례를 '이론'이나 일반적 진술로 종합하는 능력, 새로운 장르나 스타일을 시도하는 능력 등도 점검하고자 한다.

분석 수업에서 학생들은 문어 텍스트, 인터뷰, 개인적 관찰과 경험 등 다양한 자료 유형을 참조하여 해당 주제와 관련된 관점(이나 목소리)을 참조할 수 있다.

	1	2	3	4
a) 분석	분석/종합된 아이디어보다 요약 내용이 우세하다. 일반화가 지나치고 상투적이거나 반복적이다.	기술 및 요약 내용은 탄탄하고 적합하나, 분석이 단순하고 파편적이거나 미진하다.	기술 및 요약 내용이 탄탄하고 적합하다. 복잡한 방식으로 아이디어를 종합하고 '이론'을 수립했지만 분석 내용이 고르지 않게 선개되었다.	분석이 탄탄하다. 예) 문제를 구조화하는 데 탁월하므로 각각의 글에서 아이디어를 일관되고 본질적이며 창의적으로 전개하였다.
b) 유창성	아이디어 간 그리고 단락 간 단락 내에 일관성이 부족하다.	한 편 정도만 **빼고** 모두 아이디어 간 일관성이 부족하다. 단락들은 '대충 꿰맞춰진' 듯이 보인다.	대부분의 글에서 아이디어 전개가 일관되었다. 한 편이나 일부분에서만 일관성이 간혹 흔들린다.	모든 글에서 아이디어가 다음 아이디어로 탄탄하게 이어진다.
c) 자료 사용 (표 상단 참조)	자료가 부적절하게 사용되었거나 다른 관점이 학생의 목소리를 압도하고 있다.	자료와 대안 제시가 어색하거나 일관되지 않다.	일부 오류가 있긴 하지만 전반적으로 자료를 적절하게 사용하였다.	자기 관점과 텍스트 관점의 종합하는 것은 물론, 상이한 관점을 복합적으로 통합하는 솜씨가 능숙하다.

Ⅳ. 텍스트 관습

	1	2	3	4
문법 통사 어법 맞춤법 표현 어조 문단 필요한 에세이 형식에 익숙함	문법, 어법, 맞춤법에 문제가 있어서 의미 구성을 방해하고 텍스트를 분절시킨다. 통사 구조가 단조롭다. 표현과 어조 선정이 부적절하거나 일관되지 않다. 단락 구분에 심각한 문제가 있거나 에세이 형식에 익숙하지 않다.	• 기본적인 문법, 통사 지식이 있다. • 구두점, 맞춤법 오류가 **종종** 있지만 의미 구성을 방해하지 않는다. • 표현과 어조에 **보통 수준**의 실수가 있다. • 단락 구분에 **보통 수준**의 문제가 보인다. 틀에 박힌 조직화가 잦다.	• 기본적인 문법과 통사 규범을 준수한다. 창의성과 통사적 다양성이 시도되었다. • 구두점이나 어법, 맞춤법에 사소한 오류가 **간혹** 있다. • 표현과 어조에 조금 실수가 있다. • 단락 구분에 **사소**한 문제가 보인다. 틀에 박힌 조직이지만 5단락 형식 규범을 약간 변형하여 다양화한다.	표현에 (다채롭고 정확해지는) 복잡성이 나타난다. 어법, 맞춤법에 문제가 없거나 있어도 사소하다. 어휘의 차이가 미치는 영향을 알고 있다. 은유나 상징 등 표현이 능숙하다. 다른 작가의 어조나 문체를 활용하거나 재가공할 수 있다. 단락 사이에 접속어를 잘 써서 섬세한 차이를 전달할 수 있다. 창의성을 학술 유형 안에 종합하는 능력을 보여준다.

포트폴리오 평가 실행을 위한 행정상 쟁점

포트폴리오의 내용과 채점 방법을 결정하는 것도 중요하지만 포트폴리오 평가 실행에 필요한 업무상의 쟁점도 적지 않다. 이러한 문제는 시간의 측면과 공간의 측면에서 모두 생각해 볼 수 있다. 포트폴리오 사용을 계획하는 교수자는 반드시 학습자에게 포트폴리오 개념을 소개하고 포트폴리오의 이론적 근거와 구성 절차를 설명하고 논의하는 데 시간을 충분히 할애해야 한다. 또한 포트폴리오를 구성하기 위해 작품을 수정하는 데 쓸 수업 시간을 따로 마련해 주어야 한다. 학습자와 개별적인 작업을 하거나 단계별 글쓰기 피드백을 제공하기 위해 수업 이외 시간도 추가로 요구될 수 있다. 게다가 앞에서 말했듯이 포트폴리오 평가에는 많은 시간이 소요된다. 이미 많은 쓰기 교수자들이 자신이 당연히 해야 할 일로 여기고 이 작업에 많은 시간을 들이고 있지만, 교실에서 포트폴리오를 실행하는 데 요구되는 시간의 총량을 과소평가하지 말아야 한다.

프로그램 전체에 포트폴리오 평가를 실행하는 데에는 시간과 인적 자원 면에서 대규모 투자가 필요하다. 어떤 프로그램이라도 포트폴리오라는 아이디어에 선도적으로 열정을 갖는 교수자 집단이 있는가 하면 상당히 유보적인 태도를 갖는 집단이 있는 것 같다. 포트폴리오 평가가 성공적으로 실행되려면 모든 교수자의 우려가 심각하게 검토되어야 하고, 목적과 절차에 모두 합의하기까지 충분히 논의되어야 한다. 그래야 교수자 모두가 포트폴리오라는 아이디어에 익숙해지고 자신의 바람과는 다르게 막중한 업무가 부과되었다고 느끼지 않게 될 것이다. Hamp-Lyons와 Condon(2000: 128)은 이 문제에 대해 다음과 같이 언급한다. "프로그램에 참여한 교수자들이 스스로 자신의 포트폴리오 평가 능력이 공정하고 유의미한지를 점검하고 공유할 시스템을 만들어야 한다. 함께 작업하는 교수자들에게는 포트폴리오 구조, 평가 준거, 가치 등 관련 사항을 읽기 자료로 만들어 배포해야 한다."

포트폴리오 평가 체계에서 또 하나 중대하게 다루어야 할 **행정**사안은 포트폴리오 결과물 보관과 보관된 포트폴리오의 접근 방법이다. 이 사안은 포트폴리오를 개발하는 준비 단계와 평가가 끝난 이후에 모두 해당된다. 포트폴리오 안에 담길 내용은 반드시 교실 안에서 작성되어야 하고 그렇지 않다면 학생이 초고나 여타의 글을 직접 작성해 넣었다는 책임을 져야 한다. 평가를 종료한 포트폴리오를 처리할 방법도 결정해야 한다. 학생들에게 돌려줄 것인가? 학교에 보관할 것인가? 보관한다면 얼마 동안 보관할 것인가? 많은 학교가 만성적으로 공간 부족 문제를 안고 있으며 대개의 포트폴리오는 부피가 크다. 정보 저장 기술의 발전으로 디지털 형식의 포트폴리오가 일상화되면 곧 이러한 고민은 불필요해지겠지만 곳에 따라서는 이러한 보관 문제가 심각한 쟁점이 될 수도 있으므로 반드시 고려해야 한다. 포트폴리오를 학생에게 되돌려주지 않는다면, 장차 누가 이 자료에 접근할 것인가도 결정을 내려야 한다. 일례로, 다른 학생들은 종료된 포트폴리오를 하나의 샘플로 참조할 수 있는가? 나중에 다른 평가의 목적으로 행정 담당자나 연구자들이 포트폴리오를 사용할 수 있는가? 누가, 어떤 목적으로 종료된 포트폴리오를 보고 싶어할지 미리 다 예측할 수는 없다. 따라서 연구나 수업 목적으로 사용하고자 하는 사람이 있을 때 이들에게 포트폴리오 제공을 허가할지 여부에 대해 학습자들에게 미리 묻고 서명 등으로 양해를 구해 두는 것이 현명할 수 있다.

5. 요약

이 장에서는 포트폴리오 평가의 이점과 한계를 살펴보았다. 교실이나 대규모 평가에서 포트폴리오 평가를 설계하고 실행할 때에 명심해야 할 사항에 대해서도 개괄하였다. 글쓰기가 교육과정의 핵심인 학술적 맥락에서 포트폴리오 평가의 강점은 더욱 두드러진다. 교육과정과 평가를 통합한 포트폴리오는 학습자의 쓰기 능력에 대해 더 풍부한 정보를 제공하기 때문이다. 비학술적 상황에서 공부하는 많은 제2언어 학습자에게 아직까지 포트폴리오 평가는 관련이 없을 수도 있고 실행이 어려울 수도 있다. 하지만 제2언어 쓰기 능력의 각 급별 평가 관계자들은 포트폴리오에 내재한 이점에 대해 인지하고 있어야 한다. 물론 포트폴리오에 내재된 결점도 알아야 한다. 그래야 포트폴리오에 잠재된 결점보다 이익이 더 많다는 데 관계자들이 자발적으로 합의를 할 수 있다.

10장 쓰기 평가의 미래

1. 도입

지난 20세기의 쓰기 평가를 회고하는 과정에서 우리는 수많은 현상을 만나게 된다. 여기에는 대규모 평가 회사의 설립과 선다형 평가를 통해 쓰기 능력을 측정하는 데에 목적을 두는 소위 '객관식 평가'의 대중성이 포함되어 있다. 이후 주로 쓰기 교수자에 의해 주도된, 실제 쓰기를 통해 쓰기를 측정하고자 하는 움직임이 뒤따랐고, 이는 시간 제한이 있는 즉흥적 에세이 쓰기 평가를 탄생시켰으며, 교육 현장에서 이를 일반적인 것으로 인정하게 되는 결과를 낳았다. 쓰기 교수자에 의해 주도되는 또 다른 움직임은 '단 한 번의' 에세이 평가에 대한 반작용으로 포트폴리오 평가가 시도된 것이다. 한편 테크놀로지의 급속한 발달과 전 세계적인 의사소통의 증가로 쓰기가 사용되고 평가되는 방식은 급진적으로 변화하게 되었다. 그리고 우리는 이제 이러한 변화에 대해 인식하기 시작하고 있다. 교육자, 이론가, 평가 전문가 사이에서는 평가의 사회정책적인 측면에 대해 인식하자는 논의도 확산되고 있다. 그러므로 쓰기 평가를 가치중립적인 활동으로 보는 것은 적절하지 않다. 오히려 평가에 대해 여러 가지 다양한 입장을 가지고 있는 정책입안자들이 평가를 받는 사람들이 누구인지, 평가란 무엇인지, 평가를 어떻게, 언제, 어디에서 시행할 것인지, 평가 결과를 어떻게 사용할지에 대해 결정을 내리기 위해 상이한 의제와 가치 체계가 충돌하는 갈등의 무대에 서게 되는 것이다. 21세기에는 쓰기 평가의 수많은 영역에서 변화와 도전을 만나게 될 것이다. 이 장에서는 이들 영역 중 두 부분에 초점을 맞추고자 한다. 첫째, 쓰기와 쓰기 평가에 대한 테크놀로지의 영향력을 살펴볼 것이다. 둘째, 쓰기 평가를 향한 비판적인 입장과 그러한 입장들이 향후 몇 십 년 동안 이 분야에 어떻게 영향을 미치게 될지 살펴볼 것이다.

2. 테크놀로지와 쓰기 평가

새로운 기술이 급속히 발달하면서 상상만 가능했던 방식으로 쓰기가 변화하고 있다는 데에는 의심의 여지가 없다. 쓰기에 있어 테크놀로지의 영향력을 세세하게 논의하는 것은 이 장의 논의 범위를 벗어나기 때문에, 쓰기 평가에 있어 테크놀로지의 발달이 가지는 세 가지 함의만을 논의하라고 한다. 첫째, 새로운 테크놀로지는 쓰기 과정과 문어 텍스트에 대한 규범과 기준을 새로 세우면서, 새로운 장르를 탄생시킨다는 점에서 쓰기의 본질 자체에 영향을 미친다. 둘째, 테크놀로지의 진전으로 컴퓨터를 활용한 쓰기 채점이 가능해졌는데, 이러한 채점 방식에 대해 쓰기 교수자들 사이에는 여전히 논쟁이 있다. 마지막으로, 테크놀로지의 발달 특히 인터넷의 발달은 정보에 대한 전 세계적인 접근을 증가시키고 국제 언어로서 영어가 우세한 위치를 차지하는 데에 기여해 왔지만, 반면 그로 인해 새로운 기술에 접근할 수 있는 사람과 그렇지 못한 사람들 사이에 계층 간 분리가 심해지기도 하였다. 따라서 새로운 테크놀로지를 도입할 때에는 사회적·정책적 파급 효과를 반드시 고려해야 한다.

쓰기에 영향을 미치는 테크놀로지의 효과

쓰기에 영향을 미치는 테크놀로지의 효과를 논의할 때에 염두에 두어야 할 중요한 사실은 테크놀로지가 쓰기에 대한 관점과 쓰기 수행 방식까지 변화시킨다는 점이다. 산업계, 학교, 그 외의 상황에서 이메일을 넘쳐 나게 사용한 결과로 인해, 말하기와 쓰기 사이에 전통적으로 존재했던 차이점은 점차 흐릿해졌다. 채팅룸과 온라인 토론이 대학 교육과정의 기본 요소가 된 것처럼, 온라인 교육과정이 증가하는 현상 역시 여기에 기여한다. 이러한 맥락 속에서 쓰기는 전통적으로 말하기와 연관되어 온 많은 측면을 반영하게 된다. 길이는 더 짧아지고 구문은 덜 복잡해지며 심지어 불완전한 문장, 정확성에 대한 주의 부족, 상대적으로 격식을 갖추지 않은 언어 형식 등이 그러한 예이다. 말하기와 유사한 쓰기라는 이러한 변화에 대해 많은 사람들은 테크놀로지의 확장을 그 원인으로 여기고 있다. Baron(1998)은 전자 메일 사용이 보편화되면서 실제로 공식적 교육에서 쓰기 교육의 내용이 달라지기 시작했으며, 그 결과 특히 미국 교육은 결과 중심 쓰기에서 과정 중심 쓰기로 변화하였다고 주장한다. Baron은 온라인 작문 수행이 증가하면서 이러한 구어 중심 쓰기 경향성은 더 강화되었으며, 향후 작성되는 문어 텍스트는 좀 더 말하기에 가까운 모습을 띨 것이라고 본다. 게다가 Baron (1998: 53)은 인터넷 공간에서 미국 영어가 우위를 점하면서 "컴퓨터가 매개하는 의사소통에 구현된 미국적인 쓰기 스타일이 다른 영어권 또는 비영어권 나라의 쓰기 규준에 영향을 미치게 될 것"이라고 예상하였다. 쓰기 규준에 있어 이러한 변화는 미래에 작성될 글을 판단하는 기준이 될 수 있다는 측면에서 고려할 만하다. 지난 이삼십 년 동안 쓰기를 판단하는 데에 사용된 채점 기준표를 살펴보는 작업은 흥미로운 일이었다. 그렇다면 미래 세대에게 '좋은 쓰기'의 특징으로 고려될 사항은 무엇이겠는가?

말하기에 가까운 쓰기라는 이러한 변화는 테크놀로지의 변화에 영향을 받은 쓰기의 한 단면일 뿐이다. 테크놀로지를 통해 가능하게 된 쓰기의 또 다른 변화는 독자가 텍스트에 연결된 링크를 따라갈 것인지 아니면 무시할 것인지를 선택할 수 있는 하이퍼텍스트의 등장이다. 하이퍼텍스트를 사용하는 독자는 궁극적으로 자기 텍스트에 대한 탐색 과정을 임의의 순서로 구성하는 것이다. 하이퍼텍스트의 사용은 문어 텍스트에 대한 기존의 인식에 배치된다. 아이디어와 논증의 논리적 순서를 본질적인 특징으로 삼는 선조적인 문서, 특히 학문적 텍스트에서 더욱 그러하다. Parffit(1997: 8)은 다음과 같이 논의한다. '좋은' 하이퍼텍스트는 "독자를 강렬하게 설득하기보다 독자에게 시사하는 점이 풍부한 것이다. …… 독자가 탐구하는 경로는 무수히 많을 것이므로 하이퍼텍스트 설계는 풍경이나 공원을 설계하는 것과 유사한 것이 될 수 있다. 하이퍼텍스트에서는 단일 텍스트에서보다 즐거운 놀라움을 더 강조하며, 매력적인 서사나 논증이 있다." 이러한 의미에서 볼 때, 하이퍼텍스트를 통해 만들어지는 장르는 시 또는 허구와 더 유사할 수 있으며, 쓰기 평가와는 전통적인 장르만큼의 관련성이 분명히 없을 수도 있다. 그럼에도 불구하고 기술의 팽창에 따라 하이퍼텍스트 사용은 향후 몇 십년 동안 더욱 더 널리 확산될 것이다. 쓰기의 이러한 형태가 미래의 평가와 어떻게 관련될 것인지를 예측하는 것은 거의 불가능하다.

또한 테크놀로지는 쓰기 지도 방식을 변화시킨다. 쓰기 교실의 테크놀로지 사용은 단순히 워드 프로세서로 작성된 최종본을 요구하는 데에서부터 온라인으로 네트워크화된 교실 수업까지를 아우른다. 이러한 수업에서는 교수자와 학습자, 학습자와 학습자 사이의 상호작용이 면대면 수업 상황보다 더 많이 일어난다. 네트워크화된 환경에서는 모어 화자(Palmquist et. al., 1998)와 제2언어 영어 학습자 모두(Braine, 1997)에게 실제적인 쓰기 시간이 늘어났다. 쓰기 시간의 증가가 쓰기 질의 향상과 직접적으로 연결된다는 결정적인 증거는 없지만, 몇몇 연구는 관계가 있다고(Palmquist et. al., 1998) 주장한다. 제2언어 습득 교실에서 네트워크화된 환경을 통해 학습자와 학습자 사이의 상호작용을 증가시키면 언어 습득을 촉진하게 되고 그 결과로 좀 더 나은 쓰기 기능을 쉽게 수행하도록 한다는 가설을 세워볼 수 있다(Braine, 1997).

테크놀로지가 쓰기에 여러 가지 방식으로 영향을 미쳤다는 사실은 분명하다. 그러나 이 책의 목적을 고려할 때 주된 질문은 이러한 변화가 쓰기 평가에 어떻게 반영될 것인가 그리고 이러한 변화들이 쓰기가 정의되고 평가되는 방식에 어떻게 영향을 미칠 것인가이다. 다시 한 번 말하지만 미래를 예측하는 것은 불가능하다. 하지만 지금까지 논의해 온 정보를 근거로 추측해 볼 수는 있다. 첫째, 쓰기에 있어 테크놀로지의 사용은 쓰기 구인에 대한 정의를 재고하게 만드는 원인이 된다. 특히 네트워크화된 교실에서 테크놀로지가 쓰기의 지도 방식에 영향을 미침에 따라 쓰기의 사회적 측면은 더 현저하게 부각될 것이다. 쓰기 능력에 대한 관점을 키나 몸무게처럼 측정되는 개인의 기저 특징으로 정의하는 입장을 고수하기가 점점 더 어려워질 수도 있다. 학습자가 자신의 쓰기에 대해 동료들과 서로 빈번한 피드백을 주고받는 네트워크화된 교실에서, 성공적인 글쓰기는 잘 다듬어진 문장이나 적절한 단어 선택만으로 이루어지지 않는다. 필자가 동료의 논평을 반영하고 논증을 다듬기 위해 동료의 피드백을 사용하며 독자의 기대를 충족시키기 위해 아이디어를 사용할 수 있기 때문이다. 쓰기에 대한 이러한 관점은 언어적 측면을 넘어서는 쓰기의 초인지적 측면을 강조하며, 쓰기 능력에 대한 정의를 상당히 확장하도록 유도한다. 평가 목적에 부합하는 구인을 정의하고자 한다면, 좀 더 초인지적이고 사회적인 요인을 설명할 수 있는 평가 과제와 채점 절차를 설계해야 한다. 이를 위해 평가 도구 개발자들은 쓰기와 수정하기 과정에서 다른 사람들과 상호작용할 수 있고 다른 사람의 관점을 고려할 수 있는 능력이나 또 다른 요인과 관련된 능력이 무엇인지에 대해 주의 깊게 고려할 필요가 있다. 그리고 앞서 언급한 것처럼 말하기와 유사한 모습으로 나아가는 쓰기 형태라든가, 전화보다 이메일을 사용하여 정보 전달 기능을 수행하는 쓰기의 증가는 쓰기 평가에 있어 다양한 쓰기 과제를 채택하고 잘 쓴 글을 판단하는 데 서로 다른 기준을 적용해야 함을 시사한다. 이제 공식적으로 작성되는 설득적 쓰기는 덜 강조될 것이며, 일상생활과 밀접한 쓰기가 점점 더 강조될 것이다. 이메일과 여러 전자 의사소통 형태가 특히 그러하다. 쓰기 평가의 측면에서 보면, 이러한 변화는 쓰기 평가에 포함하는 과제의 종류와 그러한 과제를 채점하는 준거를 재고하도록 유도한다. 그리고 업무 현장에서의 쓰기 과제가 중요해짐에 따라 학술적 글쓰기와 대비되는 업무 현장에서의 쓰기에 대한 연구가 더 많이 수행될 것이다. 계속해서 쓰기 기능과 사용에 대한 인간의 인식은 확장되고 또한 기대하지 못했던 방향으로 나아갈 수도 있다.

쓰기에 대한 컴퓨터 채점

쓰기 평가에서 테크놀로지가 중요하게 부각되는 측면은 에세이를 채점하는 인간 평가자를 대체하거나 인간 평가자와 함께 컴퓨터 채점이 보조되는 점이다. 에세이에 대한 컴퓨터 채점은 1960년대에 Page와 동료들(Daigon, 1966; Page, 1966, 1968)에 의해 처음 수행되었다. Page는 수업에서 작성된 270여 장의 글을 대상으로 프로젝트 에세이 등급(PEG)이라 명명된 컴퓨터 채점을 통해 평균 문장 길이, 문단 수, 구두점 등의 변인 값을 측정하고 이들 변인이 인간 평가자가 부여한 점수를 얼마나 잘 예측하는지를 알아보기 위해 회귀 분석 방법을 사용하였다. 프로젝트 에세이 등급(PEG) 변인은 에세이의 표면적 자질들을 가지고, 그 나머지 자질에 의한 글의 점수와 예측적 타당도를 계량해 본 것이다. 프로젝트 에세이 등급(PEG) 체계에 대한 최근 연구에서는 PEG로 산출된 에세이 점수와 한 명의 평가자가 부여한 점수 간의 상관이, 두 명의 평가자 간 상관보다 우세하다고 보고한다(Page, 1994; Page & Peterson, 1995; Peterson, 1997; 모두 Chung & O'Neil, 1997에서 인용됨). 이러한 결과가 분명히 인상적이긴 하지만, Chung과 O'Neil(1997)은 프로젝트 에세이 등급(PEG) 체계가 갖고 있는 몇 가지 한계를 지적한다. 우선 구인 타당도의 관점에서, 프로젝트 에세이 등급(PEG) 체계가 에세이의 표면적 자질만을 고려하고 의미나 내용을 고려하지 않는 것이 가장 큰 문제이다. 또한 프로젝트 에세이 등급(PEG) 체계는 에세이 세트마다 구체적으로 개발되므로 그 점수는 해당 에세이 세트에서만 의미가 있다. 즉, 외부의 다른 준거와 비교할 수 없다. 마지막으로 프로젝트 에세이 등급(PEG) 변인을 정확하게 설명한 내용이 공식적으로 출판되지 않았으므로 에세이 점수를 결정하는 과정에서 변인 간 상대적 적절성에 대해서 거의 알려진 바가 없다.

컴퓨터를 사용한 또 다른 에세이 채점 방법으로 잠재 의미 분석(LSA)이라 불리는 것이 있다. 이는 '인간의 지식 표상에 대한 컴퓨터 모형이자 텍스트에서 단어와 문단의 의미적 유사성을 추출하는 방법'이다(Foltz et al., 1999: 1). 프로젝트 에세이 등급(PEG) 체계와 반대로, 잠재 의미 분석(LSA) 방법은 텍스트의 표면적 자질보다 사용된 단어의 의미적 내용을 비교하는 데에 중점을 둔다. 따라서 특정한 영역에서 학생의 지식을 측정하기 위한 목적으로 쓰기를 사용하는 내용 영역 교육과정의 쓰기를 채점하기에 적절하다. 잠재 의미 분석 방법을 사용하려면 영역을 대표하는 범위의 내용 텍스트로 에세이 과제를 연습해야 한다. 시스템은 목표 텍스트에서 관련 단어와 내용 행렬을 분석해서 텍스트 정보를 표상한다. 이 행렬에 대조시킨 결과로써 에세이가 자료 문서와 얼마나 유사한지 판단하는 것이다. 프로젝트 에세이 등급(PEG) 체계와 마찬가지로, 잠재 의미 분석

(LSA) 역시 상당히 신뢰할 만하다. Foltz 외(1999)에서는 인간의 심장 기능에 대한 에세이 188개를 채점할 때 인간 평가자 간 평균 상관계수가 .83이었고, 인간 평가자 점수와 잠재 의미 분석(LSA) 점수 간 상관계수는 .80이었다고 보고한다. 웹 기반 평가에서 잠재 의미 분석(LSA)이 갖는 장점은 학생의 에세이에 즉각적인 피드백을 제공할 수 있다는 점이다. 잠재 의미 분석(LSA) 방법은 특정한 세부 화제 정보를 덧붙임으로써 에세이 질이 얼마나 향상될 수 있는지에 대한 정보를 제공하기 때문이다. 잠재 의미 분석(LSA)의 또 다른 장점은 상대평가와 절대평가의 채점 방법을 모두 사용할 수 있다는 것이다. 즉, 에세이는 동일한 표본 내의 다른 에세이와 비교될 수 있음은 물론, 교과서나 '전문가' 에세이와 같은 외부의 자료 문헌과도 비교될 수 있다(Chung & O'Neil, 1997). 하지만 잠재 의미 분석(LSA)은 단점도 있다. 문장을 조직하는 모든 단어 조합이 동등하게 취급되기 때문에 정보를 배열하는 행렬의 순서가 고려되지 않는다.

세 번째 채점 체계는 최근 ETS가 개발한 E-평가자로 불리는 것이다. 현재 경영대학원 입학시험(GMAT)용 에세이를 인간 평가자와 공동으로 채점하는 데에 사용되고 있다. E-평가자는 채점 안내서에 명시된 구체적 특징에 따라 에세이를 분석하기 위해 설계되었다(Burstein et al., 1998). 에세이 세트의 질적 점수를 예측하기 위해 여러 변인 값을 측정하여 통계적 회귀 분석 방법을 사용한다는 점에서 E-평가자는 프로젝트 에세이 등급(PEG) 체계와 유사하다. 하지만 PEG 체계와 달리 E-평가자는 통사 구조, 수사 구조, 화제 분석 정도도 채점한다. 통사 구조에는 보문절, 종속절, 관계절, 조동사 수가 포함되며, 통사적 다양성은 에세이 당, 문장 당 통사 구조의 비율에 의해 측정된다. 수사 구조는 통사 조직, 문단 내 단어, 구절 분포, 수사

조직의 구조에 기반하여 에세이를 논증 구조로 분할함으로써 살펴본다. 마지막으로 화제 분석은 잠재 의미 분석(LSA)과 유사한 방식으로 채점 척도의 각 단계가 제공하는 모범 에세이의 어휘를 제출된 에세이에 사용된 어휘와 비교하는 방법이다. ETS의 연구는 E-평가자 점수가 GMAT와 TWE 에세이 모두에서 최소한 인간 평가자의 점수만큼 신뢰할 만하다는 것을 입증하였다(Burstein & Chodorow, 1999; Burstein et al., 1998). E-평가자 및 자동화된 에세이 채점 형식에 대한 연구와 개발은 지금도 계속되고 있다. 컴퓨터 채점을 활용한 쓰기 평가의 포괄적인 개관에 대해서는 (곧 출판될) Shermis와 Burstein을 참조할 수 있다.

에세이 채점에 컴퓨터를 사용하는 것은 물론 논쟁의 여지가 있다. 특히 쓰기 교수자들은 컴퓨터 채점에 대해 완강하게 거부한다. Drechsel(1999)의 말대로, '이 방법의 평가는 쓰기 과정에 대한 지난 세월의 연구를 무시할 뿐만 아니라 자구(字句)마다 의미를 분석했던 신비평의 시기로까지 회귀하는 읽기 이론을 가정한다. 텍스트의 언어적 자질로만 쓰기 점수가 매겨질 수 있다면 교수자는 학습자가 컴퓨터 채점의 기준 자질들을 텍스트에 구현하도록 준비시켜야 할 것이다. 교수자의 역할이 진실된 목적을 추구하면서 독자를 위해 설득력 있는 글을 쓰도록 학습자를 준비시키는 것에 있다고 여기는 교수자들은 질색할 만한 평가 방법이다.

가까운 미래에 컴퓨터가 대규모 평가에서 인간 평가자를 완전하게 대체할 수 있을 것 같지는 않다. 쓰기 평가에서 테크놀로지의 사용을 강력하게 옹호하는 이들도 "등급을 부여하는 것은 대학 입학처럼 다른 중요한 사건에 영향을 미칠 수 있는 고부담 사건이다. 따라서 등급 부여는 컴퓨터가 할 만한 과업이 아니다"(Breland, 1996:

255)라고 지적한다. Breland는 학습자의 편집 작업을 돕고 교수자가 간과할 수 있는 학습자의 쓰기 양상을 살펴볼 수 있도록 돕는 것이 컴퓨터가 할 수 있는 최선의 기여라고 설명한다. 하지만 많은 수의 에세이를 상대적으로 짧은 시간과 합리적인 비용을 들여 채점해야 하는 대규모 평가의 여건을 감안하면 일부 대형 평가 시행 회사에서는 컴퓨터 채점에 대한 시도를 멈추지 않을 것이다. 인간 평가자를 완전히 대체하지는 않더라도 최소한 필수불가결한 보완재로서라도 컴퓨터 채점을 시도하고자 할 것이다.

테크놀로지의 격차

쓰기와 테크놀로지의 관계에 있어 걱정스러운 측면 중 하나는 컴퓨터에 친숙한 사람과 그렇지 않은 사람들 사이에 잠재적으로 존재하는 격차의 문제이다. 특히 이는 컴퓨터 사용이 선택적이거나 심지어 필수적인 TOEFL과 같은 컴퓨터 기반의 대규모 평가에서 문제가 된다. 이제 '디지털 격차'가 교육자의 걱정거리가 된 것이다. Chisholm 외(1998)는 미국의 비주류 대학생들이 주류 학생보다 가정 내 컴퓨터 보급률이 낮으며 더 늦은 나이에 컴퓨터를 사용하기 시작한다고 보고하였다. 국제적으로도 컴퓨터에 대한 접근 정도가 다르다. Chisholm 외(1999)는 미국 대학에서 미국 학생들이 중국 학생이나 가나 학생들보다 컴퓨터를 훨씬 더 많이 소유하고 있음을 확인하였다. 이와 유사하게, ETS 연구자들은 각 국가별로 TOEFL 응시자의 컴퓨터 친숙도가 상당히 다름을 알게 되었다(Taylor et al., 1998). 마우스로 클릭이나 드래그를 하는 것 같은 기본적인 기능만이 요구되는 컴퓨터 기반 평가에서는 큰 문제가 아닐 수도 있다.

그러나 복잡한 키보드 기능을 활용하여 컴퓨터로 글을 쓰는 것은 완전히 다른 문제가 된다. 이와 같은 기능이 구인의 일부가 아니라면(예컨대 공무원을 위한 시험에서는 컴퓨터 숙달 능력을 구인으로 삼을 수도 있지만), 키보드 기능을 숙달하지 못했거나 이러한 기능을 갖추지 못한 학습자에게 펜과 종이보다 컴퓨터를 사용하라고 요구하는 것은 명백하게 불공평하다. ETS는 불공정에 대한 이러한 잠재성을 인지하고 필자에게 자신의 에세이를 손으로 쓰는 것과 키보드로 쓰는 것 중 하나를 선택하도록 한다. 그러나 6장에서 논의된 바와 같이, 워드프로세서로 작성된 에세이와 손으로 쓴 에세이가 다른 점수를 받게 되는 것처럼 불공정할 가능성은 여전히 잠재한다. 테크놀로지가 점차 정교화되어 감에 따라 특히 스피치와 수기 인식 프로토콜의 영역에서 이러한 부분이 논점이 될 것이다. 머지않아 키보드는 구시대의 유물이 되고 컴퓨터는 매우 저렴해져서 모든 이가 소유하게 될 수도 있다. 그러나 그때까지는 기술에 대한 불공평한 접근 기회가 잠재해 있음을 인식하는 것이 중요하다.

정책적 측면에서의 쓰기 평가: 평가에 대한 비판적 입장

언어 평가 분야의 전문가들 대부분은 평가 도구가 주의 깊게 개발되고 적합하게 사용될 때 사회적 자원을 정당하고 공정한 방식으로 할당하도록 돕는, 평가의 유용한 사회적 역할이 실현된다고 믿는다. 일례로 중등 교육 이후에 성공 가능성이 높은 학생과 성공을 위해 별도의 지원이 필요한 학생을 구분하기 위한 평가가 있을 수 있다. 하지만 교육이 다른 사람을 희생하여 특정 집단의 이익을 조장하는 기제를 제공할 수 있다는 점에서, 많은 학자들은 교육과 교육 평가에 정치적 측면이 있다고 지적해 왔다. 교육에서 정치적 측면이 나타나는 대부분의 지점은 교육 평가일 것이다. 평가가 자신의 교육적, 전문적, 개인적 목적을 추구하는 사람들을 허락하거나 금지하는 합법적 취사선택의 제도가 됨으로써, 한 집단이 다른 집단을 대상으로 힘을 휘두르는 데에 사용될 수 있기 때문이다. 언어 평가에 대한 최근의 연구에서는 평가에 대한 이러한 관점이 주로 논의되었으며, 언어 평가의 특징을 비판적으로 논술한 Shohamy의 논문에 다음과 같이 간결하게 요약되어 있다.

- 비판적 언어 평가에서는 피평가자를 정책적 맥락 안의 정책 주체로 본다.
- 비판적 언어 평가에서는 언어 평가를 개인의 단계별 성공에 직결되는 도구로 보며, 상이한 이데올로기와 사회적 형태들이 모여 우세한 이데올로기나 사회적 형태를 대상으로 투쟁하는 언어적, 교육적, 정책적 영역 전반에 깊이 연루되어 있는 도구로 본다.
- 비판적 언어 평가에서는 평가를 통해 어떤 종류의 의제가 전달되는지 그리고 그것은 누구의 의제인지에 대해 질문을 제기한다.
- 비판적 언어 평가에서는 심리측정학의 계량적 전통에 대해 이의를 제기하고, 해석학적 전통을 반영하여 질적 평가 방안을 모색한다.
- 비판적 언어 평가에서는 언어 평가 개발자들이 언어 평가가 장차 어찌 될 것인지, 바람직한 언어 평가란 무엇인지를 자문해 보도록 제안한다. 언어 평가가 미리 정의된 교육과정이나 숙달도 측정만을 의도해야 하는가 아니면 다른 의제를 가져야 하는가 같은 질문들도 이에 포함된다.
- 비판적 언어 평가에서는 평가가 누구의 지식을 기반으로 하는가에 대

해 질문을 제기한다. 평가 대상 영역은 '진실'에 포함된 지식인가? 협상될 수 있고 도전될 수 있고 사용될 수 있는 지식은 무엇인가?

- 비판적 언어 평가에서는 언어 평가 점수의 의미에 대해서 그리고 규범적, 최종적, 절대적인 점수의 정도에 대해서 논의하고 해석할 여지를 남겨 놓는다.
- 비판적 언어 평가에서는 언어 평가를 교육적이고 사회적인 체계에 대한 질문과 함께 배열되는 것이라고 생각한다. 평가를 그것이 작동하는 수많은 맥락과 분리하는 것은 불가능하기 때문에, '단지 평가일 뿐'이라는 개념은 있을 수 없다.

(Shohamy, 1998: 332~333)

이 장의 초반부에서 간단하게 언급한 쓰기 평가의 역사를 비판적 언어 평가의 관점에서 살펴보자면, 평가 과정에서 나타나는 다양한 이해당사자 간 충돌의 측면으로 특징지을 수 있다. White(1996)는 교수자, 연구자, 이론가, 평가 업체 및 정부 기관, 학습자, 특히 비주류 학습자 집단과 불리한 입장의 학습자 집단 등 네 개 이해당사자 집단의 의제와 쟁점을 대조하였다. 평가 업체와 주요 고객(학교구 관리자, 주 교육위원회, 단과대학과 종합대학)은 신속하고 저렴하게 점수를 산출하고, '현 사회적 요구에 맞게 학생을 분류'하기 위한 평가를 원한다. 한편 교수자들은 쓰기의 복잡성을 인정하고 교수자의 전문성을 존중하는 평가를 원한다. 각 집단은 평가 목적에 따라 쓰기가 어떻게 정의되고 평가되는지, 그 결과가 어떻게 사용되는지에 대해 상충되는 이해관계를 갖기 때문에, 이들 집단의 상이한 세계관과 의제가 충돌하는 것은 불가피하다.

20세기 쓰기 평가의 세 가지 주요 움직임은 이들 상이한 집단의 의제를 직접 반영한 것으로 보일 수 있다. (용법에 대한 선다형 검사 같은) 간접 쓰기 평가의 시행, 시간 제한이 있는 쓰기 평가에 대한 용인, 포트폴리오 평가를 향한 움직임이 그것이다. 간접 쓰기 평가의 만연은 학습자를 현 사회적 요구에 맞게 분류하는 데에 있어 신속하면서도 신뢰성 있고 저렴한 방법을 원하는 평가 업체와 그 고객들의 의제가 우세함을 보여준다.

이러한 상황에 대해 교수자들이 제일 먼저 이의를 제기하였다. 이러한 평가가 교수자들의 필요 또는 교수자 자신이 가르치는 학습자의 필요를 충족시키지 못한다고 느끼는 교수자들이 간접 쓰기 평가 방식에 반발하고 나선 것이다. 이후 시간 제한이 있는 에세이 쓰기 시험이 쓰기 평가의 표준으로 자리잡았고 이해당사자 집단들은 각자의 생각을 절충하게 되었다. 교수자는 Scharton(1996)이 '내정자치(home rule)'라 칭한, 즉 학습자가 작성한 글의 질을 고독하게 평가하던 입장에서 한 발 물러나 교수자들은 평가 업체들이 중시하는 신뢰성을 확보하기 위해 일련의 채점 척도와 절차를 표준화하는 데 동의한 것이다. 평가 업체는 한 문항으로 이루어진 단 한 편의 에세이 쓰기 평가가 의사 결정에 충분한 정보를 제공하기 어렵다는 생각을 받아들였다. 그래서 시간 제한이 있는 에세이 쓰기 평가는 교수자의 관점과 측정이론가의 관점을 절충하게 되었다. 교수자들은 쓰기를 복합적이고 다국면적인 과정으로 보기 때문에 평가를 수업과 긴밀하게 통합해야 하는 무언가로 여긴다. 한편 측정이론가는 타당도와 동등하게 신뢰도에 비중을 두게 되는데 신뢰도에 대한 관심은 쓰기 능력을 분절적이고 측정 가능한 부분들의 합으로 쪼개어 살펴보는 과제를 선호하는 방향으로 이어지게 된다.

교수자들은 평가에 있어 평가 업체의 관점이나 외부의 권위보다 쓰기에 대한 자신의 관점이 영향을 미치게 하려고 노력하기 시작하였다. 포트폴리오 평가의 움직임에는 이러한 긴장 이상이 감지된다. Scharton(1996: 56)은 포트폴리오를 향한 움직임에 나타나는 교수자의 '수업적 관점'과 기관 등 대규모 단체의 '프로그램에 입각한 관점' 사이의 긴장감에 대해, 각 관점에 내포된 내러티브를 기술한다. 수업적 관점의 내러티브에는 '손쉬운 해결책에만 흥미를 갖는 관리자에게 평가 점수를 팔아치우고 싶어하는 무자비한 거대 기업 평가 설계자들을 대상으로 올바른 생각을 가진 교수자가 맞서는' 내용이 들어 있다. 반면 프로그램에 입각한 관점의 내러티브에는 "회의적인 과학자가 자연 현상을 관찰하여 만든 가설을 검증하기 위해 정교한 기술을 사용한다. 이와 같이 과학은 세련되지 않은 실천가들의 오해를 교정하고 일화적인 증거를 반박할 만한 확실한 데이터로 교육적인 사업을 제공한다."(p. 64)는 관점이 들어 있다. 어떤 관점을 취하는가에 따라 달라지는 이러한 이해당사자의 타당도를 구성하는 것은 무엇인가? 수업을 하는 사람은 교실 내 쓰기 유형을 충실하게 반영하는 평가 방법을 높이 평가한다. 반면 심리측정학자들은 학습자의 순위를 일관되게 매길 수 있고 동일한 구인에 대해서는 다른 측정의 결과와 비교할 수 있는 평가 방법을 우선시한다. 평가에 대한 인식이 이와 같이 상이하므로 갈등은 불가피하다. 이와 같은 갈등을 해결하려면 가급적 많은 관점을 논쟁에 참여시키고 공개 토론회를 통해 모든 가설들을 검증해야 한다(White, 1996). Hamp-Lyons와 Condon(2000)도 유사한 논의를 전개하였다.

쓰기 평가에 대해 수업적 관점과 프로그램적 관점 중 어느 입장을 견지하든지 간에, 이것이 결론을 내릴 수 없는 문제라는 데에는 모두 동의할 것이다. 그동안 포트폴리오 평가의 타당도와 관련해서는 최소한 두 가지의 해결책이 공표되었다. Camp(1993)는 심리측정학자들이 쓰기 과정의 복잡성을 고려해야 하고 글을 쓰는 과정에 교수자와 학습자의 요구를 충족할 새로운 측정 모델을 개발할 필요가 있다고 주장한다. 다음은 Camp의 언급이다.

쓰기 포트폴리오 수행의 특징은 관습적인 심리측정학 분야로 포섭하기 어렵다는 점이다. 하지만 이는 포트폴리오를 가치 있게 하는 중요한 특징이며, 쓰기 및 쓰기 수업에 대한 최근의 관점에 가장 부합되며, 평가의 새로운 관점에 가장 근접한 것이다. 포트폴리오는 첫째, 복잡하고 도전적이며 학습 본연의 가치와 의미가 있는 과제이다. 둘째, 복잡한 수행 맥락에서 지식과 기능이 측정된다. 셋째, 수행 소요 시간이 확대되었다. 넷째, 중요한 과정과 전략을 적용해 볼 기회가 제공된다. 다섯째, 수행 환경에서 협력과 지원을 할 기회가 있다. 즉각적이면서도 장기적인 효과로 나타나는 포트폴리오 평가의 이점은 전통적인 심리측정학과 대립된다. 교수-학습의 목적과 측정 사이에 균형을 잡기가 어려운 것은 최근 새로이 대두된 관점에 맞지 않은 학습에 대한 전통적 가정과 그에 기반을 둔 측정 이론 및 방법론의 한계 때문이다. 다시 말해, 관습적인 심리측정학적 방법론은 최근의 교수, 학습, 책무성을 직접적으로 제공하는 평가와 양립하기 어려울 수도 있다. 그렇다고 관습적인 심리측정학적 방법론이 포트폴리오와 전혀 관련이 없는 것은 아니다. 타당도, 판단의 일관성, 공정성, 그 밖의 다른 고려 사항도 여전히 중요하다. 우리는 지금 더 풍부한 정보를 얻고 보다 신뢰도 높은 수행을 하도록 포트폴리오를 사용하는 데 있어, 현 측정 이론의 범위를 넘어서는 평가 모델을 만들어가는 중일 수도 있다. (Camp, 1993: 206~207)

쓰기 평가에 있어 전통적인 심리측정학적 접근에서 벗어난 또 다른 움직임이 있다. Moss(1994: 7)가 해석학적 접근이라고 명명한 것으로, 이는 '부분에 비추어 전체를 이해하고, 평가가 발생하는 맥락에 대해 지식이 풍부한 독자에게 특권을 제공하는 그런 평가이다. 이 평가 방식은 가능한 텍스트적 증거와 맥락적 증거에 근거하고, 해석자들이 속한 공동체의 합리적 논의에도 기초를 두는 총체적이고 해석적인 평가 방법이다. Moss는 신뢰도를 높이기 위해 전통적으로 실시했던, 평가자 훈련, 독립적 점수 부여, 과제 표준화를 고려한 쓰기 평가와, 모든 이용 가능한 증거를 기반으로 평가자 간 논의와 토론을 허용한 쓰기 평가를 대조한다. 그녀는 대학 교수 채용 절차를 예로 들어, 지원자가 포트폴리오를 준비하고, 전문성에 근거하여 임명된 위원회 구성원들을 찾고, 결정을 내리기 전에 지원자들의 자격에 대한 무수한 논의가 이루어짐을 보여준다. 이러한 절차는 신뢰도에 대한 심리측정학적 우려를 불러일으키지 않으면서도 타당하고 공정한 결정을 이끌어낸다. Moss는 쓰기 평가에 대한 해석학적 접근이 모든 정책결정자들의 목소리를 고려하고 대화와 토론을 촉진하며 평가받는 학생을 가장 직접적으로 포함하는 전문성을 실현함으로써, 교수자에게 타당도를 보증한다고 주장한다.

Hout(1996)에서는 Moss의 아이디어를 토대로 〈자료 10.1〉과 같이 쓰기 평가를 위한 일련의 원리를 제안하였다. 쓰기 평가는 현장에 기반해야 하고, 지역적으로 조정되어야 하며, 맥락에 민감해야 하고, 수사적 기반이 있어야 하며, 쓰기 능력을 평가받기 원하는 사람들에게 접근 가능해야 한다. 쓰기 평가에 대한 이러한 원리는 쓰기 실행에 내재되어 있는 사회적이고 맥락적인 요인을 명시적으로 인식하는 것이다. 이로써 심리측정학자들이 쓰기 과정의 복잡성을 다루도록 할 새 모델을 개발 중인 Camp를 지원할 수 있다거나 또는 해석학적인 접근이 보다 폭넓게 받아들여질 것이라고 말하기는 이르다. Camp와 Moss 둘 다 쓰기 능력을 더 넓은 관점으로 통합할 새로운 접근 방법의 필요성을 인식하고 있다. 지역적이고 맥락화된 지식을 희생하고 신뢰도와 일반화 가능성을 강조하는 최신 모델이나, 채점 절차를 강화하여 쓰기 능력을 정확하게 측정할 수 있다고 보는 기존의 관점 모두 어느 한 입장만을 옹호할 수는 없다. 에세이에 대한 컴퓨터 채점은 이러한 걱정과 동떨어진 것처럼 보이지만, 향후 십 년 간 펼쳐질 연구 분야 중 하나는 이러한 관점들을 조화시키는 시도가 될 것이다. Breland(1996)의 제안처럼 수험자에 대해 정보에 근거해 타당한 결정을 내리기 위해서는 컴퓨터 채점과 전문가 지식 둘 다를 상호보완적인 자료로 간주하는 것이 가장 적절한 중간 지대가 될 것이다.

〈자료 10.1〉 쓰기 평가에 대한 새로운 이론과 실천을 위한 원리(Hout, 1996: 562)

현장 기반의 평가
쓰기 평가는 특정 현장에서 발생하는 필요에 대한 응답으로 개발된다. 절차는 기관, 부서, 프로그램 또는 주체, 관리자, 교수자, 학습자 등 다른 구성원이 보유한 자료와 관심에 근거를 둔다.

지역적으로 조정되는 평가
개별 기관 또는 주체는 평가 절차를 유지하고 수정하며 갱신하고 타당화할 책임이 있다. 이 평가 절차가 평가 과정에 영향을 미치지 않도록 보호하기 위해서는 명확하게 계획된 목적과 안내 지침에 따라 정기적으로 주의 깊게 검토되어야 한다.

맥락에 민감한 평가
절차에서는 개별 기관 또는 주체와 학습자, 교수자, 다른 정책결정자들의 문화적·사회적 환경뿐만 아니라 수업 목적과 목표를 존중해야 한다. 텍스트적 의사소통을 위하여 실제적 읽기·쓰기에 필요한 문화적 진실성을 수립하고 유지해야 한다.

수사적 기반의 평가
모든 쓰기 과제, 채점 준거, 쓰기 환경, 읽기 절차들은 텍스트에 대한 사려 깊은 표현과 반성적 해석을 필수적인 것으로 전제해야 한다. 그리고 이를 뒷받침할 수 있는 수사적 원리에 충실해야 한다.

접근 가능성이 높은 평가
학습자 작업과 평가자 판단에 대한 표본뿐만 아니라, 쓰기 과제, 채점 준거, 읽기 절차를 만들어내기 위한 모든 절차와 근거들은, 평가 상황에서 사용 가능한 것이어야 한다.

3. 요약과 결론

이 장에서는 21세기 쓰기 평가와 관련하여 몇 가지 쟁점을 생각해 보았다. 테크놀로지의 성장은 이미 쓰기의 본질을 중요한 방식으로 변화시키고 있다. 이 방식은 쓰기 자체와 평가가 설계되고 채점되는 방식이라는 두 측면에서, 쓰기가 어떻게 평가되는지에 영향을 미치게 될 것이다. 여기에 더하여, 평가 전문가들이 평가의 개발 및 사용에 있어 여러 요인들을 중시하고, 평가의 사회적·정책적 함의를 면밀히 탐구하게 됨에 따라 평가와 관련된 쟁점의 범위는 지난 몇 십 년 동안보다 넓어지고 있다. 여전히 논란의 대상인 부분이 있는가 하면 거의 일치를 본 것도 있다. 첫째, 쓰기에 있어 효율적인 의사소통은 학문적, 사회적, 일상생활 환경 속에서 계속 결정적인 기능이 될 것이며, 전 세계적으로 즉각적인 의사소통 환경 속에서 기술은 더 중시될 것이다. 둘째, 쓰기 기능에 대한 평가는 교육에 대한 접근 기회를 확대하고 강점과 약점 영역을 진단하며 효율적인 의사소통 기능에 의존하는 전문 직업군의 쓰기 능력을 증명하는 것과 같이, 사회적 목표를 촉진하는 데 기여하는 사회적 활동이다. 셋째, 어떠한 평가든 Bachman과 Palmer(1996)와 이 책이 제시한 바와 같이 평가의 유용성 측면에 주의를 기울여 세심하게 설계되어야 한다. 유용성은 평가의 본질이며 특히 고부담 평가 상황에서는 더욱 그러하다. 마지막으로, 유용하고 공정한 사회적 도구로서 기능할 평가 방법이라면, 평가를 개발하고 관리하며 이에 대해의사소통하는 과정에 정책결정자의 관점을 반영해야 한다. 사려 깊게 그리고 제대로 시행되는 쓰기 평가는 학습자의 학습을 지원하고, 언어 학습자가 개인적·전문적 목적을 성취하도록 도우며, 전 세계적 의사소통을 보다 효율적으로 촉진하는 긍정적인 도구가 될 것이다.

참고문헌

Adams, R. (1981). The reliability of marking of five June 1980 examinations. Mimeo, Associated Examining Board, Guildford.

Alderson, J. C. (1991). Bands and scores. In Alderson, J. C. and B. North (eds.), *Language testing in the 1990s: The communicative legacy.* London: Modern English Publications/British Council/Macmillan, 71–86.

Alderson, J. C. (2000). *Assessing reading.* Cambridge: Cambridge University Press.

Alderson, J. C., Clapham, C. and Wall, D. (1995). *Language test construction and evaluation.* Cambridge: Cambridge University Press.

Alderson, J. C. and Hamp-Lyons, L. (1996). TOEFL preparation courses: a study of washback. *Language Testing,* 13 (3), 280–97.

American Council for the Teaching of Foreign Languages. (1985). *ACTFL Proficiency Guidelines.* Hastings-on-Hudson, NY: ACTFL Materials Center.

Apodaco, M. (1990). *Proficiency sample project.* Denver, CO: Colorado State Department of Education. (ERIC Document Reproduction Service No. ED 332 507).

Arnold, V., Legas, J., Obler, S., Pacheco, M. A., Russell, C. and Umbdenstock, L. (1990). Do students get higher scores on their word-processed papers? A study of bias in scoring hand-written versus word-processed papers. Unpublished manuscript, Rio Hondo College, Whittier, CA.

Arrington, P. (1988). A dramatistic to understanding and teaching the paraphrase. *College Composition and Communication* 33 (2), 185–197.

Bachman, L. F. (1990). *Fundamental considerations in language testing.* Oxford and New York: Oxford University Press.

Bachman, L. F. (forthcoming). *Statistics for language assessment.* Cambridge: Cambridge University Press.

Bachman, L. F. and Palmer, A. S. (1996). *Language testing in practice.* Oxford: Oxford University Press.

Baddeley, A. D. (1986). *Working memory*. Oxford: Oxford University Press.

Bailey, K. M. (1996). Working for washback: a review of the washback concept in language testing. *Language Testing* 13 (3), 257–79.

Baron, N. S. (1998). Writing in the age of email: the impact of ideology versus technology. *Visible Language* 32, 35–53.

Bauer, B. A. (1981). *A study of the reliabilities and cost-efficiencies of three methods of assessment for writing ability* (ERIC Document Reproduction Service No. ED 216 357).

Belanoff, P. and Elbow, P. (1986). Using portfolios to increase collaboration and community in a writing program. *Writing Program Administration* 9 (3), 27–40.

Bensoussan, M., Sim, D. and Weiss, R. (1981). The effect of dictionary usage on EFL test performance compared with student and teacher attitudes and expectations. *Biannual Conference of the International Association of Applied Linguists* (ERIC Document No. ED 232 436).

Bereiter, C. and Scardamalia, M. (1987). *The psychology of written composition*. Hillsdale, NJ: Lawrence Erlbaum Associates.

Bernhardt, E. (1991). *Reading development in a second language*. Norwood, NJ: Ablex.

Biber, D. (1988). *Variation across speech and writing*. Cambridge: Cambridge University Press.

Bloom, B. S. (1956). *Taxonomy of educational objectives: Classifications of educational goals. Handbook I: Cognitive domain*. New York: McKay.

Boldt, H., Valescchi, M. I. and Weigle, S. C. (2001). Evaluation of ESL student writing on text-responsible and non-text responsible writing tasks. *MEX-TESOL Journal* 24, 13–33.

Braine, G. (1997). Beyond word processing: networked computers in ESL writing classes. *Computers and Composition* 14 (1), 45–58.

Breland, H. M. (1996). Computer-assisted writing assessment: The politics of science versus the humanities. In E. M. White, W. D. Lutz and S. Kamusikiri (eds.), *Assessment of writing: politics, policies, practices*. New York: Modern Language Association of America, pp. 249–256.

Breland, H. M. and Jones, R. J. (1984). Perception of writing skills. *Written Communication* 1 (1), 101–19.

Bridgeman, B. and Carlson, S. (1983). *Survey of academic writing tasks required of graduate and undergraduate foreign students*. Princeton, NJ: Educational Testing Service.

Brossell, G. (1983). Rhetorical specification in essay topics. *College English* 45, 165–73.

Brossell, G. (1986). Current research and unanswered questions in writing assessment. In K. L. Greenberg, H. S. Weinder and R. A. Donovan (eds.), *Writing assessment: Issues and strategies* (pp.168–82). New York: Longman.

Brossell, G. and Ash, B. H. (1984). An experiment with the wording of essay topics. *College and Communication* 35, 423–25.

Brown, H. D. (1994). *Teaching by principles: An interactive approach to language pedagogy.* Englewood Cliffs, NJ: Prentice Hall Regents.

Brown, J. D. (1991). Do English and ESL faculties rate writing samples differently? *TESOL Quarterly* 25, 587–603.

Brown, J. D., Hilgers, T. and Marsella, J. (1991). Essay prompts and topics: minimizing the effects of mean differences. *Written Communication* 8, 533–556.

Burstein, J. and Chodorow, M. (1999). *Automated essay scoring for nonnative English speakers.* Available on-line: www.ets.org/research/erater.html

Burstein, J., Kulkich, K., Wolff, S., Lu, C., Chodorow, M., Braden-Harder, L. and Harris, M. D., (1998). Automated scoring using a hybrid feature identification technique. Available on-line: www.ets.org/research/erater.html

Butler, F. A., Weigle, S. C., Kahn, A. B. and Sato, E. Y. (1996). *Test development plan with specifications for placement instruments anchored to the model standards.* Los Angeles: University of California, Los Angeles, Center for the Study of Evaluation.

Byrd, P. (1998). Grammar FROM context. In P. Byrd and J. Reid (eds.), *Grammar in the composition classroom: Essays on teaching ESL for college-bound students* (pp. 54–68).

CAL (1984). Basic English Skills Test. Washington: Center for Applied Linguistics.

Camp, R., (1993). Changing the model for the direct assessment of writing. In M. M. Williamson and B. A. Huot (eds.), *Validating holistic scoring for writing assessment* (pp. 45–78). Creskill, NJ: Hampton.

Canale, M. and Swain, M. (1980). Theoretical bases of communicative approaches to second language teaching and testing. *Applied Linguistics* 1, 1–47.

CARLA (2001). Center for Advanced Research on Language Acquisition. *CoWA (Contextualized Writing Assessment)* Available on-line: http://carla.acad.umn.edu/CoWA.html

Carlson, J. G., Bridgeman, B., Camp, R. and Waanders, J. (1985). *Relationship of admission test scores to writing performance of native and nonnative speakers of English* (TOEFL Research Report #19). Princeton, NJ: Educational Testing Service.

Carr, N. (2000). A comparison of the effects of analytic and holistic composition in the context of composition tests. *Issues in Applied Linguistics* 11, 207–41.

Carrell, P. and Eisterhold, J. C. (1983). Schema theory and ESL reading pedagogy. *TESOL Quarterly* 17, 553–573.

Carroll, J. B. (1989). The Carroll model: A twenty-five-year retrospective and prospective view. *Educational Researcher* 18 (1), 26–31.

Carson, J. G. (2000). Reading and writing for academic purposes. In Pally, M. (ed.), Sustained content teaching in academic ESL/EFL, chapter 3, pp. 19–34.

Carson, J. G., Chase, N. D., Gibson, S. U. and Hargrove, M. (1992). Literacy demands of the undergraduate curriculum. *Reading Research and Instruction* 31 (4), 25–50.

Cast, B. M. J. (1939). The efficiency of different methods of marking English compositions. *British Journal of Educational Psychology* 9 (1), 257–69.

Chapelle, C. A. (1998). Construct definition and validity inquiry in SLA research. In L. Bachman and A. Cohen (eds.), *Interfaces between second language acquisition and language testing research* (pp. 32–70). Cambridge: Cambridge University Press.

Chapelle, C. A., Grabe, W. and Berns, M. (1993). *Communicative language proficiency: Definitions and implications for TOEFL 2000.* [ETS Internal Report.] Princeton, NJ: Educational Testing Service.

Charney, D. (1984). The validity of using holistic scoring to evaluate writing. *Research in the Teaching of English* 18, 65–81.

Chase, C. I. (1968). The impact of some obvious variables on essay test scores. *Journal of Educational Measurement* 5, 315–18.

Chisholm, I. M., Irwin, L. and Carey, J. M. (1998). An international comparison of computer perceptions, attitudes and access. *Technology and teacher education annual. Society for Information Technology and Teacher Education International Conference, USA,* 98, 195–198.

Chisholm, I. M., Carey, J. and Hernandez, A. (1999). Access and utilization of computer technology by minority university students. *Technology and teacher education annual. Society for Information Technology and Teacher Education International Conference, USA,* 99.

Chung, Gregory K. W. K. and O'Neil, H. F. Jr. (1997). Methodological approaches to online scoring of essays (Report No. CSE-TR-461) (ERIC Document Reproduction Service No. ED 418 101).

Cohen, A. D. (1994). *Assessing language ability in the classroom.* (2nd ed.). Boston, MA: Heinle and Heinle.

Cole, N. and Moss, P. (1989). Bias in test use. In R. Linn (ed.), *Educational testing* (3rd ed. pp. 201–219). New York: Macmillan.

Collado, A. V. (1981). Using the students' first language: Comparing and contrasting. *TESOL Higher Education Interest Section Newsletter* 3, 9–10.

Connor, U. and Carrell, P. (1993). The interpretation of tasks by writers and readers in holistically rated direct assessment of writing. In J. G. Carson and I. Leki (eds.), *Reading in the composition classroom* (pp. 141–160). Boston, MA: Heinle and Heinle.

Council of Europe (2001). *Common European framework of reference: Learning, teaching, assessment.* Cambridge: Cambridge University Press.

Council of Europe (2000). European Language Portfolio. Available on-line: http://culture2.coe.int/portfolio/

Crowhurst, M. (1980). Syntactic complexity and teachers' ratings of narrations and arguments. *Research in the Teaching of English* 13, 223–31.

Cumming, A. (1989). Writing expertise and second language proficiency. *Language Learning* 39, 81–141.

Cumming, A. (1990). Expertise in evaluating second language composition. *Language Testing* 7, 31–51.

Daigon, A. (1966). Computer grading of English composition. *English Journal* 55, 46–52.

Daly, J. A. and Dickson-Markman, F. (1982). Contrast effects in evaluating essays. *Journal of Educational Measurement* 19 (4), 309–16.

Daly, J. A. and Miller, M. D. (1975). Further studies in writing apprehension: SAT scores, success, expectations, willingness to take advanced courses, and sex differences. *Research in the Teaching of English* 9, 549–253.

Davidson, F. and Lynch, B. K. (2002). *Testcraft: A teacher's guide to writing and using language test specifications*. New Haven, CT: Yale University Press.

Diederich, P. B. (1974). Measuring growth in English. Urbana: NCTE.

Dillon, W. T. (1997). Corporate advisory boards, portfolio assessment, and business and technical writing program development. *Business Communication Quarterly* 60 (1), 41–58.

Douglas, D. (2000). *Assessing languages for specific purposes*. Cambridge: Cambridge University Press.

Drechsel, J. (1999). Writing into silence: Losing voice with writing assessment technology. *Teaching English in the Two-Year College* 26 (4), 380–387.

Dweck, C. (1986). Motivational processes affecting learning. *American Psychologist* 41, 1040–1048.

Ericsson, K. A. and Simon, H. (1980). Verbal reports as data. *Psychological Review* 87, 215–51.

Elliot, N., Kilduff, M. and Lynch, R. (1994). The assessment of technical writing: A case study. *Journal of Technical Writing and Communication* 24 (1) 19–36.

ETS (1989). *TOEFL Test of Written English Guide*. Princeton, NJ: Educational Testing Service.

ETS (1998). *TOEFL* 1998–99 Information Bulletin for Computer-Based Testing.

ETS (2000). *Test of English as a Foreign Language (TOEFL)*. Princeton, NJ: Educational Testing Service.

Faigley, L., Daly, J. A. and Witte, S. (1981). The role of writing apprehension in writing performance and writing competence. *Journal of Educational Research* 75, 16–21.

Feak, C. and Dobson, B. (1996). Building on the impromptu: A source-based academic writing assessment. *College ESL* 6, (1), 73–84.

Ferris, D. and Hedgcock, J. S. (1998). *Teaching ESL composition: Purpose, process and practice*. Mahwah, NJ: Lawrence Erlbaum Associates.

Flower, L. and Hayes, J. (1980). The dynamics of composing: Making plans and juggling constraints. In L. W. Gregg and E. R. Steinberg (eds.), *Cognitive processes in writing*. Hillsdale, NJ: Lawrence Erlbaum Associates.

Flower, L. and Hayes, J. (1980a). The cognition of discovery: Defining a rhetorical problem. *College Composition and Communication* 31, 21–32.

Foltz, P. W., Laham, D. and Landauer, T. K. (1999). Automated essay scoring: Applications to educational technology. In Proceedings of EdMedia '99. Available on-line:
http//www-psych.nmsu.edu/~pfoltz/reprints/Edmedia99.html

Francis,J. C. (1977). Impression and analytic marking methods. Mimeo, MS Aldershot: Associated Examining Board.

Fredrickson, J. R. and Collins, A. (1989). A systems approach to educational testing. *Educational Research* 18, 27–32.

Freedman, S. W. (1979). How characteristics of student essays influence teachers' evaluations. *Journal of Educational Psychology* 71, 328–381.

Freedman, S. W. (1981). Influences on evaluators of expository essays: Beyond the text. *Research in the Teaching of English* 15 (3), 245–55.

Gardner, H. (1985). *The mind's new science: A history of the cognitive revolution*. New York: Basic Books.

Gardner, R. and Lambert, W. (1972). *Attitudes and motivation in second language learning*. Rowley, MA: Newbury House.

Gathercole, S. E. and Baddeley, A. (1993). *Working memory and language*. Hillsdale, NJ: Lawrence Erlbaum Associates.

Gould, J. D. and Grischkowsky, N. (1984). Doing the same work hard copy and with CRT terminals. *Human Factors* 26, 323–337.

Grabe, W. and Kaplan, R. B. (1989). Writing in a second language: Contrastive rhetoric. In D. M. Johnson and D. H. Roen (eds.), *Richness in writing* (pp. 263–284). New York and London: Longman.

Grabe, W. and Kaplan, R. B. (1996). *Theory and practice of writing*. New York: Longman.

Grabowski, J. (1996). Writing and speaking: Common grounds and differences toward a regulation theory of written language production. In C. M. Levy and S. Ransdell (eds.), *The science of writing*. NJ: Lawrence Erlbaum Associates.

Grice, H. P. Logic and conversation. In P. Cole and J. L. Morgan (eds.), *Syntax and semantics: Speech acts*. New York, NY: Academic Press.

Grobe, C. (1981). Syntactic maturity, mechanics, and vocabulary as predictors of writing quality. *Research in the Teaching of English* 15, 75–85.

Haas, C. (1987). How the writing medium shapes the writing process: Studies of writers composing with pen and paper and with word processing. Unpublished doctoral dissertation. Carnegie Mellon University.

Hake, R. (1986). How do we judge what they write? In K. L. Greenberg, H. S.

Weinder and R. A. Donovan (eds.), *Writing assessment: Issues and strategies* (pp. 153–67). New York: Longman.

Hale, G., Taylor, C., Bridgeman, B., Carson, J., Kroll, B. and Kantor, R. (1996). *A study of writing tasks assigned in academic degree programs.* (TOEFL Research Report No. 54). Princeton, NJ: Educational Testing Service.

Hales, L. W. and Tokar, E. (1975). The effects of the quality of preceding responses on the grades assigned to subsequent responses to an essay question. *Journal of Educational Measurement* 12, 115–17.

Hamp-Lyons, L. (1986). Testing second language writing in academic settings. Unpublished doctoral dissertation, University of Edinburgh.

Hamp-Lyons, L. (1990). Second language writing: Assessment issues. In B. Kroll (ed.), *Second language writing: Research insights for the classroom.* New York: Cambridge University Press.

Hamp-Lyons, L. (1991a). Basic Concepts. In L. Hamp-Lyons (ed.), *Assessing second language writing in academic contexts.* Norwood, NJ: Ablex.

Hamp-Lyons, L. (1991b). Pre-text: Task-related influences on the writer. In L. Hamp-Lyons (ed.), *Assessing second language writing in academic contexts.* Norwood, NJ: Ablex.

Hamp-Lyons, L., (1991c). Scoring procedures for ESL contexts. In L. Hamp-Lyons (ed.), *Assessing second language writing in academic contexts.* Norwood, NJ: Ablex.

Hamp-Lyons, L. (1991d). The writer's knowledge and our knowledge of the writer. In L. Hamp-Lyons (ed.), *Assessing second language writing in academic contexts.* NJ: Ablex Publishing Corporation.

Hamp-Lyons, L. and Condon, W. (2000). *Assessing the portfolio: Principles for practice theory and research.* Cresskill, NJ: Hampton Press.

Hamp-Lyons, L. and Kroll, B. (1997). *TOEFL 2000 – writing: Composition, community, and assessment.* (TOEFL Monograph Series Report No. 5). Princeton, NJ: Educational Testing Service.

Hamp-Lyons, L. and Matthias, S. P. (1994). Examining expert judgments of task difficulty on essay tests. *Journal of Second Language Writing* 3 (1), 49–68.

Hatch, E. and Lazaraton, A. (1991). The research manual: Design and statistics for applied linguistics. Boston: Heinle and Heinle.

Hartog, P. J., Rhodes, E. C. and Burt, C. (1936). *The marks of examiners.* London: Macmillan.

Hayes, J. R. (1996). A new framework for understanding cognition and affect in writing. In C. M. Levy and S. Ransdell (eds.), *The science of writing.* NJ: Lawrence Erlbaum Associates.

Hayes, J. R. and Flower, L. S. (1980). Identifying the organization of writing processes. In L. W. Gregg and E. R. Steinberg (eds.), *Cognitive processes in writing* (pp. 31–50). Hillsdale, NJ: Lawrence Erlbaum Associates.

Herman, J. L., Gearhart, M. and Aschbacher, P. R. (1996). Portfolios for class-room assessment: Design and implementation issues. In R. Calfee and P. Perfumo (eds.), *Writing portfolios in the classroom: Policy and practice, promise and peril.* Mahwah, NJ: Lawrence Erlbaum Associates.

Hinds, J. (1987). Reader vs writer responsibility: A new typology. In U. Connor and R. Kaplan (eds.), *Writing across languages: Analysis of L2 text.* Reading, MA: Addison-Wesley.

Hinkel, E. (1994). Native and nonnative speakers' pragmatic interpretations of English texts. *TESOL Quarterly* 28 353–376.

Hoetker, J. (1982). Essay examination topics and students' writing. *College Composition and Communication* 133, 377–392.

Hoetker, J. and Brossell, G. (1989). The effects of systematic variations in essay topics on the writing performance of college freshmen. *College Composition and Communication* 33, 377–92.

Hoger, Elizabeth A. (1998). A portfolio assignment for analyzing business communications. *Business Communication Quarterly* 61 (3), 64–66.

Homburg, T. J. (1984). Holistic evaluation of ESL composition: Can it be validated objectively? *TESOL Quarterly* 18, 1, 87–107.

Horowitz, D. (1991). ESL writing assessments: Contradictions and resolutions. In L. Hamp-Lyons (ed.), *Assessing second language writing in academic contexts.* Norwood, NJ: Ablex.

Hughes, A. (1989). *Testing for language teachers.* Cambridge: Cambridge University Press.

Hughes, D. E. and Keeling, B. (1984). The use of models to reduce context effects in essay scoring. *Journal of Educational Measurement* 21 (3), 277–81.

Hughes, D. E., Keeling, B. and Tuck, B. F. (1980). The influence of context position and scoring method on essay scoring. *Journal of Educational Measurement* 17, 131–35.

Hughes, D. E., Keeling, B. and Tuck, B. F. (1983). Affects of achievement and handwriting quality on scoring essays. *Journal of Educational Measurement* 20, 65–70.

Huot, B. (1988). The validity of holistic scoring: A comparison of talk-aloud protocols of expert and novice holistic raters. Unpublished doctoral dissertation, Indian University of Pennsylvania.

Huot, B. (1990a) Reliability, validity, and holistic scoring: What we know and what we need to know. *College Composition and Communication* 41 (2), 201–213.

Huot, B. (1990b). The literature of direct writing assessment: Major concerns and prevailing trends. *Review of Educational Research* 60 (2), 237–263.

Huot, B. (1996). Toward a new theory of writing assessment. *College Composition and Communication* 47, 549–66.

Hymes, D. (1972). On communicative competence. In J. Pride and A. Holmes (eds.), *Sociolinguistics.* NY: Penguin. 269–93.

Jacobs, H., Zinkgraf, S., Wormuth, D., Hartfiel, V. and Hughey, J. (1981). *Testing ESL composition: A practical approach.* Rowley, MA: Newbury House.

Jakobson, R. (1960). Linguistics and poetics. In T. A. Sebeok (ed.), *Style in language.* New York: John Wiley.

Janopolous, M. (1992). University faculty tolerance of NS and NNS writing errors: A comparison. *Journal of Second Language Writing* 1 (2), 109–121.

Johns, A. M. (1990). L1 composition theories: implications for developing theories of L2 composition. In B. Kroll (ed.), *Second language writing: Research insights for the classroom.* Cambridge, England and New York: Cambridge University Press.

Kaplan, R. B. (1966). Cultural thought patterns in intercultural education. *Language Learning* 16, 1–20.

Kean, D., Gylnn, S. and Britton, B. (1987). Writing persuasive documents: The role of students' verbal aptitude and evaluation anxiety. *Journal of Experimental Education* 55, 95–102.

Keech, C. L. (1982). Practices in designing writing prompts: Analysis and recommendations. In J. R. Gray and L. P. Ruth (eds.), *Properties of writing tasks: A study of alternative procedures for holistic writing assessment* (pp. 132–214) Berkeley: University of California, Graduate School of Education, Bay Area Writing Project (ERIC Document No. ED 320 576).

Keech, C. L. and McNelly, M. E. (1982). Comparison and analysis of rate responses to the anchor papers in the writing prompt variation study. In J. R. Gray and L. P. Ruth (eds.), *Properties of writing tasks: A study of alternative procedures for holistic writing assessment.* Berkeley: University of California, Graduate School of Education, Bay Area Writing Project.

Kenyon, D. (1992). Introductory remarks at symposium on development and use of rating scales in language testing, 14th Language Testing Research Colloquium, Vancouver, 27 February–1 March.

Kobayashi, H. and Rinnert, C. (1999). Factors affecting composition evaluation in an EFL context: Cultural rhetorical pattern and readers' background. *Language Learning* 46 (3), 397–437.

Koretz, D., McCaffrey, D., Klein, S., Bell, R. and Stecher, B. (1993). The reliability of scores from the 1992 Vermont portfolio assessment program. Washington, DC: RAND Institute on Education and Teaching.

Krapels, A. R. (1990). An overview of second language writing process research. In B. Kroll (ed.), *Second language writing: Research insights for the classroom.* New York: Cambridge University Press.

Kroll, B. (1990). *Second language writing: Research insights for the classroom.* New York: Cambridge University Press.

Kroll, B. and Reid, J. (1994). Guidelines for designing writing prompts: Clarifications, caveats, and cautions. *Journal of Second Language Writing* 3 (3), 231–255.

Land, R. E. and Whitley, C. (1989). Evaluating second language essays in regular composition classes: Towards a pluralistic U.S. In D. M. Johnson and D. H. Roen (eds.), *Richness in writing: Empowering ESL students* (pp. 284-293). New York: Longman.

Leki, I. (1992). *Understanding ESL writers*. NH: Heinemann Educational Books.

Leki, I. and Carson, J. (1997). Completely different worlds: EAP and the writing experiences of ESL students in university courses. *TESOL Quarterly* 31 (1), 39-70.

Lewkowicz, J. (1997). Investigating authenticity in language testing. Unpublished doctoral dissertation, University of Lancaster.

Lloyd-Jones, R. (1977). Primary trait scoring. In C. R. Cooper and L. Odell (eds.), *Evaluating writing* 33-69. NY: National Council of Teachers of English.

Lumley, T. (forthcoming). Assessment criteria in a large-scale writing test: What do they really mean to the raters? Language Testing.

Lynch, B. K. and Davidson, F. (1994). Criterion-referenced language test development: Linking curricula, teachers and tests. *TESOL Quarterly* 28 (4), 727-43.

Mabry, L. (1999). *Portfolios plus: A critical guide to alternative assessment*. Thousand Oaks, CA: Corwin.

Madigan, R., Linton, P., and Johnson, S. The paradox of writing apprehension. In Levy, C. M. and S. Ransdell (eds.), *The science of writing*. Hillsdale, NJ: Lawrence Erlbaum Associates.

Markham, L. R. (1976). Influence of handwriting quality on teacher evaluation of written work. *American Educational Research Journal* 13, (4), 277-283.

Matalene, C. (1985). Contrastive rhetoric: An American writing teacher in China. *College English* 47, 789-807.

McNamara, T. F. (1996). *Measuring second language performance*. London and New York: Longman.

MELAB Technical Manual (1996). Ann Arbor, MI: University of Michigan Press.

Mendelsohn, D. and Cumming, A. (1987). Professors' ratings of language use and rhetorical organizations in ESL compositions. *TESL Canada Journal* 5 (1), 9-26.

Messick, S. (1989). Meaning and values in test validation: The science and ethics of assessment. *Educational Researcher* 18 (2) 5-11.

Messick, S. (1994). The interplay of evidence and consequences in the validation of performance assessments. *Educational Researcher* 23, 2, 13-23.

Moss, P. A. (1994). Can there be validity without reliability? *Educational Research* 23 (2), 5-12.

Murphy, S. and Camp, R. (1996). Moving towards systematic coherence: A discussion of conflicting perspectives in portfolio assessment. In R. Calfee and P. Perfumo (eds.), *Writing portfolios in the classroom: Policy and practice, promise and peril*. Mahwah, NJ: Lawrence Erlbaum Associates.

Murphy, S. and Ruth, L. (1993). The field testing of writing prompts reconsidered. In M. W. Williamson and B. A. Huot (eds.), *Validating holistic scoring for writing assessment: Theoretical and empirical foundations*. Cresskill, NJ: Hampton Press.

Nesi, H. and Meara, P. (1991). How using dictionaries affects performance in multiple-choice EFL tests. *Reading in a Foreign Language* 8 (1), 631–643.

Nold, E. W. and Freedman, S. W. (1977). An analysis of readers' responses to essays. *Research in the Teaching of English* 11, 164–174.

Norris, J., Brown, J. D., Hudson, T. and Yoshioka, J. (1998). Designing second language performance assessments. University of Hawai'i at Manoa: Second Language Teaching and Curriculum Center.

North, B. and Schneider, G. (1998). Scaling descriptors for language proficiency scales. *Language Testing* 15 (2) 217–263.

Northwest Evaluation Association. (1991). Portfolios. *Portfolio News* 2 (3), 4.

Ostler, S. (1987). English in parallels: A comparison of English and Arabic prose. In U. Connor and R. Kaplan (eds.), *Writing across languages: Analysis of L2 text*, Reading, MA: Addison-Wesley.

Page, E. (1966). The imminence of grading essays by computer. *Phi Delta Kappan*, 46, 238–243.

Page, E. (1968). The use of computers in analyzing student essays. *International Review of Education* 14, 127–142.

Page, E. (1994). Computer grading of student prose: Using modern concepts and software. *Journal of Experimental Education* 62 (2), 127–142.

Page, E. and Peterson, N. S. (1995) The computer moves into essay grading: Updating the ancient text. *Phi Delta Kappan* March, 561–565.

Palmquist, M., Kiefer, K., Hartvigsen, J. and Goodlew, B. (1998). *Transitions: Teaching in computer-supported and traditional classrooms*. Greenwich, CT: Ablex.

Palmquist, M. and Young, R. (1992). The notion of giftedness and student expectations about writing. *Written communication* 9 (1), 137–168.

Parfitt, M. (1997). What kind of discourse? Thinking it through. *Annual Meeting of the Conference on College Composition and Communication*. (ERIC Document No. ED 418 406).

Peirce, B. N. (1995). Social identity, investment, and language learning. *TESOL Quarterly* 29 (1), 9–31.

Pennington, M. (1996). *The computer and the non-native writer*. Creskill, NJ: Hampton Press, Inc.

Perl, S. (1979). The composing process of unskilled college writers. *Research in the Teaching of English* 13 (4), 317–336.

Peterson, N. S. (1997) Automated scoring of written essays: Can such scores be valid? Paper presented at NCME in Chicago, 26 March.

Polio, C. and Glew, M. (1996). ESL Writing assessment prompts: How students choose. *Journal of Second Language Writing* 5 (1), 35–49 (ERIC Document Reproduction Service No. EJ 527 730).

Pollitt, A. (1990). Response to Charles Alderson's paper: 'Bands and scores.' Alderson, J. C. (1991). In J. C. Alderson and B. North (eds.), *Language testing in the 1990s: The communicative legacy.* London: Modern English Publications/British Council/Macmillan, 87–91.

Popham, W. J. (1978). *Criterion-referenced measurement.* Englewood Cliffs, NJ: Prentice Hall.

Powers, D. E., Fowles, M. E., Farnum, M. and Ramsey, P. (1994). Will they think less of my handwritten essay if others words process theirs? Effects on essay scores of intermingling handwritten and word-processed essays. *Journal of Educational Measurement* 31 (3), 220–233.

Powers, D. E. and Fowles, M. E. (1996). Effects of applying different time limits to a proposed GRE writing test. *Journal of Educational Measurement* 33 (4) 433–452.

Purves, A. (1992). Reflection on research and assessment in written composition. *Research in the Teaching of English* 26, 108–122.

Purves, A. C., Soter, A., Takala, S. and Vähäpässi, A. (1984). Towards a domain-referenced system for classifying assignments. *Research in the Teaching of English* 18 (4), 385–416.

Quellmalz, E. S., Capell, F. J. and Chou, C. P. (1982). Effects of discourse and response mode on the measurement of writing competence. *Journal of Educational Measurement* 19 (4), 242–258.

Raimes, A. (1985). What unskilled ESL students do as they write: A classroom study of composing. *TESOL Quarterly* 19 (2) 229–258.

Raimes, A. (1991). Out of the woods: Emerging traditions in the teaching of writing. *TESOL Quarterly* 25 (3) 407–430.

Ransdell, S. and Levy, M. (1996). Working memory constraints on writing quality and fluency. In C. Levy and S. Ransdell (eds.), *The science of writing.* NJ: Lawrence Erlbaum Associates.

Reid, J. (1990). Responding to different topic types: A quantitative analysis from a contrastive rhetoric perspective. In B. Kroll (ed.), *Second language writing: Research insights for the classroom.* New York: Cambridge University Press.

Reid, J. (1998). Responding to ESL student language problems: Error analysis and revision plans. In P. Byrd and J. Reid (eds.), *Grammar in the composition classroom: Essays on teaching ESL for college-bound students* (pp. 118–137).

Reid, J. and Byrd, P. (1998). Writing to persuade and the language of persuasion. In P. Byrd and J. Reid (eds.), *Grammar in the composition classroom: Essays on teaching ESL for college-bound students* (pp. 101–117).

Reid, J. and Kroll, B. (1995). Designing and assessing effective classroom writing assignments for NES and ESL students. *Journal of Second Language Writing* 4 (1), 17–41.

Ruth, L. and Murphy, S. (1984). Designing topics for writing assessment: Problems of meaning. *College Composition* 35 (4) 410–421.

Ruth, L. and Murphy, S. (1988). *Designing writing tasks for the assessment of writing.* Norwood, NJ: Ablex.

Saari, H. and Purves. A. C. (1992). The curriculum in mother-tongue and written composition. In A. C. Purves (ed.), *The IEA study of written composition II: Education and performance in fourteen countries.* Oxford: Pergamon (37–86).

Sacks, H., Schegloff, E. and Jefferson, G. (1974). A simplest semantics for the organization of turn-taking conversation. *Language* 50, 696–735.

Santos, T. (1988). Professors' reactions to the academic writing of nonnative-speaking students. *TESOL Quarterly* 22 (1), 69–90.

Scharton, M. (1996). The politics of validity. In E. M. White, W. D. Lutz and S. Kamusikiri (eds.), *Assessment of writing: Politics, policies, practices.* New York: The Modern Language Association of America.

Schumann, J. H. (1978). *The pidginization process: A model for second language acquisition.* Rowley, MA: Newbury House Publishers.

Scott, V. M. (1996). *Rethinking foreign language writing.* Boston: Heinle and Heinle.

Shen, F. (1988). The classroom and the wider culture: Identity as a key to learning English composition (Staffroom Interchange). *College Composition and Communication* 40, 4, 459–66.

Shermis, M. and Burstein, J. (forthcoming). *Automated essay scoring: A cross-disciplinary perspective.* Hillsdale, NJ: Lawrence Erlbaum Associated.

Shohamy, E. (1998). Critical language testing and beyond. *Studies in Educational Evaluation* 24 (4), 331–345.

Shohamy, E., Denitsa-Schmidt, S. and Ferman, I. (1996). Test impact revisited: Washback effect over time. *Language Testing* 13 (3), 298–317.

Shohamy, E., Gordon, C. and Kraemer, R. (1992). The effect of raters' background and training on the reliability of direct writing tests. *Modern Language Journal* 76(4), 513–521.

Silva, T. (1993). Toward an understanding of the distinct nature of L2 writing: The ESL research and its implications. *TESOL Quarterly* 27, 657–77.

Sloan, C. and McGinnis, I. (1982). The effect of handwriting on teachers' grading of high school essays. *Journal of the Association for the Study of Perception* 17 (2), 15–21.

Smith W. L., Hull, G. A., Land, R. E., Moore, M. T., Ball, C., Dunham, D. E., Hickey, L. S., and Ruzich, C. W. (1985). Some effects of varying the structure of the topic on college students' writing. *Written Communication* 2, 73–89.

Sommer, N. (1980). Revision strategies of student writers and experienced adult writers. *College Composition and Communication* 31, 378–88.

Spaan, M. (1993). The effect of prompt on essay examinations. In D. Douglas and C. Chapelle (eds.), *A new decade of language testing research* (pp. 98–122). Alexandria, VA: TESOL.

Spack, R. F. (1988). Initiating ESL students into the academic discourse community: How far should we go? *TESOL Quarterly* 22 (1), 29–52.

Spalding, E. and Cummins, G. (1998). It was the best of times. It was a waste of time: University of Kentucky students' view of writing under KERA. *Assessing Writing* 5 (2), 167–199.

Sperling, M. (1991). *High school English and the teacher–student writing conference: Fine tuned duets in the ensemble of the classroom.* (Occasional Paper No. #26). Berkeley, CA: Center for the Study of Writing.

Sperling, M. (1996). Revisiting the writing–speaking connection: Challenges for research on writing and writing instruction. *Review of Educational Research* 66, 53–86.

Sproull, L. and Kiesler, S. (1986). Reducing social context cues: Electronic mail in organization communication. *Management Science* 32, 1492–1512.

Stewart, M. and Grobe, C. (1979). Syntactic maturity, mechanics of writing, and teachers' quality ratings. *Research in the Teaching of English* 13 (3) 207–15.

Stock, P. L. and Robinson, J. L. (1987). Taking on testing. *English Education* 19, 93–121.

Sullivan, F. J. (1987). Negotiating expectations: Writing and reading placement tests. Paper presented at the meeting of the Conference of College Composition and Communication, Atlanta, GA.

Swales, J. (1990). *Genre analysis: English in academic and research settings.* Cambridge: Cambridge University Press.

Sweedler-Brown, C. O. (1985). The influence of training and experience on holistic essay evaluation. *English Journal* 74 (5) 49–55.

Sweedler-Brown, C. O. (1993). ESL essay evaluation: The influence of sentence-level and rhetorical features. *Journal of Second Language Writing* 2 (1), 3–17.

Taylor, C., Jamieson, J., Eignor, D. and Kirsch, I. (1998). *The relationship between computer familiarity and performance on computer-based TOEFL test tasks.* (TOEFL Research Report No. 61). Princeton, NJ: Educational Testing Service.

Tedick, D. (1990). ESL writing assessment: Subject-matter knowledge and its impact on performance. *English for Specific Purposes* 9, 123–43.

Tedick, D. and Mathison, M. (1995). Holistic scoring in ESL writing assessment: What does an analysis of rhetorical features reveal? In D. Belcher and G. Braine (eds.), *Academic writing in a second language: Essays on research and pedagogy* (pp. 205–230). Norwood, NJ: Ablex.

Truscott, J. (1996). The case against grammar correction in L2 writing classes. *Language Learning* 46 (2), 327–369.

UCLES (1997). *First Certificate in English: a handbook*. Cambridge: UCLES.

UCLES (2002). *International English Language Testing System*. Cambridge: UCLES, The British Council, IDP Education, Australia.

Valdéz, G., Haro, P. and Echevarriarza, M. (1992). The development of writing abilities in a foreign language: Contributions toward a general theory of L2 writing. *Modern Language Journal*, 76, 3, 333–52.

Vaughan, C. (1992). Holistic assessment: What goes on in the rater's mind? In L. Hamp-Lyons (ed.), *Assessing second language writing in academic contexts* (pp. 111–26). Norwood, NJ: Ablex.

Vähäpässi, A. (1982). On the specification of the domain of school writing. In A. C. Purves and S. Takala (eds.), *An international perspective on the evaluation of written composition* (pp. 265–289). Oxford: Pergamon.

Wall, D. (1996). Introducing new tests into traditional systems: Insights from general education and from innovation theory. *Language Testing* 13 (3), 334–354.

Weaver, F. (1973). The composing process of English teacher candidates: Responding to freedom and constraint. Unpublished doctoral dissertation, University of Illinois, Champaign-Urbana, IL.

Weigle, S. C. (1994). Effects of training on raters of ESL compositions. *Language Testing* 11, 197–223.

Weigle, S. C. (1998). Using facets to model rater training effects. *Language Testing* 15 (2), 263–87.

Weigle, S. C. (1999). Investigating rater/prompt interactions in writing assessment: Quantitative and qualitative approaches. *Assessing Writing* 6 (2), 145–178.

Weigle, S. C. and Jensen, L. (1997). Assessment issues for content-based instruction. In M. A. Snow and D. Brinton (eds.), *The content-based classroom: Perspectives on integrating language and content* (pp. 201–212). White Plains, NY: Addison Wesley Longman.

Weigle, S. C. and Nelson, G. (2001). Academic writing for university examinations. In I. Leki (ed.), *Academic writing programs* (pp. 121–135). Alexandria, VA: TESOL.

Weigle, S. C., Lamison, B. and Peters, K. (2000). Topic selection on a standardized writing assessment. Paper presented at Southeast Regional TESOL, Miami, FL, October.

Weir, C. J. (1988). Construct validity. In A. Hughes, D. Porter and C. J. Weir (eds.), *ELTS Validation project report (ELTS Research reports 1 (ii))*. London: The British Council/UCLES.

Weir, C. J. (1990). *Communicative language testing*. NJ: Prentice Hall Regents.

White, E. M. (1984). Holisticism. *College Composition and Communication* 35 (4), 400–409.

White, E. M. (1985). *Teaching and assessing writing.* San Francisco, CA: Jossey-Bass.

White, E. M. (1994). *Teaching and assessing writing: Recent advances in understanding, evaluating and improving student performance.* (2nd ed.). San Francisco: Jossey-Bass.

White, E. M. (1995). An apologia for the timed impromptu essay test. *College Composition and Communication* 46, 30–45.

White, E. M. (1996). Power and agenda setting in writing assessment. In E. M. White, W. D. Lutz and S. Kamusikiri (eds.), *Assessment of writing: Politics, policies, practices.* New York: The Modern Language Association of America.

Willard-Traub, M., Decker, E., Reed, R. and Johnston, J. (1999). The development of large-scale portfolio placement assessment at the University of Michigan: 1992–1998. *Assessing Writing* 6 (1), 41–84.

Wolcott, W. (with Legg, S. M.) (1998). *An overview of writing assessment: Theory, research and practice.* Urbana, IL: National Council of Teachers of English.

Yorkey, R. (1977). Practical EFL techniques for teaching Arabic-speaking students. In J. Alatis and R. Crymes (eds.), *The human factors in ESL.* Washington: TESOL.

Zamel, V. (1983). The composing processes of advanced ESL students: Six case studies. *TESOL Quarterly* 17, 165–187.

찾아보기

지은이 소개

Sara Cushing Weigle은 조지아 주립대학의 응용언어학 교수이다. UCLA의 응용언어학에서 평가, 제2 외국어 교사 교육 분야를 연구했으며, 『Assessing Writing』(2002, Cambridge University Press)을 집필했다. 최근 이집트, 영국, 한국 및 오스트리아 등 전 세계에서 제2 외국어 작문 평가에 대한 워크숍이나 강연에 참가하는 등 활발한 활동을 펼치고 있다. 최근에는 통합된 기술 평가 분야와 제2 외국어 자동 채점 분야를 중점적으로 연구하고 있다.

최근의 주요 업적으로는 "Considerations for teaching an ESL/EFL writing course", In M. Celce-Murcia, D. Brinton, & M. A. Snow(Eds.), *Teaching English as a second or foreign language*(4th Edition), Boston: Heinle Cengage (2014); "English language learners and automated scoring of essays: Critical considerations", *Assessing Writing*, 18, 1(2013), 85~99; "Assessing literacy", In A. Kunnan(Ed.), *The companion to language assessment*, Hoboken, NJ: Wiley-Blackwell, Volume I, Part 2, Chapter 4; "ESL writing and automated essay evaluation", In Shermis, M. & Burstein, J.(Eds.), *Handbook on automated essay evaluation: Current applications and new directions*, (2013), Chapter 2: pp. 36~54; "Assessing writing", In C. Coombe, B. O'Sullivan, P. Davidson, and S. Stoynoff(Eds.), *The Cambridge Guide to Language Assessment*, Cambridge: Cambridge University Press, 2012 등이 있다.

옮긴이 소개

정희모 연세대학교 국어국문학과 교수로 한국작문학회 회장을 역임했
으며, 현재 대학작문학회 회장이다. 저서로 『글쓰기 교육과 협력
학습』, 『글쓰기의 전략』(공저)과 『대학 글쓰기 연구와 텍스트 해
석』(공저) 등이 있으며, 역서로 『장르: 역사·이론·연구·교육』(공
역) 등이 있다.

김성숙 연세대학교에서 학술적 글쓰기로 박사학위를 받았으며, 현재 연
세대학교 언어연구교육원 교수이다. 저서로 『한국어 쓰기 교육
의 이론과 실제』, 『한국어 논리와 논술』이 있고, 『대학 글쓰기 연
구와 텍스트 해석』 외 10여 권의 공저를 저술했으며, 역서로 『장
르: 역사·이론·연구·교육』(공역)이 있다.

유혜령 연세대학교 국어국문학과 강사이다. 저서로 『과학기술의 상상력
과 소통의 글쓰기』(공저) 등이 있으며, 역서로 『장르: 역사·이론·
연구·교육』(공역)이 있다.

서수현 광주교육대학교 국어교육과 교수이다. 저서로 『2015 교육과정에
따른 초등국어과교육』(공저) 등이 있으며, 역서로 『문식성: 문자
언어 생태학 개론』(공역) 등이 있다.

언어교육13

쓰기 평가
Assessing Writing

© 글로벌콘텐츠, 2017

1판 1쇄 인쇄__2017년 10월 20일
1판 1쇄 발행__2017년 10월 30일

지은이__Sara Cushing Weigle
옮긴이__정희모·김성숙·유혜령·서수현

펴낸이__홍정표
펴낸곳__글로벌콘텐츠
　　　　등록__제25100-2008-24호

공급처__(주)글로벌콘텐츠출판그룹
　　　　대표__홍정표　이사_양정섭　편집디자인__김미미　기획·마케팅__노경민
　　　　주소__서울특별시 강동구 천중로 196 정일빌딩 401호
　　　　전화__02-488-3280　팩스__02-488-3281
　　　　홈페이지__http://www.gcbook.co.kr
　　　　이메일__edit@gcbook.co.kr

값 20,000원
ISBN 979-11-5852-163-9 93370